जंगल जहाँ शुरू होता है

[उपन्यास]

जंगल जहाँ शुरू होता है

संजीव

राधाकृष्ण प्रकाशन

उपन्यास के सभी पात्र एवं घटनाएँ काल्पनिक हैं
कोई भी सादृश्यता संयोग है।

ISBN : 978-81-7119-583-1

जंगल जहाँ शुरू होता है

पहला संस्करण : 2000
चौथा संस्करण : 2019

मूल्य : ₹695

प्रकाशक
राधाकृष्ण प्रकाशन प्राइवेट लिमिटेड
जी-17, जगतपुरी, दिल्ली-110 051

शाखाएँ : अशोक राजपथ, साइंस कॉलेज के सामने, पटना-800 006
पहली मंजिल, दरबारी बिल्डिंग, महात्मा गांधी मार्ग, इलाहाबाद-211 001
36 ए, शेक्सपियर सरणी, कोलकाता-700 017

वेबसाइट : www.radhakrishnaprakashan.com
ई-मेल : info@radhakrishnaprakashan.com

मुद्रक
बी.के. ऑफसेट
नवीन शाहदरा, दिल्ली-110 032

JUNGLE JAHAN SHURU HOTA HAI
Novel by Sanjeev

बेतिया की थारू जनजाति,

'मुरली पांड़े'

और

'बैठा'

के नाम

आभार

सर्वश्री आर.सी. ओझा	राँची
प्रकाश झा	मुंबई
हेमन्त	पटना
शैलेन्द्र कुमार सिन्हा	बेतिया
ध्रुव नारायण गुप्त	पटना
नरेन	पटना
रविशंकर सिंह	रानीगंज
संजय कुमार भालोटिया	रानीगंज
मनोज	रानीगंज
दिनेश	रानीगंज
प्रमोद प्रसाद	रानीगंज
बजरंग प्रसाद	रानीगज

एक

किसी सुहानी सुबह को, जब सारा आलम सँवलाया-सँवलाया हो...एक परिंदा मंथर गति से अपने डैनों को हिलाते हुए उड़ चले, उगनेवाले सूरज के लाल कैनवस पर एक काला-काला रेखाचित्र-सा छा जाए—कुछ इसी तरह की यात्राओं की कल्पना किया करता था कुमार। ऐसी ही थी वह यात्रा।

जीप स्टार्ट हुई। बरामदे में खड़े थे बाबूजी, माँ, पत्नी अनीता और पत्नी की गोद में मयंक। विदा में हिल रहे हाथ ओझल होते गए। मुख्य सड़क पर आते ही उसने ड्राइवर से स्टीयरिंग अपने हाथ में ले ली।

छह फीट की गोरी, सुंदर, स्वस्थ काया, आग-सी धधकती उम्र और कुछ कर गुजरने की तमन्ना—इस पर चुनौती जब डाकुओं से दो-दो हाथ करने की हो तो क्या कहने। सीधे फिल्मों या गाथाओं से निकलकर आ रहा था, मानो वह। सामने बंप आ गया था। जीप धीरे हुई और फुदक उठी। उसका मन भी फुदक रहा था। उसका आत्मविश्वास किसी भी आशंका, किसी भी बाधा के ऊपर मँडरा रहा था आज। एक मामूली मास्टर का लड़का है तो क्या हुआ ! बिन किसी पैरवी के आ तो गया पुलिस उप-अधीक्षक की पोस्ट पर ! आगे प्रोमोशन नहीं मिल पा रहा है, जातिवाद के चलते, नहीं, ठीक जातिवाद भी नहीं, पैरवी न होने के चलते...मगर कब तक रोकेंगे ? आखिर तो उन्हें उसकी सत्ता को स्वीकार करना पड़ा न ! पचीसों अफसरों में से इस जोन से सिर्फ उसे चुना गया इस जोखिम भरे अभियान के लिए। 'आय विल अर्न माय रिकॉग्नीशन मायसेल्फ ! आय विल...!'

सच कहा जाए तो पूरा सफर ही एक तरह की रूमानी सनक में बीता—कब गुजर गई गंगा, कब बीत गए मुजफ्फरपुर और मोतिहारी, कब रिपोर्ट की उसने बेतिया में और कब आ गया बाल्मीकिपुर का सर्किट हाउस, कोई उससे विवरण पूछता तो वह बता न पाता। उसकी नजर तो दो बजे से होनेवाली सिर्फ और सिर्फ सर्किट हाउस की मीटिंग पर थी। मीटिंग हालाँकि सामान्य ही थी, मगर चूँकि उसके लिए ऐसी पहली मीटिंग थी, सो उसका सब कुछ उसे बेहद उत्तेजक और रोमांचक लग रहा था...!

उसका एक पाँव जीप के पायदान पर था, एक नीचे। सामने के पार्क के पेड़ों के पार नीचे गंडकी का विस्तार और उस पार चिलकता नेपाल। आँखों पर काला चश्मा चढ़ाए वह हीरो के अंदाज में खड़ा था, तभी एक कांस्टेबुल ने एड़ियाँ उठाकर सैल्यूट देते हुए कहा, 'सर, मीटिंग शुरू हो रही है।'

लंबे-लंबे मस्त डग भरते हुए उसने मीटिंग-हॉल में प्रवेश किया तो उसके डील-डौल भरे

सम्मोहक व्यक्तित्व पर सभी सचेतन हो गए।

बोर्ड पर एक चित्र अंकित था—जबड़े फैलाए एक भयानक काला अजगर और उसकी आँतों से लेकर जबड़े में समाए बेशुमार इनसान। अगल-बगल कई मानचित्र, रेखाचित्र और चार्ट टँगे थे...और सबको निचोड़कर बरस रही थी ऑपरेशन इंचार्ज, उप-पुलिस महानिरीक्षक सिन्हा साहब की आवाज, 'प्रांत-भर के चुने हुए मेरे बहादुर, दिलेर दोस्तो, मैं आपको फिर से आगाह कर देना चाहता हूँ कि 'ऑपरेशन ब्लैक पाइथॅन' दरहकीकत, प्रधानमंत्री का इस सीमांत अंचल के नागरिकों का 'ऑपरेशन फेथ' है। डू यू फॉलो ?'

वे शब्द-शब्द पर जोर देते हुए मीटिंग को ब्रीफ कर रहे थे, 'डाकू समस्या का यह अजगर किसी को यक-ब-यक शेष नहीं करता, थोड़ा-थोड़ा कर निगलता है। ये किसी को किडनैप कर मँगवा लेते हैं फिर उसके घरवालों से फिरौती माँगते हैं—लाख, दो लाख या मात्र कुछ हजार। हैसियत समझकर या कभी-कभी हैसियत से भी ज्यादा। असामी दे दे तो भी तबाह, न दे तो भी। न देने पर मार डालते हैं। हत्या, अपहरण, बलात्कार और अन्य आपराधिकी के ग्राफ यहाँ आप देख रहे हैं। वास्तविक संख्या इनसे कहीं ज्यादा है।'

अब उनका प्वाइंटर इलाके के मानचित्र पर मँडरा रहा था, 'यहाँ की भौगोलिक और सामाजिक स्थिति भी उनके अनुकूल पड़ती है। उत्तर में पड़ोसी देश नेपाल, पश्चिम में पड़ोसी प्रांत उत्तर प्रदेश, बीच में प्रायः दुर्भेद्य जंगल पहाड़, मीलों फैले गन्ने के खेत, नारायणी नदी के तिलस्मी कछार ! हमारी पुलिस जब एक जगह इनका पीछा करती है तो ये सरककर दूसरी जगह चले जाते हैं। मात्र सीमांत ही इनका अभयारण्य नहीं है, जैसाकि आप इस अभियान के दौरान पाएँगे, दुर्गम पहाड़ों, अनएक्सेसीबुल फॉरेस्ट्स (दुर्गम जंगलों), नदी, नालों, गन्ने के खेतों से अँटा पड़ा है यह क्षेत्र ! उन्हें इसके चप्पे-चप्पे का पता है, आपको नहीं। वे आपको देख सकते हैं, आप उन्हें नहीं।' वे तनिक ठमके फिर आगे बढ़े, 'इस अभयारण्य से भी बड़ा एक और अभयारण्य है—इलाके के ये थारू जनजाति के लोग। ये आपका सारा हाल डाकुओं से कह आएँगे पर आप उनसे डाकुओं के बारे में पूछते रह जाइए, ये भोलेपन से मुकरते जाएँगे—'का जानें साहब !' डाकू या अपहरणकर्ता इन्हीं के पैरासाइट हैं, सो इन्हें विश्वास में लिये बिना आप एक इंच भी आगे नहीं बढ़ सकते। याद रखिए, पहाड़, जंगल, गन्ने के खेत, दोआबा, फूस के झोंपड़े, खपड़ैल—कहीं से भी सन्न से गोली छूट सकती है। रहे आपके वीपन्स (हथियार) तो ये उसे भी लूट सकते हैं। गंगौती में एक घटना घट चुकी है, सो आलवेज एलर्ट। एक्सिडेंट एवर्ट, वरना...' सिन्हा साहब ने अपनी चुनौती के आतंक को तनिक घुल जाने दिया फिर बोले, 'इसीलिए प्रांत-भर से हमने ठोंक-बजाकर आपको चुना और यह जिम्मेदारी सौंपी। डाकू प्रभावित इस पूरे इलाके को हमने चार जोनों में बाँटा है—'ए', 'बी', 'सी', 'डी'। 'ए' जोन के ऑपरेशनल इंचार्ज हैं मिस्टर पी.के. भंडारी, 'बी' जोन के मिस्टर एन.पी. सिंह, 'सी' जोन के मिस्टर आर. पांडेय, 'डी' जोन के मिस्टर बी. कुमार—दो जनरल, एक होमगाड्र्स, एक बी.एम.पी. के अधिकारी। इसके अलावा हमारे दो डी.एस.पीज. मिस्टर जायसवाल, मिस्टर राय और एस.पी. मिस्टर श्रीवास्तव तो हैं ही। याद रखिए, 'जोनों' का बँटवारा महज प्रशासकीय सुविधा के लिए है। आप कुल मिलाकर एक हैं—वन एंड सिंगल, उद्देश्य भी एक। एक-दूसरे से अपने इन्फॉरमेशंस, अपनी स्किल,

अपनी स्ट्रेटेजी को शेयर करके आपको इस अभियान को सफल बनाना है। सब कुछ आपके—इंट्यूशन, प्रेजेन्स ऑफ माइंड, विट और समयबद्ध सटीक प्लानिंग के कार्य पर निर्भर करता है। मैं सिर्फ क्या करना है, 'डूज' और क्या नहीं करना है 'डू नॉट्स' को फिर से याद दिला दे रहा हूँ।'

उनका प्वाइंटर 'डूज' (क्या करना है) के चार्ट पर फिसल रहा था :

'एक, डाकुओं की गिरफ्तारी या सफाया।

दो, अवैध हथियारों को सीज करना।

तीन, जनता के खोए हुए विश्वास को फिर से बहाल करना।

और जो नहीं करना है 'डू नॉट्स'।' अब उनका प्वाइंटर दूसरे चार्ट पर फिसल रहा था :

'एक, किसी भी निर्दोष नागरिक को परेशान नहीं करेंगे।

दो, किसी भी घर के अंदर सर्च तलाशी के लिए कोई भी पुलिसकर्मी बिना किसी अफसर और उस घर के सदस्य को साथ लिये अकेले नहीं जाएगा।

तीन, अभियान का हर सदस्य एक जिम्मेवार पुलिसकर्मी की तरह पेश आएगा। वह किसी जंगली जानवर का शिकार नहीं करेगा, न किसी महिला आदि को, न ही किसी दूसरे आदमी को उत्पीड़ित करेगा। यानी, प्राकृतिक और सामाजिक दोनों पर्यावरणों की सुरक्षा !

चार, राष्ट्रीय और अंतर्राष्ट्रीय अभियानों के विधि-सम्मत आचरणों को नहीं तोड़ेगा।

इस आचार संहिता के तहत आपको इस डकैत समस्या का उन्मूलन कर लोगों में फिर से विश्वास पैदा करना है, कुछ हथियार और उपकरण आपको अभी मिलेंगे। कुछ हेडक्वार्टर से आने पर। नाउ, एनी क्वेश्चन फ्रॉम योर साइड (आपकी ओर से कोई सवाल) ?'

डी.एस.पी. भंडारी उठकर खड़े हुए 'सर, कोई हेलीकॉप्टर मिल सकेगा ? आय मीन, सर्वे के लिए...?'

'नो, अभी उसकी जरूरत नहीं। उपयोगी भी नहीं है, खर्चीला भी है।' डी.आई.जी. ने स्पष्ट मना कर दिया। पहला ही सवाल उन्हें झंझट में डालनेवाला लगा, सो उन्होंने घड़ी देखी, 'मेरा खयाल है मीटिंग खत्म की जाए। मैं हमेशा आपके संपर्क में हूँ, जो भी पूछना है, बाद में पूछते रहेंगे। ओ.के.।' कहने को कह तो दिया उन्होंने, मगर हेलीकॉप्टरवाला सुझाव उन्हें पसंद आया। सोचेंगे...।

एक-एक कर सभी बाहर आए तो देखा कि इलाके के दूर-दराज क्षेत्रों से आए कई संभ्रांत नागरिक उनका इंतजार कर रहे थे। लल्लन बाबू और सिंहानियाजी ने दूर से ही हाथ जोड़ लिये। राधो सिंह कुरसी से हड़बड़ाकर ऐसे उठे कि पिछड़ न जाएँ, और अपनी ही धोती में उलझ गए।

सिन्हा साहब सबके अभिवादनों का उत्तर देते हुए उधर ही बढ़ रहे थे कि कुमार ने आगे बढ़कर अदब से पूछा, 'एक्सक्यूज मी सर !'

'यस !'

'सर, ईनामी डाकुओं का कोई फोटो-वोटो भी है ?'

'क्यों ? लिस्ट और उनके बायोडाटा तो दिए जा चुके हैं सभी को। ओ...आप नए हैं, कोई बात नहीं, मिल जाएगा।'

'लेकिन फोटो के बिना...। कोई बात नहीं, थानों में तो होगा ही सर !'

सिन्हा ने कुमार को तीखी नजरों से घूरा, फिर बेहद बनावटी मुसकान में, जो कि अफसरों के नखरों में शुमार हो उठती है, मुँह टेढ़ा करके एक छोटा-सा शब्द कहा—'नो।'

'सर, जंगल की सर्वे रिपोर्ट ?'

'कर लोगे ?'

कुमार कुंठित हो गया। वह आगे बढ़ने ही वाला था कि सिन्हा को उसका मनोभाव ताड़कर उसे तरजीह देना जरूरी लगा।

'किसी ने यह नहीं पूछा, मुझे मालूम था, तुम जरूर पूछोगे। मुझ द्रोणाचार्य के अर्जुन तुम्हीं तो हो।' कुमार का चेहरा खिल गया; फिर वे गहरी साँस लेकर बोले तो अब दूसरी ही भंगिमा थी उनकी, 'इन फैक्ट, वी लैक ऐट दिस क्रूशियल प्वाइंट (दरअसल इस महत्त्व के बिंदु का हममें अभाव है) थानों ने ही अगर यह सब किया-कराया होता तो हम-तुम इन जंगलों में क्यों भटकने आते ? अब यही सामने की भीड़ को ही देखो, इन्हीं में से कोई परेमा हो, कोई नोनिया, कोई रामरिख, कोई परशुराम हो भी तो हम पहचान नहीं पाएँगे।' वे बोल रहे थे और उनकी आवाज सामने के विशाल छितनार पेड़ों, घनी झाड़ियों में फँसती हुई गंडकी की लहरों में तिरोहित हो रही थी, 'जितनी सूचना अब तक उपलब्ध है, उसके आधार पर आगे बढ़कर बाकी सूचनाओं को कलेक्ट करो। इवेन (यहाँ तक कि) जरूरत हो तो क, ख, ग, से शुरू करो। वेल !' उन्होंने कुमार का कंधा थपथपाया। कुमार ने एक बुलंद कड़कदार सैल्यूट दी और सिन्हा साहब ने सभी को 'विश यू बेस्ट ऑफ लक !' कहकर बिदा किया।

जीपें अपनी-अपनी किरकिराहटों से स्टार्ट हुईं और उनके इंजन दिल की धड़कनों की तरह बज उठे। सर्किट हाउस से जंगल के उस थाने तक वे सारे अफसर साथ-साथ आए फिर भैंसालोटन से परस्पर अभिवादन के साथ वे अलग-अलग दिशाओं में मुड़ गए।

तलपटनियों से भरी बेतिया की अंग्रेजों की बनवाई नहर से आगे रास्ता चौड़ा था। थोड़ा आगे बढ़ने पर मिली नई नहर। अपेक्षाकृत साफ। नहर पार करते ही कुमार की जीप बाएँ मुड़ गई। उसने एक बार फिर से जीप का मुआयना किया—पीछे की सीटों पर पुलिस बल के छह सशस्त्र जवान बंदूकें लिये बैठे थे। उसने खुद अपना रिवाल्वर चेक किया और सामने की ओर देखने लगा। गंगौती का यह रास्ता अभी कच्चा था और एक तरह से नहर का बाँध था। उस पार जंगल। इस पार आबादी। दोनों ओर गुलमोहर के रक्ताभ फूलों की डालियाँ जीप का झुक-झुककर स्वागत कर रही थीं। कुछ उत्सुक औरतें, बच्चे व मर्द किनारे खड़े थे, कुछ ने अभिवादन भी किए। उसने जवाब भी दिए। उसे सब कुछ अच्छा लग रहा था, सब कुछ।

आबादी की सघनता धीरे-धीरे कम होती गई। अब पक्के मकान एक भी न थे, ये सिर्फ फूस के घरौंदे या खपड़ैल, वो भी दूर-दूर। दूर से झाँकते स्त्री-पुरुष, बच्चे जीप के पास आते ही कछुए की तरह गर्दन घुसेड़ लेते—लुंगी, गमछे, धोती, भगवे में लोग—देश के आम गाँवों से ज्यादा दरिद्र, ज्यादा बीमार, ज्यादा निरीह। हाँ, औरतें अपेक्षाकृत बेहतर थीं।

सूरज की सुनहरी आभा अब जंगल, वनस्पतियों, नहर और फसलों के हरे रंग में घुलने

लगी। कुमार ने मन-ही-मन इस अपूर्व प्राकृतिक सुषमा को सराहा। जीप स्वयं दरोगा शम्सुल खाँ चला रहे थे। जब भी कोई गाँव आता, उसका परिचय बताने लगते—'यह रायगंज है सर, यहाँ का घी अच्छा होता है, यह भँटौली, एक से बढ़ के एक तरकारी, अ ई ठो मुकीदपुरा—यहाँ मुर्गे सस्ते में मिल जाते हैं, अंडे भी...सर !'

तभी नहर के पार जंगल में कुछ हलचल हुई। एक हिरण झाड़ियों से निकलकर सीधे नहर में कूद पड़ा। पीछे से खदेड़ते आ रहे बाघ ने सामने के पंजों पर पूरा भार देकर खुद को नहर में गिरने से रोका। अब वह खिसियाहट में हलके-हलके पूँछ डुलाते हुए अपने शिकार को पानी में तैरकर उस पार जाते हुए देख रहा था।

'चलिए, जान बच गई सर, बेचारे की आपके चलते।' दरोगाजी प्रशंसा के अंदाज में कहकर हँसे।

कुमार ने पहले की तरह ही इस बार भी कोई प्रतिक्रिया व्यक्त न की दरोगाजी के कमेंट पर, मगर जिस प्राकृतिक सौंदर्य को अभी तक वह सराहे जा रहा था, उसके प्रति संशकित हो उठे। दरोगाजी उसे जंगल के बाघों, हिरणों, भालुओं आदि की संख्या बता रहे थे, चरित्र बता रहे थे, मगर उसके अंदर एक अलग ही अंदेशा खिल रहा था। उसे लगा, सामने के लंबे-लंबे यूक्लिप्टस और शीशम के पेड़ और झाड़ियाँ रपटती हुई हमलावर की शक्ल में उस पर टूटी आ रही हैं मानो एक युद्धक्षेत्र से गुजर रहा हो वह।

घंटे-भर बाद जीप नहर की पुलिया से गुजरी तो इस अहसास से पल्लू छूटा। इस बीच सूर्य डूब चुका था। आसमान में सिर्फ शाम की द्वाभा मात्र रह गई थी, जिसके बीच पूरा परिवेश किसी शांत रंगीन चित्र की तरह स्पष्ट और जीवंत लग रहा था। सुदूर उत्तरी क्षितिज से कुछ मटमैले बादल उमड़ रहे थे। अगल-बगल खेतों के स्त्री-पुरुष अपना काम समेटकर वापस जा रहे थे। जीप पेड़ों के घने बाग के सामने आकर रुक गई।

'लीजिए सर, आ गया, गंगौती। वो रहा रानीमहल का डाकबँगला। आपके ठहरने का इंतजाम यहीं है, सर।' दरोगाजी ने कहा और हॉर्न देने लगे।

कुमार ने अब गौर किया, पेड़ों की झुरमुट में कोई पुराना भवन झाँक रहा था। पूरे परिवेश पर सर्चलाइट-सी घूमती नजर अचानक ठिठक गई। बाग के नीचे लंबी झाड़ से झाँकते कई सिरों ने अचानक डुबकी लगा ली थी। गहराती शाम का सन्नाटा कीड़ों की आवाज से गुलजार था। रिवाल्वर निकालकर गुर्रा उठा कुमार—'कौन ? मैं पूछता हूँ, कौन है वहाँ ?' सन्नाटा तरंग-सा लहराया। सभी चौकस हो उठे। तभी जहाँ से सिर गायब हुए थे, वहीं से लगभग बीस सियारों के खुले जबड़े उभर आए—हुआँ...!! उस अनजाने तिलस्मी लोक के रेशे-रेशे में दहशत घोलता हुआ—हुआँ...! हुआँ...!!

यह गंगौती का उसका प्रथम अभिनंदन था। अँधेरे में पहाड़-से दिख रहे उस भूतैले रानीमहल के ऊपर कोई रोशनी चिलकी। कोई लौ अशरीरी आत्मा-सी ऊपर से नीचे आ रही थी। अब वह लौ जीप की ओर बढ़ी। आनेवाला एक चालीस-पैंतालीस का अधेड़ आदमी था—एक हाथ में सोंटा, दूसरे हाथ में लालटेन ! सोंटा और लालटेन रखकर उसने कुमार को झुककर प्रणाम किया, 'हजूर, हमरा नाम पारबती है। जात से कहार हैं। इस गेस्ट हौस के चौकीदार हैं साहेब ! हमरा से जो सेवा बनेगा, उठा नई रखेंगे हजूर।'

सामान एक-एक कर ऊपर पहुँचाए गए। दरोगाजी ने जाने की इजाजत माँगी तो कुमार सीढ़ियाँ चढ़कर ऊपर आया। नीचे कंक्रीट, ऊपर काठ ! काठ का महल ! सीढ़ियाँ ही नहीं, फर्श भी कदमों के भार से धमक रहा था। पूरे बँगले का मुआयना कर लेना जरूरी लगा। तीन कमरे, एक बाथरूम और दूर-दूर तक हॉल जैसा, जो एक तरफ एक छोटी फेंशिंग से घिरा था। मोटी-मोटी बल्लियों पर टिकी ऊँची छत। बँगले को एक नजर देख लेने के बाद फेंशिंग पर झुककर खड़ा हो गया कुमार। दूर-दूर तक छाया घुप अँधेरा, मानो अँधेरे की मौजों में मचलती किसी जहाज की डेक पर खड़ा हो वह।

पारबती जगह-जगह मोमबत्तियाँ जलाकर रख आया तो कुमार ने पूछा, 'यह गेस्ट हाउस किसका है ?'

'हजूर, बेतिया महाराज का।' पारबती ने बताया, 'लेकिन अब तो गौरमिंटी है हजूर !'

'अपने जमाने में काफी शानदार रहा होगा।'

'रहबे किया तो ? अइसगाह (ऐशगाह) था, अइसगाह। जहाँ आप अभी खड़े हैं न, हुंवई से रानी लोग शिकार करती थीं। हरिना का शिकार।'

'हिरणों का शिकार...? बाघ का शिकार क्यों नहीं ?'

'अब मने कि बाघ तो बाघ न है हजूर, कोई गरीब-गुरबा हरिण तो नहीं न ! रानी लोग का शिकार करेंगी, देखिए के छर्र से...' पारबती ने कुमार को अपनी ओर घूरते हुए पाया तो झट जबान को दाँत से दबा लिया, 'गलती हो गया हजूर !'

कुमार को हँसी आ गई।

काठ की सीढ़ियाँ फिर बज उठीं। बड़े बाबू शम्सुल खाँ ने आते ही कड़कदार सैल्यूट ठोंकी। उनके पीछे-पीछे आए चार जवानों ने भी, 'कहिए।' कुमार ने पूछा।

'सर, ऑफिस कहाँ लगेगा यहाँ ?'

'यहीं, मेरे कमरे के पीछे हॉल में।'

'बेहतर है सर !'

'जवान कितने हैं ?'

'चार ! दो ऊपर रहेंगे, दो नीचे। पहरे पर !'

'काफी हैं। ड्राइवर है जीप में ?'

'जी।'

'तो चलिए, पहले बैरक देखकर आते हैं।'

घुप अँधेरा। जीप की हैडलाइट जली तो उस अँधेरे में दो सुराख हो गए। मगर अगल-बगल खेत हैं या आबादी या जंगल, इसे पता करने के लिए बड़े बाबू की टॉर्च जल-बुझ रही थी। शुक्र था, आबादी थी, जंगल नहीं। प्रायः एक किलोमीटर पर कुछ बत्तियाँ झिलमिलाईं। जीप रुक गई।

'यही है बैरक, सर !'

बरात जैसा दृश्य था। एक जगह बड़े-बड़े हंडों, कड़ाहों में खाना बन रहा था। जगह-जगह छोलदारियाँ लगी हुई थीं। बगल के स्कूल में दफ्तर था। कुमार ने हर चीज का मुआयना किया। जवान अस्त-व्यस्त-से उठ खड़े हुए।

'आप में से किसी को कोई तकलीफ तो नहीं ?'

'नहीं सर।'

'ठीक है, कोई बात हो तो बताइएगा।' फिर वह बड़े बाबू की ओर मुखातिब हुआ, 'यह तो कोई मैदान है।'

'बाजार है, सर !'

'जंगल कितनी दूर पर है ?'

'बस तीन किलोमीटर आगे उत्तर, चार किलोमीटर पश्चिम में जंगल-ही-जंगल है, बाकी आबादी का इलाका।'

'आपके पास एक जीप, एक वैन है ?'

'जी !'

'पचास जवान ?'

'जी।'

'रशद, पेट्रोल, आर्म्स सब ठीक तो है ?'

'जी।'

'जरा आर्म्स दिखाइए।'

बड़े बाबू उन्हें वापस स्कूल में लिवा गए। उसके एक हॉल में बंदूकें, कारतूसों की पेटियाँ, लाठी, बल्लम और कुछ दूसरे हथियार रखे हुए थे। लालटेन के सामने बैठा हुआ आदमी उन्हें देखकर उछलकर खड़ा हो गया, और सैल्यूट देने लगा।

'आप सब-इंस्पेक्टर सुदर्शन सिंह हैं सर। कैंप प्रभारी !'

कुमार ने आगे बढ़कर हाथ मिलाया।

'जरा एलर्ट रहिएगा। पहले यहाँ हथियार-लूट हो चुकी है।'

'हइये हैं सर !' सुदर्शन सिंह ने कहा ।

रानीमहल वापस आया तो ऊपर की मंजिल पेट्रोमैक्स की रोशनी से नहा उठी थी। वायरलेस ऑपरेटर और बड़े बाबू का दफ्तर सज चुका था। 'सर, चाहियो नॅय पीए।' चाय सामने रखकर खड़ा हो गया पारबती, 'आप फरेश (फ्रेश) हो लीजिए। हम खाना लगाते हैं।'

खाना खाकर पलँग पर लेटा तो बिल्ली की तरह दबे पाँव आकर पाँव दबाने लगा पारबती।

'यह क्या ?' डाँटा कुमार ने।

'जरा सा गोड़बा दबा दें हजूर ! थक गए होंगे।'

'नहीं। यह गलत बात है।'

पारबती के जीवन का यह पहला अनुभव था। सिटपिटाकर खड़ा हो गया, 'नॅय दबाएँगे हजूर ! गोस्सा मत होइए।'

फिर अटकते हुए बोला, 'हजूर का का सेवा करें, गोस्सा जाते हैं। कोनों चीज का जरूरत हो, हम सब लाके हाजिर कर दें...लेकिन अपने मन से...?'

'सिर्फ एक काम ।'

'हुकुम सरकार ?' पारबती की आँखें चमक उठीं।

'चुपचाप जाकर सो जाओ।'

'जो हुकुम सरकार !' पारबती की आँखें बुझ गईं।

नींद का कुहासा अभी फैलना शुरू ही हुआ था कि जंगल से एक जोरों की दहाड़ रानीमहल को कँपा गई। लगा, नहर का बाघ गंध सूँघते-सूँघते आ पहुँचा है और दहाड़कर चुनौती दे रहा है। थोड़ी देर बाद सन्नाटे को काटती 'खट-खट' की एक नई आवाज। कठफोड़वे की आतंक घोलती आवाज ! ऐडवेंचर मोल लेना उसकी आदत रही है। वह पलँग पर उठ बैठा और बारजे से बाहर घूरते हुए सोचने लगा, डी.आई.जी.साहब की 'बेस्ट ऑफ लक !' बाघ की दहाड़, कठफोड़वे की 'ठक-ठक' और पेट से हवा निकालते सियारों की जबड़े फाड़कर 'हुआँ-हुआँ' करती अपशकुनी आवाजें—कई-कई बिंदुओं पर झूल रही थी यह मायाविनी रात। इनमें कौन सच था, कौन झूठ, कौन स्वप्न था, कौन यथार्थ ?

दो

दफ्तर बिधिवत् शुरू हो गया।

'सर, ये रही अर्द्धसैनिक बलों की सूची, राशन, वर्दी, आर्म्स स्टेशनरी,...ये पोस्ट्स हैं हमारे जोन के, ये नक्शा वन विभाग का, ये नहरें, नाले, नदियाँ, ये जंगल, पहाड़, दोन कच्ची और पक्की सड़कें, रेल...' बड़े बाबू फाइलें खोल-खोलकर ब्यौरेबार समझाते चल रहे थे।

कुमार तनिक ऊबे हुए अंदाज में यह सब देख और सुन रहा था, 'सड़कों में कितनी जीप के लायक हैं और कितनी नहीं ?'

'सब्भे रद्दी हैं सर, दो-एक जगह भले ठीक हो, बिहार की सड़कें हैं न !'

'कोई फाइल अपहरणकर्ताओं और उनसे प्रभावित परिवारों की भी है?'

'जी नहीं, बनानी पड़ेगी।'

'जितनी जल्दी हो सके, यह फाइल बना डालिए—जेनुइन ढंग से, खानापूर्ति नहीं।'

'जी।' शम्सुल खाँ साँसत में पड़ जाते हैं।

कुमार उठकर बारजे पर आ गया। चैत की धुआँती धूप की सुबह। कच्ची सड़क से गुजरती बैलगाड़ियों-भैंसागाड़ियों की पाँत। कुछ पर गन्ने लदे हुए थे, कुछ पर आदमी। उनके साथ बड़ी तादाद में पैदलवाले।

'ये इतने लोग कहाँ जा रहे हैं ?'

'सर, वो एक मेला है न सहोदरा या सुभद्दरा, क्या तो बताते हैं, थरूहट का सबसे बड़ा मेला। वहीं।'

'हजूर, चाह।' पारबती चाय की ट्रे लेकर हाजिर था, 'आ...ग्याँ' हो तो एक बात कहें।' 'आ' कहते हुए उसकी एक आँख उड़ जाती, 'ग्यां' कहते हुए दूसरी, आगे के शब्द कहने के लिए उसे तनिक रुककर अपने अतिरिक्त खुल गए मुँह को बंद करना पड़ता।

'कहो।'

'मेलवा में तनी चले न जाइए हजूर, हुंवइ सब्भ भेंटा जाएगा डाकू भी और...'पारबती ने अनुकूल प्रतिक्रिया देखी तो साहस बढ़ा, 'इलाका भी देख लेंगे और रामनवमी का दिन है, सहोदरा माई का पूजा भी कर लेंगे। आखिर तो डेन्जरे का काम न करने जा रहे हैं सर !'

'हूँ। लेकिन मुझे तो वहाँ के बारे में कुछ भी मालूम नहीं है।'

'हजूर का आ-ग्याँ' (आज्ञा फिर खिंच गई) तो हम भी चलें।'

कोई जत्था चनपटिया से चला आ रहा था, तो कोई नेपाल से; कोई रामनगर से तो कोई बगहा से, कोई सिर्फ अपने परिवार के साथ, तो कोई गाँव समेत भैंसागाड़ियों, बैलगाड़ियों के अलावा, घोड़े, साइकिल, ट्रैक्टर, बस, जीप, मोटर साइकिल से भी, मगर ज्यादातर पाँव पैदल। सारी धाराएँ सहोदरा में आकर गिर रही थीं। मेले में लोग-ही-लोग मगर उनमें भी ज्यादातर थारू और थारुओं में भी ज्यादातर स्त्रियाँ। इस हिसाब से देखा जाए तो मंदिर भी छोटा था और मेले का क्षेत्र—वह आम की बगिया भी, सो भीड़ और तमाशे और दुकानें बाहर तक छलक रही थीं।

एक ओर बलि दी जा रही थी, दूसरी ओर ऐतिहासिक कुएँ पर कचमचाती भीड़। मंदिर में दर्शनार्थी टूट रहे थे। निकास परिसर में ढोल-मंजीरे की ताल पर कुछ ओझा पाँवरिया के परिधान में नाच रहे थे। सादे कपड़ों में कुमार एक खाते-पीते किसान पुत्र-सा लग रहा था और पारबती कोई मुसाहिब-सा। वे एक-एक आदमी पर गौर कर रहे थे, हालाँकि उनके चेहरों पर प्रकटतः कोई सजगता नहीं थी। पुलिस बल के अन्य जवान भी सादे कपड़ों में फैले हुए थे।

मुचड़ी जार्जेट की लाल छींट की साड़ी में एक सुंदर-सी युवती ने, जिसने सिंदूर नाक तक टीक रखा था, फूल, अक्षत, पैसे अर्पित कर ओझा के सामने आँचल पसार दिया। उसके साथ लगी बच्ची माँ के यह करतब कौतूहल से देखे जा रही थी। ओझा ने कुछ फूल, अक्षत उसे वापस करते हुए चँवर को बारी-बारी से माँ-बेटी के सिर पर छुआया।

'ई बिसराम का जनाना है।' पारबती ने ऐसे बताया, जैसे कुमार उसे पहले से जानता हो।

'लीजिए, ई तो ननदियो आई है मलरिया...! अरे बाप, ई चेंगा कैसे हो गया इसको ?' पारबती धीरे से बर्राया।

पूजा और चढ़ावे के बाद गले लग गईं ननद-भौजाई। फिर धीरे-धीरे उनकी रुलाई जोर पकड़ने लगी। बिसराम-बहू ने ननद को धीरज बँधाते हुए चुप कराया फिर दोनों ने एक-दूसरे के बच्चे को लेकर दुलराया और चल पड़ीं।

मलारी खँसी ले आई थी बलि के लिए, जिसे घसीटते हुए उसका लँगड़ा श्वसुर भीड़ में धक्के खा रहा था। बिसराम-बहू की उत्ती औकात कहाँ ? बीन-बटोरकर कैसे-कैसे तो पाँच रुपयों में उसने एक कबूतर खरीदा था, जिसकी बलि दे चुकी थी। देवी से कुछ छुपा हुआ नहीं है। वे सबकी 'सरधा' और औकात जानती हैं।

बगीचे में जगह लेकर दोनों ने चूल्हे बनाए और लकड़ी जलाकर कड़ाही चढ़ा दी। टिकरी छन जाने के बाद मलारी ने फूल की थाली में टिकरी, माटी का दीया, अक्षत,

फूल-सिंदूर और चुनरी सजाई और चल पड़ी देवी को चढ़ाने। भौजाई वहीं रह गई।

पारबती ने बताया, 'देबी का मस्तक हियाँ से दू कोस दूर गुमास्ता के पास है। कुआर में हुआँ भी पूजा होती है।'

'लेकिन मस्तक तो यहाँ भी था देवी के सिर पर ? फिर मस्तक न हो तो खाएगी कैसे ?'

'ऊ तो देबी की महिमा है।' पारबती झंझट में पड़ना नहीं चाहता।

यानी छिन्नमस्तिका—मस्तक कट जाने पर भी अमर। कुमार ने सोचा—यह जाति भी, इनकी देवी भी !

मलारी लौटकर आई तो उसने एक-एक टिकरी बच्चों को थमाई और लँगड़ का खाना निकाल दिया पत्तल पर। लँगड़ के खा चुकने के बाद दोनों ने अपने पत्तल परोसे। खा-पीकर जमीन पर ही लेट गईं ननद-भौजाई। सुख-दुख की कितनी ही बातें। तनिक देह ढीली कर लें, रातभर तो जगना है।

'छपरा, सीबान से लवंडे का नाच आया है, बनारस, जौनपुर से बाईजी और कानपुर से नौटंकी। मेले में सरकस भी हैं, किसिम-किसिम के खेल-तमाशे, कठपुतरी का नाच, पिघलनेवाली लड़की, नागकन्या—पूरा देह साँप का, सिर्फ मुँह लड़की का।' मलारी बताती है।

'झूठो के।' अविश्वास करती है बिसराम-बहू।

'ना, सच्चो के ! तोहार किरिया !'

'साचो के हो, चाहे झूठो के, बिसराम-बहू के पास इफरात के पैसे कहाँ हैं कि लुटाती फिरे। लेकिन ननद ठहरी अल्हड़, मतंग, नहीं मानती। अपने पैसों से दिखाएगी। वह मन-ही-मन कोसती है ननदोई को—बानर-बकलोल कहीं का, इत्ती सुंदर मेहरारू को छोड़कर जाने कहाँ की हाँडी चाट रहा है। दो साल हो गए, कोई खोज-खबर ही नहीं। जमीन दखलियाते जा रहे हैं लल्लन बाबू, इत्ते बड़े जिमीदार, फिर भी गरीब-गुरबा की थोड़ी-सी जमीन हड़पने से बाज नहीं आते। लल्लन बाबू को छोड़ो, ननदोई को छोड़ो, वे तो गैर हैं, मगर ननद जो अपनी है, उसी के हिया का भेद क्या बूझ पाई वह आज तक ? मलारी ऐसे रहती है, जैसे उसे कोई आँच-बतास ही नहीं लगता। इसकी साड़ी देखो, बिलाउज देखो, शौक-सिंगार देखो। और इसका बेटा..., पता नहीं, किसका है, ननदोई का कि सेठ का ? कई बार मन किया कि पूछे, लेकिन उस बिंदु को छेड़ते हुए डर लगता है। वह जबरन विचारों को दूसरी ओर ठेलती है, अपने पास भी पैसे होते तो...कम-से-कम फुलमतिया को एक ठो नया फिराक ही ले देते ! ओह, कितनी अच्छी-अच्छी चीजें आई हैं मेले में। देखें ननद महारानी क्या-क्या कीनती (खरीदती) हैं, क्या-क्या दिखाती हैं।

पर देखना-दिखाना तो बाद में, इधर शाम गहराई, उधर दोमाट और महाजोगिन गाँव की लड़कियों का 'झमटा' शुरू। 'अरे मकरंदापुरवाली मलारी।' कोई भीड़ में से चहकी। फिर तो एक ने ननद का हाथ पकड़कर खींचा, ननद ने भौजाई का हाथ। बच्चों को लँगड़ को सौंपकर दोनों जा समाईं झमटा की भँवर में।

बीस-एक थारू बालाएँ। कुछ किशोरियाँ, कुछ जवान। सभी नंगे पाँव, मगर सुंदरता में सभी एक से बढ़कर एक ! एक बिसराम बहू की ही साड़ी तनिक मुचड़ी हुई और फीकी थी,

बाकी सभी नई रंग-बिरंगी साड़ियों में। न कोई साज, न कोई घुँघरू, फिर भी झमक चला है झमटा !

'के जइहें हाजीपुर, के जइहें पटना,
से के जइहें...
अरे के जइहें अरे बेतिया नौकरिया,
के जइहें...?'

स्त्रियों का दूसरा दल पुराता है—

''बाबा जइहें हाजीपुर, भइया जइहें पटना,
कि भइया जइहें पटना
हो भइया जइहें पटना (अंतराओं को खींचने में मलारी का कोई जवाब नहीं।)
से सइहाँ जइहें उहे बेतिया नौकरिया
सइहाँ जइहें...'

थरूहट की अप्सराएँ। कभी पंख फैलाकर, कभी समेटकर, कभी झुक-झुककर, कभी सिमट-सिमटकर लहरों की हिलकोरों पर नाच रही हैं—सुध-बुध खोकर। बगल की दुकान से कोई पेट्रोमैक्स टाँग गया है डाल पर, जिसकी नीली रोशनी में स्वप्न लोक उतर आया है। कोई ढोल या मृदंग बजानेवाला साज देने आ पहुँचा है। नाच के गिर्द रसिकों की भीड़ जमा होती जा रही है। थारू स्वयंसेवक उन्हें पीछे हटा रहे हैं। हवा के झँकोरे आते हैं और पेट्रोमैक्स मशाल-सा धधक उठता है—

'के अनिहें सुहानारी, के अनिहें कंगना,
कि के अनिहें कंगना,
हो के अनिहें कंगना,
से के अनिहें...हिरदिया दरपनवाँ
के अनिहें...'

मलारी का दल जवाब देता है—

'अरे बाबा अनिहें सुहानारी,
हो बाबा अनिहें सुहानारी,
हाय बाबा अनिहें सुहानारी (मलारी ने अंतरा को और खींच दिया, नहले पर दहला।)
कि भइया अनिहें कंगना,
हमर भइया अनिहें कंगना,
कि वीरन अनिहें कंगना,
से सइहाँ अनिहें हिरदिया दरपनवाँ
हो राजा अनिहें हिरदिया दरपनवाँ
हमर बलमवाँ अनिहें हिरदिया दरपनवाँ...
... ... '

अरे वाह ! साँप की तरह लहरा रही है फुफुनी (नीबी) से झूलती साड़ी। मलारी की

फुफुनी पर फूलों की छींट है। फूल लहराकर कभी हवा में उड़ते हैं, कभी नीचे गिरते हैं, जैसे उसका नाभिप्रदेश कोई फूलों का गुप्त स्रोत हो जहाँ से फूलों का झरना झर रहा हो निरंतर।

पारबती कुमार को थाने में छोड़कर खुद नाच देख-देखकर निहाल हुआ जा रहा है, 'काश, साहेब भी देख लेते... '

सहसा उसकी नजर एक लंबे छरहरे खूँखार आदमी पर पड़ती है—और वह चिहुँक उठता है, 'अरे बाप ! साहेब डाकू ढूँढ़ने निकले हैं और डाकू हियाँ खड़ा है। पुत्तन का भाई, परसू।'

उसकी देह थर-थर काँपने लगी, बह दबे पाँव चुपचाप वहाँ से खिसक पड़ा। साहेब पूछेंगे भी तो नहीं बताना है। 'दइाई सहोदरा माई ! हमरा बाल-बच्चा के खातिर हमरा के बकस दो।'

और परशुराम...? उसकी दो लाल आँखों में से एक में ननद समा गई, दूसरी में भौजाई !

तीन

जंगल के किनारे-किनारे पुलिस के जवान खाइयाँ खोद रहे हैं, सिकरहवा के रजुआ जैसे उत्साही लड़के आकर गाँवों में खबर देते हैं—बिना पइसा का तमासा ! औरतें दूर से देखती हैं, हाँ सच ! अइसा अजगुत न देखा, न सुना।

'ई त-अ डाकू मारने आए थे न...?'

'डाकू भेंटाएगा तब तो।'

'ओ, समझे !' कोई इस पहेली को बूझ लेने के अंदाज में टुहुँकता है, 'भुइयाँ खोद-खोद के देख रहे हैं कि का जाने, सीता मइया की तरह भुइयाँ में न समा गए हों, भिलभिलाकर हँसते हुए एक-दूसरे पर गिर पड़ती हैं औरतें।'

देखते-देखते जून बीत चला, मगर कहाँ के डाकू, कहाँ का अपहरण ! बीतते जून की उमस भरी रात का तीसरा पहर था वह। कुमार गहरी नींद में खर्राटे भर रहा था कि 'सर ! सर !' की सहमी आवाज पर चिहुँककर उठ बैठा। कानों में आँधी जैसा तुमुल शोर था और आँखों के आगे खाकी धब्बे। धब्बे धीरे-धीरे स्पष्ट हुए। किसी अनहोनी की आशंका नींद की खुमारी को तोड़कर उतराई।

'क्या बात है ?'

'सर...डाकू !'

'डाकू ? कहाँ ?' वह बिस्तर से रिवाल्वर लेकर उछल पड़ा।

'सामने के गाँव में।'

रिवाल्वर रखकर उसने झपटप ड्रेस-अप किया। जूतों के तस्मे बाँधे। रिवाल्वर उठा लिया। फिर कुछ सोचकर रख दिया। राइफल उठाया, कारतूसों के पाउच की पेटी कंधे में डाल ली।

दरवाजा खोलते ही बारिश की तीखी बौछार देह कँपा गई। भयंकर बारिश थी। बूँदों के प्रहार से बाहर बेतहाशा शोर उमड़ रहा था—

हा-हा-हा-हा ! पेड़ों की नन्ही टहनियाँ कट-कटकर गिर रही थीं। बादलों की चादर से चाँदनी के रुद्ध प्रकाश में दूर-दूराज को झकझोरती चौबाई हवा में बूँदों की झालर के चलते कुछ देख पाना भी मुश्किल था, कुछ कर पाना भी मुश्किल !

पारबती ने सहमे स्वर में बताया, 'हजूर, वहाँ चर्चा था कि डाकू लोग पहली बरखा को पुलिस पारटी को सलामी देंगे और ई ठो पहली बरखा है...।'

कुमार ने लाल आँखों से उसे घूरा तो वह सिटपिटा गया।

'डाकू हैं कहाँ ?' अब उसे गुस्सा आ रहा था।

'वो वहाँ !' एक जवान ने उँगली से दक्षिण की ओर इशारा किया। बहुत कोशिश करने पर किसी शोर का आभास पाया जा सकता था, मगर यह बारिश का शोर था या डाकुओं से संबंधित—कह पाना मुश्किल था। पानी हहास मारकर बरस रहा था और नीचे नालों तक से उसके खलखलाकर बहने का शोर उसकी ताकत का उद्घोष कर रहा था। तभी बिजली चमक उठी। कुमार समेत सभी ने फेंशिंग के पीछे गोते लगा लिये। अफसोस यह उजाला क्षणिक था। कुमार ने बी.एल.पी. से पीले शेल दागने की सोची, मगर उजाले से डाकू सतर्क हो सकते थे। अभी वह सोच ही रहा था कि बादल इतने जोर से गड़गड़ा उठे कि लगा, रानीमहल टुकड़े-टुकड़े हो जाएगा।

'डाका पड़ल बा हो।' एक अस्पष्ट-सी गुहार बाग के पीछे से सुनाई पड़ी।

'सर !' बड़े बाबू ने अर्थपूर्ण स्वर में पूछा।

'हूँ...!' कुमार ने स्वीकार किया।

बाग के पीछे के रास्ते से बढ़ते हुए वे पश्चिम की ओर बढ़ आए। फेंशिंग से उनके आकार स्पष्ट नहीं दिख रहे थे। संयोग से फिर बिजली चमकी। वे सात या आठ आदमी रहे होंगे। रह-रहकर टॉर्च जल उठती। संदेह पुष्ट होता जा रहा था। कुमार का दिमाग तेजी से काम करने लगा। अब देर करना ठीक नहीं। वायरलेस ऑपरेटर को उसने हाथ के इशारे से बुलाया फिर वह विचार त्याग दिया। ड्राइवर को बुलाया, 'चौधरी !'

'जी सर !'

'कैंप चले जाओ। अकेले ! बिना बत्ती जलाए। शोर न हो। वहाँ से जितने आर्म्ड जवान ला सकते हो जीप पर बिना बत्ती जलाए, बिना शोर किए लेकर चले आओ। जल्दी ! और यह रिवाल्वर रख लो साथ। कर सकोगे न ?'

'जी सर !'

जीप के जाने की हलकी-सी आहट हुई। इसी के साथ भय, जो गेस्ट हाउस के गिर्द पंजे दबाए घात लगाकर बैठा था, उछलकर सामने आ गया। अगर डाकू घात लगाए इसी पल का इंतजार कर रहे हों तो...?

'इंस्पेक्टर साहब !' कुमार फुसफुसाया।

'जी।'

'सबको पोजीशन ले लेने को कहिए !'

साँस रोके बंदूकें ताने लोग घात लगाए बैठे रहे। बिजली फिर चमकी। बूँदों की झालर के बीच रास्ते पर सात लोगों का अक्स उभरा और मिट गया। बीच में लगा किसी चीज को कंधे पर उठाए हुए था कोई।

'किसी को किडनैप करके ले जा रहे हैं।' कुमार ने कहा।

'हाँ, बच्चा लगता है।' इंस्पेक्टर ने अनुमान लगाया।

अब सामनेवाला टॉर्च बराबर जलाए हुए चल रहा था।

'कहिए तो टॉर्च का निशाना ले लें।' ट्रिगर दबाने को हाथ मचल रहा था कुमार का, बस थोड़ी सी हिचक थी। इंस्पेक्टर 'हाँ' कर देता तो मनोबल पुख्ता हो जाता। मगर ऐसे नाजुक मौके पर इंस्पेक्टर खुद दुविधा में थे। कारवाँ आगे बढ़ गया।

जीप लौट आई थी। दस सशस्त्र जवान झपाझप कूद पड़े। चार जवानों को गेस्ट हाउस की पहरेदारी पर छोड़कर, बाकी जवानों के साथ कुमार और शम्सुल खाँ निकल पड़े। कुछ दूर तक तो चलना सुगम था लेकिन आगे...?

पानी के जगह-जगह बहाव और फैलाव के चलते भूगोल गड़बड़ा गया था। कच्ची सड़कों तक पर पानी ऐसे बिलबिलाकर बह रहा था जैसे बाढ़ की नदी हो।

'किधर गए होंगे वे ?' कुमार ठमक गया।

'बिषहरिया हो...! डा-आ-आ-आ-क पड़ल बा हो !' फिर वही आँखमिचौली खेलती आवाज !

कुछ देर पहले तो यह आवाज उधर से आई थी, फिर इधर से, अब वहाँ से...कितनी जगहों पर डाका पड़ा है !

'हम काफी आगे निकल आए हैं सर ! हियाँई कहीं बनसप्ती देबी का मंदिर है। परेमा, नोनिया—सभे डाकू उनके पुजारी हैं।' सबने हाथ जोड़कर प्रणाम किया। कुमार देखता रहा गया।

अवरुद्ध चाँदनी में सबके-सब प्रेतों की मानिंद नजर आ रहे थे। बारिश हलकी पड़ने लगी थी। कुमार के दिमाग में भटक गए रास्ते का भूगोल घूम रहा था। आगे नदी है या नाला ? पानी पुलिया के ऊपर से बह रहा है। टटोल-टटोलकर पुलिया पार की गई और फिर कुमार के इशारे पर वे धनुषाकार फैल गए आवाज की दिशा में। जंगल-जंगल जाने कितनी दूर निकल आए। पौ फट रही थी। पानी बंद हो चुका था। जंगल के बीच एक खुली जगह पर एक झलक मिली कि थके-हारे कदम फिर से सजग हो गए। चारों ओर से घेर लिया जवानों ने।

'कोई नहीं हिलेगा।' शम्सुल खाँ कड़क उठे।

तीन-चार आदमी अभी भी झुके हुए थे। बाकियों ने घबराकर उनकी ओर ताका।

'क्या कर रहे हो तुम लोग यहाँ ?' कुमार ने टॉर्च की रोशनी की धार उनकी ओर मोड़ दी।

‘हजूर, लड़की को साँप काट लिया है। बिख उतार रहे हैं।’ एक आदमी ने डरते-डरते बताया।

‘विष ?’ कुमार ने लपककर लेटी हुई लड़की की नब्ज देखी, ‘यह तो मर चुकी है।’ कुमार के यह कहते ही पानी से लथपथ कपड़ों में एक तीस साल का आदमी गमछे से मुँह ढककर फफक पड़ा। एक और युवक लड़की का हाथ पकड़कर सिसक रहा था। ‘ऐ बिसराम ! ऐ कलिया !’ एक तीसरे आदमी ने ढाँढ़स बँधाना चाहा, ‘हिम्मत हार गइल-अ ! अरे मंतर से मुअल आदमी भी जिंदा हो जाता है। राम-राम कर-आ !’

लड़की मरी पड़ी थी। उस पर मंत्र पढ़ते हुए झूम रहे थे ओझा। उन्हें अभी भी विश्वास था कि वे उसे बचा लेंगे। काश, यह बच्ची पहले ही अस्पताल में ले जाई गई होती !

‘हम तो आप लोगों को डाकू समझकर आए थे।’ कुमार बुदबुदाया।

‘डाकू...?’

‘कोई डाका पड़ल बा हो’ की गुहार लगा रहा था ?

‘डाका...?’ नहीं हजूर ! हम तो गाँव-गाँव गोहार लगा रहे थे। बिषहरिया हो, डाक पड़ल बा हो’ डाक माने ‘पुकार’ इसलिए कि बिषहरिया जहाँ भी हो, गोहार सुनके चला आवे। और भेंटाया कहँवा...तो पनखौली में !’

लड़की का बाप विलाप कर रहा था—‘हमार तो हर तरीका से मौवत लिखल बा, ए बेटी ! जिमींदार से, डाकू से, देवता—पिता से, भूत-भवानी से, पुलिस-लेखपाल से...अरे कबन सुख देखलू ऐ बेटी—ई-ई-ई...! तहरा के बचा न सकल बाप ई अभागा—आ-आ-आ !’

कुमार एकटक खड़ा रहा गया भाव-विह्वल ! पेड़-पेड़ का रात का विजड़ित काजल उड़ रहा था। टहनी-टहनी आकार ले रही थी। फिर भी सब कुछ अस्पष्ट था, सब कुछ जटिल...एक-दूसरे से उलझा हुआ। बारिश से धुले जंगल पर सुबह की लाली कुमकुम छिड़क रही थी। वह लौटा आ रहा था दल-बल समेत—पानी से लथपथ ! किसान खेत में काम करने आ रहे थे—किसके खेत में ? जमींदारों, सेठों, अपहरणकर्ताओं और खुद पुलिस की गुंजलक में कसमसाता सारा इलाका ! वे ही इनके नाग हैं, वह ही बिषहरिया।

तब से हर रात कोई-न-कोई बाघ दहाड़ता है, कोई-न-कोई खट-पट सुनाई पड़ती है, कोई-न-कोई रोशनी चिलकती है और कोई-न-कोई टेर ! कभी इस कोने से, कभी उस कोने से, कभी खेतों के बीच से, कभी ऐन जंगल के बीचोबीच ! जंगल-जंगल, पेड़-पेड़, पत्ते-पत्ते से छनकर आती पुकार—कभी बाघ, कभी साँप, कभी हरिण की शक्ल में...।

पारबती कहता है, ‘हजूर, बनसप्ती देवी हैं, भटका रही हैं। डाकुओं की देवी हैं। कभी कोई रूप धर लेती हैं, कभी कोई। और ऊ दिन भी ऊ लड़की लड़की थोड़े ही थी, उन्हीं की माया थी। आँखों पर परदा न डाल देती हैं मैया !’

चार

साँप की डँसी थी दुलारी धीया। न जलाई जा सकती थी, न गाड़ी। बड़े-बूढ़े जो कहते हैं, वही करना होता है। बनकटा गाँव के बड़े-बूढ़ों की राय है कि लाश को परवाह (प्रवाहित) कर दिया जाए। कई बार तो गंगा मइया खुद ही खींच लेती है विष और मुर्दा जी उठता है।

बिसराम बहू रो-रोकर बेहाल हुई जा रही थी। चार महीने की दूसरी बेटी फुलमतिया तक को सँभालने की सुधि नहीं। बिसराम अलग बिसूर रहा था। औरतों की भारी भीड़ ढाँढ़स दे रही थी। बिसराम का छोटा भाई काली गोद में फुलमतिया को लिये हुए था। वह कभी रोती हुई बच्ची को चुप कराने का जतन करता, कभी भैया-भाभी को।

लाश लेकर खोर से निकलकर गंगौती की सड़क पर आए तो औरतों से कल्ला छटकाकर पीछे-पीछे आ लगी बिसराम बहू भी। मनाने पर भी न मानी। धमकाने पर भी न रुकी। पूरा बनकटा गाँव सड़क तक आ गया—स्त्री-पुरुष, बूढ़े, बच्चे, जवान सभी। वहाँ से दस से पंद्रह आदमी आगे बढ़े, बाकियों ने वहीं से बिदा किया। चले तो दोपहर थी। भैंसालोटन तक किरन डूब गई और गंडक तक पहुँचते-पहुँचते एक घरी रात।

सुनसान नदी की छाड़न। कुछ आगे बढ़ते ही साँप की तरह बलखाता पानी। केले के तने पर बाँधकर कई काँपते हाथों ने छोड़ दिया लाश को पानी में—जा बेटी !

देखते-देखते गोद में छुपा लिया गंडक ने।

'जल्दी-जल्दी नहा लो। हियाँ रुकना ठीक नहीं। पुलिस को शक होगा।' इनरदेब ने कहा। जैसे-तैसे नहाकर लौट पड़े वे। पाँव जैसे ही पीछे मुड़े, बिसराम बहू की रुलाई फिर फूट पड़ी। डाँटकर चुप करा दिया सूखन ने, 'सबको पकड़वाएगी का ?' वह फिर भी रह-रहकर पीछे मुड़कर देख लेती, 'क्या पता ! शायद जिंदा ही हो गई हो दुलारी, और पीछे-पीछे आ रही हो।' काली ने भौजी की गोद में फुलमतिया को डालते हुए कहा, 'अब इसी को दुलारी समझो भौजी, इसी को फुलमतिया !'

बड़ी मुश्किल से कटी थी राह। बनकटा पहुँचते-पहुँचते आधी रात पार हो चुकी थी।

अगली सुबह दिन चढ़ते-चढ़ते कई बूढ़े-बुजुर्ग जुट आए थे। तीन साल की बिटिया थी। किरिया-करम भले न हो, पूजा-ऊजा तो करनी ही पड़ेगी पक्का होने के लिए।

'पैसा कहाँ है ?' काली ने जैसे खुद से सवाल किया। बिसराम सिर पकड़कर बैठा हुआ था। कोई जवाब नहीं। पत्नी ने अपने सूखे चेहरे को मुश्किल से ऊपर उठाया—एक नजर पति के झुके चेहरे को देखा, दूसरी नजर देवर के उदास चेहरे को। उसके हाथ अपने गले की पतली हँसुली पर गए। हँसुली के मुँह जितने फैलाए जा सकते थे फैला दिए गए, गले पर दवाब बढ़ा। बेरहमी से खींच रही है उसे, मानो ये गैर की हँसुली हो और गैर के हाथ। निकालकर सामने रख दी। गहनों के नाम पर यह आखिरी पूँजी थी।

सुध (शुद्धि) की रस्में पूरी हुईं। तीसरा दिन था और घर में एक दाना तक नहीं। ये धान के बीज डालने के दिन हैं। मगर कहाँ के बीज, कहाँ के खेत ? बीज होते भी तो क्या होता ? खेत तो बंधक पड़े हैं मलिकार के यहाँ। सोचा था, भैंस गाभिन है, इसे बेंचकर जुगाड़ कर लेंगे, कुछ काली के पैसे बकाए हैं नहर के ठेकेदार के पास। फिर भी कम पड़ा

तो गाय बेंच देंगे और इधर-उधर से उधार ले लेंगे। मगर कुछ भी नहीं हो पाया अभी तक, कुछ भी नहीं। मलिकार से मुकदमा चल रहा है—पूरे एक बीघे धनहर खेत कब्जिया लिये हैं उन्होंने। काली कल से गया है। अभी तक नहीं लौटा। कभी-कभी इस सारे जंजाल से मुक्ति पाने के लिए नेपाल भाग जाने का मन करता है। मगर वो ठहरा दूसरा देश। हुआँ के आदमी बनने (नागरिकता) के लिए दरखास दिया है। न मुकदमा टूटता है, न भैंस बिकती है, न हुआँ का कागद मिलता है। नहर पर अनमना-सा भटक रहा है बिसराम सुबह से ही। जंगलों में बेंत हैं। हाथ में हुनर है, झूड़ी, खाँची तो बना ही सकता है वह। लेकिन उसे लाने कौन देगा ? बेंत का ठेकेदार एक जल्लाद, दूसरे जल्लाद वन-विभागवाले। कहाँ से ले आए रकम घूस-पाती के लिए। बिसराम के सामने भरी दोपहरी चारों ओर अँधेरा था।

दिन लरक गया तो बनकटा की ओर मुड़ा। यह क्या ? देसी घी और बासमती और गरम मसालों की खुशबू ! उसके झोंपड़े में यह कैसी अनहोनी ? ओसारे में खड़े-खड़े पत्नी को घूर रहा है। संदेह भरी नजर !

'वो परसू सरदार का खाना...।' बिसराम बहू फुसफुसाती है।

'अरे बाप !' चिहुँक उठता है बिसराम ! डरकर इधर-उधर ताकने लगता है, किसी ने देखा तो नहीं ?

पीतल की फूटी थाली को आँटे से 'ता' कर जतन से परोस रही है भात, दाल, तरकारी। खुशबू उड़ रही है पूरे घर में। दीन-हीन-सा उठा रहा है कौर। पिछली बार भी उसी के घर से खाना बनवाया था परशुराम ने। इस बार सूतक (श्राद्ध के पहले अपवित्र माना जानेवाला) घर है, फिर भी। पिछली बार तो खुद ही पहुँचाने गई थी माँ-बेटी। तब दुलारी जिंदा थी। अचानक संदेह कंठ पर आ बैठता है।

'पहुँचाने कौन गया था ?'

'जगरनाथ और दू आदमी और थे।'

'जगरनाथ !' करंट-सा लगा यह नाम। उसने अपनी पत्नी को गौर से देखा, जैसे पहली बार भर नजर देख रहा हो। वाकई बड़ी सुन्नर है।

मगर आज डरा रही है उसकी सुंदरता।

'तुमको पता है, जगरनाथ का करता है ?'

'माने ?'

'माने काज-धंधा ?'

'काज का जानें ! सुना बयपार (व्यापार) करते हैं। इनरदेब के हियाँ तो आकर रुकते हैं।'

'कौन चीज का बयपार ?' हाथ का कौर रोककर पूछ रहा है पति।

पत्नी अवाक् है, आज ऐसे क्यों पूछ रहा है दुलारी का बाप ?

'का जानें।'

'तो जान लो, जिस तरीके से भी दू पैसा आए, उसी का बयपार !

'अब तक सिरिफ गाँव के लोग, परशुराम के लोग और मलिकार ही जानते थे, अब सब जान जाएँगे।'

'का ?'

'ई कि डाकू का खाना हियाँ से बन के जाता है, कि हमरी हालत पस्त है और एक गाभिन भैंस, एक लगेन गाय और तुमरे जैसा जनाना है हियाँ।'

'हाय माता भवानी !' बिसराम बहू के चेहरे पर हवाइयाँ उड़ने लगती हैं।

'वही कहावत है न कि बेटे के मरने का गम नहीं, जम के परकने का डर है। पहले ही मना कर देना था कि खाना नहीं बनाएँगे। लेकिन जानमारू डाकू हैं—मना करते भी कैसे। और उस पर ई जगरनथवा सार ! कहीं पुलिस को कह आया तो राम ही रच्छा करेंगे।'

'चलो, रात-ए-रात भाग चलें नेपाल !' बिसराम बहू एकबारगी डर जाती है।

'बिना हुआँ के परमीशन के कौन टिकने देगा ? फिर हुआँ भी तो जाता रहता है ई सार जगरनथवा।'

'हुआँ का करन जाता है ?'

'कहा न बयपार ?'

'कौन बयपार ? बताते काहे नहीं ?'

'जनाना खरीदने-बेचने का बयपार।'

बिसराम बहू को काटो तो खून नहीं।

जेठ बीता। जेठ ही नहीं बहुत कुछ बीत गया। दस दिन हुए, मलिकार भैंस खोलकर ले गए। आज खाकी वर्दीवाले पकड़ ले गए दुलारी की माई को भी।

शाम को बेंत के ठेकेदार के यहाँ से लौटा तो घर सूना था। सूखन बहू ने सब कुछ बताया। उस दिन सरदार का खाना बनकर गया था। इसी जुर्म में थाने बुलाया गया है। यही कहकर लिबा गए। बच्ची जाते-जबाते हमें दे गई। कहा, 'गाय, लेरू और बच्ची का खयाल रखना।'

'हम जाएँ ?' बिसराम ने शाम के सँझलौके से अकुलाकर पूछा।

'और कहीं तुमको भी पकड़ लिये तो...? फिर ई घर-परिवार खंड-भंड हो जाएगा।'

एक खाँची घास की एक बगल, दूसरे बगल बच्ची को दबाए घर वापस आ गया था बिसराम। तब से बाट जोह रहा है दुलारी की माई की। साँझ से रात हुई। एक पहर बीता, दूसरा पहर बीता, तीसरा पहर भी बीत रहा है। सड़क तक चुपके-चुपके जाकर तीन बार देख आया है वह ! अभी तक नहीं आई।

इंजोरिया रात ! आसमान में हलके-हलके बादल। पेड़ों की परछाईं-परछाईं में भय डोलता है। पिछवारे की बँसबारी पागल हाथी के सूँड़-सी हिलती है। सँवलाए-सँवलाए-से गाँव के घरौंदे कीड़ों की चीत्कार के बीच भितहुर-से पड़े हैं।

थोड़ी-थोड़ी देर पर कुत्ते भौंक उठते हैं। नीम के नीचे खटिया पर कथरी में बच्ची को बंदर की तरह सीने से चिपकाए गर्दन उचकाकर देर तक टोह लेता है बिसराम—वही तो नहीं...? लेकिन कुत्तों की आवाज तड़पती नब्ज-सी धीमी पड़ते-पड़ते डूब जाती है और आँखें निराश हो लौट आती हैं।

भेड़ियों के डर से खाँचे में बंद लेरू (बछड़ा) 'बाँ-बाँ' करने लगता है। आवाज से डरकर रो उठती है बच्ची। इधर-उधर की टोह लेता है। नहीं भेड़िया नहीं है। भूख से 'बाँ-बाँ' कर

रहा है। खाँचा उठाते ही लेरू कुलाँचकर जा पहुँचता है अपनी माँ के पास और उसके थन में हूल मारने लगता है। लेकिन बच्ची का क्या करे वह ? सीने से दोबारा चिपकाते ही उसके नन्हे हाथ और मुँह बंजर छाती में कुछ टटोलने लगते हैं। और कोई समय होता तो इस गुदगुदी से हँस पड़ता बिसराम, लेकिन आज यह गुदगुदी रुला रही है उसे। दूध न पाकर बच्ची फिर से पुक्का मारकर रो पड़ी है। झुँझलाकर डाँट देता है बिसराम, 'का करें ? तोहार माई तो थानेवालों को दूध पिलाने गई है।' फिर उसकी खिंची रुलाई से अंदर तक द्रवित हो उठता है, 'पुलिस पकड़कर ले गई, पुलिस ! हम होते तो हमको भी ले जाती। लेकिन हम तो गए थे बेंत के ठीकेदार के पास न ! वहाँ से लौटे खाली हाथ तो भैंस छुड़वाने गए। भैंस बिया गई है—हाँ अपनी भैंस पँड़िया बियाई है। अपने पास होती तो दूध मिलता। नहीं मिली न ! मलिकार के खेत में पड़ गई थी। ले गए, बाँध ली। जबरा हैं। तू तो जानती है, खेत भी अपने थे, भैंस भी। अरे बहुत चिरौरी-मिनती की, गोड़ पर गिरा, हरजाना भरने की किरिया खाई। फिर भी नहीं छोड़े। दुलारी होती तो समझती, तू का समझेगी ? लेकिन काका कचहरी गया है। डिगरी हुई तो खेत भी छूट जाएगा, भैंस भी...अरे-अरे तू तो एक दम्मे बौरा गई।'

उसने रोती बच्ची को उठाकर दो-एक बार प्यार से उछाला, दुलराया। जब इतने पर भी न मानी तो फिर समझाना शुरू हो गया उसका—इस बार टहलते-टहलते, 'सवाल दूध का है न ! भैंस को पकड़कर ले गए मलिकार, माई को पकड़कर ले गए थानेदार। बची मकरी गाय, तो हम थारू लोग गाय का दूध पीते नहीं बिट्टी ? लेरू की आत्मा कलपती है न ! वह तो बाजी (बाहर से आए) लोगों का काम है।'

बच्ची फिर भी नहीं मानती। किसी भी तरह नहीं मानती। क्या करे बिसराम इस वीरानी रात को ? चोरों की तरह तिरछे ताक रहा है। कान खड़े हैं। फिर इत्मीनान हो जाने पर कि उसकी चोरी पकड़ी नहीं जा सकेगी, मकरी के पास आकर हाथ जोड़कर फुसफुसाता है, 'हे गऊ माता, हमारा नहीं, बच्ची का सवाल है। जैसे तुम्हारा वो बच्चा, वैसे ये...! छिमा करना माई।' फिर लेरू की बगल बैठकर पेन्हाए थन से बच्ची के मुँह में दूध की गर्म धार छोड़ता है—छर्र...! छर्र...!

बच्ची पटा गई तो उसने थपकियों से उसे सुला दिया कथरी पर। लेरू का पेट भी भर गया था। उसने उसे गोद में उठाकर खाँचे से ढक दिया। खाट पर वापस जा बैठा तो देह का पोर-पोर टूट रहा था। नींद फिर भी नहीं आ रही, बस एक अजीब-सी थकान है जो फफूँदी-सी देह को जकड़े हुए है।

चाँद डूबने को है। तारे झपक रहे हैं। खुमारी-सी छाने लगी है। कौन खड़ा है पेड़ के नीचे ? परशुराम ! वह परशुराम अब कहाँ रहा जो पेड़ के नीचे खड़ा रहे ? रेता का लुटा-पिटा परशुराम यादव ! तब से अब तक कितना बदल गया परशुराम !

रेता से मजूरी की तलाश में भटकता हुआ आया था तो अठारह साल का रेखिया उठान छरहरा जबान था। मलिकार ने हरबाह रख लिया तो दू जून की रोटी का जुगाड़ हुआ। फिर कुछ महीने बाद टरेक्टर आया तो टरेक्टर चलाने लगा। बाद में वह लठैत बन गया उनका। मलिकार का हुकुम हुआ और बाँधकर उठा लाया आदमी, औरत, गोरू, बछरू, सामान—सब

कुछ ! फिर तो वह भरी बंदूक लेकर चलने लगा मलिकार के साथ। नया-नया गौना हुआ था बिसराम का। परशुराम ही जबरन उठाकर ले गया था तब पहली बार खेत से दुलारी की माई को। वह रात भी ऐसी ही थी भयानक आशंकाओं से गर्म पहाड़-सी रात। रात-ही-रात पहुँचा गया था परशुराम उसी पेड़ के नीचे। फिर तो खुद ही...

मुर्गा बोल उठा। अरे, भोर हो गई। उसकी नजर पलट गई। चाँद डूब गया। उजाले पर सियाही पसर गई थी। पूरबी क्षितिज पर शुकवा उगा आ रहा था। वह अभी तक नहीं आई। राम जाने क्या बीत रही होगी उस पर। वह फिर से अकेला हो गया। मकरी गाय कीचड़ में पाँव पटक रही थी। इक्के-दुक्के पंछी बोलने लगे थे। सुबह की ताजगी भिंदने लगी थी फिजाँ में, लेकिन उसका मन बासी-का-बासी था। बच्ची मुँह फुलाकर फिर से रोने की तैयारी कर रही थी। 'ना ! ना !' वह उसे गोद में लेकर फिर से दुलराने लगा, 'राजा की बिटिया है !...राजा ? अच्छा राम-राम के बेरा में सच-सच बता तो—केकर बिटिया है ? मलिकार की ? परशुराम की ?...ले तू तो रोने लगी। अरे ना, तू हमरी बेटी है, हमरी !' बच्ची चुप हो गई। उसके चुप हो जाने में अपनी बेटी होने का संकेत निकालकर खुश होना चाहता है वह। मगर फिर दुश्चिंता घेर लेती है उसे। सुबह पचास तरह की बात पूछेंगे लोग। हे भगवान, अभी भी उसे लौटा दो, ताकि वह कह सके कि रात-ए में आ गई थी। पूछ-ताछ के छोड़ दिया दरोगा ने—कहा जाओ, तुम बेकसूर हो ! अब ई कहाँ का कानून है, हे सुरूज महाराज, कि जो कोई भी डाकू की मदद करेगा, पुलिस बिना जमानत के बंद कर देगी ? मलिकार को तो कभी बंद नहीं करती। सारा कानून गरीब के लिए है ?

दिन निकल गया। नहर के ऊँचे शीशम के पेड़ों से उठता हुआ टह-टह लाल सूरज ! लंबे छितनार पंखोंवाला कोई पंछी उड़ता है डैने पसारकर ठीक सूरज की ओर, फिर चौंधियाकर दक्षिण की ओर उड़ जाता है—पानी भरे ताल, नरकट, बेंत के जंगलों की ओर...!

सहसा नजर पलटी। सुरूज भगवान के लाल गोले के बीच काले धब्बे-सी नहर की सड़क से खोरि में उतर रही थी वह। हाँ वही है। वही...। मानो आग से निकलकर आ रही हो। कनमनाकर खड़ा हो जाता है बिसराम डरे हुए कुत्ते की तरह। छिन-भर की तसल्ली और ढेरों दुश्चिंताएँ।

हे माता भवानी, उसे सिर्फ मारा-पीटा ही गया हो, इज्जत न गई हो। उसने घबराकर फिर देखा, वह गन्ने के खेत की मेड़ पर चली आ रही थी, मानो निबटान से आ रही हो—टाँगे फैलाए, लस्त-पस्त-सी लँगड़ाकर चलती हुई। इस तरह आने का मतलब...!

सामने आकर एक पल को ठिठक जाती है वह। कनखियों से देख रहे हैं पति-पत्नी एक दूजे को। 'बिता आई रात ?' वह भन्न-सा बोलता है।

कोई जवाब नहीं। अपराधिन-सी खड़ी है वह। खड़ी-खड़ी सिसक रही है।

'रोती काहे हो ? डूब मरने को कोई नदी-तलाब, नहर नहीं मिली ?' ऐसे मौकों के लिए यह उसका तकिया-कलाम है। जवाब में सिर्फ हिचकियों की थरथराती सीत्कार है। हुक्के की गुड़गुड़ाहट से इस शोर पर काबू पाना चाहता है बिसराम।

अचानक वह बच्ची को उठाती है और भागती हुई घर के अंदर चली जाती है। बिसराम गर्दन मोड़ता है। अंदर से घुटी रुलाई की आवाज सुनते ही कलेजा दहल उठता है। कुत्ते की

तरह 'कूँ-कूँ' कर रहा है, 'चुप रह। लोग-बाग सुनेंगे तो का कहेंगे !' पत्नी के सिर पर हाथ रखकर खड़ा हो जाता है बिसराम। इस बार वह आँसुओं से लबालब खुनाई-खुनाई आँखों से ताकती है उसे।

'बहुत हतक सहनी पड़ी ना ?' बिसराम ही पहल करता है।

'बिट्टी रोती रही थी न ?' बिसराम बहू के होंठ हिलते हैं।

'बहुत देर हुई। उन्होंने कब छोड़ा ?'

'देबर नहीं आए ?'

सवाल-ही-सवाल हैं। जवाब निरर्थक हैं।

ड्योढ़ी पर गाँव के लोग जुट आए हैं। औरतें पास आ गई हैं। रुक-रुक बता रही है आपबीती बिसराम बहू, 'पूछा, तुम डाकू का मदद करता है। हम बोले, नहीं। ऊ बोले, तुम खाना बनवा के बराबर भेजता है, रात में खटिया पे लेके सोता है। हम बोले, हमको मारने लगे तो के बचाने आएगा ? ऊ गाली दिया। हम चुपचाप सुनते रहे। फिर बोला तुम काहे आए, तुमरा जवान लड़की नहीं है ? तब तो हमरा आग लग गया, बोले, है। ऊ बोले, तो जाओ, भेज दो। केस खलास कर देंगे। हम बोले, आप जाइएगा उसके पास ? ऊ बोले, जाएँगे ? हम बोले, ऊ भगवान के पास गिया, चले जाइए। बस इसी पे लगे मारने हमको। दारू पिए हुए थे। बहोत मारा, बहो...त ! अब हम किसी काम के नहीं रह गए। नँय बचेंगे हम। हमरा बच्चा का का होगा, हे राम !'

सारा गाँव सुनकर सन्न है। एक-एक कर सारी भीड़ छँट जाती है। सिर्फ एक आदमी बचा रह जाता है—काली !

'तू कब आया ?' पूछता है बिसराम।

कोई जवाब नहीं देता काली।

'मुकदमे का का हुआ ?'

'फिर तारीख पड़ गई ?'

'अ दत तेरी कोरट की...। ठीकेदार से कुछ मिला ?'

'नहीं।' कहते हुए भौजी के सामने जमीन पर उकड़ूँ बैठ जाता है काली। दिन ढले तक जहाँ-तहाँ पसरकर सोया रहा सारा परिवार। बिसराम की नींद टूटी तो उसने देखा कि काली चूल्हे के पास घुटनों में सिर डाले बैठा है। खदर-खदर कुछ चुर रहा है।

'सुनो, तुमसे एक सलाह लेनी है।' चिलम भरते हुए पूछता है बिसराम, 'सिरिफ बाप-दादा की जमीन का ही मोह है न ? ऊ भी अपनी रही नहीं। जो कुछ है, बेच-बाचकर चल दे नेपाल। तुम्हारे गौने का खेवा एक साल और टाल देते हैं।'

'पहले ही बताया था भैया, बिना वहाँ की नागरिकता, माने रहने के परमीशन का कागज मिले हम नहीं रह सकते वहाँ।'

'अ दत तेरे कागद की ! इतना चोर-बंडोल, राँड़-छिनार सब कैसे रहता है ? सबके पास कागद है ?'

चिड़चिड़े होते जा रहे हैं भैया। कोई सहानुभूति से भी बोलने आता है तो जैसे काट खाने दौड़ते हैं। दिन-दिन-भर पड़ी रहती है भौजाई खाट पर। रें-रें करती रहती है, बनरिया

की बच्ची-सी फुलमतिया ! कहीं कोई थाह नहीं मिलती—सारे रास्ते बंद हैं। आजकल वह परशुराम के दल के चइतू के पास ज्यादा उठने-बैठने लगा है। आध कोस पूरब है उसका घर। चइतू की गिरस्थी धीरे-धीरे उसी के कंधे पर आ टिकी है। इतने दिन बाद आज पक्का भरोसा दिया है चइतू ने कि उसे हथियार देगा। आश्वासन पाते ही उसके पंख लग गए हैं। जी चाहता है, कब खाट पर पड़ी भौजी के पाँव छूकर कहे—भौजी, भीम की तरह हमने भी मन-ही-मन कसम खाई थी कि जब तक आपके अपमान का बदला न ले लूँ, तब तक...!

अ र र र र ! भौजी से पहले भैया से सामना हो गया। उनका रुख देखकर ही सूखने लगा है परान !

'नहरवाले काम पर से आ रहा है ?'

'वो-वो...!'

'अच्छा ऑफिस गया होगा। नेपालवाले कागद का का हुआ ?'

'फुरसत नहीं मिली भैया, इसी हफ्ते पता करेंगे !'

'फुरसत कहाँ से मिलेगी, तू तो चइतू का चरनामिरित पीने लगा है न आजकल !' मुँह ऐंठ गया भैया का, 'हियाँ एक जनाना खटिया तोड़ रही है। चल भी पाएगी कि नहीं, पता नहीं। दो-दो बार गौने का खेवा टाल चुके। बिना एक और मेहरारू के घर चलनेवाला नहीं। लेकिन कौन समझाए इनको ? ई तो चइतू की गाँठ थामे बैठे हैं। सबकी खाल खिंचवाकर ही पेट भरेगा इनका।'

ऐसी जिरह की उम्मीद न थी काली को। हक्का-बक्का रह गया। 'कान खोलकर सुन लो...' भैया का गुस्सा सँभाले नहीं सँभल रहा था, 'अगर वही डगर पर गोड़ धरना है तो पहले फरका कर लो...बह जाओ जगरनाथ भैया की तरह। नेपाल से तस्करी करो। लड़की खरीदो। लड़की बेचो। बहते-बिलाते रहो नेपाल से गोरखपुर तक।'

'लेकिन भैया, हम तो जगरनाथ से नहीं चइतू से मिलते हैं। बचपन का संघतिया है।'

'हमको पट्टी मत पढ़ाओ। जगरनाथ और चइतू में का फरक है ? एक चुगुल दलाल, दूसरा डाकू !'

'मलिकार भी तो हथियार लेते हैं परशुराम से, चोरी-चुप्पे बतियाते हैं।'

'ऐं !' गड़बड़ा जाता है बिसराम, फिर सँभलने की कोशिश करता है, 'पुराना रैयत है। फिर ऊ बड़े आदमी की बात है।'

भैया को उलझाकर काली दबे पाँव भौजी के पास जाने को कदम बढ़ाता है कि पीछे से पुकार बैठते हैं, 'सुन कलिया !' रुक जाता है काली।

'मुकदमे का का हुआ ?'

'इस बार तो कोरट ही नहीं बैठी।'

'काहे ?'

'हल्ला था कि प्रधानमंत्री आएँगे, लेकिन नहीं आए।'

'परधान मंतरी...? ऊ तो मू न गई।'

'अरे अब उन्हीं के बेटे न हैं गद्दी पर !'

'ओ...!' अपनी अज्ञानता पर झेंपता है बिसराम।

'वे तो कुछ महीने पहले ही आए थे, आपको नहीं पता ?'

'अब हमरा के का मालूम ! हम तो गान्ही बाबा को जानते थे कि हमरा बाबा के बखत आए थे। जबाहिर लाल भी आए थे एक बेर। बाकी ई कौन काम से आए थे ?'

'ऐसे-ई ! घूमने-टहलने। उन्होंने ही एलान किया था कि चंपारण की धरती से डाकुओं का सफाया कर देंगे।'

'चाबास (शाबास) !' मन से शाबासी फूटती है लेकिन शंका-आशंका के बादल छँटे नहीं हैं, 'का उनको भी कोई डाकू परेशान किया था ?'

'नहीं, उनको क्या परेशान करेंगे। यह तो ऐसे हुआ कि जब वे यहाँ आए तो यहाँ के बड़का-बड़का आदमी उनके पास फरियाद लेकर गए कि हम लोगों को इनसे मुक्ति दिलबाइए ! अपने मलिकार भी थे, ठेकेदार भी, लल्लन बाबू और राजगढ़ियाजी भी ? पुलिस फोर्स भी आ गई—ऑपरेशन ब्लैक पाइथॉन !'

अचानक बोलते-बोलते सकपका जाता है काली। बिसराम कनखियों से देख रहा है उसे, मूँड़ी नचाकर बोलता है, ''हमी बुरबक अ, तू ही हुशियार ! ना...? तुम पहले बोले, कि मलिकार और परशुराम में भाईचारा है, और फिर बोल रहे हो कि उसी को मरवाने की खातिर परधान मंतरी के पास गोहार लगाने गए थे। तोर भउजी के साथ-साथ तोरो के झड़वाना पड़ेगा !'

'झड़वाना...?' चौंकता है इस नई खबर पर काली, 'फिर झाँड़-फूँक के चक्कर में पड़ गए आप ?'

'चार अच्छर पढ़ गया तो देवी-देवता अब झूठे हो गए तुम्हारे लिए। धियान से सुन, इसी एकादशी को विधान बना है। बहुत इंतजाम करना है अभी। रौंड ही मत मारते रहना। परधान मंतरी आएँ, चाहे परधान मंतरी का बाप, हमको तो एही नरक में रहना है।'

गरी का गोला। कच्ची, पक्की धार। चूनर, मुर्गा और गाँजे का चढ़ावा। बहुत सिद्ध ओझा है कामद गिरि ! नीम के चौरे के तले लोहबान सुलग रहा है। अड़हुल के फूल सजाकर रखे हुए हैं। ओझा मंतर पढ़ रहे हैं, पढ़ते-पढ़ते स्वर कभी तेज हो जाता है, कभी धीमा—छू काली कलकत्ते वाली, बनदेबी, बनसप्ती देबी, नर देबी, माई के थान की माता, शीतला भवानी, रहसू भगत, सोमेश्वर देव अतना बेर से आइ के...फूली लवंग से गोदकर दूसरी फूली लवंग उठाता है, उठाकर गिराता है। पचरा गाते समय स्वर बदल जाता है—नीमिया की डारी मैया डारे लीं हिंडोलवा, कि झूलि झूलि ना...। पचरा सुनते ही बिसराम बहू समेत कई गाँव की औरतें खेलने (अभुवाने) लगती हैं। नीम की चँवर से सबको झाड़ता है ओझा।

लो बागदत्त हो गई देवी, 'हम नहीं छोड़ेगा, नहीं छोड़ेगा। हरिना का मांस खाया थाना में।'

बिसराम बहू के मुँह से झरते देवी के शब्दों पर खुसुर-फुसुर होने लगी है चारों तरफ, 'घोर अनरथ।'

''जानती नहीं थी कि हरिना का मांस नहीं खाना चाहिए थारू को। हरिना मारने-खाने से हैजा होता है। अरे बाप।' कामद गिरि बचाव पक्ष के वकील की तरह सफाई दे रहे हैं,

'छिमा करो देबी। ई जनाना जात है। ई थोड़े मारा। इसको तो मार के दिया गया था। जानता तो थोड़े ही खाता।' 'खाया काहे...? काहे खाया ?' बदन तोड़े डाल रही है, बिसराम बहू। मगर लोगों का ध्यान देवी की महिमा की ओर है, 'देखो, देखो, भाखा कैसे बदल गई।'

'छिमा करो देबी !'

'एक पाप हो तो छिमा करे, पाप पे पाप किए जा रहा है ई।'

'और कौन पाप किया देबी ?'

'इसका बेटी गाय का दूध पीया है।' सर झटकती हुई बता रही है बिसराम बहू।

'अब लो ! इस बात का पता किसी को था पहले...?'

'अरे देबी से कुछ छिप सकता है कभी ! तभी तो कहें, इतना किरोध काहे आया देबी को !'

'छमा करो मइया।' बिसराम गमछा हाथ में आँचल की तरह लेकर पत्नी के पाँव पर गिर पड़ता है।

'अरे ऊ ठो कहाँ है—कलिया इसका देवर। उसको ले आओ।' बिसराम बहू रौ में कह रही है।

'काली ! ए काली !' कई लड़के दौड़ पड़े। लो, काली तो मुरली पांड़े मास्टर साहब से बतिया रहा है।

'परनाम मास्टर साहेब।'

'परनाम ! परनाम ! खुश रहो।' अप्रस्तुत-से बोल उठे पांड़ेजी, 'किस चक्कर में पड़ गए हो तुम लोग ? अस्पताल ले जाना चाहिए कि...।' मास्टर साहब और काली चले आ रहे हैं।

'ए मास्टर ! तू का बोलता है ? देखेगा देबी का तागत ?' ललकार उठी है बिसराम बहू !

'हाँ मैया, वही तो देखने के लिए तरस रहा हूँ।'

'का देखना चाहता है ?'

'पहले ई बताइए कि जो इसको सताए ऊ पुलिस थी कि डाकू ?'

'पुलिस !'

'पुलिस ?'

'नँय डाकू !'

'डाकू...?'

'पुलिस ! डाकू ! डाकू ! पुलिस ! पुलिस ! डाकू ! खाकीवाला !'

'रहने दो मैया, खाकी तो दोनों की वर्दी है। एक बात ई बताओ कि हिरण का मांस अनजाने में खा लेने पर तो तुम बेचारी बिसराम बहू को इतना बड़ा दंड दे रही हो तो जिसने हिरण मारा उसका नाश क्यों नहीं कर देती ? गाय का दूध लाचारी में बच्ची को पिला दिया बिसराम ने तो अनर्थ हो गया, लेकिन मलिकार उसकी भैंस ही ले गए—उनका क्या कर रही हो ?'

'तुम विशबास नहीं करता ? देखेगा तागत ?' कहते-कहते अभुवाती हुई बिसराम बहू

की आँखें उलटी होने लगती हैं और वह लद्दद-सी गिर पड़ती है !

'ए महाराज ! जाई ! जाई हियाँ से।' गाँव के कई लोग मास्टर साहब को कोसने लगते हैं। आँधी के आगे बेना का बतास सिद्ध होता है पांड़ेजी का और उनके शिष्य काली का प्रयास !

प्रायश्चित्त और पूजा के बाद फिर से शुद्ध मान लिया गया है बिसराम के परिवार को।

अब वह लोगों से बोलने-बतियाने लगा है। हालाँकि दुलारी की माई की तबीयत सुधरने की बजाय बिगड़ती ही जा रही है। जानकार लोग बताते हैं कि देबी देह का सत्त निचोड़ लेती है, लेकिन उनकी किरपा से सब ठीक हो जाएगा। सब माने खेत का मुकदमा भी। डिगरी हुई ही समझो। आजकल वह इनरदेब के यहाँ रेडियो का समाचार सुनने भी नियमित जाता है, सुनने की खबर बस एक है कि डाकुओं का सफाया होकर रहेगा। जमींदार, सेठ-साहूकार 'अतीयाचार' नहीं कर सकेंगे, ई नहीं कि एक-एक ठो जमींदार के पास हजार-हजार बिगहा और किसी के पास कुछ भी नहीं। सब छीन के गरीबों में बाँटा जाएगा। बेंत का झौवा बुनते-बुनते बहुत कुछ बुनता रहता है दिमाग में बिसराम !

बिहबाबलपुर, बलुआरा, मोहना, अटारी, खलबा, चकिया, मुकीदपुरा, जहाँ-जहाँ भी जाता है रेडियो का समाचार सुनाए बिना नहीं मानता। गौरमिंट कोई हँसी-खेल है ! सब शेरों का शेर है। जब तक सोया है, जितना चाहो उछल-कूद कर लो देह पर, एक बार जागकर दहाड़ा कि सब चूहे बिल में।

'ऊ तो बहुत उत्पात न कर दिया था। जेकरा-तेकरा के पकड़ के फिरौती माँगने लगता। बड़का डाकू तो बड़का डाकू। छोटका-छोटका न जाने कितने डाकू ! जहाँ सुनो, हुंवई पकड़ा—आज अलाने को, कल फलाने को ! लोग-बाग उसकी बात में हाँ में हाँ मिलाते। 'ए भैया !' मकरंदापुर की मलारी ही कभी-कभी टोक देती है, 'एकरा पहिले का था, जो न रहा, कि हाकिम न रहे, कि कोरट, कचहरी और गौरमिंट जो अब न रहा। का किया ? हमी गरीबन को ही तो लूटा। कहें नाऊ ठाकुर कै बार ? कहे गिन लो साहेब सामने गिरेंगे।'

'ऐ मलारी ! तोरा के तो हर चीज में तीता लगता है। एक ठो नौतनबाँ के महटर साहेब, एक ठो बनकटा के काली, और एक मकरंदापुर की मलारी देबी—बस तीनिये तो अगम गियानी हैं। अरे जा-जा-दारू चुआब, दारू बेच !'

बिसराम भी विचलित नहीं होता मलारी की बात पर, बीच-बीच में काली को पकड़कर पूछने बैठ जाता है—'गौरमिंट तो बहुत भरोसा दे रही है। तोरा का लगता है, कुछ होई ?'

'देखें।'

'बाकी हमरा लागता कि अबकी बेर कुछ होके रही।' वह काली से साखी भरा लेना चाहता है, 'का तो नाम बताया था...!'

'आपरेशन ब्लैक पाइथन !'

'हाँ ! आपरेशन बिलैक पैथन !'

काली किसी सब्जबाग में नहीं फँसना चाहता। इन दिनों वह किसी नट-सा तने हुए

रस्से पर चल रहा है, रस्सा जिसका एक-एक छोर पांड़ेजी के विचारों से बँधा हुआ है, दूसरा चइतू से।

'ए काली !' कुछ देर के बाद फिर पुकारा बिसराम ने।

अपनी ही दुविधा में उलझा, काली सुन नहीं पाता, देबारा टेरा,

'कलिया !'

चिंहुक उठता है काली, 'हाँ भइया !'

'का सोच रहे थे ?' बिसराम की आवाज में दिनोदिन भरते उल्लास से चकित है काली।

'कुछ भी नहीं।'

'सुन, राती एक गो सपना देखतानी। का देख रहे हैं, जे दुलारी आ के खड़ी है, कपड़ा भीजल। बोली कि सीधे गंडक से निकल के आबतानी ! एक गो बात कहना था, ओही खातिर। हम टुकुर-टुकुर ताके लगलीं,...बोल बेटी। त-अ बोली जे गंगौती के रानीमहल में एक गो एस.पी. आए हैं कुमार साहेब, जौन दिन साँप के कटला से हमर मौत हुआ, होह दिन भेंटाइल रहलन, मन-ए परत बा ?... हम कहलीं, बोलते जा, खूब मन-ए परत बा... तो का कहती है—उनकरे से कह—अ !'

काली के मन के रेगिस्तान में यह सूचना एक बूँद-सी टपकी और बिला गई। लेकिन भैया की बात थी। पांड़ेजी से पूछा तो ऋषि-मुनि की तरह थोड़ी देर सोचकर बोले, 'अवचेतन की अभिव्यक्ति है—उस दिन जो तुम्हारी भौजी अपने अपराधबोध में खुद ही अपने गोपन रहस्यों को सबके सामने बताती हुई अभुवा रही थी, और अब जब हर तरफ से निराश बिसराम कभी 'गौरमिंटी कानून' तो कभी कुमार साहब में अपनी आशा को रोपना चाहता है—दोनों। ये ईमानदार, धर्मभीरु और भोले लोग हैं इसीलिए, वरना धूर्तों और मक्कारों को ऐसा कुछ भी महसूस नहीं होता। खैर, तुम लोग कुमार साहब से मिल लो। इसी सड़क से अकसर आते-जाते हैं।'

नहर की पुलिया पर दोनों भाई बैठे गंगौती की ओर देख रहे थे। घंटे-भर बाद जीप आती दिखी। दोनों सजग हो गए। जैसे ही जीप करीब आई, बिसराम ने हाथ जोड़ लिये, 'सलाम हजूर ! एक गो फरियाद रहल !'

जीप सर्र से आगे निकल गई। दोनों भाई धूल से नहा उठे।

'गाड़ी के अंदर से ना सुनाला।' काली तसल्ली दे रहा था भैया को।

दूसरे दिन फिर वही क्रिया, 'हजूर, हजूर, एक गो दरखास रहल हजूर।' मगर जीप रुकी नहीं।

तीसरे दिन वे संकल्प करके बैठे—आज जीप के सामने खड़े हो जाएँगे। मगर जीप नहीं आई।

शाम को साइकिल से उतरते हुए मास्टरजी ने बताया, 'अभी तनी हड़बड़ी में हूँ। कुमार साहब मंत्रीजी की बेटी की शादी में गए होंगे, पुलिस की कार्रवाई अभी बंद है।'

दोनों भाई चुपचाप चौराहे पर खड़े रह गए—अब...?

पाँच

ऑपरेशन इंचार्ज शर्मा यहाँ भी हाँका बोलकर अपनी माँद से निकले डाकुओं को धर दबोचने की रणनीति पर अमल कर रहे थे, इसी रणनीति के तहत उन्होंने वामदेव का खात्मा किया था। एस.पी. खुद शामिल थे उस अभियान में। उधर पटना में बैठे डी.जी. की अलग ही रणनीति थी—सभी इकाइयों को जगाकर उन्हें इतना सक्षम बना देना कि समस्या खुद-ब-खुद खत्म हो जाए। दोनों रणनीतियों में कोई तात्त्विक अंतर नहीं था, मगर सवाल दो आत्ममुग्धों के अहं का था। एक जिसे 'नाला' कह रहा था, दूसरा उसे 'पनबहाव' और अपना पक्ष सही सिद्ध करने के लिए दोनों उच्च अधिकारी आपस में टकरा गए। अब चूँकि डी.जी., डी.जी. थे, सो उन्होंने अपने पॉवर का इस्तेमाल कर शर्मा को पटना वापस बुला लिया। फलतः ऑपरेशन त्रिशंकु की तरह झूल गया। कुछ अधिकारी ट्रांसफर कर दिए गए, जो बचे, वे अगले ऑर्डर के इंतजार में निष्क्रिय हो गए। कुमार भी। वह चुपचाप रानीमहल की रेलिंग पर झुके-झुके दूर-दूर तक मटमैले बादलों को देखा करता और सोचा करता, अब क्या होगा ! जो खाइयाँ जंगलों में डाकुओं से मुठभेड़ के लिए बनाई गई थीं, उनमें पानी भर गया होगा; अब फिर से कोई नया अफसर आएगा, वह फिर से अपनी खाइयाँ खुदवाएगा। हुँह !

फिलहाल तो मंत्रीजी की बेटी की शादी का मसला है, चारों जोनों के प्रभारियों को न्यौता है। मन अलसाया हुआ है, जाने का मतलब है मुसाहिबी। मगर नौकरी करनी है, और प्रोमोशन लेना है तो वह भी करना पड़ेगा।

आगे-पीछे दो-दो पुलिस की जीपें। बीच में मंत्रीजी की कार ! क्या शानदार एस्कोटिंग है। उर्मिला की माँ देखेगी तो खुश हो जाएगी।

दुबे निवास पर एक-एक कर रुकती हैं जीपें। जीपों से निकल पड़ते हैं पांडेय, सिंह, भंडारी और कुमार। सभी 'सावधान' की मुद्रा में।

'अब, आप लोग मेहमान भी हैं, मेजबान भी।' दुबेजी एक-एक पुलिस अफसर का मुआयना करते हुए बोलते हैं, 'हमरा गाँव की बोली में सराती। बियाह का बंदोबस्त आपके हवाले करके हम निफिकिर हुए न ?'

'आप बेफिक्र रहिए सर !' पांडेयजी ने कहा। दुबेजी एक-एक का कंधा दबाकर अपनापन थोपते हैं, फिर सहसा पुकार उठते हैं, 'लखन ! ए लखन !'

घरेलू नौकर लखन बखरी के अंदर से गमछा कंधे पर सँभालते दौड़ा आता है !

'मलिकाइन कहँवा हैं ?'

लखन पता नहीं क्या भन्न-से कहता है कि चेहरे पर चिंता पसीज उठती है फिर जैसे उसे जबरन झटकते हुए बोल उठते हैं, 'अच्छा, कामेशर से कहो कि साहब लोगों को ठहराने और चाह-पानी का परबंध करे, वोइसे सुलेमान ठीकादार को कहा हुआ है, उसको भी बोल दें।' फिर वे अफसरों की ओर मुखातिब हुए, 'आप लोग अब जा के आराम कीजिए, फिन बात करेंगे !'

दुआर पर गहमा-गहमी थी। भीड़ को चीरते हुए सीधे जा पहुँचे पत्नी जशोदाजी के कमरे में, 'अब तुम्हारा नखड़ा जो है सो। वही कहावत है, दुअरा लगत बरात...त समधिन

के...' जशोदाजी की मुद्रा में इस भदेस वक्रोक्ति पर भी कोई परिवर्तन नहीं आया। कमरे की औरतें एक-एक कर बाहर चली गईं।

'अरे कुछ बोलोगी भी भाग्यवान !'

'का बोलें ? हम हैं कोई आपके ? जो जी में आता है, कीजिए।'

क्षुब्ध स्वर !

'हुआ का...?'

'ई केकरा ले के आए हैं ?'

'ओ...!' हँस पड़ते हैं दुबे जी, 'अरे दुर पागल ! दू-चार गो आगे-पीछे पुलिस-उलिस का अफसर न रहेगा तो मंत्री कैसा ?'

'तो रोब जमाने का खातिर पुलिस का अफसर ले आए हैं ? अइसन-वोइसन अफसर ! एस.पी., डी.एस.पी., डी.आई.जी., आई.जी. ! डी.जी.ओ. आएगा। जब बड़का-बड़का मेहमान आवेगा तो ओकर खातिरदारी भी बड़का-बड़का न करेगा !' शेखी में गदरन ऊँची हो उठी है बाँग देते मुर्गे की तरह।

'बिन्दा अउर गोकुल अउर का तो हाँ परशुराम भी आया है—पुलिस भी, डाकू भी ?'

'कौन बिन्दा, गोकुल...? तोहरा नैहर के है कोई ?'

'हमर ना, तोहर नैहर से।' तिड़क उठती हैं जशोदा देवी, दुबेजी हैरान हैं। बेसिन में नाक छिड़ककर मुँह धोकर तौलिए से हाथ-मुँह पोंछती हुई ताक रही हैं इधर-उधर, इन्हें सचमुच याद नहीं आ रहा है या बन रहे हैं ? 'अरे रेता के डाकू !' धीरे से फुसफुसाती हैं।

'हूँ...!' धीरे-धीरे याद आ रहा है सब कुछ, पिछले चुनाव में इन डाकुओं ने लाख-लाख वसूल कर दिए थे, पारटी फंड में। अकेले अपने बल-बूते पचास बूथ घेरे रहा बिन्दा। गोकुल की तो लल्लन बाबू से गरमागरमी भी हो गई थी। सुना परेमा मदद कर रहा था उनकी। उनकी ओर से तब तक थे सिर्फ मास्टर साहब—पुराने कांग्रेसी। लेकिन ईमानदारी का वजन ही कितना ? पलड़ा हलका पड़ते देखा तब खबर भिजवाई परशुराम, बिन्दा और गोकुल को। परेमा के नाम वारंट निकलवाया और पकड़वाने का ईनाम पचास हजार का। परशुराम खुद ही आया था मगर वफादार निकला। परेमा जान बचाने को भागा नेपाल, लल्लन बाबू की किलेबंदी भरभरा गई और बिन्दा, गोकुल और परशुराम के बूते जीत गए चुनाव।

'हूँ...!' जशोदाजी पति की गहरी हुँकारी पर आश्वस्त हो रही हैं, मगर दुबेजी अब कुछ और ही सोच रहे हैं, वो सब तो ठीक है, मगर रंडी और गुंडा से दोस्ती रात के अँधेरे में ही अच्छी, वो भी दोस्ती नहीं, काम किया और चलते बनो। दिन में कोई पूछे भी तो मुकर जाए ! अब इस जाहिल औरत को कौन समझाए कि उनके एहसान का मतलब यह कहाँ होता है कि उनको गले में लटकाए फिरो ! 'का करने आए हैं ऊ सब ?' दुबेजी परेशान-से पूछते हैं ?

'का करने ? अरे बिटिया का बियाह है, बोले पाँव पूजने आए हैं, पाँव पूज के चले जाएँगे। चार बोरा बासमती चावल, दू कनस्टर देशी घी, दू कनस्टर सरसों का तेल, चार कुंटल चीनी, पचीस-पचीस हजार रुपैया, दस-दस थान, सोने का गहना ! बोले मलिकाइन

घबड़ाइएगा तनिको नहीं, जो भी लगेगा, सिरिफ बता-भर दीजिए। चिरई का दूध भी कहें तो...!'

'गए कहाँ ?'

'हुआँ बैठका में बात करिए रहे थे कि आप पुलिस लेके चहुँप (पहुँच) गए। हमी बोले, पिछवारे से निकल जाओ, नदी के किनारे मल्लाहों के पास। हम खुद-ई बुला लेंगे।'

चिंता तनिक दूर हुई, बोले, 'चलो इतना अक्कल तो है।' अरे हम का कहें, सब समझते हैं, सब ! डाकू है तो का हुआ, हीरा हैं हीरा सब, लेकिन...हैं तो डाकू ही न ! हमको अपना पोजीशन भी तो बचाना है। परधान मंत्री एलान कर गए हैं बेतिया में, 'डाकू उन्मूलन !' अ हियाँ उन ही के मिनिस्टर हम, हमरे ही घर में डाकू !'

दुबेजी सोचते हैं, 'शादी-ब्याह में पचास तरह के लोग आते हैं, कोई बात नहीं। कहीं कोई बात उठी भी तो कह देंगे, हम क्या जानें...लेकिन प्राइम मिनिस्टर के ही कान में कोई फुसुक दे तो ! कोई भी फुसुक सकता है, ठाकुर लॉबी के राधो सिंह, भूमिहार लॉबी के कल्प बिलास राय ! हालाँकि ब्राह्मण लॉबी अभी भी तगड़ी है फिर भी डर तो है ही। और ई ससुर पत्तरकार। दो बोतल दारू, एक तीन सितारा होटल या छोकरी-बोकरी दिला दो, कुछ भी लिखा लो। सूँघते रहते हैं साले वैसे भी स्कूप के लिए। खेमेबाज ऊपर से। पहले ही लिखा था अंट-शंट कि रहते हैं कहाँ, इलेक्शन लड़ते हैं कहाँ, दू सौ मील दूर बैठे रहते हैं, दिल्ली में। इनको पता ही नहीं कि क्या हो रहा है इनके चुनाव क्षेत्र में ! हाँ याद आया, डकैतों से एलेक्शन में मदद लेने की बात पर भी छाप मारे थे। अब इन डाकू सालों को कौन समझाए कि ठीक है कि तुम हमरी मदद किए थे, लेकिन हम भी तो तुमको बचाते आए कि नहीं ? हिसाब-किताब बराबर। लेकिन ई कौन-सी बुद्धिमानी है कि शादी के मौके पर हियाँ चले आए। बहुत प्रेम था तो सामान भिजवा देते, लेकिन ई का कि पाँव पूजेंगे ! हुँह, बड़ा प्रेम उमड़ा है ! जैसे इनसे बढ़के कोई हमरा करीबी रिश्तेदार न है।' वे बेचैन होकर सिर पकड़ लेते हैं, 'तीनों ब्रह्मा, विष्णु, महेश को बोलो कि चले जाएँ हियाँ से।'

पत्नी क्षोभ और हैरानी से ताकती है उनकी ओर, 'बहुत काम पड़ा है अभी। मन को शांत कीजिए।' और दरवाजा बंद कर बाहर चली जाती है।

थोड़ी देर बाद दरवाजा फिर खुलता है और सुलेमान और जशोदाजी की तेज-तेज आवाजें कमरे में भर उठती हैं।

'अब समझाइए अपने एस.पी. पांड़ेजी को।' जशोदाजी आते ही फट पड़ती हैं, 'ठीकादार साहेब से झगड़ा कर रहे हैं।'

'पंडितजी, हम पटना से लाइट डिकोरेटर को बोल दिए थे, ऊ सब सजाने लगा, आपके पांडेजी कहते हैं, बंद करो। ऊ चंदन नगर से कारीगर ले आएँगे।' सुलेमान तैश में हैं।

'बस ?' दुबेजी निर्वेद-सा ताकते हैं।

इतनी गंभीर बात को इतने हलके से उड़ा देना अच्छा नहीं लगता सुलेमान को, 'यही नहीं, ऊ आपके एक गो, का तो, आए हैं, भंडारीजी, कहते हैं मिठाइयाँ कलकत्ते और बनारस से आएँगी।'

'तो का हुआ ?'

'आ हियाँ जो परांत के सब कारीगर बुलवा लिये हैं उनका क्या होगा ?'

'हूँ...?'

'पंडाल कहते हैं जे, कलकत्ता से बनाने आएँगे, हर बात में नुक्श !'

'आपका दिमाग है कि घूरा...? अरे ई भी रखिए, ऊ भी रखिए। मंत्री की बेटी का बियाह है, कोई घुरहू तिवारी का नहीं। जाइए छोटा-छोटा मैटर पे हमको दिक मत कीजिए।'

सुलेमान चले जाते हैं। जशोदाजी पति की इन बातों से आश्वस्त होती हैं, 'साचो के, मंतरी का दिमाग मंतरिये का होता है। आप नहा-धो के तनी अराम कर लीजिए, फेन बाहर जाइएगा !'

आराम ! हाँ, सचमुच का आराम करना चाहते हैं दुबेजी लेकिन शौच जाते, नहाते, नाश्ता करते, लेटते यहाँ तक कि सपनों में भी खलल है। पाप के पेट को छुपाएँ तो कैसे !

बेटी का बियाह है। कोई हँसी-खेल नहीं। न्यौते में कोई विशिष्ट नाम छूट जाए, कोई कमी रह जाए इंतजाम में—बाप होने के नाते एक नजर देख लेना जरूरी है, भले ही काम को हाथोहाथ सँभालनेवाले हजार हाथ हैं।

रात फिर पति-पत्नी को एकांत मिला।

'कुछ सोचे ?' जशोदाजी ने सवाल को जैसे फिर से खड़ा किया।

'कौन चीज के बारे में ?'

खिसिया जाती हैं जशोदाजी, 'कौआ के बारे में, बिलाय के बारे में ? आप जानते न हैं कि कौना चीज के बारे में पूछ रहे हैं ?'

'बता तो दिया कि मिनिस्टर की मेहरारू हो, कौनो गँवार, दलिद्दर बराहमन घुरहू तिवारी की जनाना नहीं।' दुबेजी भी तुनुक उठते हैं।

'ठीक है, ऊ बेचारा सबका इच्छा है कि बिटिया का पाँव पूजेंगे। पूज लेने दो, ओकर बाद चला जाएगा।'

'अरे तुमको अक्कल कब आएगी भाग्यवान ?' अटपटी झुंझलाहट में खौंखिया उठते हैं, 'ठीक ही कहा है, नाक न हो तो जनाना गू खा लें।'

'गू ?' नागिन-सी ऐंठ गईं जशोदाजी, 'के गू खा रहा है दुबेजी ? मीठा-मीठा गप्प आ कड़वा कड़वा थू ! चार बोरा बासमती चावल, छह बोरा कटहर, दू कनस्टर खाँटी घी, दू टीना सरसों के तेल, चीनी, मसाला, गहना, पैसा। रउबा (आप) गू खाई और हित-नात, यार-दोस के खिंयाई ! हमरा से तू-तबड़ कइलीं कि बके लागब भूत नियन (जैसे) ! मंतरी होंगे अपना घर के, हमहू इज्जतदार बराहमन के बेटी हईं !'

'अरे भाग्यवान, ऊ सब डाकू न हैं !' पत्नी के गरम पड़ते ही नरम पड़ जाते हैं दुबेजी, 'तुम समझती काहे नहीं। ऊ डाकू ठहरे और हम ठहरे मंत्री—उसी सरकार के मंत्री, जो डाकू मरवाने पर ईनाम देगी—'ऑपरेशन ब्लैक पाइथन !' और ऊ जो पुलिस के अपीसर लोग आए हैं, उन्हीं पर ये जिम्मेदारी है डाकू मारने की।'

'एही बतिया नू पहिले पूछ रहे थे ?' जशोदाजी कटाक्ष करती हैं, पति-पत्नी युद्ध विराम

की ओर बढ़ रहे हैं।

'तो हरज का है, समरपन करा दीजिए !' जशोदाजी कहकर पति की आँखों में झाँकने लगती हैं।

'समरपन ? एकरा पे तो दिमाग-ए न गया। लेकिन ना, ना !'

'ना ? काहे खातिर 'ना' जी ? जब चंबल का डाकू लोग समरपन कर सकता है तो ई सब काहे नहीं कर सकता ? बेकार-ए न मंत्री हुए।'

'सोचूँगा भाई। लेकिन इस समय झमेला मत करो ! बिटिया का बियाह मुख्य है कि डाकू ?' झुँझलाकर चल देते हैं उर्मिला के कक्ष में। जब से आए हैं बेटी से एक बार भी नहीं मिले।

आधे घंटे में लौटते हैं तो पीठ फेरकर सोई पत्नी की बगल में पीठ फेरकर सो जाते हैं, 'ठीक ही कहा है, नाक न हो तो...। ई नहीं कि तनी हाथ-गोड़ चाप दे...!'

नींद नहीं आ रही है। उठकर नींद की गोली निकालते हैं, बेलियम फाइव। न आज तो बेलियम टेन की जरूरत होगी। थोड़ी ही देर में छत्तीस के संबंध पर लेटे पति-पत्नी दोनों के खर्राटों की जुगलबंदी होने लगती है—खर्र...खाँय !

पाँच बजे सुबह एलार्म बजता है घन...न...न...न...न...! उठ पड़ते हैं बिस्तर पर। आँख मूँदकर पहले हाथ जोड़कर प्रार्थना करते हैं,

'हे प्रभो, आनंद दाता, ज्ञान हमको दीजिए,
शीघ्र सारे दुर्गुणों से दूर हमको कीजिए।'

बाकी गायत्री मंत्र या पूजा-पाठ नहाने-धोने के बाद। सगुन के लिए यह प्रार्थना बचपन से ही आजमाते आए हैं। सो ट्रेन हो या प्लेन, पहली प्रार्थना यही होती है।

प्रार्थना से बल मिलता है, 'सुनो, उन तीनों से कह दो कि रहना चाहते हैं तो रहें, बाकी हुसियारी से रहें। कोई पूछे तो कह देना रिश्तेदार हैं। कामेश्वर बाबू, सुलेमान और लखन-उखन से भी बोल देना। ई दू-चार गो पुलिस-टुलिस का अपीसर का करेगा हमरा ! कौनो लेंड़ी-बूची हैं, मिनिस्टर हैं मिनिस्टर, ऊ भी सेंटर के !'

नींद से जागते ही पहला सुसंवाद जशोदाजी को, 'अइसे न बोले के चाहीं !' आँख मटकाकर मुसकराती हैं। दोनों एक-दूजे को प्यार-भरी नजरों से देखते हैं फिर आधी भरी मसकों की तरह भिलभिलाकर एक दूजे पर ढह जाते हैं।

किवाड़ खुलते ही मांगलिक शहनाई की आवाज विवाह की उद्घोषणा करती है—पीं-ई-ई ! पीं-ई-ई-ई, पिपि पीं-ई-ई, ई-ई-ई !

सुंदर सजे पंडाल में झाड़-फानूस, पँखे और बेंत के फर्नीचर। गेंदे, गुलाब, बेले और रजनीगंधा की झालरें और तोरण। सारा कुछ भव्य और आभिजात्य भरा। कतारबद्ध कुर्सियों पर बैठे मंत्री, सेठ, ठेकेदार और आला अफसर। दुबेजी के अन्य अंगरक्षकों के साथ अंगरक्षक बनकर चल रहा है कुमार। सतर्क नजरें आगे-पीछे, दाएँ-बाएँ, ऊपर-नीचे सबको टटोलती हुई। दुबेजी विशिष्ट अतिथियों से मिलते हुए परिक्रमा पूरी करते हैं।

एक नजर जनवासे के मंडपों को देख लेना ठीक होता। बाहर से ही देखकर संतुष्ट होकर लौट आते हैं; पांडेय, भंडारी, सिंह और सबसे बढ़कर सुलेमान के होते हुए उन्हें किसी

बात की फिकर नहीं। सब कुछ टिप-टॉप है।

विवाह मंडप की ओर लौटते हुए एक नजर बिन्दा पर पड़ती है। देखकर भी नहीं देखते उधर। कानों में शहनाई, नगाड़े, पुलिस बैंड की धुनें और बीसियों तरह की गहमागहमी के शोर हैं, मगर मन सिर्फ अपनी ही युक्ति के गिर्द चक्कर काटने लगा है, ठीक है 'समरपन' ठीक है। सात खून माफ ! यश भी रहेगा। इन्होंने मदद किया है, इसी का अहसान है, वरना हैं तो ससुरे पापी ही। अब शर्माजी की ईमानदारी के बूते तो एलेक्शन जीतने से रहे, वो तो कहिए सुलेमान को नहर का ठीका दिलवाया था, और ऊ वफादार निकला, वफादार निकले गोकुल और बिन्दा। और विभीषण बन के आ मिला परशुरमवा। आज इनका उपकार भूल जाएँ तो भगवान के यहाँ कौन-सा मुँह दिखाएँगे। फिर बीच गंगाजी में खड़ा होके कोई नेता कह दे कि हम इनका संरक्षण न देते हैं तो जानें।

राम ! राम ! कहाँ भटक गए। मूल प्रश्न है, इनकी जान बचाना और रामजी सहाय रहें तो बचिए जाएगी।

विवाह मंडप तक पहुँचाकर कुमार ने एक कड़कदार सैल्यूट दिया और वापस मुड़ गया। पंडाल के रास्ते में साथ आए जवान सादी पोशाकों में उससे आ मिले, चलते-चलते कुछ बातें हुईं। कुमार एक पल को ठमका, कनखियों से उसने इधर-उधर देखा, फिर आगे बढ़ गया। बरात आ रही है। आतिशबाजियों की चकाचौंध, गहमागहमी के शोर में भीड़ के समुद्र पर इठलाते झूमते, पानी के जहाज-सी बरात आ रही है।

द्वारपूजा में औरतों का मंगल गीत और पंडितों के मंत्र दूसरे तमाम बोझिल स्वरों से उबरने की कोशिश कर रहे हैं। दुबेजी के पीछे खड़े कुमार की नजर भीड़ में कुछ तलाश रही है। शोर मन को थिरने नहीं देता। क्या करे वह ? कहने के लिए वह मंत्रीजी की बरात में आया है, लेकिन है तो वह 'ऑपरेशन' में। तीन ही गोलियाँ काफी हैं तीन डाकुओं के लिए। लेकिन मार दिया और कहीं लेने के देने पड़ गए तो...? कर्त्तव्याकर्त्तव्य के द्वंद्व में फँस गया है वह। लेकिन जवाबदेही किसके प्रति है, मंत्री के प्रति या प्रधानमंत्री के प्रति ? यह खयाल आते ही एक ठोस निर्णय पर पहुँचता है वह। साथी अफसरों से कंसल्ट करे...? मंत्रीजी से...? न। ठीक है, सिर्फ इस बात का निश्चित पता कर लेना है कि वे तीनों बिन्दा, गोकुल और परशुराम ही हैं और वे भुसहुल (भूसा घर) में ही हैं। मगर शिनाख्त है किसके पास ? कौन बताएगा उसे ?

छाँटते-छाँटते सिर्फ एक आदमी बचता है सुलेमान—नहर का ठेकेदार। मंत्रीजी की जी-हजूरी की फिलवक्त जरूरत नहीं, ऐसे में जब द्वारपूजा और जलपान के चलते एक शून्य-सा पैदा हो गया है, उसे मौके का इस्तेमाल कर लेना चाहिए।

सबसे पहले उसने बरात में लगे घर और बाहर के नौकरों, ग्रामवासियों की मन-ही-मन सूची बनाई, फिर रिश्तेदारों और अतिथियों की। दो दिन के दरमियान जिन चेहरों को वह पहचान चुका था, फिर उन्हें छाँटकर अलग कर दिया।

अलसुबह भुसहुल के पास एक धमाका होता है, फिर दूसरा, फिर तीसरा !

अरे बाप, गोली चल रही है ! भगदड़ मच गई। नहीं-नहीं, गोली चलनी बंद हो गई। कौन मराया ? डाकू ! मंत्रीजी के घर डाका डालने आए थे। भुसहुल में लुकाए हुए थे।

तनाव और दहशत में ढेर सारे लोग निकल आए हैं। मंत्रीजी दहाड़ रहे हैं, 'हुँह ! ससुर बाघ का माँद में चला आया था। वेलडन कुमार, वेलडन !'

कुमार किंचित आश्वस्त हुआ, 'हम तो सर दुविधा में थे कि...।'

'अरे न जी। दुविधा किस बात का।'

फोटोग्राफर क्लिक ले रहे हैं। भुसहुल से गोकुल और बिन्दा की लटकती लाश बाहर मैदान में निकाली जा रही है जैसे किसी हिरण की लाश हो। देखकर नहीं लगता कि डाकू हैं, ये तो यज्ञोपवीत धारी साक्षात वेदपाठी रिश्तेदार-से लग रहे हैं। लाशों के पीछे एक सधे शिकारी-से खड़े हैं दुबेजी !

जसोदाजी खबर सुनते ही थर्रा जाती हैं—बिटिया के बियाह में पहिले ही अमंगल !'

डाँट देते हैं दुबेजी, 'कैसा अमंगल ? विघ्न हटे तो उसको मंगल नू कहेंगे !'

समझाने पर भी नहीं समझतीं जसोदाजी, 'देखों, हम 'राजनीति-फाजनीति' नहीं बूझते उर्मिला के बाबूजी।'

'अरे भाग्यवान, ऊ साँप थे साँप !'

'लेकिन साँप का जोड़ा नू होता है। दू गो मराया, एक गो बच गया। ऊहो रेता का है। कहीं बदला लेने का पलान कर लिया तो...?'

'अरे बॉडी गार्ड है नू !'

'आपको तो बाडी गारद है, लेकिन हम लोग का, उर्मिला का...?'

'ठीक है हियाँ-उहाँ सगरो (सर्वत्र) पहरा लगवा देते हैं—बस !'

सारा इंतजाम करके आज की फ्लाइट से दिल्ली जा रहे हैं दुबेजी। आज नहीं गए तो प्रधानमंत्री चार दिन की विदेश यात्रा पर चले जाएँगे। साथ में कुमार को भी लिवा जा रहे हैं।

कुमार को रह-रहकर पांडेयजी का व्यंग्य कचोट रहा है—'अरे भैया, डाकू मारने से भी जरूरी है डाकू की रक्षा। जाओ, जाओ, इसी बहाने गुड बुक में आ गए, प्रोमोशन हो जाएगा—राष्ट्रपति का मेडल घलक में !'

'एक परशुराम को छोड़ दिया है, आप भी मेडल प्राप्त कर सकते हैं पांडेयजी !' कुमार ने कहा था, 'साथ-साथ इनाम भी पच्चीस हजार का।'

'हम सियार और लोमड़ी नहीं मारा करते कुमार, हम तो शेर मारेंगे शेर ! पच्चीस हजार नहीं, एक लाख का आसामी।' पांडेयजी ने महाबली की तरह मुँह बनाया।

'एक बात है कुमार, तुम अब परशुराम से ज्यादा सतर्क रहना। और डाकुओं के कुछ उसूल भी हैं; परशुराम का कोई उसूल नहीं।...मौका मिले तो कभी रेता की हमारी मेजबानी हाजिर है।' सिंह ने कहा। कुमार चिंता में पड़ गया। पता नहीं क्यों, उसके मन में इस पूरे वाकए को लेकर अंदर से कोई खुशी नहीं मसहूस हो रही थी।

रास्ते भर मंत्रीजी कुमार को गुमसुम पाकर उसका हौसला बढ़ाते रहे, 'तुमने हमारी नाक रख ली। अखबार में पहले पन्ने पर मोटे-मोटे 'अच्छरों' में छापा है सब—मंत्री के घर डाका डालने गए डाकू मारे गए। 'राष्ट्रपति-पुरस्कार' तो कहीं गया नहीं, परमोशन भी समझ

लो होइये गया।'

दिल्ली पहुँचते ही सीधे अपने बँगले पर। बँगले पहुँचने पर सीधे बाथरूम। वहाँ से निकलकर कपड़े बदले, दो-तीन सुंदर थैलों में मिठाइयाँ, देशी घी और छिटपुट सामान गाड़ी में रखवाकर कहीं जाने को तैयार ही हो रहे थे कि खबर मिली, 'कोई अधिकारी आए हैं। कुछ जरूरी कागज...।'

'कह दो बाद में आएँ। अभी हाथ खाली नहीं।' कुमार को यह सुनकर हँसी आ गई जैसे कोई भिखारी को द्वार से लौटा दे !

'आप हियाँइ रुकिए, हम तनी बॉस से मिलके आते हैं।' उन्होंने कुमार से तनिक भेद-भरे अंदाज में कहा।

कुमार चुपचाप बैठा रहा, मनहूस-सा बँगले में। इससे तो बेहतर यही होगा कि वह सो ले और रात की फ्लाइट से वापस चला जाए।

दुबेजी दो बार आए। बेचैनी में टहलते रहे फिर लौट गए। तीसरी बार आए तो कुमार तैयार हो चुका था। 'का करें ?' बोले, 'दू घंटा इंतजार किए, लाइन-ए न मिला।'

'सर, मुझे अब इजाजत दे देते तो बेहतर होता।' कुमार ने कहा।

'काहें ? आए हो तो दिल्ली घूम-घाम लो।'

'इलाके में पहुँचना जरूरी है सर, पता नहीं डाकुओं ने क्या स्टेप लिया हो। परशुराम तो इस्केप ही कर गया था सर।'

'ठीक है चलो। हम भी उधर ही चल रहे हैं। एक टराई और मार लें। दू घंटा बाद वोइसे भी तो हाजिर होना है बॉस को बिदा करने के लिए। विदेश जा रहे हैं वे।'

'न गए तो गड़बड़ हो जाएगा सर ?'

'अइसा बोइसा गड़बड़ ! ई कौनो डाकू मारना है, न मराया तो चलो बाद में सलट लेंगे, हियाँ तो कितना मंत्री जाता है और लौटकर आता है तो पता चलता है, अब ऊ मंत्री ही न रहा।'

एरोड्रम पर गाड़ी से उतरकर उसने पहले दुबेजी को ब्राह्मण होने के नाते प्रणाम किया फिर मंत्री होने के नाते सैल्यूट, 'देखिएगा सर।'

'बेफिकर रहो !'

गाड़ी चली गई। बुद्धू की तरह खड़ा सोचता रहा वह, 'किसलिए बुलाया था मंत्रीजी ने ?'

ऐसे ही लोग मंत्री होते हैं ? इन्हें तो शुद्ध-शुद्ध बोलना भी नहीं आता। न सलीका, न सऊर, न ज्ञान, न आत्म-सम्मान। तीन-तीन बार कुत्ते की तरह प्रधानमंत्री निवास पर भेंट लेकर हाजिरी देने जाना, ताकि कुर्सी बची रहे। फाइलों पर जरा भी ध्यान नहीं। कितने दयनीय थे मंत्रीजी ? 'और तुम...?' किसी ने उसके अंदर से ठहाके लगाए। उसने घबराकर आईने से नजरें फेर लीं।

दिल्ली से पटना आना तो आसान था। पटना से बाल्मीकीपुर और गंगौती जाना बहुत मुश्किल। दिन ढल गया। जीप के लिए फोन कर दिया था। जीप आ गई थी। स्वयं इंस्पेक्टर शम्सुल ड्राइव कर रहे थे।

'और क्या हाल-चाल है ?' अभिवादन का उत्तर देते हुए उसने पूछा।

मन में कहीं-न-कहीं गोकुल और बिन्दा को मारने के प्रति प्रशंसा सुनने का लोभ भी था। शम्सुल का ध्यान कहीं और था। उसने जेब से दो कागज निकाले और अदब के साथ कुमार को थमा दिए।

'ये क्या हैं ?'

'एक मेरे ट्रांसफर की दर्ख्वास्त है सर ! हमें वापस राँची में तबादला करवा दें।

'क्यों ?'

'यूँ ही, मेरे परिवार के लोग चाहते हैं कि बच्चों की पढ़ाई-लिखाई के लिए मेरा वहाँ रहना ही ठीक है ?'

कुमार ने शम्सुल को नीचे से ऊपर सरसरी तौर पर देखा—अच्छा-खासा स्वस्थ, कर्मठ अफसर, उम्र भी चालीस-पैंतालीस, डर गया क्या ?

'हूँ सोचेंगे !'

'परशुराम की एक्टीविटी क्या है ?' कुमार अपनी उत्कंठा रोक न सका।

'वो दूसरी चिट्ठी उसी की है सर ?'

'चिट्ठी...? क्या लिखा है ?'

'खुद ही पढ़ लीजिए सर।'

कुमार ने उत्सुकतावश पत्र की तह को खोल लिया—

'बेटा कुमार,

दुख है कि 'आसिरवाद' नहीं दे पा रहा हूँ। हमसे अदावत महँगा पड़ेगा। हरिना कस्यप के बारे में सुना होगा। उसको वरदान था की वो न तो दिन को मर सकता था, न रात को, न जमीन पर, न आसमान पर, न घर के अंदर, न घर का बाहर, न अस्त्र से, न शस्त्र से, न आदमी से, न जनाबर से...। लेकिन ऊ भी मारा गया, घर का चौखट पर, संझा के पहर, नरसिंह भगवान से—न दिन था, न रात न, जमीन था न आसमान, न घर का अंदर, न बाहर, न आदमी, न जनाबर...। तुम जिस मंत्री का बरदान पाके अजर-अमर बना घमंड से ऐंठ रहा है, ऊ भी हमरे बनाबल है। हमको ई भी पता चला कि तुमको मारने का परमीसन नहीं था। खाली वाह-वाही लूटने के खातिर मारा, ऊ भी धोखे से, गलत टैम पे। बेटा कुमार तुमरा भी बरदान काम नहीं आएगा, खंभा फाड़ के हम परगट होंगे एक दिन और...।

बस थोड़ा लिखना। जियादा समझना !

तुम्हारा बाप
परशुराम'

कुमार ने उस गँवारू पत्र को फिर से पढ़ा। हिरणाकश्यप के रूपक पर मन-ही-मन प्रशंसा के भाव जगे। फिर उसे फाड़कर फेंक देने की इच्छा हुई, मगर रख लिया।

जीप चली जा रही थी। अंदर की बत्तियाँ बुझी हुई थीं। पीछे सशस्त्र जवान बंदूक साधे बैठे थे, मगर कोई किसी से बात नहीं कर रहा था।

अचानक शम्सुल को जैसे कुछ याद आया, 'सर आपकी अबसेन्स (अनुपस्थिति) में

कुछ खतरनाक वारदातें हो गईं...।'

'खतरनाक वारदातें...?'

'हाँ सर, एक तो सिकहरवा गाँव की घटना है, लेकिन वो हमारे जोन में नहीं पड़ता, लेकिन दूसरी गोनहा में हुई जो हमारे हलके में आता है।'

'क्या हुआ गोनहा में ?'

'किसी रिटायर्ड मास्टर भरत शर्मा को परसों किडनैप कर लिया किसी गैंग ने। एक लाख की फिरौती माँगी है। जहाँ तक हमें पता चला है, परेमा या परशुराम का गैंग है।'

'ऐं !'

चिहुँक गया कुमार ! ऑपरेशन के शिथिल पड़ते ही वारदातें शुरू हो गईं ? और लड़ें आपस में डी.जी. और आई.जी. !

'और तुम लोग ?' अंदर किसी ने सवाल किया, 'तुम, पांडेय, सिंह और भंडारी मंत्रीजी की बेटी की शादी का बैंड बजाओ !'

तिलमिला उठा वह अंदर-ही-अंदर !

रानीमहल आया तो वायरलेस ऑपरेटर ने जरूरी संदेश दिया, 'शर्माजी को ट्रेश आउट कर मीटिंग में रिपोर्ट पेश करनी है आपको।'

शर्माजी... ! माने भरत शर्मा, माने गोनहा के भरत शर्मा !

तीन दिन पहले की घटना थी।

छह

चंद्रदीप सिंह के यहाँ ब्लॉक से उन्नत किस्म के धान के बीज आए हैं—यह खबर पाकर जॉन्डिस के मरीज भरत शर्मा की पीलियाई आँखों में हरियरी आ गई। हलबाहे छोटन धाँगड़ को बुलाया, बैलगाड़ी जुतवाई और चल पड़े डगराते हुए मूसेपुर। चंद्रदीप सिंह के पिता राधो बाबू ने फब्ती कसी, 'अब तो गिरस्थी का भरमजाल छोड़िए। तनी अपना देह भी देखिए। बेटे से कहिए कि कायदे से इलाज करा दे। थोड़ा टनमना जाइए तो तीरथ बरत कर आइए। एतना बड़ा अफसर है बेटा ! कौना दिन खातिर ?'

लंबे कद के पैंसठ साल के गोरे-चिट्टे भरत शर्मा, बीमारी के चलते कंकाल जैसे दिखते हैं। राधो बाबू की बात सुनकर हँस पड़े, 'बस इसी बार तक। मनोज बाबू रिटायर हो के आ रहे हैं नू। हवाई जहाज का सेना में एही तो सुविधा है।' उन्हें अपने बेटे मनोज के बारे में बात करना अच्छा लगता है, 'कै बेर हमरा से बोले कि बाबूजी चलिए गोरखपुर में इलाज करा देते हैं, लेकिन हमी महटिया गए। उनका का कसूर। अरे हमरा का हैसियत था, ऊ तो रामजी की इच्छा और आप पंच का दुआ की हवाई जहाज...' वे अपने बेटे के शान और शेखी-भरे संस्मरणों में खो जाते हैं।

छोटन धान तौलवाकर गाड़ी पर लाद चुका है। दिन डूबनेवाला है और अभी तक ई बुढ़वा की बात ही नहीं खतम होने को आ रही। दो बूढ़े मिल जाएँ, बस और कुछ नहीं पूछना, 'चलिएगा नहीं ?'

'हाँ-हाँ, चलो चलते हैं।' शर्मा ने छोटन से कहा फिर जाते-बाते राधो बाबू से कहा, 'इस बेर गंगासागर साथ-ए चलेंगे।'

मगन मन चले जा रहे हैं, गाड़ी पर हिचकोले खाते हुए। कच्चे रास्ते के दोनों ओर जुते खेत, झाड़ियाँ, जंगल, गन्ने की तलवार की तरह उठी पत्तियाँ, धुँधलका सबको निगलता ही जा रहा है। अभी एक कोस जाना है।

'अरे जरा जल्दी हाँक रे !'

छोटन जल-भुन गया, 'अब कितना तेज हाँकें ? तब तो गपिया रहे थे।'

तभी ऐन नहर की ढाल से चार राइफलधारी कड़क उठे, 'रुक जाओ।'

भरत शर्मा ने बहुत मिन्नत की, अपनी उमर और बीमारी की दुहाई दी, मगर बेकार। राइफल की नोक पर उन्हें जंगल में ले जाया गया। बैलगाड़ी वहीं खड़ी रह गई।

सुबह किसी ने बैलों को हाँका तो सधे बैल सीधे घर पर ही जाकर रुके। घर पर कोई सयाना सवाँग (पारिवारिक सदस्य) न था। शर्माजी की बूढ़ी पत्नी रोती-बिलखती रहीं। एक तार और एक रजिस्ट्री चिट्ठी बेटे को—तुम्हारे बाबूजी का कुछ पता नहीं। तुरत घर आ जाओ। रजिस्टर्ड खत में तनिक विस्तार से। मनोज का मन पचास आशंकाओं में भरम रहा है, कहीं बाघ तो नहीं उठा ले गया ?

तीसरे दिन मनोज शर्मा भी गाँव आ पहुँचे और छोटन भी। छोटन को घेर लेते हैं सब। वह हाथ से एक चिट्ठी थमा देता है मनोज शर्मा को और फफक पड़ता है। इक्सरसाइज बुक के रूलदार पन्ने पर चिट्ठी, पिता की लिखावट में। पढ़ रहे हैं धड़कते दिल से—'मनोज, हमरा जान मुसीबत में है। जान का सलामती चाहते हो तो पचास हजार रुपैया छोटन के हाथ नहरी पर भिजवा दो। पुलिस को खबर मत करना, नहीं तो जान मार डालेंगे ई लोग। —भरत शरमा।'

रात नौ बजे पुलिस की जीप जब गोनहा में घुसी तो भगदड़ मच गई—डाकू आए हैं डाकू ! फिर जब धीरे-धीरे असलियत का पता चला तो लोग मनोज शर्मा के बैठक के गिर्द जुटने लगे जहाँ कुर्सियों पर बैठे शम्सुल और कुमार के साथ मनोज और उनकी माँ बात कर रहे थे। पत्र को उलटते-पलटते कुमार ने पूछा, 'किसकी करतूत हो सकती है, मेरा मतलब आप का शक किस पर है ?'

छोटन, चंद्रदीप सिंह के घर से नहर तक का सारा वाकया बता देता है।

'उसके बाद कहाँ ले गए शर्माजी को और तुम्हें ?'

'जंगल में।'

'फिर आँख पर पट्टी बाँध दिए, हाथ पकड़ाकर लिबा गए।'

'पहले पट्टी नहीं बाँधी ?'

'न।'

'तब तुमने उनको देखा ?'

'देखा, बाकी उनका मुँह पर गमछा बँधा था, हुँवई बोल रहे थे, पचास हजार मँगवा दीजिए, छोड़ देंगे। मलिकार बोले, जो एतना रुपिया कहाँ है। रात देर तक हुँवई तोड़-मोड़ होता रहा, फिर पट्टी बाँध के जंगल में आगे ले गए ?'

'जंगल की वो जगह पहचान लोगे ?'

'कैसे कहें हजूर।'

'चारों में से किसी को पहचान सकते हो ?'

'न उसका असली आदमी तो सामने आया भी नहीं। फिर हमको तो पेड़ से बाँध दिए थे। मलिकार को अलग ले गए।

सिरिफ खाने और पेशाब-पखाने के लिए छोड़ते थे। फिर आते बखत चिट्ठी थमा दिए, नहर पे ला'के। पट्टी खोल दिए और बोले, 'पैसा लेके हियाँइ आ जाना।'

'मारा-पीटा ?'

'न।'

'फिर इ घुटना कैसे फूटा ?'

'अँखिया मूँदा हुआ था हजूर, हाथ पकड़ा के ले जा रहे थे, गिर पड़े।'

'तुम दो दिन तक जंगल में रहे। उनके साथ रहे, फिर भी पहचान नहीं पाए उनको ?'

'हजूर बाँध के रखते थे पेड़ से और आँख पे पट्टी।'

'ठीक है तुम जा सकते हो।'

छोटन चला गया तो कुमार ने मनोज से अंग्रेजी में कहा–

'कीप ए वाच ऑन दिस फेलो। (इस आदमी पर निगरानी रखिए।)'

'और पैसा ? अगर उनका कुछ हो गया तो। माँ का तो रो-रोकर बुरा हाल है। अन्न छोड़ दिया है उन्होंने। इधर ये समझती हैं कि मैं पैसे देना नहीं चाहता, उधर पत्नी और बच्चों को डर है कि मैं जीवन भर की कमाई न दे डालूँ ?'

'हूँ...! आप एक-दो दिन रुक जाइए। माँ से कहिए कि पैसों का जुगाड़ कर रहे हैं। पत्नी और बच्चे यहाँ होंगे नहीं ?'

'जी, वो वही हैं।'

'ठीक है देखते हैं कि क्या कर सकते हैं।'

सुबह उठने की जरा भी इच्छा नहीं हो रही थी लेकिन उठना तो था ही। न सिर्फ उठना जरूरी था, बल्कि नित्य की चार किलोमीटर की दौड़, पी.टी. और आसन, और कैंप का मुआयना भी।

कैंप से पैदल ही लौट रहा था कुमार ट्रैक सूट में कि मुखबिर भेड़ चराते हुए समीप आया। उसने पहले भेड़ों के बहाने ही इर्द-गिर्द की टोह ली फिर कहा, 'भेड़ उत्तर की ओर गई सर।'

'कितनी भेड़ें ?' कुमार ने कहा।

'एक, साठ पार की।'

'और भेड़िए ?'

'सामने दो। मगर दस-बारह से कम नहीं होने चाहिए।'

'हूँ...।'

'इंस्पेक्टर साहब को बुला लाओ।' उसने सामने से आते पारबती से कहा।

इंस्पेक्टर शम्सुल नहीं आए। पला चला, वे छुट्टी की दर्ख्वास्त देकर सवेरे ही गाँव चले गए। उनकी जगह आए सब-इंस्पेक्टर सुदर्शन सिंह। देखने में मझोले कद के, ढीले-ढाले अधेड़। बिहार के नक्सल प्रभावित क्षेत्रों में काम करने के अनुभव के तहत ऑपरेशन ब्लैक पाइथन में भेजे गए थे।

छह आर्म्ड कांस्टेबुल्स, एक सुदर्शन सिंह, एक ड्राइवर और एक कुमार—कुल नौ लोगों को लेकर चल पड़ी जीप। पहले नहर पार कर सड़क पर कुछ दूर फिर नहर को काटकर दोबारा उत्तर की पटरी पर। यहीं कहीं से ले गए होंगे भरत शर्मा को। आगे जंगल-जंगल रास्ता। खड़खड़ाहट तक न हो; यह भला कैसे संभव था ! जंगल के बीच से दोन जाने का रास्ता—हद-से-हद बैलगाड़ी के लिए माकूल ! क्या किया जाए ? सोचने लगा कुमार, 'जीप यहीं झाड़ी की आड़ में रोक दो और बिल्ली की तरह दबे पाँव चलो—चौकस और चौकन्ना। तीस-तीस फीट की दूरी पर छितराकर।

जंगल उत्तरोत्तर कसता जा रहा था। प्रेम प्रकाश हठात् पीछे से फुसफुसाया, 'हजूर ई केले का छिलका मिला है। छिलका अभी ताजा ही लग रहा था। इसका मतलब ज्यादा दूर नहीं गए हैं। प्रेम कुमार उसे उस जगह पर लिवा गया। वहाँ से वे दूसरे छिलके की तलाश में इधर-उधर भटकते हुए आगे बढ़ रहे थे कि एक और छिलका मकोय की झाड़ में झूलता नजर आया। कुछ दूर आगे बढ़ने पर कुमार ने एक चीज और झुककर उठाई मूली की पत्ती—तनिक कुम्हलाई हुई।

जॉन्डिस के मरीज थे भरत शर्मा। उसे याद आया। अब वह दोगुने उत्साह से आगे बढ़ने लगा। सुदर्शन सिंह इस बीच एक अर्जुन के पेड़ पर चढ़ गया। अभी वह वहाँ से दूर तक की टोह ले ही रहा था कि कुमार को एक लंबे वृद्ध की टोह मिल गई। उसने देखा, उसके बाकी दल के लोग भी करीब ही थे, 'रुक जाओ, वरना गोली मार देंगे।'

उसकी बात पूरी हुई भी न थी कि उधर से गोली चल गई, सुदर्शन सिंह बादुर की तरह लद्द से गिरे। कुमार ने जवाबी फायर किया। गोली की आवाज से जंगल में जैसे खलबली मच गई। पक्षी चीत्कार करते हुए उड़ चले। जंगल के जानवरों में भगदड़ मच गई।

उधर से अब कोई फायरिंग नहीं हो रही थी। या तो डाकुओं ने अपनी रणनीति बदल दी या कहीं छुप गए। डकैतों को जंगल के चप्पे-चप्पे का पता है जबकि पुलिस बल को नहीं। उसने एक जवान को बुलाया, 'दरोगाजी से कहो, वायरलेस से सभी थानों को सूचित कर दें।'

'सर, दरोगाजी को तो गोली लग गई।'

'हाय राम ! जिंदा हैं ?'

'जी।'

'कहाँ हैं ?'

दरोगा सुदर्शन सिंह खुद ही भचकते हुए आ रहे थे।

'कहाँ लगी ?'

'अब, जे है से का बतावें सर।' सुदर्शन सिंह ने कराहते हुए कहा। प्रेम प्रकाश पास ही था, बोला, 'सर पेड़वा पे चहढ़ (चढ़) रहे थे कि गोली की आवाज से...।'

'आवाज से ?' कुमार ने दुहराया, 'लेकिन आप पेड़ पर चढ़ ही क्यों रहे थे ?'

'सर, डाकू देखने।'

वायरलेस से खुद ही मैसेज भेजने लगा कुमार, 'हैलो गंगौती बाल्मीकिपुर, आर यू रिटर्निंग ?...डकैतों ने पैंसठ साल के वृद्ध भरत शर्मा का अड़तालीस घंटे पहले अपहरण कर लिया है। लंबे, दुबले, गोरे जॉन्डिस के मरीज हैं शर्माजी। हम बासेपुर के बीच जंगल से बोल रहे हैं। डकैत नदी को पार कर नेपाल जा सकते हैं। जोन इंचार्ज पांडेयजी के लिए सूचना—कृपया उधर से बढ़ें, हम इधर से बढ़ रहे हैं। जंगल को दोनों ओर से घेरते हुए। बाकी थानों को भी मैसेज भेज दें। नोट कीजिए, कोड होगा 'मीत'।'

मैसेज भेज देने के बाद अब उसने अपने उतावलेपन पर गौर किया तो झेंप गया। बिना पूरी तैयारी के अनजान जगह, वह भी विकट कसे जंगल में अभियान पर कूच कर देना...? शिशु सुलभ चरित्र कब बदलेगा उसका ?

दोपहर हो चली। एक फर्लांग का घेरा बनाकर ये जंगल को खँगालने लगे—कॉम्बिंग ऑपरेशन ! जंगली पेड़ों के नीचे चौड़े-चकले पत्तों की झाड़ियाँ। लताएँ अभी छोटी थीं, पर नीचे कुछ भी साफ देख पाना मुश्किल था। अभी तो महज पहली बरखा का पानी मिल पाया है इन्हें। एक माह बाद क्या स्थिति होगी, जब तरह-तरह के खर-पतवार ढक लेंगे रही-सही जगह को ? बेतिया के जंगल घने हैं, इसलिए कि बेंत से बुने हैं। उसके कवि मन ने ताना-बाना बुना।

दो हिरण, तीन खरगोश, और कुछ सियारों को छोड़कर अभी तक कुछ भी हासिल नहीं हुआ था। घंटों व्यर्थ के भटकाव के बाद उन्हें एक सोते के पास प्याज के तथा भुने हुए आलू के छिलके नजर आए। प्रेम बिहारी सुदर्शन सिंह को घोड़इयाँ (पीठ पर ढोना) लिये-लिये परेशान-परेशान था, बोला, 'बड्डी भारी हैं सर !'

कुमार ने एक पल को सोचा फिर कहा, 'दरोगाजी, आपको इस पेड़ पर बैठा दिया जाए तो ?'

'गोड़वा तो मुरूक न गया है सर। वोइसे आप कहते हैं तो...!'

'अच्छा आप किसी चिड़िया की बोली बोल सकते हैं ?'

सुदर्शन सिंह सोच में पड़ गए, घबराहट में उन्हें ठीक-ठीक याद भी नहीं आ रहा था कि कौन-सी चिड़िया कैसे बोलती है।

'चमगादड़ का बोली बोलते हुए तो रास्ते-भर आए—की-कच कच !'

प्रेम प्रकाश ने कहा तो सुदर्शन सिंह ने उसे खा जानेवाली नजरों से घूरा।

'वही सही, जरा बोलिए तो।' कुमार ने कहा।

'सर, बिलाय के बोली से काम चलेगा ?'

'बोलिए।'

'मियाऊँ ! म्याऊँ !'

'बहुत अच्छी बिल्ली तो नहीं हैं आप फिर भी...बिल्ली की तरह ऊपर बैठकर कुछ

देखिए तो यही बोली बोलकर इशारा कीजिए।

'क्या ...?'

'म्याऊँ।'

बड़ी मुश्किल से उन्हें खैर के एक घने पेड़ पर चढ़ाया गया। सुदर्शन सिंह की जान साँसत में थी। आँख मूँदकर संकट मोचन का जाप करने लगे। आँख खोली तो उन्हें आसपास कोई भी न दिखा। कहाँ चले गए सब ? थोड़ी देर बाद उन्हें लगा, कुछ छोटे पेड़ और लताएँ चल रही हैं। उन्होंने खुद को चिकोटी काटी, ना, सपना नहीं था यह। अब उन्हें दूसरी ओर से भी ऐसा ही विचित्र नजारा दिखा, कुछ नए पेड़ और लताएँ इधर से चल रही थीं। 'अरे बाप, जै हलुमान ग्यान गुड़ सागर, जै कपीस...!'

कुमार ने देखा कि एक आदमी सिर पर झाड़ बाँधे झुककर कुछ उठा रहा था।

'रुक जाओ, हाथ ऊपर करो।' वह कड़क उठा।

झुका हुआ मोटा व्यक्ति भागकर पेड़ की ओट हो गया और उसके रिवाल्वर की नोक खिल गई। फुरती से एक दूसरे पेड़ की ओट लेते हुए कुमार ने पूछा, 'मैं कुमार हूँ, तुम कौन हो ? बताओ नहीं तो...।'

'पांडेय !'

'कोड बताओ !'

'दोस्त, न न मीत !' उधर से आवाज आई।

'अरे पांडेय सर ! आपने पहले ही कोड क्यों नहीं बताया ?'

पांडेय का भारी शरीर पसीने-पसीने हो रहा था। हाँफते हुए बोले, 'भूल गया था।'

'ये भूलना महँगा पड़ जाता।' कुमार ने कहा, तो दोनों हँस पड़े।

'कुछ मिला ?'

'ना। यही 'दूध का दूध, पानी का पानी' अखबार मिला।'

'मतलब आगे पहाड़ी की ओर बढ़ गए।'

अपराह्न की रोशनी में अखबार के हर्फ चमक रहे थे—दस्युराज परशुराम द्वारा मूसेपुर से भरत शर्मा का अपहरण। 'इसका मतलब परेमा नहीं, परशुराम है। बचकर निकल जाना खतरनाक हुआ।' कुमार बुदबुदाया।

'यही नहीं।' पांडेयजी ने कहा, 'पीछे पूरा कच्चा चिट्ठा छपा है तुम्हारा।' उन्होंने पढ़कर सुनाया। 'मंत्री की बेटी का विवाह और डाकू।' कुमार सोच में पड़ गया—अखबार की वह खबर प्रायः सच्ची थी। अगर वह सच्ची है तो यह भी सच्ची होगी। खैर अब देर करने का कोई तुक नहीं।

जवानों को दो भागों में बाँटकर आगे बढ़ चले थे। जंगल-जंगल विचरते हुए पहाड़ तक आ गए। छोटे-बड़े पेड़ों से ढका पर्वत। रहस्य-भरा सन्नाटा। किसी भी क्षण कहीं से भी गोली चल सकती थी। पांडेय उधर ही देख रहे थे। कुमार ने पूछा, 'सर, कुछ देखा आपने ?'

'हाँ, देखा तो,' पांडेय ने धीरे से कहा, 'मगर कनफर्म नहीं कर पा रहा हूँ। डाल तो बंदरों के मूवमेंट से भी हिल सकती है।'

'लेकिन सर, अगर हमारा संदेह सच हुआ तो—? हमने देर की तो वे नेपाल में इंटर

कर जा सकते हैं, फिर दो घंटे में ही शाम हो जाएगी।'

थोड़ी देर ताकने के बाद वे जरा कन्नी काटकर पहाड़ के बगल में पहुँचने की कोशिश करने लगे। तलहटी तक तो आ गए। अब आगे चढ़ाई थी।

'सर, आप न हो तो नीचे एलर्ट रहिए; मैं ही चढ़ता हूँ।' कुमार ने पांडेयजी की चर्बी से भरी स्थूल काया को देखते हुए कहा।

'अरे नहीं।' पांडेयजी एक जड़ को पकड़कर उझके तो ऊपर थे। झेंप गया कुमार। वह तो भूल ही रहा था कि पांडेयजी अकेले ही एक समूचा बकरा खा सकते हैं और जीप को पकड़कर बैठ जाएँ तो मजाल है कोई उसे स्टार्ट कर आगे ले जा सके।

अनुमान सही था। कुछ लोग पहाड़ से उतर रहे थे। संख्या में वे चार या पाँच लग रहे थे, कुछ ज्यादा भी हो सकते थे। फुर्ती से आगे बढ़ गया कुमार। जंगल वार फेयर का प्रशिक्षण काम आया। अब पांडेयजी पिछड़ रहे थे। कुछ जवान इन दोनों से आगे थे। समय नाजुक था। देर करने से सारी मेहनत अकारथ जा सकती थी। एक खड़ी चढ़ाई पर चढ़कर कुमार ने हाथ नीचे झुलाया—'पकड़िए सर' की फुसफुसाहट। पांडेय कसकर पकड़ न पाए, नीचे का भार-साम्य खोकर लुढ़कते हुए नीचे आ गए।

जिस बात का डर था, वही हुआ। पहाड़ के आदमी गायब हो गए। यानी डाकू गायब हो गए। डाकू ले गए भरत शर्मा को भेड़िए उठा ले गए भेड़ को।

पांडेयजी लँगड़ा रहे थे। कुमार जल्दी-जल्दी उनके पास आया, 'सर, ज्यादा चोट लगी ?'

'अब हाथी पहाड़ से गिरेगा तो...।' पांडेयजी हँस रहे थे।

उनके सब-इंस्पेक्टर झाजी एक जड़ खोदकर ले आए थे, 'सर, लगा लीजिए, बहुत फैदा करता है।'

'आप क्या कर रहे थे ? सारे जवान पहाड़ से उतर रहे हैं और आप ?' पांडेयजी ने रूष्ट होकर पूछा।

'अब चलिए, लौटा जाए सर !' कुमार ने कहा।

'हाँ ! कॉम्बिंग ऑपरेशन तो पूरा हो गया !' पांडेयजी ने झेंपते हुए कहा। परस्पर अभिवादन के बाद बिदा हुए दोनों अफसर और उनके पुलिस बल !

'सबसे पहले सुदर्शन सिंह को पेड़ से उतारना जरूरी है।' कुमार सोते के पास आकर बोला, 'सुदर्शनजी...! कहाँ...' न बिल्ली बोली, न चमगादड़, न आदमी। प्रेम बिहारी ने पेड़ पर चढ़कर पत्ता-पत्ता छान मारा। यह तो नई मुसीबत है। पता नहीं, बाघ उठा ले गया या डाकू ? 'सर, पहले जीप में देख लीजिए, फिर सोचिए।' प्रेम बिहारी ने कहा।

दरोगाजी सचमुच जीप में ही 'खर्र-खाँय' सोते हुए मिले। उसे आश्चर्य हुआ, जो व्यक्ति खुद एक कदम चल भी नहीं सकता था, इतनी दूर कैसे आ गया ? फिर उसे ऐसे खतरनाक जंगल में तनहा नींद कैसे आई ? खैर, सारे लोग सुरक्षित हैं और एक भी कैजुआलिटी नहीं हुई—संतोष करने के लिए इतना ही काफी है। बाकी तो सिर्फ कचोट-ही-कचोट है !

जीप धीरे-धीरे सँभलती हुई चली आ रही थी ! रात गाढ़ी होने लगी थी। सुबह के

नाश्ते के अलावा किसी के पेट में कुछ भी नहीं गया था। अचानक जीप का इंजन बंद हो गया।

'क्या हुआ ?'

'तेल खत्म हो गया सर ?'

'तो तुमने पहले ही डाल क्यों नहीं लिया ?'

'सोचे थे, नहर पर पहुँच जाएँगे।'

अँधेरे में पूरा जंगल किसी अजगर की अँधेरी आँत जैसा लग रहा था। टॉर्च की रोशनी में तेल डाला गया। ड्राइवर स्टार्ट करने ही जा रहा था कि कुमार का हाथ कंधे पर पड़ा, 'रुको। कोई आवाज आ रही है।'

सन्नाटा खींचकर सब सुनने की कोशिश करने लगे। कुछ दबी-दबी गुर्राहट और फुंकारने की-सी आवाजें...!

'सर, बाघ है बाघ !' प्रेम बिहारी फुसफुसाया।

'एक तो बाघ हो सकता है, लेकिन दूसरा...?'

फों-फों की आवाज तेज होती जा रही थी।

'लगता है, कोई गाय फँस गई है बेचारी।' सुदर्शन सिंह फुसफुसाए।

'अभी भी जिंदा है। बचा लीजिए सर, बड़ा पुन्न होगा।'

'अँधेरे में कुछ पता तो चले।'

'सर लैट करनेवाला पिस्टल दाग दें, समसे उजियार हो जाएगा।'

'ना।' कुमार ने ड्राइवर की जगह खुद लेते हुए बिना बत्ती जलाए गाड़ी को स्टार्ट कर बैक कर तिरछा किया और आवाजों की दिशा में भक-से हेड लाइट जला दी।

एकदम रोंगटे खड़ा कर देनेवाला दृश्य था। एक धारीदार बाघ और एक फरसेदार चौड़ी सींगों और चौड़े मस्तकवाला अरना भैंसा—दोनों गुर्राते, फुंकारते हुए एक-दूजे पर घात लगाए गोल-गोल परिक्रमा कर रहे थे। क्रोध और चौकन्नेपन में बाघ की पूँछ हलकी-हलकी हिल रही थी, पैर सधे हुए थे, आँखें शोला और दहशतजदा, जबड़ा खुला हुआ था। उसके बरअक्स अरना भैंसे का क्रोध सिर्फ उसके उठे हुए सिर में उलटी-तिरछी चौंधियाती आँखों और पुष्ट मांसपेशियों में छलक रहा था। पता नहीं कौन, किस क्षण किस पर टूट पड़े। जीप की रोशनी से सिर्फ हलका-सा व्यतिरेक-भर आया था। लगता था, खौफ को पूरी तरह जीत कर खौफनाक हो चले थे वे। कुमार ने हॉर्न बजाया तो वे तनिक संभ्रमित हुए। फिर उसने लाइट कई बार जलाई-बुझाई। प्रयोग कारगर रहा, पहले बाघ झाड़ियों की ओर मुड़ा, फिर भैंसा सिर उठाकर लाइट की ओर ताकने लगा। उसकी दोनों आँखें नन्हे बल्बों-सी जल रही थीं, फिर वह दूसरी ओर भाग चला।

जीप आगे बढ़ी। कुमार को लगा पुलिस बल और अपहरणकर्ता भी बाघ और भैंसे की तरह हैं—गोल-गोल पैंतरों में घूमते हुए—एक पैंतरा वह चलता है, एक पैंतरा डकैत !

सात

नींद नहीं आ रही है। गहरी थकान है, फिर भी नींद क्यों नहीं आ रही ? खुली पलकों में कई संकल्प झूल रहे हैं, कई विकल्प, कई खीझें भी...!

काश, परशुराम बचकर निकल न गया होता, निकल भी गया होता तो उसने उसका चेहरा तो भर नजर देख लिया होता ! और यह चिथड़े-सा अखबार 'दूध का दूध, पानी का पानी' ! कितनी सटीक थी उसकी गोकुल, बिन्दा, परशुराम से नेताओं के संबंध की अंतर्कथा—कुछ डाकू लल्लन बाबू के संरक्षण में, कुछ दुबेजी के, फिर सत्ता के शतरंज की बिसात। मंत्री की हैसियत का फायदा उठाकर दुबेजी ने गोकुल और बिन्दा की रक्षा की और परेमा को नेपाल भाग जाने पर मजबूर किया। यही हैसियत लल्लन बाबू की होती तो खेल उलटा होता। यह सब सही था, मगर उसके बारे में उस 'चिथड़े' ने क्या लिखा—प्रोमोशन वंचित कुमार ने जातिगत समीकरणों के तहत मंत्री दुबेजी का पल्ला पकड़ा और नौसिखिया होने के नाते शाबाशी लूटने के लोभ में दुबेजी के संश्रय में पल रहे दो डकैतों को मार गिराया—सेम साइड गोल !

वह मन-ही-मन उस 'चिथड़े' के सच से जूझ रहा था—क्या गोकुल, बिन्दा या परशुराम को मारना सिर्फ इसीलिए गलत है कि उन्हें कुमार ने मारा ? क्या यह उसके 'ऑपरेशन' के तहत नहीं आता ? क्या दुबे के यहाँ जाना ही जातिगत समीकरण बैठाना हो गया, बाकी सब दूध के धोए हैं ? प्रोमोशन ही उसे चाहिए होते तो उसके सामने और भी रास्ते क्या नहीं थे ? फिर तो उसे चुपचाप जीती मक्खी निगल लेनी चाहिए थी, वह गोकुल, बिन्दा या परशुराम पर वार ही क्यों करता ? इस साले 'चिथड़े' अखबार का संपादक एक बार मिल जाता तो भूत की तरह बकरवाता, 'बोलिए महान संपादकजी, आपके अखबार में कितना दूध है और कितना पानी ?'

उत्तेजना में उठकर बैठ गया वह। गिलास का पानी गट-गट पी गया। टेबुल की डायरी से परशुराम का खत झाँक रहा था—नरसिंहावतार परशुराम की धमकी का खत ! 'हे भगवन; नरसिंह, तुम इतने ही महान थे तो उस दिन गीदड़ की तरह भाग क्यों गए ?' अचानक उसे खुद पर खीझ आई, यह सब किसे सुना रहा है वह ?

सुबह जागते ही याद आए मनोज शर्मा—मनोज से भरत शर्मा, भरत शर्मा से परशुराम—कड़ी-कड़ी जुड़ते-जुड़ते फिर वहीं आ पहुँची। यह परशुराम कभी चंद्रदीप सिंह का लठैत हुआ करता था। भरत शर्मा का अपहरण भी चंद्रदीप सिंह के घर से लौटते समय ही हुआ था।

एक घंटे बाद वह मूसेपुर की डगर पर था। चंद्रदीप सिंह का गाँव। दरिद्रता का आलम ओढ़े, थारुओं और धाँगड़ों के गाँव ! जहाँ-तहाँ पेड़ और झाड़ियाँ, शेष सूखे की मार से कराहती धरती। उस पहली बरखा से आशा के जो बिरवे पनपे थे, फिर से कुम्हलाने लगे थे। इस धरती पर भी कब्जा किसका है ? जवाब की तरह खड़ी थी गाँव के बीच चंद्रदीप सिंह की हवेलीनुमा बखरी।

दो ट्रैक्टर अलग-अलग दिशाओं की ओर से बखरी की ओर लौट रहे थे। पंक्तिबद्ध

पक्की नादों की कतार—भैंसें, गायें, चार बैल। पहले बैठका, मिडिल स्कूलनुमा फिर सामने दोमंजिली हवेली।

सुबह के दस बजे इस बैठके में गुल-गपाड़े चल रहे थे कि कुमार की जीप धूल उड़ाती आकर रुकी। 'आइए-आइए डी.एस.पी. साहब ! अहोभाग्य जो मेरे गरीबखाने पर चरणधूलि दी आपने।' चंद्रदीप सिंह की जबान में मुस्लिम और हिंदू सामंतवाद-दोनों के ही लासे थे, कुमार एकबारगी कुढ़ गया। लोग परिंदों की तरह पंख फड़फड़ाते उठकर सलाम करने लगे। 'आइए सर, बैठा जाए।' चंद्रदीप सिंह ने कुरसी सामने कर दी, कुमार बैठ गया तो बोले, 'कहिए सर, सुबह-सुबह कैसे तकलीफ की आपने ! अरे कोई है, साहब के लिए...।'

'जी उसकी कोई जरूरत नहीं। मैं एक तफतीश के सिलसिले में आया हूँ। एक गिलास पानी के सिवाय कुछ नहीं लूँगा।'

'अरे नहीं साहब, ऐसा कैसे हो सकता है ! बिन्दा, गोकुल जैसे डाकुओं को ठिकाने लगानेवाले...।'

'चंद्रदीप बाबू !' बात काटकर रूमाल से पसीना पोंछते हुए पूछा कुमार ने, 'परशुराम तो कभी आपका लठैत हुआ करता था ?'

'तो यह बात है।' चंद्रदीप सिंह ने मन-ही-मन कहा और सतर्क हो गए, 'लठैत पालने की हमारी हैसियत कहाँ सर, हाँ नौकर के रूप में था कभी, मगर मेरे नहीं, मेरे बाबूजी के समय में।'

'जो भी हो, आपने उसे देखा तो होगा ही।'

'जी एक-आध बार !'

'एक-आध बार ही क्यों ?'

'सर, मैं पढ़ने के सिलसिले में अकसर बाहर ही रहता था।'

'कहाँ पढ़ते थे आप ?'

'पटना।'

'किस कॉलेज में ?'

'यूनिबरसीटी में।'

उनके कन्नी काटने और उच्चारण पर मन-ही-मन हँस पड़ा कुमार, 'खैर, कुछ बता सकते हैं उसके बारे में ?'

'एकदम 'बरोबर' बताएँगे साहब। लेकिन उसमें एक गो 'लेकिन' लगा हुआ है।'

'वो तो आपकी हर बात में ही है। फिर भी...?'

'जैसा आपके बारे में सुना था, वोइसा ही पाया।' खुशामद में चंद्रदीप सिंह की मुद्रा चिकनी हो आई, 'वो 'लेकिन' इस तरह साहेब कि मैं जानता ही कितना हूँ।'

'कुछ भी।'

'उतना सूचना तो आपको मिलिए गया होगा। सर पानी !'

'मैं आपसे सुनना चाहता हूँ।' कुमार ने पानी का गिलास होंठों से लगाया।

'जरूर-जरूर सर !' मन-ही-मन चंद्रदीप सिंह ने कुमार को गलियाते हुए प्रकटतः विनीत स्वर में कहना शुरू किया, 'मझरिया गाँव है सर, गोरखपुर के करीब उस रीजियन में। नदी

के कटाव से बेसहारा होके आया था। बाबूजी को दया आ गई, रख लिया।'

'करता क्या था आपके यहाँ ?'

'यही खेती-बारी का काम ?'

'वसूली वगैरह नहीं ?'

'आप तो सर...!'

'यानि लठैत !'

'अब यह तो सरासर ज्यादती है।'

'आपने कैसे समझ लिया कि यह ज्यादती है, जबकि आप पहले ही स्वीकार कर चुके हैं कि आप उसे जानते ही कितना हैं। देखिए, सिंहजी, मेरी रुचि सिर्फ दो बातों में है—उसकी वो एक्टीविटीज कहाँ से पनपीं, दूसरी ये कि उसकी हुलिया क्या है। आप अपने पिताजी को बुलवाइए।'

राघो बाबू ! इलाके के बड़े जमींदार। हलका साँवला रंग। मजबूत काठी। साठ पार करती-सी उम्र या अपनी झुकी कमर के चलते तनिक थके-थके-से।

कुमार ने उन्हें गौर से देखा फिर कहा, 'चाचा, तकलीफ देने के लिए क्षमा करेंगे। बात ही कुछ ऐसी थी कि...! आपको तो मालूम ही होगा कि भरत शर्मा का अपहरण हो गया ?'

'हाँ।' राघो बाबू का पका स्वर !

'अपहरण के पहले जिस आखिरी आदमी से वे मिले थे, वे आप थे।'

'संयोग है।'

'क्या आप अनुमान कर सकते हैं कि यह अपहरण किसने किया ?'

'ना।'

'परशुराम के बारे में आपका क्या खयाल है ?'

'ये परशुराम कौन है बेटा ?'

'वही जो आपके यहाँ कभी मुलाजिम था, अब डकैती और किडनैपिंग करता फिरता है।'

'आ...! परशुआ !'

'याद आया ?'

'हाँ। कुछ-कुछ, मगर...।'

'उसकी हुलिया कैसी थी ?'

'हुलिया !'

'गोरा था ?'

'गोर कहें कि साँवर !'

'कद ? मेरा मतलब लंबा था या ?'

'न लंबा, न नाटा !'

'शरीर भारी था !'

'न भारी, न दूबर !'

'कुमार को परशुराम के धमकी भरे पत्र का मजमून याद आया—न आसमान में, न

जमीन पर; न घर के अंदर, न बाहर; न दिन, न रात; न आदमी, न जानवर...! कितनी समानता थी परशुराम के पत्र के मजमून में और राघो बाबू के बयान में। वे एक उलझाऊ पहेली के ऐसे सुविधाजनक मुकाम पर खड़े थे, जहाँ से आसानी से इस या उस तरफ जाया जा सकता था।

'आपके यहाँ वह खेती-बारी ही देखता था या वसूली और बेदखली भी...?'

राघो बाबू तनिक पसोपेश में पड़े तो चंद्रदीप सिंह बोल उठे, 'वसूली और बेदखली ? क्या कहते हैं सर ? ई गाँववालों से पूछ लीजिए, थारुओं, धाँगड़ों से पूछ लीजिए, हमने कभी भी... ।'

'आप पटने में बैठे-बैठे सब जानते हैं ?' कुमार ने उन्हें हलकी झिड़की देकर चुप करा दिया फिर राघो बाबू से पूछा, 'हाँ तो चाचा, हम उसके चरित्र के बारे में पूछ रहे थे।'

'अब बूढ़े हो गए, उतना याद नहीं, हाँ तनी-मनी हेकड़ जरूर था।'

'सिर्फ हेकड़ ? गुंडा और लंपट नहीं ?'

'अब ई तो साहब की ज्यादती है।' चंद्रदीप सिंह फिर बोल पड़े थे।

'चंद्रदीपजी !' कुमार इस बार चंद्रदीप सिंह की ओर मुखाबित हुआ, 'आपने खुद ही सिद्ध कर दिया कि आप परशुराम के बारे में, अपनी जमींदारी के मामले में सब कुछ जानते हैं। अब इस सच पर परदा डालने की कोशिश पुलिस और प्रशासन के काम में आपका असहयोग माना जाएगा। सोच लीजिए।'

चंद्रदीप सिंह ढीठपने से ताकते रह गए। खीझ गया कुमार !

'आप ही बताइए, जैसाकि आपने कहा था, मझरिया से उजड़ने के बाद वह आपके पास आया और आप लोगों ने उस पर रहम खाकर उसे रख लिया। क्या सिर्फ रहम खाकर ? इस पूरे इलाके में एक से बढ़कर एक जरूरतमंद आदमी हैं, और तरस खाने के लिए इनमें आपको एक भी न भाया ? सीधे चले गए मझरिया, दस-पंद्रह कोस दूर ? जाहिर है कोई विशेष खूबी देखी होगी आपने परशुराम में ?'

'हम का बोलें सर, आप पहले से ही सब कुछ मान बैठे हैं। लगा दीजिए जो धारा लगानी हो।' चंद्रदीप सिंह ने उसी ढिठाई से कहा, 'कहाँ परशुराम, कहाँ हम ? न जाति, न जिला, न और कोई रिश्ता। सिरिफ हमरा यहाँ कभी हरवाह-चरवाह रहा, आज साला चोर, गुंडा, बदमाश है, आपकी नजर में, ये ही हमरा कसूर है तो लगा दीजिए !'

कुमार ने आगे की बातचीत व्यर्थ जानकर कहा, 'आप परशुराम के अपने यहाँ आने और जाने तक का सारा बयान लिखित रूप में हमें पहुँचा दीजिए। यकीन रखिए आपके साथ नाइंसाफी नहीं होने दूँगा। हाँ, अगर जरूरत पड़ी तो परशुराम की शिनाख्त के लिए आप लोगों को फिर कष्ट दूँगा।'

झटके से उठकर जीप की ओर बढ़ चला कुमार। उसके साथ ही खड़े हो गए बाप-बेटे और गाँव के लोग भी।

'यह क्या सर ! सुदामा के तुंदुल पर जरा भी इनायत नहीं।'

चंद्रदीप सिंह का फिर वही सामंती लासा !

'क्षमा करें ! हाँ गंगौती में हूँ, आपको पता होगा।'

'अरे सर ! जब जिस चीज की जरूरत हो, बोलिए।'

आशय सूँघकर खिल उठते हैं चंद्रदीप सिंह !

'पूछते का हो ? दू बोरा बासमती अ एक टीना घी धरवा दो न जिपिया में।'

राघो बाबू को अपने बेटे की कमअक्ली पर गुस्सा आया।

'जी नहीं ! हमें सिर्फ आप लोगों की जरूरत पड़ेगी, वह भी कभी-कभी !'

गाड़ी की खबर पाकर बिसराम और काली नहर पर खड़े थे। उन्होंने हाथ जोड़कर सलाम भी किए। कुमार ने बेखयाली में जवाब भी दिया सलाम का, मगर उनके वहाँ खड़े होने का कोई खास प्रयोजन था, इस पर उसका ध्यान न गया। जीप आगे बढ़ गई।

भैरोपुर के लल्लन बाबू एक और घाघ निकले। गोरे-चिट्टे मझोले कद के गदबदे। खद्दर के धोती-कुरते में उनका आभिजात्य फूटा आ रहा था। एक नंबर के बातूनी और बातें भी मिसरी की डलियाँ। उम्रदराज होने का लाभ उठाकर वात्सल्य छिड़कते रहे, 'अहाहा ! जब से सुना है कि आपको नैगलेक्ट किया जाता रहा है, अपना तो खून ही खौल गया।' फिर वे आसपास देखकर भेद-भरे अंदाज में फुसफुसाए, 'हम खुद चीफ मिनिस्टर से बात करेंगे। भला बताइए प्रोमोशन और दूसरी तरह के गुलछर्रे उड़ाएँ दूसरे और डाकू-डकार का जोखिमवाला काम आ पड़े तो हमारे भाई-भतीजों को ठेल दिया जाए !'

'लल्लन बाबू, आपके स्नेह का कायल हूँ।' कहा कुमार ने, 'मगर इस वक्त मैं आपसे अपने प्रोमोशन की बात करने नहीं आया।'

'मालूम है हुजूर, आप डाकू खोजने आए हैं और प्रोमोशन के लिए आपको खुद मंत्रीजी ने आश्वासन दिया है।'

कुमार चौंका, तो कोई भी बात छिपी नहीं है इस घाघ से। हँस रहे हैं लल्लन बाबू, 'अरे दुबे को हमसे आप ज्यादा जानते हैं ? हमने एम.पी. का एलेक्शन लड़ा है उसके खिलाफ ! वो सिर्फ अपना स्वार्थ जानता है, बाकी कुछ नहीं। अपनी ही कुरसी बचा ले पहले। प्रोमोशन उनके वश का रोग नहीं। हाँ अलबत्ते चीफ मिनिस्टर चाहें तो...।' कुमार खिसियाई नजर से उन्हें ताकता रहा, मगर वे बोलते रहे, 'आप सोच रहे होंगे, लल्लन बाबू तो विरोधी पक्ष के हैं, फिर चीफ मिनिस्टर से क्या बात करेंगे। अरे भैया, ये पॉलिटिक्स है, आपकी समझ में नहीं आएगा।'

कुमार झेंप-भरी तिलमिलाहट से उबर नहीं पाया यकायक। लल्लन बाबू बोलते गए, 'बोलिए बिन्दा, गोकुल से शादी का राशन-पानी नगद लेकर मरवा दिए, दोख-पाप के भागी बने आप। ऊ दूनों न होता तो जीत पाते हमसे—यहाँ की सारी पब्लिक हमको सपोर्ट करती है, ऊ तो कै कोस दूर परानपुर से आए थे, लोकल हमी न थे।' 'भोट' डालने ही नहीं दिया ससुरों ने। भगवान ने फल भी दे दिया, मर गए कुत्ते की मौत।'

'लल्लन बाबू।' कुमार ने उन्हें टोका, मगर वे अपनी ही रौ में थे, 'देखिए हम दिल के एकदम साफ आदमी हैं। ठीक है, आप प्रोमोशन पे पेशाब करते हैं। फिर सवाल बचता है, काहे को अपनी जान जोखिम में डाले ? देश-समाज के लिए ही तो। तो बेटा, देश और

समाज के लिए अपनी जान भी हाजिर है। गाँधीजी जब चंपारन आए तो नौजवानों में सबसे पहले हमारे बाबूजी को बुलाइन—हमको गोदी में खेलाइन हैं गाँधीजी !'

'लल्लन बाबू।'

'जी।'

'हम गाँधीजी के लिए नहीं, परेमा के लिए आए हैं। सुना है, डाकू बनने के पहले वह आपके यहाँ काम करता था।'

'वाह...! हा-हा-हा !' हँस पड़े लल्लन बाबू, 'दुबेजी बोले ? कोई बात नहीं। सुनिए, परेमा नाम का एक नौजवान कभी हमारे यहाँ काम करता था। हाँ, ठीक-ए कहे, जात का अहीर था, बाकी ऊ डाकू निकला कि शैतान, हम नहीं जानते।'

'एलेक्शन में जब उसने आपकी मदद की थी, उस वक्त तक वह काफी नाम कमा चुका था।'

'वाह साहब ! जिसको डाकुओं से मदद मिली, उसके तो पक्ष में खड़े हो गए, बरात सँभाली, डाकू मारा, और हम, जो अपने ईमान-धरम पे रह गए, उस पर मदद लेने का इलजाम ?'

कटकर रह गया कुमार।

'लल्लन बाबू, परेमा आपके यहाँ रहता था न ?'

'हम कब इनकार करते हैं, हम का दुबेजी हैं कि...!'

'उसकी हुलिया जरा याद कीजिए तो...!'

'नोट कीजिए, रंग साँवला, कद मझोला, छह साल पहले उमर तीस-बत्तीस की।'

'लेकन हमारे पास जो रेकॉर्ड्स हैं, उनके मुताबिक वह गोरा, लंबा और अभी तीस का है।' यानी तब चौबीस का रहा होगा।

'का दुनिया में एक ही परेमा है ?'

'उसका चरित्र कैसा था ?'

'यह तो भगवान ही बता सकते हैं।'

'पूजा-बूजा भी करता था ?'

'करता होगा।'

'आपके यहाँ से छोड़कर क्यों गया ?'

'उसी से पूछिए।'

लल्लन बाबू की मिसरी अब चुक रही थी, वाक्य छोटे होने लगे थे।

'आपके यहाँ वह क्या-क्या काम करता था ?'

'एक घरेलू नौकर क्या-क्या करता है ?'

'वसूली, मार-पीट, बेदखली ?'

'क्या मालूम ?'

कुमार ने बाकी सवाल करना फिजूल समझा, 'अंकल, अगर जरूरत पड़ी तो फिर तंग करूँगा।'

'सौ बार।' लल्लन बाबू ने त्यौरियाँ चढ़ाकर कहा, 'बाकी एक बात सोच के...। अगर

ई सोच के आइएगा कि हम टरेनिंग देते हैं डकैती का तो झगड़ा हो जाएगा। बेटा, टरेनिंग तो ई पॉलिटिक्स देती है—तुमरे दुबेजी जैसे लोग, ई समाज देता है—जहाँ सीधी उँगली से घी नहीं निकलता। देखो, तुम जहीन आदमी हो।' वे 'आप' से सीधे 'तुम' पर उतर आए, 'लेकिन अभी किताबी हो। थोड़ा प्रैक्टिकल बनो। सोचकर देखना कि पश्चिमी चंपारन से ही रत्नाकर से परेमा तक सभी डाकू क्यों पैदा होते हैं ?'

अच्छा पाठ पढ़ाया बूढ़े ने। लो कुमार, और तफतीश करो ! चौबे गए छब्बे होने, दुबे होके रह गए। कुमार को लगा, इन घाघ जमींदारों से कुछ भी मालूम होने को नहीं है। इनकी सीधी आमदरफ्त राजधानियों और राजपुरुषों तक है, फिर उस जैसे अफसर को क्यों घास डालने लगे ये ?'

डाकुओं के आश्रय के दो सिरे हैं, एक तो ये बड़े लोग, दूसरा सामान्य लोग जहाँ से उनका खाना बनकर जाता है। बड़े लोग काइयाँ हैं, साधारण जन अभी भी भोले ! हालाँकि आई.जी.साहब ने इन भोले-भाले लोगों से किसी भी प्रकार की सहायता मिलने के प्रति संदेह ही व्यक्त किया था फिर भी आजमाने में क्या हर्ज है ? जीप अब थाने पर जा रुकी थी।

उजड़े गाँवों का उजड़ा थाना। एक कुरसी तक साबुत नहीं। खुले में चावल-दाल चुर रहा था। थाना प्रभारी, सिंहासन यादव समेत दस कर्मचारी आ-आकर सैल्यूट देने लगे।

'और काम-काज कैसा चल रहा है यादवजी ?' कुमार ने पूछा।

'ठीक-ए है सर !' सिंहासन यादव ने उत्तर दिया।

'कोई केस ?'

'सर, एक ठो आदमी के यहाँ से खाना बनके गया था परशुराम के दल के पास, उसका जनाना को बुला के पूछा, लेकिन कोई फायदा नहीं हुआ।

'कौन आदमी...?'

'गाँव का बिसराम थारू ! यही थोड़ा आगे पड़ता है।'

'एक सिपाही को हमारी जीप में बैठने को कहिए, रास्तों के बारे में हमें पता नहीं है।' कहते हुए उठ पड़ा वह।

'सर खाने का बेला है।'

'आप बनवाकर रखिए।'

'सर कांस्टेबुल रामदास को बैठा दिया है जीप में—रास्ता बताने के लिए।'

नहर की पुलिया से आगे जीप खोर में मुड़ गई। इनरदेव समेत कई लोग अपने-अपने घर से निकलकर सलाम करते हुए खड़े हो गए।

'यहाँ बिसराम का घर कौन है ?'

'घर तो वो है हजूर, लेकिन बिसराम घर में नहीं है।' इनरदेव ने कहा।

'घर में उसकी औरत तो है ?'

'जी, बेमार है।'

इनरदेव खुद लिवा गए कुमार को बिसराम के घर।

मलिन मुचड़ी छींटवाली साड़ी में रोगिणी ने खाट से ही खाकी वर्दी में एक डील-डौल वाले अफसर को आते देखा तो सकते में आ गई।

'लेटी रहो। लेटी रहो। तुम्हारे आदमी कहाँ गए ?' सहोदरा के मेले में जिस औरत की सुंदरता को उसने मन-ही-मन सराहा था, औरत भी वही थी, उसकी साड़ी भी वही, मगर इतने ही महीनों में सारा कुछ ऐसे कुम्हला गया कि पहचान तक गुम हो गई।

'हजूर मरद बेंत लाने जंगल गया है और देवर नहर पे काम करने।' कराहते हुए बोली।

'तुम्हें क्या बीमारी है ? शहर जाकर कायदे से इलाज क्यों नहीं कराती ? फिर बच्चा भी है।'

'पइसा कहाँ है हजूर !'

'क्यों, परशुराम को तुमने खाना बनाकर पहुँचवाया, उसने पैसे नहीं दिए ?'

सिसक पड़ी बिसराम बहू, 'हम का करें साहेब, हमरा तो दूनों तरफ से मौवत है—न बना के देते तो ऊ लोग मारता, बना के दिए तो आप लोग !'

इनरदेव ने उसकी पहली बच्ची के साँप के काटने से हुई मौत से लेकर चंद्रदीप सिंह द्वारा जमीन और भैंस के जबरन कब्जिया लेने तक की बात टुकड़े-टुकड़े में बता डाली। कुमार को इस बात का भी कयास न हुआ कि उस रात की करुण गुहार 'बिषहरिया हो डाक पड़ल बा हो !' की उस अभागन बेटी की माँ से वह बात कर रहा है।

'अच्छा, परशुराम को तुम पहचानती हो ?'

फटी-फटी आँखों से लगी देखने बिसराम बहू। क्या जवाब दे वह ?

पता नहीं क्या करेगा यह अफसर उसके साथ। 'कोई तकलीफ है ? डर रही हो ?' कुमार आत्मीयता के तहत एक कदम आगे बढ़ा। धड़क उठा भींगी गौरैया-सा बिसराम बहू का कलेजा। आँख मुलमुलाते हुए सूखे कंठ से सिर्फ इतना बोल पाई, 'साहेब...! बहुत कमजोर आदमी हैं।' आधी बात लिबलिबा गई, आधी सूख गई।

'कोई बात नहीं। अपने पति को कभी भेज देना। हमसे डरने की जरूरत नहीं है, समझी ?'

लौट आया कुमार। नहर पर जीप जैसे ही मुड़ी, रामदास ने बताया, 'सर, एक ठो आदमी और है। उसका बेटी का शादी में परेमा हेलप किया था।'

'परेमा ?...कौन है वह आदमी, कहाँ रहता है ?'

'उसका नाम दुलार है सर, पुलिया पार करके जाना होगा। सर, खाना खा लिया जाए, दिन लरक गया, तब चला जाए।'

जीप जब छितौली की ओर मुड़ी तो शाम ढलने लगी थी। चारों ओर इतना वीरानापन पसरा हुआ था कि इस क्षेत्र को देखकर यकीन ही नहीं होता कि इसी देश में पटना, दिल्ली, कलकत्ता और बंबई जैसी गहमागहमीवाली आबादी भी है। एक कच्ची सड़क से दूसरी कच्ची सड़क, बैलगाड़ी की लीक पकड़कर वे छितौली पहुँचे तो सूरज पश्चिम के छितौली ताल में डूबने-डूबने को था। पुलिस की जीप के आतंक और कौतूहल से गाँव के लोग भरभराकर खड़े हो गए। दुलार का पता पूछते-पूछते वे एक खपड़ैल के सामने रुके। दुलार अभी खेत पर से नहीं लौटा था। उसे बुला लाने के लिए एक लड़का भागा-भागा गया।

उनके लिए खाटें बिछा दी गईं। थोड़ी ही देर में शाम के धुँधलके में बैलों की घंटियों की आवाजों के साथ दस-बारह छायाएँ आती हुई दिखीं।

'सलाम हजूर !' यह एक तरह का कोरस था। गाँव के मुखिया और गुमाश्ता समेत सलाम करते हुए अपराधियों की तरह खाट के सामने आकर खड़े हो गए।

'दुलार कौन है ?' कुमार ने पूछा।

'हम ! हम हैं हजूर !' एक आदमी सामने आ गया।

टॉर्च की रोशनी में झुलस गया चेहरा—चालीस-पैंतालीस का सामान्य चेहरा।

'तो तुम्हारी लड़की की शादी ठीक-ठाक निभ गई ?'

दुलार जैसे सूखकर काठ हो गया।

'डरो नहीं ! हमें मालूम है कि डाकू परेमा ने उस शादी का खर्च उठाया था। हम तुम्हें उसके लिए परेशान नहीं करने आए। हम तो सिर्फ यह जानने आए हैं कि...!'

क्या जानने आए हैं ? कुमार आधी ही बात पर दुलार के बच्चों की तरह बिलखकर रोने से वाक्य पूरा करना भूल गया।

'देखो, तुम्हें यह तो मालूम ही है कि परेमा एक डाकू है, लोगों को उठाकर ले जाता है, पैसे मिलने पर छोड़ देता है, नहीं तो मार डालता है। एक तरफ गरीब की मदद का पुण्य, दूसरी तरफ सरासर पाप। अब उस पुण्य को धरमकाँटे के एक पलड़े पर रखिए, दूसरे पलड़े पर पाप को, तो कौन भारी पड़ा, पाप की गठरी या पुण्य का छींटा ?'

दुलार चुप ! गाँव चुप ! जैसे किसी के हलक में जबान नहीं। यह पुण्य भी नकली है। आप उसकी मदद करना एक बार बंद करके देखिए, वह आपकी जान का दुश्मन बन बैठेगा। डाकू किसी का दोस्त नहीं हो सकता। इस बार भी उसकी आवाज अकेली थी। गूँगे तो नहीं हैं ये ? अभी-अभी तो खुले गले से सलाम किया था इन्होंने। इन अनपढ़ देहातियों ने तो उसे अच्छा बेवकूफ बनाया। आई.जी. साहब ही ठीक कहते थे। स्वर धीरे-धीरे तेजाबी होने लगा।

'दुलार !'

'जी सरकार !'

'परेमा की हुलिया कैसी थी, यानी वो देखने में कैसा था ?'

'... ... ... '

'तुमने सुना नहीं ?'

'सुन लीं हजूर, सुन लीं। हम का कहीं...?'

'क्यों ?'

'हम तो उसको देखा-ई नहीं हजूर !'

'झूठ !'

'न हजूर, बेटी किरिया !'

'तुमने उससे पैसे लेकर बेटी की शादी की और अब पूछने पर कह रहे हो कि देखा-ई नहीं !'

'ऊँ कहाँ आया था हजूर, ऊ तो महबीर साह बोललें कि...बियाह का समान ले जाओ।'

'चलो फिर साहु की दुकान पर।' कुमार उठ खड़ा हुआ।

पुलिस को देखते ही महाबीर साहु की आँख का चश्मा फिसलकर नाक पर आ गया। हड़बड़ाकर हाथ जोड़कर खड़े हो गए। भीड़ सुरक्षित दूरी पर जा खड़ी हुई।

'दुलार की बेटी की शादी के लिए सामान आपने दिया था ?'

'हाँ हुजूर !'

'क्यों ? खैरात ?'

'ना हुजूर ! हमरा के चिट्ठी मिलल जंगल सरकार के। गरीब बनिया हइँत हुजूर। न देइँत तो दुकान लुट जाइत ! जान न बचित हुजूर।'

'जंगल सरकार की हुलिया बता सकते हैं ?'

'हमरा त-अ सिरिफ चिट्ठी मिलल रहे हाकिम !'

'आपने उसे कभी देखा ही नहीं ?'

'ना देखलीं हाकिम !'

'चिट्ठी कहाँ है ?'

साहु ने काँपते हाथों से तिजोरी खोलकर चिट्ठी निकाली। सिर्फ आदेश था जंगल सरकार यानी परेमा की मुहर के साथ। खोदा पहाड़ और निकली चुहिया ! कुढ़कर चिट्ठी रख ली डायरी में !

'तुम थारू हो ?'

'ना हाकिम !' साहु ने कहा।

'और तुम...? कुमार ने दुलार की ओर देखा।

'ना हजूर, धाँगड़ !'

'ठीक है ! जरूरत पड़ने पर थाने में तलब किया जाएगा। सच बोल दिए तो ठीक वरना...।'

कुमार ने आधे वाक्य को पूरा नहीं किया।

न विरोध में कोई आवाज, न समर्थन में।

'परेमा और परशुराम जैसे डाकुओं की मदद आप इसीलिए करते हैं न कि आपकी जान को खतरा है ? अगर आप हमारी मदद करें, यानी कि पुलिस की, तो इस खतरे से आप हमेशा के लिए बच सकते हैं।' कुमार, जैसे गूँगों को संबोधित कर रहा था।

छितौली से चले तो बूँदा-बाँदी शुरू हो गई। जैसे-जैसे आगे बढ़ते गए बारिश तेज होती गई। कच्ची सड़क की धूल कीचड़ बनकर जीप के टायर को रोक रही थी। नहर तक आते-आते दुर्गति हो गई। कोढ़ में खाज यह कि थाने के पास जीप एक बार जो रुकी तो फिर इंजन ने स्टार्ट लेना ही बंद कर दिया। लाचारी में रात थाने में ही काटनी पड़ी, उस थाने में जो पुलिस के जवानों को छोड़कर कहीं से भी थाना न था। मौके का फायदा उठाकर कुमार ने बीस साल पुराने रजिस्टर और फाइलों को देख डाला।

जीप के ठीक होते-होते सुबह के दस बज गए।

'अब कहाँ चलें सर ?' ड्राइवर ने पूछा।

'सीधे गंगौती।' कुमार ने कहा।

'बाल्मीकिपुर नहीं जाएँगे सर ?'

'बाल्मीकिपुर ?' कुमार ने ऐसे पूछा, जैसे वह कोई अपरिचित नाम हो लेकन तत्क्षण ही चेतना लौट आई, 'अरे हाँ, आज तो फोर्टनाइट्ली मीटिंग है। रशद, पेट्रोल और दूसरे सामान भी लेने हैं, फोर्स में कितने आदमी हैं ?'

'चार सर !'

'यहाँ से किसी जवान को गंगौती भेजकर सुदर्शन सिंह को सूचना भिजवा दें कि वे वैन में आठ आर्म्ड जवान लेकर बाल्मीकिपुर चले आएँ। हम वहीं पहुँच रहे हैं।'

ड्राइवर ने कहा, 'ऊ का आइए रहे हैं सर, भोरे-भोरे खबर भिजवा दिए थे दरोगा जी। आपके चेंज करने के लिए कपड़े-ऊपड़े भी लाने को बोले थे।'

आगे-पीछे चल पड़ी गाड़ियाँ। बाल्मीकिपुर के सर्किट हाउस पहुँचते-पहुँचते ढाई बज गए।

'ऐसा करो, तुम लोग बारी-बारी से खाना खा लो—ये लो पैसे।' उसने सौ का एक नोट पर्स से निकालकर सुदर्शन सिंह को थमाया।

'और आप सर...?' सुदर्शन सिंह ने पूछा।

'जो कहता हूँ, सुनो।'

'यस सर !'

'खाना खाकर पेट्रोल और रशद का कोटा उठा लो और जीप लेकर यहीं इंतजार करो। हाँ, जीप भी चैक करा लो। सिग्नेचर्स मैं लौटते वक्त कर दूँगा।'

रक्षकों के अभिवादन को अनदेखा करते हुए फुर्ती से वह सर्किट हाउस में घुस आया। फ्रेश होते-होते घंटा-भर लग गया।

'मे आय कम इन सर !' एक साथ सैल्यूट और प्रवेश की आज्ञा की औपचारिकता पूरी कर वह खाली कुरसी की और बढ़ा तो एस.पी. श्रीवास्तव ने घड़ी देखी, 'सो लेट ?'

'डाकू का पीछा कर रहे होंगे !' कोई दबी आवाज आई और दबे-दबे उपहास में बदल गई।

'सॉरी सर !' वह झेंपता हुआ खड़ा हुआ फिर बैठ गया।

'यस मिस्टर भंडारी ! कैरी ऑन ! आपको कैसे पता चला कि बिरजू बाबू का अपहरण नोनिया ने ही किया है ?'

डी.एस.पी. भंडारी खड़े हो गए, 'हमने अपने कुछ स्पाई फैला रखे हैं सर !'

'गुड ! बट...वे स्पाई अपहरण के पहले कोई सूचना नहीं दे सकें ?'

'नो सर ?'

'शुकर है, आपके इलाके में एक वारदात नोटिस में तो आई, हमारे पांडेयजी के यहाँ तो रामराज है।'

'हमने पूरी तरह से आपके इंस्ट्रक्शंस फॉलो किए हैं सर। सबसे बड़ी बात है आम जनता में आस्था का लौट आना।' पांडेय ने कहा।

'दैट्स गुड ! वैसे एक बात और है, आपके हलके के रेंजर ने कुछ हिरणों के गुम होने की सूचना दी है।' श्रीवास्तव ने कागज पलटकर तसदीक की, 'यस आठ ! उन पर भी निगाह रखना हमारे 'ड्यूज' में आता है।'

'हिरण थे तो बाघ भी तो हैं सर !'

'आफकोर्स ! यू आर राइट ! फिर भी ध्यान रखिए, बाघ का बहाना बनाकर कोई आदमी, चाहे वो कोई भी हो, हिरण न मारे !'

'ओ.के. सर !'

'ऐंड नाउ मिस्टर सिंह, कुमार आ गए हैं, आप अपने प्रॉब्लम्स जरा फिर से बताएँ।'

मिस्टर सिंह खड़े हुए तो कुमार चौकन्ना हो गया, 'भला इनकी समस्याओं से उसका क्या संबंध ?'

मिस्टर सिंह ने कहा, 'मेरे क्षेत्र में नारायणी नदी का दोआबा आता है जिसमें मझरिया आदि गाँव भी आते हैं जो नदी के कटाव से बेहद प्रभावित हैं और डाकू समस्या के एक सोर्स भी। रेकॉर्ड्स के अनुसार सत्तर प्रतिशत डाकू वहीं के उद्वास्त यादव, मल्लाह आदि पिछड़ी जाति के लोग हैं। नदी का कटाव हर साल नया होता है। हमारे पास कोई मुकम्मिल नक्शा भी नहीं है। डाकू अपराध करके दोआबा में घुसते हैं और नदी के कटे-फटे बीहड़ में गुम हो जाते हैं। हम नौकाओं से उनका पीछा करते हैं, मगर नाविक हमसे ज्यादा डाकुओं के वश में हैं। हमने पिछली बार ही लांच बोट्स की डिमांड की जो पूरी तरह से हमारे नियंत्रण में हों, नक्शा तैयार करने के लिए दक्ष सर्वेयर की डिमांड की, साथ में एक योग्य अफसर। मैं अपनी माँगें फिर से निवेदित कर रहा हूँ। अब चूँकि पांडेय साहब को अच्छी तरह से तैरना नहीं आता और भंडारी और जायसवाल साहब पर इस हलके का अतिरिक्त कार्यभार है, सो बचते हैं मिस्टर कुमार—हर तरह से युवा, प्रशिक्षित और दिलेर ! हमारी दर्ख्वास्त है कि उन्हें कुछ दिनों के लिए मुझे एसिस्ट या को-ऑपरेट करने को कहा जाए।'

'मिस्टर कुमार !' श्रीवास्तव अब कुमार की ओर मुड़े, 'आपने पहले ही आउट ऑफ द वे जाकर परानपुर में यहाँ के दो कुख्यात डकैत मारकर उन्हें छेड़ दिया है।' कहकर हँस पड़े वे, 'आप पहले अपने क्षेत्र की रिपोर्ट दें।'

कुमार ने भरत शर्मा के अपहरण समेत अब तक की वारदातों का संक्षिप्त परिचय दिया।

'माइ गॉड !' चिहुँक उठे श्रीवास्तव, 'क्या वाकई शर्मा को ट्रेस आउट करने के दौरान मिस्टर पांड़े ने आपको एसिस्ट किया। ये तो अभी कह रहे थे कि इनको ठीक से तैरना ही नहीं आता।

'सर ! पांड़ेजी ने बड़ी बहादुरी से जंगल की कॉम्बिंग करते हुए डकैतों का पीछा किया। डाकू दोन के उत्तरवाले पहाड़ पर भागे तो ये वहाँ भी चढ़ गए।'

'वाकई !' जानते हुए भी अनजान बनने का अभिनय कर रहे थे श्रीवास्तव !

'हाँ सर।...लेकिन वह चट्टान ही दगा दे गई जिस पर वे खड़े थे।'

'वेल, तब तो हमें आपके साथ-साथ मिस्टर पांडेय को भी प्रेसीडेंट एवार्ड के लिए

रिकॉमेंड करना पड़ेगा। अब बताइए क्या आप मिस्टर सिंह को एसिस्ट कर पाएँगे ?'

'सर, अभी तो वहाँ से हटना भी...।'

'नो नो, कोई जल्दबाजी नहीं। आप लोग आपस में डिस्कस कर लें। अब तक के हमारे अनुभवों से यह सिद्ध हो गया कि पब्लिक को-ऑपरेशन, ह्वाट शुड आय से, हाँ जन-सहयोग ही वह सूत्र है जो हमें कामयाबी की मंजिल तक ले जा सकता है। इन प्रैक्टिस, यह एक टफ टास्क है, कारण इसी पब्लिक में से कुछ लोग डकैतों को सहयोग दे रहे हैं। पूरे इलाके की कॉम्बिंग करके डकैत, उनके आश्रयदाता अवैध हथियार और लूट के सामान सब कुछ हासिल कर सकते हैं। एक भी दोषी छूटने न पाए, मगर एक भी निर्दोष सताया न जाए—हमारे पास कुछ एल.एम.जी. और ए.आर. हैं, दो-दो हर जोन को दे रहे हैं बट कॉशन (सावधानी), दुश्मनों के हाथ न पड़ने पाए।'

श्रीवास्तव उठकर चले गए तो अफसर सहज हुए।

देर होते देख सब-इंस्पेक्टर सुदर्शन सिंह खिन्न हो गए। धीरे-धीरे इस खिन्नता पर व्यर्थता और वैराग्य के बुरादे झरने लगे। कहाँ रफीगंज थाने का रोब-दाब, कहाँ यह जंगल-जंगल का भटकाव ! वहाँ वे हवलदार थे तो क्या हुआ, बेताज बादशाह थे। दरोगा अहमद खुद 'बाबू साहेब-बाबू साहेब' कहकर सिर आँखों पर लिये रहते। राजपूतों का गाँव था न ! बड़े अफसरों से कभी-कभी ही सामना पड़ता, आ भी गए तो खिला-पिला के, दे-दिला के चलता किए। मगर यहाँ...? बाप रे ! ई कैसा डी.-वाई.एस.पी. कपार पे पड़ा, न सार अपने खाता है, न खाने देता है, न अपने सोता है, न सोने देता है। कैंप में जरा-सी आँख क्या लग गई, सबके सामने डाँट दिया। मन तो किया दे दें एक रद्दा ! महीने-भर से जंगल-जंगल भटका रहा है। आ ई सार जंगल है, कभी सपने में भी न सोचा था कि ऐसे जंगल में पोस्टिंग हो रही है—बाघ, भालू, जंगली भैंसा, जंगली सूअर, अजगर से भरा पड़ा। इतना कसा हुआ कि आर-पार को कौन कहे, बगल में कौन है—ई भी नहीं सूझता। सन्न से कोई गोली चली नहीं कि खपड़ोई छितरा जाए। हमको भी कुत्ते ने काटा था, फटाक से चढ़ गए पेड़ पर उस दिन, फिर तो पेड़ पे चढ़ा के अकेले छोड़ दिया बीच जंगल में। ऊ तो कहिए हर मंगलवार को बजरंग बली का बरत रखते हैं, गते-से उतर के जीप में चले आए, जान बच गई, नहीं तो...? बेकार ही डींग हाँके कि दू गो नक्सली मारे हैं। अब लो चखो मजा। दरोगा तो बने लेकिन कहाँ के ? जंगल के ? न ! शमसुलवा की तरह उन्हें भी कोई तरकीब निकालनी पड़ेगी।

जीप पर बैठे-बैठे ही उन्होंने चिट्ठी लिखी, 'सोस्ती श्री...बड़की ठकुराइन को मालूम हो कि तुम जल्दी-से-जल्दी एक तार दो हमको कि तुम बहोत बीमार हो, मू देखना हो तो चले आइए...।'

चिट्ठी तह करते हुए उन्हें तनिक तसल्ली हुई। इतनी देर बाद उनका ध्यान दूसरी जीप की खाकी वर्दी पर गया—ई को (कौन) है ? पुरुषोत्तम झा ! साथ-साथ दोनों हवलदार थे नक्सली मारनेवाले अभियान में ! अब ई सार कइसा मोटा गया है, भइँस की तरह। फिर उन्हें याद आया कि उन्होंने झा से नेपाल से कपड़ा लाने को कहा था। यह याद आते ही चेहरे की घृणा को पोंछते हुए, कमर का बेल्ट ऊपर सरकाते हुए वे उठ खड़े हुए, 'जे है से,

झाजी न का...? परनाम बबा !'

'खुश रह-अ जजमान !' पुरुषोत्तम झा ने उन्हें पलटकर देखा और चौंकने का अभिनय किया, 'अरे बाबू साहेब...? कइसे हैं ?'

'कपार हैं।' सुदर्शन सिंह तुनककर बोले, 'हम तो बोले कि हमरो के लिवा चलिए अपने साथ, हमहूँ, का नाम के अफीम पकड़ें, सोना पकड़ें, इस्मगलिंग का समान पकड़ें लेकिन आप... ।'

'कपड़ा तो, जे है से, भारत-ए का नीमन होता है, हियाँई से नेपाल गया, मोहर मार दिए मेड इन जापान, चाइना, हाँगकाँग... । मुँह मार के गंदा मत कीजिए जजमान।'

सुदर्शन सिंह को लगा, ई 'झौवा' टरका रहा है, और का हाल है आपके जोन का ?'

'हमरा जोन के सूबेदार तो पांड़े साहब नू हैं। एकदम से रामराज। जब चाहे नेपाल चले जाते हैं डाकू का सुराग लेने !' झा ने कहा।

'सुना है, हुआँ औरत बहुत खबसूरत होती है !'

'अब रामजी का इच्छा से ईहो पूछे के बा ? सीताजी हुवें के न रहलीं। रामजी घट-घट ब्यापी ! सब जान-सुनके न हिहाँ के जनाना पसन्न कइलीं !'

'एकदम गोर न ?' सुदर्शन सिंह की उत्तेजना बढ़ती जा रही है।

'एकदम !' झा ने कहा। फिर धीरे से जोड़ा, 'अउर देह पे एक ठो भी रोंआ ना। जैसे खोआ-मलाई !'

'बाकी, नकिया तनी चपटा होखेला।' सिंह ने एक नुक्स ढूँढ़ निकाला।

'ओह कोच्छ हरज नहीं। देखब बबुआन तो नाक भूल जाइत !'

'ए महाराज, तनी हमरो के लिआ चल-अ-न !'

'अपना साहेब से बोलिए !'

'साहेब ? ई सार हीरो बनेला ! परमोशन न लेबे के बा।'

'परमोशन...? कौन जात है ?'

'का जानें ! होखी बाभन चाहे भुइँहार !'

'तबो परमोशन ना होइत ?'

'बड़ घर के ना नू हैं। बाप टाटा में लोहा पीटेला कि का तो मास्टर हन्अ बड़ घर के लड़का के न करेज बड़ होखेला !'

पुरुषोत्तम झा ने सर्किट हाउस पर एक नजर डाली और कहा, 'मीटिंग खतम हो गइल। सुन-अ ए बाबू साहेब-तहरा जोन के थारू जे हउवें न—ई भी कम सुन्नर ना हैं। मोहर पे न जाई, अपने देश के माल-ए सबसे नीमन होखेला।' लौटते समय सुदर्शन सिंह की नजर में सोना की कंचन-काया कौंध रही थी। उन्होंने चुपके से जेब के पत्र को निकालकर चिन्दी-चिन्दी कर तितलियों की तरह उड़ा दिया।

उधर डी.एस.पी. के चले जाने के बाद थोड़ी देर तक अफसर रिलैक्स मूड में आपस में चुहुल करते रहे फिर पांडेयजी ने बुरा-सा मुँह बनाया, 'अब छोड़ो भी ये सब कॉलेज के छोकरों-सी बातें। बी एडल्ट !'

'साहब तो प्रॉक्सी देकर गए। चलो एक-एक पैग हो जाए।'

'मुझे कोई उज्र नहीं बशर्ते राजी हों।' सिंह ने कहा।

'मुझे तो आज माफ ही करें। बेहद थका हूँ और शाम होने के पहले रशद और आर्म्स के साथ गंगौती पहुँचना है।' कुमार ने कहा।

'तब तो और भी जरूरी हो जाता है।' पांडेय ने कहा।

दारू खत्म करने के बाद सिंहजी ने पूछा, 'तो ? कब आ रहे हो रेता ?

'मैं आपसे कांटेक्ट कर लूँगा।' कुमार ने कहा।

भंडारी ने खुद को इस कंपनी में फिजूल समझा, उन्होंने बिदा ली।

उनके जाते ही कुमार को लौटने की तलब हुई। उसने अपने दोनों सीनियर्स का अभिवादन करते हुए बिदा ली। कुमार के जीप में बैठते ही पांडेय खुले, 'ठाकुर साहब, कुछ बूझ रहे हैं ?'

'क्या ?'

'नोनिया पर पचास हजार का इनाम है और परेमा पर एक लाख।'

'हाँ है। तो ?'

'अगर भंडरिया और कुमार ने कल-बल-छल से इन्हें मार दिया तो एक पचास हजार, दूसरा एक लाख का आदमी हुआ न !' पांडेय की बात सुन रहा था कुमार। बोला, 'सर, आप हम दोनों का अपहरण कर लीजिए, डेढ़ लाख ले लीजिए।'

पांडेय हँस पड़े, 'फुटबाल देखे हैं न ! सिर्फ अच्छा खेलने से ही नहीं होता, गोल देने से होता है !'

'चाहे ऑफ साइड या फाउल से ही !' कुमार ने व्यंग्य किया।

'यहाँ जंगल में कोई रेफरी नहीं है।'

'क्यों, आपके भगवान ?'

'भगवान की माँ की...।' हँस पड़े पांडेय, 'भगवान मेरे बेटे का नाम है।'

स्टोर से जीप मुड़ी तो सुदर्शन सिंह ने पूछा, 'सर खाना !'

'देर हो रही है, साथ में सामान भी है।'

'चार ठो केक रखवा दिए हैं सर और थर्मस में चाय भी है। ले लीजिएगा। हम 'भैन' के साथ जा रहे हैं।' सुदर्शन सिंह वैन पर चले गए।

केक और चाय के शेष होते-होते गंगौती की दोनों गाड़ियाँ बेतिया नहर की बगलगीर हो गई थीं। शाम की नरम धूप में जंगल और गाँव के घरौंदे पीले लग रहे थे। ठंडी हवा के झंकारों से कुमार की पलकें झपकने लगी थीं। अचानक ब्रेक के झटके से आँख खुल गई, 'सर पानी !'

'अँधेरे में कुछ समझ में नहीं आ रहा था।'

'हेड लाइट क्यों बुझा दी ?'

'सर लगता है डाकुओं ने नहर काट दी है।' वैन का ड्राइवर पास आकर बोला। झटके से याद आया परशुराम का खत।

'क्या जीप इससे पार नहीं हो सकती ?'

'फँस जाए तो सर ?'

कुमार ने एक पल को सोचा, फिर पानी का मुआयना किया। अगर आज ही नहर काटी गई होगी तो नीचे की मिट्टी कीचड़ नहीं बनी होगी। एक सिपाही ने शीशम की डाल तोड़कर नापा, पानी तीन फीट था। देर नहीं की जा सकती !

'हटो तुम !' कुमार ने खुद स्टीयरिंग सँभाली। बैक किया और जीप को उतार दिया क्रमशः बढ़ते पानी में। एक क्षण को लगा जीप गई, लेकिन तभी पानी कम होने लगा। जीप पार। हौसला पाकर वैन के ड्राइवर ने भी वैन पार कर ली।

'सर हम बजरंगबली का सुमिरन किए थे न !' सुदर्शन सिंह पानी हिलकोरते बाहर आए।

'गंगौती में वही पेट्रोमैक्स और लालटेनों की रोशनी, सियारों का रोना, झींगुरों की 'ची-शीं' आवाजें। रानीमहल की सीढ़ियाँ चढ़ते हुए उसे लगा, उसकी जाँघें मन-मन भर की हो रही हैं। वर्दी उतारकर बेशिन में पानी के छींटे मारकर वह डाइनिंग टेबुल पर आया, सब्जी अभी बनी नहीं थी। दोपहर का भोजन रात को खाते हुए भी वह तृप्ति ही अनुभव कर रहा था। बिस्तर पर आया तो कमर अलग अकड़ी जा रही थी, कंधे अलग, एड़ियाँ अलग से फट रही थीं, सिर अलग से। उसकी इच्छा हो रही थी कि काश, पारबती आज उसका बदन दबा देता। लेकिन किस मुँह से कहता वह ! पाँव दबाने ही तो आया था उस दिन कि उसने डाँटकर हड़का दिया था। बहानेबाज औरतों-सा वह जोर-जोर से कराहने लगा। दूध लेकर पारबती आया तो खड़ा रहा कुछ पल, 'हजूर चाह !'

'रख दो, मुझे डिस्टर्ब न करो। बहुत थका हूँ।'

बंद आँखों के बावजूद उसने पारबती के हाथों का स्पर्श महसूस किया। पारबती पहले डरते-डरते फिर एक सधे हुए मालिश करनेवाले की तरह दबाने लगा।

'सर एक्को डाकू पकड़ाया ?' पूछता है धीरे से पारबती।

'अभी कहाँ ?'

'सर एक गो बात कहें ?'

'कहो, वैसे अगर यह कहना चाहते हो कि हरेराम राजगढ़िया सेठ से क्यों नहीं पूछताछ करते हैं तो वो मेरे हलके में नहीं पड़ता, बेतिया में रहता है।' कहने के साथ ही उसे खुद पर गुस्सा आया, पारबती से यह सब नहीं कहना था।

'सर कुछ सेठ सब ब्यापार करने के लिए बेतिया में रुकता है, झूठो का अफवाह उड़ाता है कि बेतिया में डाकू है, जिससे कि कोई हाकिम अंदर घुसने का हिम्मत न करे।'

'फिर ?'

'फिर लूट के साल-दू-साल में बोरिया-बिस्तर गोल !'

'हूँ...! यही कहना था ?'

'नँय हजूर, ऊ बतिया ठो बोलने में डर लगता है, गोसिया जाते हैं।'

'नहीं ! कहो !'

'सर ! आपको बनसप्ती देबी भटका रही हैं—डाकू सब का पूजा-पाती है न !'

कुमार को लगा, 'सच, कोई-न-कोई तो उसे भटका ही रहा है। चंद्रदीप सिंह, लल्लन बाबू, परशुराम, परेमा, बिसराम, दुलार, महाबीर साहु, कहाँ-कहाँ नहीं भटकता रहा वह। उसे

यह भी लगा कि वह जहाँ-जहाँ से डाकुओं की टोह में गुजरा, डाकू वहीं थे, छुपे पड़े। उसके वहाँ से गुजरते ही सिर उठाकर ताकने लगे होंगे। ऐन, अभी हमारे करीब कोई घटना घट रही होगी और हम उन्हें जान तक न पाएँगे।

आठ

और अंत में सिकरहवा !

'नया हिंदुस्तान' में किन्हीं मुरली पांड़े का लेख है, लेख या रपट ? आश्चर्य, यह घटना दो महीने पहले घट चुकी है और आज तक न किसी एफ.आई.आर. में दर्ज है, न किसी चर्चा में ! क्या हुआ था सिकरहवा में...?

बीतते आषाढ़ की कोई धूपछाहीं दोपहरी है। अगहनी धान की रोपाई चल रही है। थरूहट के लिए ये मेहनत-मजूरी के दिन हैं। फिर भी मौज-मस्ती का कोई नायाब बहाना आ जाए तो गुंजाइश निकल ही आती है। और बहाना भी कोई ऐसा-वैसा ?

रजुआ अभी-अभी बगहा से लौटा है अपने सिकरहवा गाँव ! उत्तेजना में उनके शब्द अटपटे हो रहे हैं।

'सोले (शोले) लागल बा सोले ! कितने आदमी थे...?' उसे लगता है, सूचना के साथ-साथ गब्बर सिंह के संवाद बिना बोले बात नहीं बनेगी, 'वाह क्या डाइलॉग है और क्या लाच (नाच) ! ओ...जब तक है जाल, मैं लाचूँगी—ई-ई-ई !'

उसके कहने के अंदाज पर भिलभिलाकर हँसती है टेक ले-लेकर थारू बालाएँ। तरोई के पीले-पीले फूलों के पास गुपचुप बुनी और उधेड़ी जा रही हैं योजनाएँ। बूँदा-बाँदी की टपटपाहट सुनकर उन्हें बुला रही हैं माताएँ, मगर योजना को अधूरी कैसे छोड़ दें वे ? अब बरखा-बूँदी का क्या है, बरस रही है तो बरसे; डरे बूढ़े-बूढ़ियाँ, जवान देह को क्या तो बरखा और क्या तो धूप !

'बैलगाड़ी से चला जाए !'

'तब तो अगले बरस पहुँचेंगे। चलना हो तो बस ठीक करो बस !'

'ओतना पइसा...?'

'अरे अउर लोगन को खबर करो। तीस-चालीस जनी हो गई तो सब पे खरचा बराबर-बराबर बट जाएगा।'

बगहा के प्रिया टॉकीज के सामने शनिवार के दो बजे एक बस आकर रुकती है। रंग-बिरंगी साड़ियों में एक-एक कर उतर रही हैं थारू कन्याएँ। नहीं, सिर्फ थारू ही तो नहीं हैं, कुछ दूसरी भी हैं बाजी घरों की। भीड़ ज्यादा है। मैटिनी का टिकट नहीं है लेकिन कोई बात नहीं, शामवाले शो के लिए पहले से लाइन में जा डँटा है रजुआ। कोई बात नहीं, जब

उत्ती दूर से आए हैं तो देख के ही जाएँगे। बसवाले सिंघजी को कुछ और पैसे दे देंगे, नहीं तो एक दिन उनके खेत में 'फिरी' काम कर देंगे बस !

शाम का शो शुरू हुआ। अरे बाप ! इस्स ! माई हो !..उत्तेजना, हँसी और मौज-मस्ती के क्षण। अगल-बगलवालों से कई बार इन्हें 'शांती' से बैइठ के देखने की हुड़की मिली। थोड़ी देर तक चुप्पी फिर वही सब कुछ।

पहला मध्यांतर हुआ तो रजुआ ने कान में कुछ टुहुँका, 'कुछ डाकू भी फिलिम देखने आए हैं, गती से बैठो !'

एक मुँह से दूसरे मुँह बात फैल गई। सबको साँप सूँघ गया हो मानो। परदे पर डाकू देखना एक बात है और जब आपको पता चले कि आपकी ऐन बगल में ही वह डाकू पर्दे से उतरकर आ बैठा हो तो बात वही नहीं रह जाती। ऊपर की ओर दरवाजेवाले कोने की कुरसी पर बैठे बंशी की आँखें बीच-बीच में पूरे हाल का मुआयना कर लेती हैं, हालाँकि उसके आदमी हाल के बाहर-भीतर फैले हुए हैं, बाहर-भीतर ही क्यों, पटना से दिल्ली तक खुद परशुराम भैया हैं उसके सिर पर। आखिर पुलिसवालों को भी तो नौकरी करनी है, उनके भी तो बाल-बच्चे हैं, यह सोचकर वह निश्चिंत हो फिल्म देखने लग जाता है। वैसे तो उसने डाकुओं पर अब तक कई फिल्में देखी हैं, मगर 'शोले' की बात ही कुछ और है।

गब्बर सिंह के आदमी गाँव में अनाज उगाहने जाते हैं, धीरू-बीरू मना करते हैं। फिर फायरिंग। डाकू यह कहते हुए भाग खड़े होते हैं कि अगर गब्बर को यह पता चला कि गाँववालों ने उसके आदमियों को अनाज नहीं दिया तो...फिर मौलवी साहब के बेटे की लाश...!

ऐं ? बंशी चौंकता है। उसने भी तो खाना मँगवाया था, रामलाल से। मुरली पांड़े के बहकाने पर खाना नहीं भिजवाया, रामलाल ने।

उसकी आत्मा पर धीरे-धीरे गब्बर सिंह की शैतान आत्मा सवार होती है। फिल्म के दूसरे मध्यांतर पर उसके लिए मिठाई, चाय, पान आता है। कई विशिष्ट लोग खड़े हैं घेरकर, बंशी एक बरफी कुतरते हुए रजुआ को बुलाता है तो वह थर-थर काँपने लगता है।

'डर मत बुड़बक !' अभयदान देता है बंशी !

'जी !'

'कल हम उधिर आएँगे। पनरह आदमी का खाना बनवा के रखना तीन बजे तक। बासमती चाउर और मुर्गा।' फिर वह जेब से सौ-सौ के पाँच नोट निकालकर देना चाहता है, मगर मैनेजर, यादवजी उसे देने नहीं देते, 'हम कौने दिन के हैं सरदार !' और वे अपनी ओर से पाँच सौ निकालकर देने लगते हैं।

रजुआ की जान-में-जान आती है, उसने तो कुछ और ही भाँप रखा था; अगर उसने किसी लड़की की माँग की होती तो...? खाना बनवाने में क्या है !

लेकिन नहीं, खाना बनवाने में ही तो सब कुछ है। दूसरे दिन खाना बन तो गया, मगर बंशी के आदमियों को दिया न जा सका। ऐन वक्त पे जाने कहाँ से फिर आ पहुँचे मुरली पांड़े, सारा हाल सुनकर बोले, 'डाकू को पोसना साँप को पोसना है। वैसे तुम्हें जो अच्छा लगे करो !'

अपने-अपने घरों से निकल आए हैं लोग, औरतें तक गोद में बच्चे लेकर आ खड़ी हुई हैं, रामलाल, शामलाल, चतुरी, सब ! सकते में पड़े हैं लोग। 'हम भी तो वही सोचते हैं, लेकिन डाकू न हैं।'

'तुम लोग डरो नहीं। हम एस.पी. साहेब के पास अभी जाते हैं कि फोर्स भेज दें। रजुआ तू चल मेरे साथ।'

बवंडर की तरह सारा कुछ उलट-पलटकर चले गए मुरली पांड़े। छिन में आए, छिन में गए। अब गाँव में ऊपर-ऊपर सन्नाटा है, अंदर-अंदर सरसराता भय।

शाम होते-होते कुछ साए गाँव में घुस आते हैं, फोर्स...? ना, यह तो बंशी का दल है। गब्बरी आँखें खैनी की पीक और वही डरावनी भदेस आवाज, तेरी माई के...तोहरी बहिनी के...तोहरी बेटी के...निकल आव रामललवा, बोलाव मुरली पांड़े के आ के बचा लें अब !'

पीट-पीटकर, खींच-खींचकर लाए जा रहे हैं लोग–स्त्री-पुरुष, जवान, बूढ़े-बच्चे ! हड़कंप मच गया है। बाँस के टटरे और काठ के किवाड़ बंद हो रहे हैं। उन्हें तोड़कर घसीटते हुए लाया जा रहा है औरतों को।

'छोड़ द-अ मलिकार ! छोड़ द-अ बाबू साहेब ! बूढ़ है, मर जाएगा ! अरे-अरे ओकरा पेट में बच्चा है ! अरे...!'

सारी फरियादें बेकार जा रही हैं। इन हूणों से कोई नहीं बच सकता, कुत्तों को छोड़कर कोई नहीं है आसपास के गाँवों में क्या ?

तीन ट्रैक्टरों की ट्रालियों में उठा-उठाकर बोरियों की तरह फेंका जा रहा है। ट्रैक्टर चल पड़े हैं। एक घंटे के बाद ट्रैक्टर जहाँ रुकते हैं वहाँ टूटे-फूटे अहाते का एक द्वार है, द्वार पर चालीस फीट आगे एक खपड़ैल का बैठका, बीच में पाँत से बीस-एक नाँदें, जिनमें गाय, भैंस और बैल बँधे हैं। ट्रैक्टर से उतरते ही पशुओं को खोलकर दूसरी जगह बाँध दिया जाता है, उनके खुरों की खरोंचों और गोबर, मूत, सानी-पानी के सड़े कीचड़ से सड़ाँध फैल रही है। मक्खियाँ उड़ रही हैं।

सबको हुरपेटकर बीच में खड़ा किया जाता है। गब्बरी अंदाज में अंदर तक बेध देने वाली नजर से एक-एक को घूरते हुए बढ़ रहा है बंशी ! धप ! धप ! धप !! सहमी हुई धड़कनों पर पाँव रखते बढ़ रहे हैं कदम ! वध्य बकरों-से आहट को तोलते खड़े हैं सब ! रामलाल और शामलाल के सामने आकर रुक जाता है बंशी, 'कुत्ते ! तुमरे बाप से खाना माँग रहे थे ?'

ठोकरें लगते ही भहराकर गिर पड़ते हैं दोनों ! लगातार जूते की ठोकरों से खून थूकते हुए हलाल किए गए बकरे की तरह तड़प रहे हैं वे ! गब्बरी अंदाज में खैनी पिच्च-से थूककर पलटकर खड़ा हो जाता है बंशी, फिर चीते की दबी चाल से आ पहुँचता है औरतों के सामने !

'छमिया सब ! नाचो !'

रामलाल की बेटी और पत्नी फफक रही हैं। बाकी पत्थर की मूरत-सी खड़ी हैं सिर झुकाए।

'नाचबी ना रे...!' वह एक सहमी-सी सुंदर लड़की से मुखातिब होता है जिसकी पलकें

भय से फरफरा रही हैं, 'आ-आप तो बाप के समान हैं...!'

वाक्य पूरा भी नहीं होता कि एक झनाकेदार तमाचा बजता है। 'अहि माई-ई-ई-ई !' की चीख के साथ चकराकर गिर पड़ती है। मुँह में कीचड़ भर जाता है।

'नाच बेटी चो...नहीं तो ई समसे बाँस...!'

नाच रही हैं औरतें। युवतियाँ नाच रही हैं, नाच रहीं किशोरियाँ, बूढ़ियाँ नाच रही हैं।...मगर 'बसंती' की तरह नहीं। बंशी को कोई मजा नहीं आता। नाच क्या रही हैं, मड़ाई कर रहे बैलों की तरह गोल-गोल ऊटपटाँग चक्कर काट रही हैं। उसकी साध थी कि इस नाच को अपने सरदार परशुराम को पेश करेगा, लेकिन वे मंत्रीजी की बेटी के बियाह में गए थे, अभी लौटे ही नहीं।

वह फिर से नाच देखने में तल्लीन हो जाता है।

नाच रही हैं औरतें।

यह कोई सहोदरा का 'झमटा' नहीं, न ही दशमी का 'नाच' है, यह तो तपते तवे पर बूँद का खौलना है, नाच-नाचकर शेष हो जाना है।

नाच बंद कर खाने का हुकुम हुआ। पशुओं की बसाती नाँद में उलीच दिया गया है खाना—भात, दाल, कुम्हड़े की तरकारी।

'तू लोगन नहीं खिलाया हमको, लेकिन हम खिलाएँगे हम। तू लोगन को ! लो खाओ !' बंशी बहकता है।

एक-एक हौदी में चार-चार अदमी !

आदमी होने के नाते ऐसा खाना नहीं खाया जाता। पहले सकते में खड़े हैं लोग। पीठ पर साँटी की मार पड़ते ही लोग आदमी से पशु में ढल जाते हैं—निरीह पशु !

जब तक यह खबर मुरली पांड़े को मिलती, दो दिन बीत गए थे और दो बूढ़े, एक बूढ़ी और दो जवान औरतें मर चुकी थीं और दस की हालत खराब थी। नहीं, जिस ढंग से वे मौतें हुईं, वे पेट की मरोड़ में तड़प-तड़पकर, पोंक-पोंककर, उल्टियाँ कर-कर उसमें लिथड़ते हुए मरे। लाशों और जिंदा लाशों को बंशी ने ट्रैक्टरों पर लादकर सिकरहवा भिजवा दिया।

पूरा इलाका चुप है, देश चुप है, दुनिया चुप है। किसका राज है ? क्यों राज है उसका ?

कुल मिलाकर तेरह मरे। यह बेतिया की दस लाख, बिहार की आठ करोड़ और देश की सत्तर करोड़ आबादी की मौत है। कोई हक नहीं होता, किसी को जिंदा कहलाने का !

मुरली पांड़े पर विद्याधर शुक्ल की आत्मा सवार है, जिन्होंने नीलहे साहबों के अत्याचार पर गाँधीजी का आह्वान किया था। लेकिन तब कोई गाँधी था, आज कोई नहीं। खैर, उनकी दौड़-धूप का नतीजा यह हुआ कि डी.एम. और एस.पी. तनिक सक्रिय हुए। दुबेजी की बेटी की शादी से लौटकर परशुराम ने बंशी को कसकर डाँट पिलाई। लेकिन उस पर कोई कानूनी कार्रवाई नहीं हुई, सिर्फ दरोगा को उसकी निष्क्रियता के चलते ट्रांसफर कर दिया गया।

और जिस दिन अपना 'बोरिया-बस्तर' बाँधकर दरोगा जा रहे थे, उस दिन...!

मुरली पांड़े बस से बेतिया जा रहे थे, एस.पी. और डी.एम. साहब को धन्यवाद देने लेकिन बस चले कैसे ? सड़क पर ट्रैक्टर ही ट्रेक्टर खड़े थे। कुछ देर तक तो उन्होंने ट्रैक्टरों

के हटने का इंतजार किया फिर राम उजागिर के साथ उतर पड़े कि आगे कोई जीप ले लेंगे, मगर यहाँ तो पैदल चल पाना भी मुहाल था। प्रायः तीन सौ ट्रैक्टर सड़क जाम कर खड़े थे। सिर्फ ट्रैक्टर ही नहीं हजारों की संख्या में लोग, जमींदार, जोतदार मास्टर, वकील और हजारों की तादाद में खेतिहर मजूर और किसान औरतें नारे लगा रहे थे, 'टनसफर रद्द करो।'

'रद्द करो।'

'जुलुमबाजी नहीं चलेगी।'

'नहीं चलेगी।'

ये कौन लोग थे ? कहाँ छुपे पड़े थे ये लोग अब तक ? क्या इन्हें सिकरहवा गाँव के लोगों पर हुए जुल्म का पता नहीं है अभी तक ? क्या परशुराम इनका भगवान हैं और दरोगा पैगंबर ? अगर ऐसा नहीं है तो क्यों ?

खैर ! आखिर 'जनता' के प्रबल आक्रोश को देखते हुए दरोगा वर्मा का ट्रांसफर रद्द कर देना पड़ा ? पुलिस के अथक प्रयासों के बावजूद बंशी और उसके सहयोगी गिरोह वाले भाग पाने में सफल हो गये। घटना को अतिरंजित कर मुरली पांड़े ने प्रशासन को 'गुमराह' किया। वह सिर्फ गाँव-गाँव की आपसी दुश्मनी का मामला था, जिसमें एक महिला और एक बूढ़े की डायरिया से मौत हुई, बाकी शांति समिति गठित कर दी गई है। धीरे-धीरे सब कुछ थिराता गया है, सिवाय एक के।

कच्ची-पक्की दाढ़ी-मूँछें, सिकुड़ी भौंहें, लाल आँखें—खुद से हर तरह से बेगानी, कौन-सा शख्स है यह ? घर में तीन-तीन बेटियाँ हैं, दिल्ली में पढ़ रहा एक बेटा है, प्रौढ़ा पत्नी है, पाँच बीघे की खेती है, स्कूल है, समाज है, प्रतिष्ठा है, मगर इसके लिए जैसे कहीं कुछ नहीं। वह जहाँ खड़ा है, खड़ा है, जहाँ बैठा है, बैठा है, किसी चीज को घूर रहा है तो घूर रहा है। कभी स्कूल जाते बच्चों को देखता रहता है तो कभी सिकरहवा की बगल के प्राइमरी स्कूल के बच्चों को। क्या ढूँढ़ता रहता है यह औघड़ इन बच्चों में ? क्या इसी औघड़ का नाम मुरली पांड़े है ?

न ! वह मुरली पांड़े तो उसी दिन पस्त, परास्त और खारिज हो गए। यह तो उनका जीवित प्रेत मात्र है जो अकेले-अकेले खुद में घुल रहा है। एक जबर्दस्त आत्म-मंथन है और हजार कोठों में भटकता अनुतप्त मन। अगर कुछ करने की कूबत न थी तो उन्हें उकसाया ही क्यों ?

मुरली पांड़े कहाँ हैं, क्या कर रहे हैं ? डकैतों ने उन्हें मार डाला या वे अभी जीवित हैं ? उनके परिवार के लोग और राम उजागिर जैसे मित्र ढूँढ़-ढूँढ़कर हार गए। आखिर 'नया हिंदुस्तान' में उनकी एक लंबी रपट प्रकाशित हुई। घटना के विवरण के साथ अंत में उनकी निष्पत्ति थी—

'सत्ता प्रायः ही भ्रष्ट और दबंग तत्त्वों की चेरी होती आई है, अतः यह सवाल आम नागरिक को खुद से करने हैं कि वह कैसे जिंदा बच पाएँगे, कि विषाणु कितने बाहर हैं, कितने अंदर ?

महत्त्वपूर्ण पदों पर बैठे लोगों की मनमानी, छात्रों की उद्दंडता, गंदी पत्र-पत्रिकाओं के धीमे जहर और गुंडों के कहर की तरह ही हम फिल्मों के असर को भी बहुत हलके से लेते

हैं जबकि आज अपने देश में अपराध, लंपटता, गुंडागर्दी और दादागीरी के बीज ये चुपके-चुपके बोती रहती हैं। नाग तो अज्ञानता में पूजे जाते हैं, मगर डाकू...? ऐसी फिल्में, ऐसा साहित्य, ऐसी बातचीत जो डाकुओं या इन तत्त्वों को महिमामंडित करती है, की भर्त्सना करने की बजाय हम उसे बढ़ावा देते हैं और जब यही तत्त्व पलटकर हम पर वार करते हैं तो त्राहिमाम् कहते हुए भागते फिरते हैं और कोई बचाने नहीं आता।

यह दुर्घटना शायद इस कदर शर्मनाक और बर्बर न हुई होती अगर 'शोले' न आई होती। महिमामंडित ऐसे कितने 'शोलों' ने कितने जहरीले डकैत और गुंडे पैदा किए, यह समय ही बताएगा, मगर तब तक पानी सिर के ऊपर जा चुका होगा।'

टिप्पणियाँ और सूचनाएँ एक भँवर की तरह नाच रही हैं कुमार के दिमाग में। रह-रहकर मुरली पांड़े के वाक्य डूबते-उतराते हैं—'तेरह ही नहीं मरे...यह देश की सत्तर करोड़ आबादी की मौत है।'

'ये कौन लोग थे ? कहाँ छिपे पड़े थे ये लोग अब तक ?'

'बेतिया की यह दुर्घटना शायद इस कदर शर्मनाक और बर्बर न हुई होती अगर 'शोले' न आई होती।'

कुमार इसमें जोड़ता है, और अगर ऑपरेशन, दो बड़े अफसरों के अहं की टंकार में झूल न गया होता, अगर अधिकारी मंत्रीजी की बेटी की शादी में हाजिरी बजाने न गए होते। अगर बंशी को परशुराम और परशुराम को मंत्रीजी का संरक्षण न प्राप्त हुआ होता, अगर इस देश की जनता इस कदर स्वार्थी और कायर न बनी रहती। अगर...अगर...अगर...?

नौ

जैसे चुपके से गायब हुए थे, वैसे ही चुपके से एक दिन वापस भी आ गए मुरली पांड़े। उनका भरा हुआ परिवार फिर से जी उठा। वह साँझ की बेला थी। पूरा गाँव उन्हें देखने को उमड़ पड़ा। 'कहाँ गए थे ?' 'क्यों गए थे ?' जैसे सवाल उन्हें घेरकर खड़े हो गए। 'मन में आया चले गए, मन किया लौट आए।' मुरली पांड़े से इस छोटे-से जवाब के अलावा कुछ भी हासिल नहीं हो सका।

'ई कइसन मन ह-अ भाई ?' लोग एक-दूसरे का मुँह देखने लगे। अगले दिन वे स्कूल भी गए और घर-गृहस्थी का काम भी करने लगे। सुबह-शाम बिना किसी को बताए, कहीं चल देते और रात-बिरात घर लौट आते। उनसे तरह-तरह के लोग मिलने आने लगे थे, विशेषकर छात्र और नौजवान। उनका जाना भी रहस्य था, आना भी और क्रिया-कलाप भी। बेटा सुधीर दिल्ली से आया था, थक-हारकर लौट गया। मित्र राम उजागिरजी लौट गए, वर्माजी लौट गए, झाजी लौट गए। सुधीर की माँ ने सोखाइन से झाड़-फूँक, टोना-टोटका कराया, रासो गुरो, मदनपुर माई के थान, सहोदर देवी, सोमेश्वर देव और जाने कहाँ-कहाँ

की मनौतियाँ मान लीं कि उनका दिमाग ठीक हो जाए ! मगर उन्हें क्या हुआ है, यह रहस्य बना ही रह गया।

यह रहस्य खुला अगले महीने, जब सिकरहवा में एक नई चीज सुनाई देने लगी—ग्राम सुरक्षा दल। 'ई का ह-अ भाई ?'

कुछ ही सप्ताहों में मुकीदपुरा, मोहना और दुधियावाँ में भी ग्राम सुरक्षा दल गठित होने की सुनगुन मिलने लगी।

इन गाँवों में इसके पूर्व एक घरी रात बीतते ही सियार बोलने लगते थे। इन आवाजों पर कुत्ते देर तक भौंकते रहते। रात के किसी पहर में अचानक ही कौवे बोलते हुए उड़ने लगते। कौवा-रोर के थिरते ही खोंढ़राए पेड़ों पर बैठे गीध पंख फड़फड़ाते तो दहशतजदा सन्नाटा तरंगायित होने लगता। अब इन्हीं गाँवों में 'जागते रहो' की 'ललकारें' और जवाबी ललकारें सुनाई देने लगी थीं।

गाँव-दर-गाँव के परदों को कँपाती इन अलख जगाती आवाजों ने जिस दिन कुमार के कान के परदों पर दस्तक दी, वह चौंक उठा, 'यह क्या है ?'

'मुरली पांड़े का गिराम सुरच्छा दल !' पारबती ने पाँव दबाते हुए बताया।

'फिर मैं अभी तक मुरली पांड़े से मिला क्यों नहीं ?' उसने जैसे खुद से सवाल किया। पारबती मुरली पांड़े के संबंध में ढेरों जानकारियाँ उलीचता रहा और वह सोचता रहा।

मुरली पांड़े से मिलने का संयोग बनते-बनते कुछ दिन बीत गए, तब कहीं जाकर आया वह दिन। उस दिन कोई और भी मिला, जिससे मिलने की चाह महीनों से थी, मगर...!

वह दिन कुमार के लिए भी अजीब था, मुरली पांड़े के लिए भी। दिन की शुरुआत ही युद्ध की खबर से हुई। बकुलिया दोन में परशुराम और नोनिया के दलों के बीच फायरिंग हुई थी। पुलिस बल जब स्पॉट पर पहुँचा तो वहाँ कुछ भी नहीं था। उधर उस दिन नौवीं कक्षा में प्रेसिस (सार संक्षेप) के लिए मुरली पांड़े को जो कविता पढ़ानी पड़ी वह युद्ध के प्रति घृणा से संबंधित थी। युद्ध की एक गाँठ खुली तो फिर हत्या, लूट, बर्बरता के रेशे-रेशे बिखरते चले गए। कविता में एक बच्चा मैदान में खेलते-खेलते एक खोपड़ी पाकर अपने दादा बूढ़े कास्पर से सवाल करता है कि यह क्या है। दादा खोपड़ी को देखते हुए अतीत में खो जाते हैं, 'एक महान युद्ध हुआ था, जिसमें सैकड़ों लोग मारे गए थे।' बच्चा समझ नहीं पाता कि युद्ध महान क्यों था, जबकि दादा गद्गद भाव से युद्ध का बखान करते रहे कि कितने गाँव उजाड़े गए, घरों और फसलों को रौंदा गया, कितने लोग बर्बाद हो गए और लाशें महीनों सड़ती रहीं...!' बैटल, ह्वेयर एवर इट इज फॉट, ब्रिंग्स नथिंग बट सिंपली डेथ एंड डिस्ट्रक्सन...मास्टर साहब व्याख्या करने लगे, 'युद्ध जहाँ कहीं भी लड़ा जाता हो, मौत और तबाही के सिवा कुछ नहीं लाता। हारनेवालों के लिए भी क्षय, जीतनेवालों के लिए भी क्षय। हम अगर खुद सम्मान के साथ जिंदा रहना चाहते हैं तो दूसरों को भी प्यार, सम्मान और जिंदा रहने का हक हमें देना पड़ेगा...! यही जीवन मंत्र है। प्रेम ही खुशबू है और घृणा ही बदबू !'

उनकी नजरें विशेष तौर पर परशुराम के लड़के सुवास और बंशी के लड़के प्रमोद पर टिकी थीं, जैसे यह सारा आयोजन उन्हीं को समझाने के निमित्त हो।

खुशबू का यह 'चेन रिऐक्शन' स्कूल से लौटते तक उन पर सवार था, 'यह क्या है ?' उन्होंने एक झाड़ को दिखाकर बच्चों से पूछा।

'...'

'रात की रानी ! इसे निकटैंथिस हर्बो कहते हैं...!' वे खुद ही बताते हैं।

'सर कस्तूरी में तो सुगंध होती है ?' सुवास ने प्रसंग को खींचते हुए सवाल किया।

'हाँ। मगर...!'

'लेकिन इसमें तो बदबू है सर ?'

'क्या है यह ?' सुवास कागज की पुड़िया खोलकर जो दिखा रहा था, वह कोई रोएँदार, मांस का लोथड़ा-सा लग रहा था, जो सूख गया था। संभव है कस्तूरी ही हो। पास आते ही बदबू का अहसास हुआ !

'यह कस्तूरी नहीं कुछ और है। कहाँ मिली तुम्हें ? फेंको इसे। वैसे भी तुम्हें ऐसी सुगंध से घृणा करनी चाहिए, जिसे पाने के लिए किसी की हत्या की जाती हो, चाहे वह कस्तूरी ही क्यों न हो।' सुवास चला गया, मगर वह मांस की गाँठ उनका पीछा करती रही और नहर से खोरी की ओर जैसे ही मुड़े एक डीलडौल वाली छाया ने उनका रास्ता रोक लिया। देखा तो परशुराम। चिहुँक पड़े ?

'मास्टर साहेब !'

'हाँ !'

'ई का है ?'

फिर वही कागज की पुड़िया, इस बार बेटे के नहीं, बाप के हाथ में—

'यह तो तुम्हारा लड़का सुवास लेकर आया था, कहता था कस्तूरी है, लेकिन...!'

'कस्तूरी नहीं, आदमी का आँख है !'

'अरे, लेकिन...!'

'चिहुँकते काहे हैं, आप ही का किरपा का फल है ?'

'मेरी किरपा...?'

'गिराम सुरच्छा दल, आप ही का चेला लोग हैं न !'

'वो ही लोग मोहना में गुलेल चलाकर आँख फोड़े हैं बंशी के सार कलपू का !'

'लेकिन यह तो सुवास के पास थी ?'

'पॉकिट से निकाल लिया था !'

'लेकिन कलपूजी मोहना कब गए थे...?'

'जइसे भी गया रहा हो। अँखियाँ वो ही लोग फोड़ा है, गुलेल से ! और गुलेल का टरेनिंग आपे का दिया हुआ है !'

मोहना की घटना के बारे में वहाँ के ग्राम सुरक्षा दल ने सिर्फ इतना बताया था कि रात को डाकू आए थे, मगर उन्होंने उन्हें खदेड़ दिया। वह परशुराम या बंशी का दल ही था और उसमें किसी डाकू को आँख से हाथ धोना पड़ा—इसका पता किसी को न था।

'बताईं महटर साहेब, ई अँखिया के लौटाईं, आप, कि आप का चेला लोग...?'

'परशुराम, मैं सच कहता हूँ, गुलेल आत्मरक्षा के खातिर ऊ लोग रखते हैं, आँख फोड़ने

के लिए नहीं। तोहरा जरूर ही गलत रिपोर्ट मिलल बा, रात-बिरात चौकस न रहला पे आँख फूटे के पचास कारण हो सकेला। ढेला से, टहनी से, बाँस के कइनी से...!'

'हम कहतानी गुलेल के मार से फूटल बा।'

'देख-अ परशुराम,' मुरली पांड़े अपने अंदर सरसरा रहे भय पर पाँव रखकर जैसे खड़े हो गए हों, 'पहिला बात ई कि कलपू जरूर कउनो बेजाह कइले होइहैं, तबे कोई ऐसा किया होगा और दूसर बात अगर कलपू के कउनो गलती ना रहल, तो ऊ नाम बताबस, के कइलस, ओकर सजा मिली।'

झुँझला पड़ा परशुराम, 'ठीक बा-आ ! हम परमान देंगे।' फिर तनिक रुककर उसने कहा, 'महटर साहेब, अपना के (आप) लइकन के कतना गियान देते हैं। अपना के मारि के एक गो नीमन महटर हम ना कम करे चाहतानी। बाकी एक ठो सीमा है। ई सीमा के मत पार करीं। पहिले भी सिकरहवावाला मामला में बंशी के और हमार नाम बदनाम करे के कम कोशिश ना कइलीं। आप अपना चेला लोगन को समझा दीजिए...!'

'तुम भी अपने चेला लोगन को समझा दो। तुम्हारे सामने हूँ, चला दो गोली।'

खोरी में मवेशी उतर रहे थे। परशुराम अपने दोनों साथियों के साथ बिना कोई जवाब दिए ओझल हो गया। मुरली पांड़े रेहड़ के बीच में एक मस्त बैल की तरह चलते हुए घर आए तो बैठके में देखा दो आदमी खड़े थे, ठिठक गए, 'कौन हैं ?'

लालटेन की लौ ऊँची हुई। देखा तो राम उजागिर और कोई लंबी काया का सुदर्शन पुलिस अफसर !

'परनाम पांड़ेजी !' राम उजागिर ने आगे बढ़कर हाथ जोड़े, 'ये हैं कुमार साहब, इस जोन के ऑपरेशन प्रभारी !'

कुमार ने हाथ जोड़ लिये।

'आ-आप सर ?' विस्मित से मुरली पांड़े के हाथ स्वतः जुड़ गए।

'आपकी रिपोर्ट पढ़ी, आपके कारनामे सुने, तभी से मिलना चाह रहा था।'

'वो तो यूँ ही...!' मास्टर साहब झेंप रहे थे।

'आज भी आपकी और उस आदमी की बातचीत के वक्त मैं वहीं बगल में था, मेरी सिर्फ एक जिज्ञासा है, आपने यह ग्राम सुरक्षा दल क्यों गठित किया, सरकार को एप्रोच क्यों नहीं किया ?'

मुरली पांड़े ने उन्हें सादर बिठाया, बिटिया चाय और मकई की चिउरी (गुरमुरे) रख गई !

'अगर आपने मेरी रिपोर्ट पढ़ी है तो खुद ही जान गए होंगे, सिकरहवा और इधर की घटनाओं के बाद मैं अनुतप्त हो भटकता रहा महीनों। बार-बार खुद को कोसता रहा, क्यों गया था सरकार के पास अपना मुँह पिटवाने; उनके साथ क्यों नहीं रहा। होपिंग फ्रॉम गवर्नमेंट इज टू लीव इन फुल्स पैराडाइज, ऐट लिस्ट फ्रॉम सच सॉर्ट ऑफ गवर्नमेंट (सरकार से उम्मीद करना मूर्खता के विलास में रहना है।) जब अपराधी जनता को मोबिलाइज कर अपना उल्लू सीधा कर सकते हैं, तो हम उन्हें मोबिलाइज कर उनके और अपने बचने का तरीका क्यों नहीं ढूँढ़ सकते ? जब अपराधी पैरलेल गवर्नमेंट्स (समांतर सरकारें) चला सकते

हैं तो हम पैरलेल सेल्फ डिफेंस क्यों नहीं खड़ा कर सकते ?'

'परशुराम से आप कब तक बचते रहेंगे ?'

'जब तक नियति साथ दे। यह तो गुरिला वार है।'

'क्या आपको डर नहीं लगता ?'

'नहीं लगता, ऐसा कहना झूठ बोलना होगा, मगर यह भी सच है कि जैसे-जैसे लोग साथ आते जा रहे हैं, डर की धुँध छँटती जा रही है। तब, इस कन्फ्रंटेशन में इतना तो तय है, या तो मुरली पांड़े मारा जाएगा, या परशुराम ! किसकी मौत कैसे होगी—यह भी समय ही बताएगा।'

'मास्टर साहब, आपसे मुझे काफी कुछ जानना है, कभी आइए न रानीमहल, जब कहें, जीप भेज दूँ।' कहते हुए कुमार उठ खड़ा हुआ तो मुरली पांड़े ने देखा, कई जवान अँधेरे से निकलकर उजाले में आ गए।

'आऊँगा !'

कुमार और पुलिस बल अँधेरे में वापस जा रहा था। पांड़ेजी नहर तक उन्हें बिदा कर आए तो उनके चेहरे पर अपूर्व शांति थी। वे दोनों हाथ से अपना मुँह ढककर बैठ गए थे। घर के अंदर से राम उजागिर आए तो पूछ बैठे, 'का, सोच रहे हैं ?'

'मेरी आँखों में एक आँख नाच रही है राम उजागिर,' मुरली पांड़े ने सिर उठाया तो उनका चेहरा लालटेन की रोशनी में दिप-दिप कर रहा था।

'कैसी आँख ?'

'बंशी के, साले कलपू की आँख ! मेरी बानरी सेना ने गुलेल से वो आँख निकालकर बंशी के गुरु परशुराम के हाथ पर रख दी। कल को क्या होगा, नहीं जानता राम उजागिर, लेकिन आज लग रहा है—यस बी कैन डू ! (हाँ, हम कर सकते हैं), यह चेंज छह महीने में ही आ गया। छह बरस, छह सौ वर्ष भी लग सकते हैं, मगर आएगा जरूर !'

राम उजागिर हैरान-से उन्हें देखने लगे। आज महीनों बाद इस आदमी के चेहरे पर उन्होंने खुशी देखी थी। वे अंदर-अंदर डर भी रहे थे, मगर अब अपने डर को उनके सामने खोलने में डर लगने लगा उन्हें।

दस

शुकर था, 'ऑपरेशन ब्लैक पाइथन' दोबारा शुरू हुआ। नए डी.आई.जी. समरेन्द्र कुमार राय ने पूर्व प्रभारी से खुद के तात्त्विक अंतर को स्पष्ट करने के लिए इसे नाम दिया, 'दूसरा चरण'। उन्होंने अपने सिद्धांत गढ़े, अपनी रणनीति बनाई और अपनी सेना सजाई। भंडारी को छोड़कर बाकी क्षेत्रीय प्रभारी अपने-अपने पदों पर कायम रहे।

पहली ही मीटिंग में उन्होंने साफ-साफ एलान कर दिया कि वे खुला दिमाग रखते हैं

और सिद्धि में यकीन रखते हैं। साधन में नहीं। पुलिस बल का उन्होंने यह कहकर मान बढ़ाया कि एवरी सोसायटी गेट्स इट्स ओन पोलिस, ह्विच इट डिजर्व्स ! (प्रत्येक समाज वैसी ही पुलिस प्राप्त करता है, जिसका वह हकदार होता है।)

ऑपरेशन के दोबारा शुरू होने की खबर से डाकू एक बार फिर अपने-अपने सुरक्षित स्थानों पर चले गए। इनाम की रकम भी बढ़ा दी गई थी।

ये सारी खबरें ! 'दूध का दूध, पानी का पानी,' अखबार में विस्तार से दी गई थीं, जिसे परेमा का नया रंगरूट श्यामदेव पढ़कर सुना रहा था !

'अरे ओ सांभा ! सरकार ने हम पर कितना इनाम रख छोड़ा है ?' चुहुल किया परेमा ने !

'सरकार, एक लाख !' श्याम ने जवाब दिया।

फिर दोनों हँस पड़े। मुखबिर इस्लाम भी हँसने लगे।

'यह सब पुराना बोतल में नया शराब है। बंद करो। कुमार के बारे में बताओ ! वो क्या मामला था 'डाका पड़ल बा...!'

और जब मुखबिर इस्लाम ने कुमार के साथ घटित 'डाका पड़ल बा' का विवरण सुनाया तो वह इतने जोरों से हँसा कि उसकी गोरी पेशानी में लहरें उठने लगीं, 'तो ई हैं तुम्हारे डी.एस.पी. कुमार साहेब !'

नदी की एक शिला पर बैठकर 'हर-हर गंगे' कहकर नहाने लगा वह ! इम्पोर्टेड लक्स की खुशबू फिजाँ में फैल गई। अँगोछे से देह रगड़-रगड़कर डाकू की केंचुल छोड़कर अब वह पुजारी की केंचुल में था—गेरुआ धोती। ताँबे के लोटे में उसने बलुई मिट्टी डाली। लोटे को माँजते वक्त उसका ध्यान कहीं और नहीं जाता। लोटा दमकता है तो चमक चेहरे से फूटती है, 'तुम चलो चाचा। हम पूजा करके सारा हाल सुनते हैं।' इस्लाम (इस्माइल) चला जाता है।

पास के झरने से लोटा साफ कर पानी लेकर लौटता है। मृग चर्म बिछ जाता है। दोनों हाथों से राइफल को बायनेट के सहारे उलटे गाड़ देता है, फिर हाथ धोकर बेंत से बुनी पूजा की नक्काशीदार पिटारी से फूल, अक्षत, रोली, धूप, दीप-शंख और रुद्राक्ष की माला निकालता है और राइफल के ट्रिगर से झुला देता है। जलते प्रदीप और उड़ते अगरू गंध के बीच किसी सधे साधक-सा बैठ गया है परेमा। पता नहीं वह किसकी पूजा करता है—बनसप्ती देवी, नर देवी, मदनपुर माई के थान की देवी या स्वयं माँ भवानी की, या सबकी। अलबत्ता कुछ-एक दिनों से वह एक नया मंत्र साध रहा है—ओं भूरभुवः स्वः...!'

पूजा के बाद उसने रुद्राक्ष की माला को राइफल से उतारकर मस्तक और आँखों से छुआया और गले में धारण कर लिया। अब वह नीचे उतर रहा है—उभड़-खाभड़ जमीन पर नंगे पाँव। कुछ दूर जाने पर नदी है नेपाल-भारत की सीमा को अलगाती हुई—नाव से इस पार से उस पार !

उस पार सरपत, मूंज और सरपोंक की लंबी पत्तेदार झाड़ों के बीच से मस्तक पर अक्षत, रोली, गले में रुद्राक्ष, हाथ में ताँबे का कमंडल, भृकुटियाँ तनी हुई—किसी आदिम तपस्वी-सा चला जा रहा है परेमा। हल्की चढ़ाई। सामने छोटे-छोटे पौधे—कत्थई गेंदे, जावा,

बैजयंती, नयन तारा और कुंद के—कुसुमांजलि लिये झुक-झुककर प्रणाम कर रहे हों मानो दस्युराज को।

इन्हें पार करते ही दाएँ-बाएँ फूस के दो-तीन झोंपड़े हैं सरकारी कर्मचारियों के। सामने शाल के लंबे पेड़ों से घिरा भग्नावस्था में पड़ा है वाल्मीकि आश्रम। उससे थोड़ा हटकर लव-कुश का स्थान है।

पूजा करके लौटता है तो साक्षात् रत्नाकर दस्यु का भ्रम होता है। उसके हठात आगमन की खबर पाकर आश्रम रक्षक प्रहरी अपने-अपने दरवाजों पर लौट आए हैं और हाथ जोड़े खड़े हैं, मगर उसकी नजर कहीं नहीं है। वह खुद ही खुद से उलझ रहा है। आज फिर अमंगल हुआ। गायत्री मंत्र को वह तीन शब्द से ज्यादा उच्चार नहीं पाया। शर्माजी से फिर याद करने की कसरत करनी पड़ेगी। एक बार गायत्री मंत्र सध जाए फिर क्या कहना। गौरमिंट हो चाहे गौरमिंट का बाप, कोई उसका रोआँ टेढ़ा नहीं कर पाएगा।

नदी पार कर वह फिर चढ़ाई चढ़ने लगा। जंगल के पेड़-पौधे, लताओं ने आगे बढ़कर उसे अपनी सुरक्षा के घेरे में ले लिया। बहँगी से पानी भर रहे आदमी ने बगल हटकर उसे रास्ता दिया। रसोइया काठ फाड़ रहा था—ठक-ठक, ठहाक ! दो जवान शिवगुलाम और दशरथ सरपत की डंठल से राइफल की नली साफ कर रहे थे। कुछ डंड-बैठक भी कर रहे हैं, अभी कुछ देर में युद्ध की ट्रेनिंग का दौर शुरू होनेवाला है। उसकी सतर्क नजर अब हर चीज का सिंहावलोकन कर रही है। पेड़ों पर बंदर भी हैं, बंदरों के अंदाज में बैठे डाकू-प्रहरी भी, जो दूर-दूर तक सूचना-तंत्र का जाल बिछाए शत्रु की टोह ले रहे हैं; सरपतों के बीच से बहती नदी, नेपाल सरकार के आश्रम रक्षक, पंजों की तरह फैला जंगल और पहाड़ हर चीज पर नजर है उनकी। डाल से बंदर भी कूदते हैं तो उनकी राइफलें तन जाती हैं।

एक चिकने पत्थर पर मसाले पीसे जा रहे थे, दूसरे पर प्याज छीली जा रही थी। दूध के खौलने और बासमती चावल की उड़ती खुशबू सभी की भूख को आँच दे रही थी, जबकि काठ का फाड़ा जाना अभी जारी है—ठक, ठक, ठहाक...!

'अब बंद न कर-अ। एकरा चलते कुछ अउर सुनाइए ना पड़ेला।' परेमा की आवाज पर काठ फाड़ने की आवाज बंद हो गई। रसोइए सिंहासन तिवारी ने हाँफती आवाज में पूछा, 'सरकार, हरिना न पकेगा ?'

'हरिना...?'

तिवारी ने इशारा किया, 'खैरी टाँगों पर सफेद छींटे, कंधे पर एक हिरण लिये आ रहा था परमेशर !' उसका लटका सिर उसकी चाल से झूल रहा था, जैसे अभी भी गति में स्पंदित हो रहा हो।

'सुनो परमेशर।' परेमा की गर्दन मुड़ी।

'हाँ सरकार !' परमेश्वर अदब से खड़ा हो गया।

'अब से हरिना मत मारोगे।'

'जैसन हुकुम।' अपराधी-सा सिर झुक गया।

'हाँ, देबी का हुकुम हुआ है। आज भर पका-खा लो, मार के ले आए हो। बाकी हमको मत परोसना।'

एक पेड़ की छाँव में इस्लाम बैठकर दोने में चाय सुड़क रहे थे। मियाँ हैं। बरतन छुआ जाएगा तो फेंकना पड़ेगा। एक पल को ठिठकता है परेमा, 'अरे ए तिवारी, अब से चाचा के लिए एक ठो परमानेंट बरतन का जुगाड़ रखवाओ।'

'जी।'

वह अब बढ़ जाता है भरत शर्मा की ओर।

एक पत्थर पर बैठकर ठाठ से दतुअन कूँच रहे हैं शर्मा, गोया फिरौती के आसामी न होकर परेमा के खास मेहमान हों। थोड़ी दूर पर तीन आदमी आँखों पर पट्टी बाँधे बैठे हैं। परेमा भरत शर्मा को थोड़ी देर तक निहारता है फिर ऊँची-नीची जमीन पर पाँव बढ़ाते हुए आगे बढ़ जाता है, 'परनाम बाबा !'

चौंक उठते हैं शर्मा, जैसे पीठ पर गोली दगी हो।

'रात को सो पाए थे ठीक से ?'

जल्दी-जल्दी दतुअन-कुल्ली से फारिग होकर मुँह फेरते हैं भरत शर्मा, 'खुश रहो बेटा ! जय हो। दसों दिशा में जस फैले...!' खुशामद में पिलपिले हो रहे हैं, 'खूब न सोए बेटा। अँगरेजी दवाई और आयुर्वेद दूनों न चल रहा है। लगता है, ओह जनम में तुम हमरे बेटा थे। एतना सेवा तो घरवोवाला कब्भी नहीं किया।'

'कोई तकलीफ हो तो बोलिए।'

'कौनो तकलीफ नहीं।'

'दबाई-उबाई ठीक से लिया कीजिए—जांडिस है न !'

'हाँ बेटा, ले रहे हैं, सब आप-ए का तो खा रहे हैं। अब एतना तो हमारा आपन बेटा ना किया। डॉक्टर बोलाए। जंगल में बोलवाए—अइसन तो कोई न किया।'

'अच्छा बबा, ऊ मंतर ठो—गायत्री मंत्र को हम तनी-मनी भूल रहे हैं।'

शर्मा चकोर की तरह चकित मुद्रा में ताकने लगते हैं परेमा को, 'आप डाकू नहीं हो, छाच्छात बाल्मीकी जी हो बेटा। मरा-मरा जपते-जपते राम-राम जपने लगे, रमैन लिख दिया। ठीक वोही धरम-करम, तप-तेज आपका में देख रहे हैं।'

परेमा का ध्यान शर्माजी से हटकर नए आदमी पर जाता है, 'आइए, हमको एक बात समझ में नहीं आया। थिरी नॉट थिरी का रेंज और मार तो हम जानते हैं, ई जो नयका मशीनगन आप सपलाई किए उसका रेंज और मार क्या है, फिर अभी तो बुलेट का झोंपा आप दे दिए, आगे...?'

'वो भी हम देगा न !' नए आगंतुक ने कहा।

'एक बात और...एक आदमी के लिए एक गोली काफी है। आपका मशीनगन में दनदना के गोली छुटेगी, एनकौंटर जंगल में होगा फिर गोली-बारूद के बरबादिए न है। फिर लेके भाग-दौड़ करने में भी सुबिस्ता (सुविधा) नहीं है।'

'सरकार, एक गो बात कहीं ?' श्यामदेव ने पूछा।

परेमा की गर्दन मुड़ती है,

'पुलिस को भी तो नया-नया हथियार दिया गया है।' श्यामदेव बताता है।

'हूँ...!' परेमा सोच में पड़ जाता है।

'एक गो बात अउर कहना था सरकार !'

'बोलो।'

'दुश्मन को कभी छोटा करके नहीं देखना चाहिए। अब से जंगल या कहीं भी खाना बनाए के झंझट ना करें। धुआँ निकलता है, पता लग जाता है, कोई है।'

'हूँ...!' परेमा की मूंड़ी गिरगिट की तरह हिल रही है, फिर जैसे पुराने विकल्प पर लौटता है, 'त-अ ऊहे पुरनका हिसाब-किताब फेन करे के परी, कौनो आदमी का घर से खाना आएगा।'

'सरकार !' नया आदमी बोलता है।

'हूँ...!'

'ये जो थ्री नॉट थ्री, सेवेन-सिक्स टू, थ्री वन फाइव है न, ये सभी चौदह बोर की बंदूकें हैं, तीन सौ गज तक मार और ई कार्बाइन का सिर्फ तीस गज। अचानक घिर गए आप या दुश्मन सामने आ गया तो यही ठीक रहेगा। इसका दो इंच मोरटर है और ऊ सबका तीन इंच !'

'खैर चलिए ठीक है, लेकिर हमरा के अइसन बन्नूक चाहीं कि बहुत दूर से अचूक निशाना ले ले...का तो कहाला...' नया आदमी समझने के लिए श्यामदेव की ओर ताकता है।

'टेलिस्कोपिक गन !'

'ऊ ठो तो हमरा पास नहीं है, रहिए आर्मी को बोलेगा !'

भरत शर्मा पेड़ की तरह आकर खड़े हो जाते हैं।

'का बात है ?' परेमा उन्हें नीचे से ऊपर निहारता है।

'हमर जान ना न मरब-अ ?'

उनके इस सहमे हुए रूप पर हँसता है परेमा, 'ऊ जबान को देख रहे हैं...?' उसका इशारा कवायद कर रहे श्यामदेव की ओर है।

'अतना सुन्नर देह धजा, मेटरिक फस्ट डिवीजन, आइ.एस.सी. फस्ट डिवीजन, ना नौकरी, न चाकरी, न आगे पढ़ने का कूबत। बाप के मरते ही सब उलट गिया। तीन बिगहा खेत चाचा लोग कब्जिया लिये। हमरा पास आया और रोने लगा। हम डाँट दिया, मरद का बच्चा होके रोता काहे है, चलो, हम देते हैं नौकरी, हम देते हैं इज्जत, हम दिलाते हैं कब्जा...!' परेमा पिछली बातों को याद करते हुए रुका फिर शर्माजी की ओर देखते हुए बोला, 'अउर पूछिए इससे, इसको सब कुछ मिला कि नहीं।'

'का कहते हो बेटा, आ कि,
चित्रकूट में रमि रहे, रहिमन अवध नरेश,
जा पर बिपदा पड़त है, सो आवत एहि देश !'

'अब रह गइल ऊ बात,' परेमा ने शर्माजी की कविताई को कान के खूँट के साथ बाहर निकाला, 'मार दिया जाए कि छोड़ दिया जाए...?' तो सुनिए, बरम्ह हत्या का दोख-पाप सेंत-मेंत में कपार पे के लेगा ?... लेकिन दू-दू गो टैम पार हो गया, सिरिफ पचास हजार माँगे थे, लड़का एयर फोर्स में अफसर है, उससे आपके लिए पचास हजार भी न निकल सका।

सोचिए, जंगल-जंगल भटक रहे हैं—दस-पंद्रह आदमी भी साथ रहते हैं—खेवा-खर्चा कैसे चलेगा ?'

'सो तो हई है बेटा।'

'पइसा लाइए, घर जाइए।'

मन-ही-मन सोचते हैं भरत शर्मा, 'सारी खुशामद बेकार गई। है तो साला जानमरवा डाकू ही न। पैसे न आए तो मार तो डालेगा ही।

मौत की कल्पना करते ही बूढ़ी गाय की तरह काँप उठते हैं शर्मा।

'मालूम पड़ता है ऊ लोग पुलिस से मिल गए हैं। आपका जान का तनिको फिकर नहीं।' परेमा बोल उठता है।

'अब का कहें बेटा। एह देह से लाखों का जायदाद बनाए, पढ़ाए, लिखाए, शादी-बियाह किए, अब पचास हजार के लिए महँगे हो गए हम। तुमरा दोख नहीं बेटा, तुम तो एतना दिन से हमरा सेवा-सत्कार कर रहे हो, किरिया खा के कहते हैं, तुमरा दोख नहीं, दोख हमारे करम का है। कलिजुग है कलिजुग।'

बोलते-बोलते उनका ध्यान उन तीन आदमियों पर पड़ा, जिनमें से दो को कहीं ले जा रहे थे। एक के घर से फिरौती की रकम दस हजार आ गई थी, शायद उसे छोड़ने जा रहे हैं, लेकिन दूसरे को... ?

अभी कुछ देर बाद गोली छूटने की एक धीमी-सी आवाज आएगी और कई दिनों तक चील्ह-कौए, गीध मँडराते रहेंगे उसकी लाश पर।

'ए बेटा, तनी एक गो कागज दिलवा दो, फेन चिट्ठी लिख दें।'

'वो तो कै बेर लिख चुके।'

'फेन लिखेंगे।'

'कागद हुआँ से ले लीजिए,' उसने श्यामदेव की ओर इशारा किया।

'अब कुछ हो-हवा गिया तो बरम्ह दोख हमरा पे नहीं, आपके परिवारवालों पर लगेगा।'

दो टूक कहकर जा रहा है परेमा।

'बेटा मंतरवा...?'

'मंतर...? ओ..., गायत्री मंतर। नहाए हैं ?'

'ना।'

'तो अपने संग-संग हमको भी नरक में ले चलिएगा का ? कैसे बाभन हैं ?'

शर्मा का यह ब्रह्मास्त्र भी काम नहीं आता।

परेमा अब इस्लाम के पास पहुँच चुका है, 'हाँ तो इस्लाम चा, उस दिन रात-भर चानमारी (चाँदमारी) करते रहे कुमार साहेब ?'

इस्लाम हड़बड़ाकर उठ बैठता है, 'हाँ सरकार, खुबे न छके!'

'सुना दुलार के पास तहकीकात करने गए थे ?'

'वही तो बतलाने आए हैं। दुलार के पास गए थे, पूछिन, परेमा...।' नाम ले लेने के अपराधबोध से कुंठित होता है इस्लाम, 'माफ करें सरकार।'

'कोई बात नहीं, बोलो।'

'बोले परेमा ने तुम्हारी लड़की की शादी में कितना पैसा दिया, साहु के पास भी गए, हुलिया पूछ रहे थे।'

'क्या बोले वे ?'

'का बोलते ? ऊ दूनों तो दौड़ल-दौड़ल हमरे पास आया, सब हाल बता के बोला, सरकार से बोल दीजिए कि हुशियार रहे !'

'पुलिस की लालच में तो नहीं पड़ा है कोई ?' वह कभी नई मशीनगन की जाँच परख करने लगता है, कभी इस्लाम की ओर घूरने लगता है।

'अभी तक तो नहीं लेकिन दबाव बहुत हैं।'

'हूँ...!' और कहाँ-कहाँ की जाँच-पड़ताल चल रही है ?'

इस्लाम उसे एक-एक कर चंद्रदीप बाबू, लल्लन बाबू, बिसराम आदि की सूचनाएँ दे रहा है।

'कुमार...? ई कौन जात का है ?'

'टैटिल से पता नहीं चलता सरकार लेकिन चेहरे-मोहरे से शाहजादे जैसा लगता है।'

'फोरस कितनी है ?'

'अरे का बोलें सरकार ! पत्तरकार साहेब बोलिन कि पता करके बताते हैं लेकिन..!'

'खैर, जगत नारायण को कहिए कि पता करके छाप दें, तनी टैक्टिस से बस हम समझ जाएँगे। बताने की कोई जरूरत नहीं।'

'उतना दिमाग है ?'

'दिमाग नहीं होता तो कभी लिखता कि भरत शर्मा का अपहरण परशुराम ने किया ? पुलिस को ऐसा पट्टी पढ़ाया कि...!'

'तब भी तो पुलिस को पता लगिए गया, सूँघते-सूँघते चले आए जंगल में।'

'तुरत तो पता नहीं लगा पाए न ! फेन जंगल में हमरा कोई का उखाड़ लेगा। हियाँ तो बनसप्ती देवी का छत्तर-छाया है।' परेमा बोलते-बोलते रुक गया सहसा, 'ई बताइए कि जेतना पुलिस का एस.पी., डी.एस.पी. आया है, ओकरा में जंगल की लड़ाई का जानकार के हैं ?'

'चुन-चुन के आया है सब...सभे होगा।'

'उसमें कोई चीन्हता है हमको ?'

'ई तो नहीं कह सकते, लेकिन बड़ी तेज नाकवाला है सब।'

'तुमसे मुखबिरी नहीं होगी चाचा।'

सकते में आ गया है इस्लाम। दोनों हाथों में अँगोछा लेकर हाथ जोड़कर बोला, 'खता माफ सरकार...!'

'या तो तुम्हारा दिमाग काम नहीं करता, या तुम झूठ बोल रहे हो। हमरा काम करना है तो ठीक से करो।'

'हमरा कसूर भी तो बताइए सरकार !'

'परेमा का बताने का तो एक ही तरीका है...!'

'नमकहरामी किया हो तो अभी गोली मार दीजिए।'

'कहे के ना पड़ी चाचा।' परेमा अपनी आदत के अनुसार कभी हिंदी तो कभी भोजपुरी में बोलता है, 'सुनो, चार जोन में बाँटा है इलाका को। चार एस.पी., डी.एस.पी. रैंक का अफसर इनचारज है एक-एक जोन का, फोरस है तीन सौ सत्तर, दू सौ नब्बे, चार सौ एकाबन, तीन सौ पाँच...जोड़ लो। कुमार को छोड़कर जंगल की लड़ाई का टरेनिंग किसी के पास नहीं है। किसी को भी अभी तक जानकारी नहीं है कि परेमा ऐसा है, नोनिया वैसा है, परशुराम ये हैं, पुत्तन वो हैं—कुमार को भी नहीं।'

'आप तो मुखबिरों के भी बाप निकले।' प्रशंसा में इस्लाम का चेहरा अजीब हो उठता है।

'और सुनो चाचा,' उनकी बात को काटकर बीच में ही बोल उठता है परेमा, 'कुमार गरीब घर का लड़का है। बाप मास्टर था। तनी सिद्धांत-फिद्धांत बघारता है। जात का बाभन है, ऊपर भुइँहार लोग हैं, तनी हड़बड़िया भी है, ये ही से परमोशन नहीं होता। ई ऑपरेशन में कुछ करतब दिखा के परमोशन लेने के चक्कर में है, एही से बिन्दा को मंत्री के घर में मारा। डाकू के चक्कर में परेशान रहता है बेचारा। हुँह डाका पड़ल बा...! अभी नया है, पका नहीं है सो उसको हर जगह डाकू दिखलाई पड़ेगा। कसरत-फसरत भी करता है। तुम उस पर हर घड़ी चौकसी रखो—देखो ऊ कहाँ-कहाँ जाता है—उसका कमजोर नस क्या है।'

'नस ?'

'हाँ, माने परमोशन, पैसा, शिकार, जनाना...?'

'जी।'

'और ई चिट्ठी ठो हमरा पहुँचा दो उसके पास।' परेमा ने श्यामदेव को बुलाया, 'हाँ लिखो तो...।'

ग्यारह

बिसराम और काली ! ओसारे में दोनों भाई एक-दूसरे की ओर पीठ किए बैठे हैं। अंदर खटिया की पाटी से सटी औंधी पड़ी है बिसराम बहू। पीठ की ओर मुचड़े लूगे में लिपटी सो रही है नन्ही बच्ची। सिवाय दाल के खदर-खदर कर चुरने के कहीं कोई आवाज नहीं।

यह भादों की पहली सुबह है—बादलों से घिरी मनहूस सुबह। घुटनों में सिर गड़ाए सोचता है बिसराम, किसका सराप पड़ा है इस घर पर ? पहले चीनी मिलें बंद हुईं, फिर खेत बंधक हुए, भैंस गई, मेहरारू मरन-सेज पर—और बेटी को साँप ने डँसा। विषहरिया तनिक बिलम से पहुँचा, नहीं तो बेटी से उसके मरने के पहले कम-से-कम एक बात तो पूछता ही वह कि हे महाराज, साँप के भेष में कौन हो तुम ?

उसके बाद घर में दूसरा सवांग (आदमी) बचता है काली ओर उसकी मति-गति की थाह ही नहीं मिलती। एक महीने बाहर रहकर आया और मुँह सीए बैठा है। गौना ले आता तो एक और मेहरारू आकर कम-से-कम घर तो सँभाल लेती, लेकिन नहीं...कलप-कलप मरि जाना है।

काली अनुमान लगाता है, भैया शायद रो रहे हैं। उसका मन पसीज उठता है, मगर उठकर भैया के पास जाते नहीं बनता उससे। किस मुँह से तसल्ली दे उन्हें ? महीने-भर नहर पर काम करता रहा। पैसे माँगने पर टरकाया जाता रहा और जब जिद कर बैठा तो ठेकेदार ने हाथ ही छोड़ दिया उस पर। किसी ने भी उसका साथ न दिया। उलटे मेठ उसी को भला-बुरा कहने लगा, उसे ही माफी माँगनी पड़ी। इतनी हतक ! तू अभी जिंदा ही है काली ? उधर मुकदमे का यह हाल है कि पैसों के चलते ही मुकदमा खारिज होने जा रहा है। पैसों के चलते ही नेपाल की नागरिकता का सवाल खटाई में पड़ गया। यह सब कैसे कह सकता है अपने उस भाई से वह जिसकी बेटी मरी हो, जिसके खेत बिला गए हों, जिसकी भैंस हाँक ली गई हो, जिसकी मेहरारू...ना ! नहीं कह पाएगा वह !

'हुँवई बैठे हो दूनों जन, उधर दाल जर के गंधा रही है।' भउजी की कराहती आवाज पर चौंक उठता है काली। हड़बड़ाकर अल्मुनियम की पतीली नीचे उतारता है, अपराधी भाव से भैया-भउजी की ओर देखता है।

'जो बच गई है, काछकर रख लो !' वही कराह में भीगी भउजी की हिदायत।

'बचा ही क्या है !' कहकर बाहर चल देता है बिसराम। दाल से ज्यादा धुआँ रही है बात।

बिसराम के चले जाने पर माहौल के भारीपन से तनिक निजात मिलती है काली को। अल्मुनियम की कटोरी में भउजी के लिए काढ़ा चढ़ा देता है। भात का माँड़ पहले से पड़ा है। उसमें नमक डालकर बच्ची को उठाता है, पहले उसे पिलाता है, फिर खुद पीता है।

काढ़ा छानकर भउजी को देते हुए आँखें नहीं मिला पा रहा है वह, दवा के नाम पर नीम-तुलसी-गुड़ का काढ़ा ! नहीं, यहाँ अधिक देर तक नहीं टिका जाएगा उससे ! कमीज पहनते हुए कहता है, 'तुम और भइया निकालकर खा लेना।'

'और तुम ?'

'खाया नहीं अभी ?' तनिक ठिठकता है, 'भैया से कह देना, ठीके पर जा रहे हैं। लौटते बखत मुकदमा भी देखते आएँगे।'

यह तो कहना था नहीं उसे। कोई और ही सवाल कुतर रहा था उसकी चेतना को—बेरहम और निर्लज्ज ! दरवाजे तक जाते-जाते फिर पलटता है, आँखें झुकी-झुकी हैं, सिर झुका-झुका, बड़ी मुश्किल से फूटती है बकार, 'वो...भउजी एक बात पूछनी थी !'

आँख उठाकर देखती है बिसराम बहू।

'वो कौन थे, डाकू या पुलिस...?'

'एक ही सवाल कै बेर पूछोगे देवर !'

'फिर से बता दो न !'

'पुलिस !'

'लेकिन इसके पहले तुमने 'डाकू' कहा था ?' खुद ही सवाल की झाड़ियों में उलझता, लहूलुहान होता चल पड़ता है काली।

कहाँ ?

कहीं भी।

सीवान के पीपल के पेड़ को देखकर उसे याद आया, अरे यह तो मलारी का गाँव है। मकरंदा ? कोई दबी इच्छा भटका ले आई है उसे। नाले की ओर से खाली लोटा लिये कोई आ रहा है...करीब आते ही उसे झटका लगा, जातरा खराब ! यह तो जोगिया है जगरनाथ। नेपाल से लेकर गोरखपुर कहाँ-कहाँ नहीं भटकता फिरता है जोगी—बैल चुराकर बेचने से लेकर लड़कियाँ बेचने तक का कोई भी कुकर्म उससे छूटा नहीं है।

'अरे काली भइया, तुम हियाँ ? बड़े दिनन पे मिले। कैसे हो ?'

'बस मरे नहीं हैं अभी, यही समझ लो।'

'मारनेवाला भी वही, जिलानेवाला भी वही।' जोगी ने लोटे से ऊपर आसमान की ओर इशारा किया, 'अरे, जाको रखो सांइयाँ मारि सके न कोय ! बिजनेश करना हो तो चलो हमारे साथ।'

'तुम्हारे साथ ?' घृणा से नजर सिकुड़ गई काली की।

तभी नाले को पार करता हुआ मनराज आकर खड़ा हो गया।

उसे देखते ही काली अप्रस्तुत हो उठा। जोगी ने परशुराम गिरोह के इस आदमी को देखते ही खींस काढ़ ली और अभिवादन में लोटा ऊपर उठ गया, 'राम राम भैया मनराज ! अरे तनी सरदार को भी हमरा राम-राम कहें।'

मनराज ने उसे अनसुना करते हुए काली से पूछा, 'कहो काली, का सोचे ?'

'अभी सोच रहे हैं।'

'कोई नौकरी-चाकरी का जुगाड़ हो गया का ?'

'कहाँ...? एक तो ठीकादारी, उस पर भी पैसा नदारद !'

'केकर ?'

'सुलेमान खाँ का।'

'रहिमन कहे कुम्हार से माँग न दियरी देय,
आ छेद में डंडा डारि के जो चाहे सो लेय।

अभी भी तुमको मोह लगा-इ हुआ है ? एक बेर चलो परशू भैइया के पास, वही ठीकादार एक के दस न हग दे तो कहना।'

ठेकेदार की फजीहत की कल्पना से काली के जी की जलन तनिक शांत होती है, लेकिन परशू भइया का नाम आते ही एक दूसरी जलन जागने लगती है—भउजी ने क्या कहा था—डाकू ?

मनराज आगे बढ़ जाता है तो जोगी को हाल-हवाल पूछने का मौका मिलता है, 'और का हालचाल है ?'

'भउजी मरन सेज पर है और का हाल बतावें जोगी भइया।'

'काहे...? हे भगवान ! फूल का माफिक था ऊ जनाना ठो—फूल का माफिक। अरे

दबा-दारू कराब-अ हे काली भइया ! बिसराम के बोल-अ बहुत कमाई खइले बाड़न ओकर !...अ सुन' अब वह इधर-उधर देखकर राज-भरे अंदाज में फुसफुसाता है, 'अगर कुछ उम्मीद न होखे तो हमरा के दे दे। मुअल गाय के जौने दू-चार सौ भेंटा जाए, ऊहे बहुत बा। अ ना तो अदला-बदली कर ले, एकदम चान नियर चमचम चमके, अइसन खाँटी मेहरारू लेआ के ना दिहलीं ओकरा बदला में तो अपना बाप के मूत से पैदे न भइलीं। हमही घाटा सह लेइब !' कहकर एकदम से काली की आँखों में झाँकता है जोगी !

काली की आँखों में क्या है ? अभी अगर इस दलाल का टेंटुआ दबा दे तो...? उसके हाथ कसमसाए ही थे कि उधर से मलारी की पुकार पर सँभल गया काली। शायद कोई औरत भगाकर मलारी के घर रख छोड़ा है इस बेटी चो...ने।

क्या नसीब है उसकी, दुःख से निजात पाने को क्या मिले—परशुराम और जोगी ! उसका मन हुआ कि अभी वह गंगौती जाकर कुमार साहब से इनके यहाँ होने की खबर दे दे, मगर धीरे-धीरे पानी पड़ने लगा इस उत्तेजना पर। कितनी बार भइया के साथ उसने उन्हें सलाम किया, एक बार भी रुककर सुनी उन्होंने...? कशमकश में चाल पागलों-सी हो रही है। उसे यह भी याद नहीं रहा कि मलारी से मिल लेना चाहिए था।

'अंधा है का !' किसी डाँट पर हड़ककर खड़ा हो जाता है। अरे बाप रे, नहर पे इतनी तेजी से साइकिल चला रहा है। ई तो जगदंबा लगता है—दूध का दूध, पानी का पानी का अखबार वाला। कहाँ जा रहा है इतनी तेजी से ? लेकिन वह तो बाद में, वह गंडक नहर पर कब आ गया ? उसने सामने देखा, फिर पीछे परछहन गाँव के नजदीक है, मेठ इब्राहिम मियाँ अपनी बकरियाँ चराने इधर ही आ रहे हैं। दिशाभ्रम की स्थिति मानो साफ हो गई।

'सलाम मियाँ !' उसने हाथ उठाकर सलाम किया मेठ को।

'सलाम ! अरे कहाँ काली ?'

'आप-ए के पास तो आ रहे थे। कुछ काम-धाम...।'

'काम होता मियाँ तो बकरी चराते ?'

'समसे नहर की सफाई का ठीका था।'

'ऊ गौरमिंट समझेगा। मंत्री जी की बरात का खर्चा ऐसे ही कोई ठेकेदार उठाता है ? वहाँ दस खर्च किया, यहाँ बीस वसूल। अब चाहे पेमेंट नहर की सफाई के नाम पर हो या और किसी नाम पर।' काली के कानों में मानो अमृत की बूँद टपक गई हो।

'तब तो हमार पइसवा मिल जाए के चाहीं। चलीं, दिवा देईं ना।' इब्राहिम की चुप्पी पर संदेह होता है काली को, 'का मियाँ, बोलते नहीं हैं कुछ !'

'मियाँ का बोलेंगे काली, पइसवा तो जब भी देना चाहते तो देई देते, हाँ... एक सूरत है, बेगार करोगे उनकी ?'

'ऐं।' घृणा और आश्चर्य में मुँह खुला रह गया काली का, 'ई तो सरासर जियादती है मियाँ, फिरौती है फिरौती।'

'तो मत जाओ।'

काली सोचता है, 'लेकिन लौटकर जाएगा कहाँ वह ?'

हेकड़ मन जवाब देता है, 'कहीं भी।'

'पर उस 'कहीं' का नाम तो बताओ।'

खुद के सवाल के आगे निरुत्तर हो जाता है काली। उसे लगता है, बचाव के लिए वह जिस तरफ भी भागता है, उसी तरफ जाल तना है। भीत हिरन की तरह खड़े-खड़े रोने लगता है।

बैठके में कचहरी-सी लगी है। बातों के टुकड़े उछल रहे हैं।

'शर्माजी, परशुराम के पास हैं।'

'ना, परेमा के पास।'

' 'दूध का दूध पानी का पानी' का कहता है ?'

'ऊ तो झूठे भड़भड़ाता है।'

'चलिए हो जाए बाजी।'

'कितनी की ?'

'एक-एक हजार ! लाइए हाथ मारिए।'

ठेकेदार साहब का मूड अनुकूल जानकर खुद को पेश करते है इब्राहिम, 'सलाम वालेकुम, हुजूर !'

'ई काली है, खेत-खेतार, गोरू-बछरू, भीतर-बाहर के लिए एक ठो आदमी चाहिए था न ?'

सुलेमान खाँ एक उड़ती-सी नजर डालते हैं काली पर ! 'काम-बूत कर पाएगा तो ?'

'जी हाँ हुजूर ! बड़ा मिहनती है। नहरिया पे काम भी करता था, हुजूर तो देखबे किए हैं।'

'ठीक है, तुम कहते हो तो रख लेते हैं।' सुलेमान की आवाज में निखालिस बेगानगी का भाव है।

अब रह गया असली मुद्दा—पैसों का ? कैसे कहा जाए कि बना-बनाया खेल बिगड़ न जाए। इब्राहिम की सारी विद्या-बुद्धि पैसों की बात करने में असहाय साबित हो रही है।

'अब खड़े-खड़े मू क्या देख रहे हो ?'

'हुजूर कुछ पइसा मिल जाता तो...काली की भौजाई के बचने की उम्मीद न है। घर में चूल्हा नई जला है।'

'बिना काम-ए का पइसा ?'

'नँय हुजूर, अबहीं तो नहरियावाला पइसा भी एकर...!'

'ओ...! अब समझा !' हिकारत में मूंड़ी झूलने लगती है।

संयोग से उसी वक्त कोई जानीवाकर शराब की दो बोतलें और कुछ पैसे उनके सामने रख गया। उन्होंने उसमें से बीस का एक नोट उठाकर इब्राहिम की ओर ऐसे फेंका जैसे कुत्ते को कौरा दे रहे हों।

काली को लेकर तनिक परे हट आए इब्राहिम और बीस का नोट थमाते हुए बोले, 'लो !'

'हम क्या करेंगे मियाँ इसका ! दस भइया को दे दीजिएगा, दस आप रख लीजिए—बहुत नीचे गिरना पड़ा आपको।'

'हमरो के भी ठेकेदार-ए समझ रखा है ?' गहरे अफसोस में गिरती है इब्राहिम की आवाज, 'ठीक है तुम्हारे भाई को पहुँचा देंगे, अब लौट जाओ और मन लगा के काम करो।'

'मन मारकर ?'

हैरान-से देखते हैं इब्राहिम उसे, मगर वह वापस मुड़ चुका है।

'बेगम, इस बार बूझो तो तुम्हारी खिदमत के लिए किसे ले आए हैं ?'

'किसे ?'

'एक ठाकुर साहब को !'

'ये...?' बेगम की आँखें हिकारत में सिकुड़ गईं।

'किस्सा यूँ बताते हैं कि मुगलों ने गढ़वाल पर हमला किया। लड़ाई लंबी खिंच गई। गढ़वाली राजपूतों की शिकस्त अमूमन तय थी। कहीं उनकी आबरू खतरे में न पड़ जाए सो राजपूत रानियों ने अपने नौकरों के साथ भागकर यहाँ, इस इलाके में पनाह ली। अब राजपूत लोग या तो मारे गए या किसी दूसरी वजह से इन राजपूतानियों को वापस न ले जा सके। दिन, माह और साल तमाम होते रहे। लाचारी में नौकरों से ही रिश्ता जोड़ना पड़ा; मुगल नहीं पचे, नौकर पच गए। लेकिन राजपूती शान के ठसके के क्या कहने ! अंदर-अंदर पानी से पानी मिल गया मगर बाहर-बाहर...! फारिग होते ही फिर वे राजपूतानी, ये नौकर ! राजपूतानी खाट पर, नौकर जमीन पर !'

'हाय अल्ला !' हँसते-हँसते दोहरी हो गईं बेगम फिर बोलीं, 'तब तो ठाकुर साहब की खासी मेहमाननवाजी करनी होगी। वो बाहर ताक में सोने की थाली पड़ी है, खेत में उड़न खटोला और भूसे पर मखमल की सेज...!' उन्होंने अछूतों के लिए रखी अल्मुनियम की खवीस थाली और बोरे की ओर इशारा किया। स्याही-सोख्ते की तरह सारा कुछ सोखकर निर्विकार खड़ा है काली।

'अरे हाँ।' सुलेमान खाँ को जैसे काली की उपस्थिति का भान हुआ, 'कुछ रुपए निकाल दो, रात एक खास मेहमान आनेवाला है।' रंग बदल गया बेगम का, 'कुत्ते की दुम कभी सीधी नहीं होती।'

शौहर को चबा जानेवाली नजरों से उन्होंने देखा और धम-धम पाँव पटकती हुई अंदर चली गईं। शिकस्त खाया चेहरा लिये पलटते हैं सुलेमान खाँ, 'ऐसा करो, जगदंबा के पास चले जाओ, कहो हमने 'माल' माँगा है। घर जानते हो न, गाँव के आखिर में पड़ता है।'

हुकुम के गुलाम-सा काली चल पड़ता है। बादल घुमड़ रहे हैं, सूरज डूबने के पहले ही खासा अँधेरा हो आया है। डर है कहीं कोई जान-पहचान का आदमी न मिल जाए। गाँव के आखिरी छोर पर पहुँचकर ही राहत मिली, किसी ने पहचाना नहीं उसे।

धँसा हुआ खपड़ैल, बगल में फूस की पलानी, पलानी के अंदर भैंस दूह रही थी एक तीस-बत्तीस साल की औरत।

'जगदंबा भैया नहीं हैं क्या ?'

'तनी फरके रहो, भैंस हड़क रही है।' औरत ने कहा।

'घर्र-घर्र' की आवाज।

दूध दूहने के बाद उसने भैंस की पीछे की टाँगों में बँधी छान (रस्सी) खींच ली और तिक्त स्वर में बोली, 'का संदेश ले के आए हो ?'

'मलिकार ने कहा है कि...'

'बोतल ?'

'हाँ।'

'पइसा-वोइसा भी दिए हैं ?'

'ना।'

'ऊ काहे देने लगे ? पाँच सौ हुआ, कह देना, खैरात का नहीं है।' कहती हुई दूध का मटका लेकर अंदर चली गई लौटी तो उसके हाथ में दो बोतलें थीं। काली ने बोतलें अपने अँगोछे में लपेट लीं और मुड़कर जाने ही वाला था कि औरत ने कहा, 'सुनो, कुछ कहने की जरूरत नहीं। ऊ अगर हुआँ दिखाई पड़ें तो भेज देना, सबेरे के निकले हुए हैं। चीन्हते हो न !'

काली ने स्वीकार में सिर हिलाया।

काली लौटकर बैठके में आया तो उसने देखा पुलिस के आठ-दस जवान वहाँ चाय पी रहे हैं। रात के नौ-दस बजे खा-पीकर वह भीड़ बिदा हुई कि आधे घंटे में ही एक दूसरी खाकी वर्दी आ गई। इनमें से चारों कोनों पर चार बंदूकधारी पहरे पर खड़े हो गए। बाकी चार खाटों पर बैठ गए, लालटेन की रोशनी में चेहरे साफ नजर नहीं आ रहे थे। काली उनके लिए चाय ले आया तो बातचीत सुनकर चौंक गया।

'हम दरोगा-पुलिस नहीं हैं कि फुसला देंगे। देखो ठीकेदार साहेब, हमका मालूम है कि नहरवाला ठीका में लाखों रुपैया पीटा है आपने। कुछ हमरो के चाहीं न ?'

'सब तो तुम्हारा ही है भइया !' सुलेमान खाँ विनीत हो उठते हैं।

'सब नहीं, बस दस हजार।'

'जुलुम मत करो परशू भइया।'

'भइया की माँ की...। दस हजार !'

'बैंक में है न !'

'पंद्रह हजार !'

'अच्छा, अच्छा लो जाओ, रहमो-करम बनाए रखो।'

कुर्ते की जेब से दस हजार की गड्डी लाकर रख देते हैं।

रुपए देखते ही भड़क उठता है परशुराम, 'ई का ? ई तो दसे बा। पूरे पंद्रह हजार। दे ताड़-अ कि ले जाई लइका के ?'

'ले लो मेरे बाप। इसी में खुश रहो।'

लालटेन की मद्धिम रोशनी में परशुराम को देख-देखकर नफरत और प्रतिहिंसा की आँच में सुलग रहा है काली, 'तो यही है साला कमीना कुत्ता ...?'

ठेकेदार कुछ अलग ही सोच रहे हैं, 'किसने खबर दी होगी ठेके के पेमेंट की—जगदंबा ?

ठहरो बच्चू !' दारू की बोतल और गिलास रखकर ज्यों ही काली मुड़ता है, ठेकेदार बोल उठते हैं, 'अच्छा परशू भइया, एक बात पे गौर कइल-अ ह-अ कि ना ?' अब वे खालिस भोजपुरी पर उतर आते हैं।

परशुराम घूरने लगता है उसे।

जाम खुद बनाकर पेश किया उन्होंने। जाम से जाम टकराए और पहली चुस्की ले ली गई तो वे बोले, 'ई जगदंबवा के विश्वास कइल ठीक ना ह-अ ! साला पत्तरकार के झाँट। दून्नों तरफ मिलल रहेला। अखबार में गलत खबर देहलस कि शर्मा को परशुराम ले गया अउर पुलिस चंद्रदीप सिंह अइसन इज्जतदार आदमी के बेइज्जत कइलस।'

परशुराम की आँखें फैल रही हैं।

'तीन दिन पहिले पुलिस के खबर देलस कि तू मूसेपुर में बाड़-अ ? जगदंबा छोड़ के अउर के ! अब तू तो बहादुर आदमी रहल-अ, पुलिस रोवाँ भी टेढ़ ना करे सकलस, लेकिन...मान ला कुछ हो जाइत त-अ ?'

परशुराम की आँखें लाल हो रही हैं।

बारह

'कलिया...!'

नाँद साफ करने में जुटा काली अपना नाम सुनकर कुत्ते की तरह कनमना उठा, देखा तो सुलेमान खाँ बुला रहे थे। उनके साथ एक मझोले कद का पतला-सा साँवला आदमी था।

'ई पंडीजी हमरे दोस्त हैं।'

काली ने बसाते हाथों से उन्हें प्रणाम किया।

'एक्के जगह पे काम करते-करते मन औजिया गया होगा सो, कुछ दिन पंडीजी के हियाँ घूम-टहल आओ।' खाँ ने जिस बात को गोल-मटोल ढंग से कहा, उसे उस आदमी ने खोलकर कहा, 'बेसी ना...चार-पाँच दिन का काम है।'

पांड़ेपुर पहुँचते-पहुँचते दोपहर हो गई। द्वार पर जो औरत आकर खड़ी हुई, वह औसत कद की गोरी, स्वस्थ, सुंदर और गदबदी थी, 'काम-वाम जानवो करता है कि नहीं ?' उसकी बातों में दबंगई और बड़प्पन के ठसके थे। 'पंडीजी' उसके पति कम, गुलाम ज्यादा लग रहे थे।

'ठीकादार साहेब के यहाँ सभे परकार का काम करता था। ठाकुर है, गरीब आदमी है। काम सँभाल के चला जाएगा।' उस आदमी ने काली का यही परिचय दिया। औरत की आँखें सिकुड़ीं, जैसे बरौनियों के डंक से उसके खून का आस्वाद ले रही हो।

शाम को उनका खेत जोतकर आने तक काली को बहुत सारी जानकारियाँ मिल चुकी थीं, जैसे यह कि पंडीजी का नाम सुन्नर पांड़े है, कि उनका गाँव ब्राह्मणों का गाँव है, मगर

दक्षिण में दुसाध लोगों का टोला है, जो पंडीजी लोगों के यहाँ हलवाही करते हैं, कि इनका अपन हलवाह फेंकन दुसाध है जिससे कोई बतकट हुई है और उसकी जगह काम सँभालने के लिए उसे लाया गया है।

ये जानकारियाँ उसे धाँगड़ ने दीं जो खुद इसी की तरह एक दूसरे बड़े काश्तकार चरित्तर पांड़े का हल जोतने के लिए लाया गया था। बतकट किस बात पर हुई है, यह धाँगड़ बता न सका, क्या उस लोफर-से लगनेवाले, मनचले नौजवान के चलते, जिसे पड़ाइन भैया-भैया कहकर विचित्र रसीले अंदाज में बुलाया करती थी और जो हर आने-जानेवाली लड़की को घूरा करता था ? मगर यह 'भैया' तो सिर्फ दो दिन पहले आया है। शाम को जब फेंकन और फेंकन बहू द्वार पर आए तो इसका भी खुलासा हो गया।

'हमरा पेट पे लात जनि मारीं बबा (बाबा)। बताईं का करे के बा।' पच्चीस-छब्बीस साल का जवान फेंकन दुसाध इस आदमी के सामने गिड़गिड़ा रहा था, जो जाति और जमीन की औकात को छोड़कर उससे हर स्तर पर हीन था। काली मवेशियों को मच्छरों से बचाने के लिए धूप-धुनी करने में मशगूल था। कटी-पिटी आवाजें आ रही थीं। इन्हें जोड़-जोड़कर वह जो समझ पाया, वह यह था कि फेंकन की पत्नी, जिन्हें पड़ाइन बार-बार 'इनिरा गांधी' के व्यंग्य से बघार रही थीं, उनके यहाँ बुलाने पर भी काम-धाम के लिए नहीं आती। यही नहीं, वह फेंकन को देर रात तक काम करने से भी रोकती है। अब फैसला इस बात पर हो रहा था कि वह आकर काम-धाम कर जाया करेगी।

इसका मतलब क्या हुआ—इस बेगार से काली की छुट्टी ? मगर नहीं, दूसरे दिन फिर एक समस्या आ गई और उसे रुकना पड़ा। हुआ यह कि अँगना बुहारते हुए फेंकन बहू ने आँगन के बरतनों को उठाकर माँजनेवाली जगह पर रख दिया था। इस बात पर पड़ाइन एकदम आपे से बाहर हो गईं, जैसे अनर्थ हो गया हो। उनकी राजरानियों जैसी काया फुफकार रही थी, 'अरे तेरा हिम्मत कैसे हुआ रे बाभन का बरतन छूने को...?' सुन्नर पांड़े पुचकारते रह गए मगर उनके मुँह में जो आया, वही बके जा रही थीं। फेंकन बहू पहले तो काठ-सी खड़ी रही फिर हलका घूँघट दिए हुए गुस्से में धम-धम पाँव पटकती हुई लौट गई अपने घर।

आश्चर्य ! दूसरे दिन फेंकन अपनी पत्नी को लेकर फिर हाजिर था, 'कसूर माफ करीं बबा। पढ़ी-लिखी है और टाटा में रहती थी न...तो दिमाग थोड़ा दूसर है। हम एकरा के ठीक से समझा दिए हैं कि ऊ पढ़ाई ठो को भूल जाओ, हियाँ का शास्तर अलग है। ऊँच-नीच भगवान-ए जी बनाए हैं।'

पड़ाइन का 'भैया' कनखियों से घूर रहा था फेंकन बहू को ?

उस औरत ने कुछ कहा नहीं, पलड़ा लेकर गोबर उठाने चली गई। घूँघट से जो झलका, उससे लगा, आहत अभिमान में उसका गोरा मुँह फूला हुआ है। फेंकन काली के साथ खेतों की ओर निकल गया। धाँगड़ पहले से दोनों की बाट जोह रहा था। तीन-चार दिनों में ही तीनों में खासी दोस्ती हो गई थी।

दोपहर को कुएँ के पास बैलों को खड़ा कर वे साथ-साथ भोजन करते और पेड़ों की छाँह में लेटकर पीठ सीधी करते तो बातों की पोटली खुल जाती। अकसर फेंकन और धाँगड़

ही बोलते, काली के पास जैसे बोलने को कुछ था ही नहीं।

धाँगड़ बताता, 'हरना टाँड़ के पास के गाँव शिकदारपुर का है। चारों और धाँगड़ों की बस्ती है, हमलोगन को अंग्रेज बहादुर ले आया था छोटा नागपुर से कभी—जंगल साफ करने के लिए। पहिले तो जंगल-ए-जंगल था न ! ऊ जंगल काट-काट के हमरे बाप-दादा खेत बनाए और आज चल के देखो, हमरा पास एक धुर खेत नहीं।'

काले सर्प-सी चिक-चिक करती काली देह। लंबी बलिष्ठ काया।

काली और फेंकन उसे सुनते रहे। कमोबेश तीनों की स्थिति एक जैसी थी, खेतों का अन्न खानेवाले अपने-अपने घरों में सुरक्षित हैं और वे, जिन्होंने खेत बनाए, जो फसल उगा रहे हैं, इस निचाट दुपहरिया में इस झाड़-झाँखर में पड़े हैं।

इसके अगले दिन फेंकन नहीं आया था। दोपहर को रोटी-छाछ खाते-खाते अचानक कौर रुक गए धाँगड़ के, 'काली भइया, कभी-कभी लगता है हम और आप भी ई बेचारा फेंकन के पेट पे लात मारने आए हैं।'

काली चुपचाप पड़ाइन की दी हुई मकई की मोटी रोटी कुम्हड़े की भुजिया के साथ निगलता रहा, जैसे इस भुक्खड़ के लिए खाने से ज्यादा इस वक्त और किसी चीज की अहमियत नहीं।

'तनिक माठा लो न ! ई सूखे-सूखे...दू-दू गो भैंस लगती हैं, पड़ाइन से ई भी न हुआ कि तनिका दूध-दही...।'

हाथ बढ़ाकर रोक दिया काली ने।

'हियाँ तो यही देख रहे हैं कि पड़ाइन मरद है और पांड़े मेहरारू। हर बखत चढ़ी रहती है पांड़े पर। फेंकन बहू को देखा है...?'

'ना।'

'पढ़ल-लिखनल मस्टराइन लगती है, पड़ाइन से बीस। ई तो कहो बचपने में बियाह हो गिया था, नँइ तो ओकरा तकदीर में फेंकन जइसा अनपढ़ हरवाह भेंटाता...?'

काली चुपचाप सुनता रहा और उसकी आँखों के सामने घूँघट की ओट में झलकता आहत अभिमान-भरा उस स्त्री का गोरा चेहरा नाचता रहा।

'अनपढ़ पड़ाइन, अपना ऊँचा जात के गुमान में उसको कैसे अपना गोड़ तरे रखे, हर घड़ी यही चिंता ! हम तो कल लौट जाएँगे, चरित्तर पांड़े का हरवाह आ गिया है, बाकी तुम देख लेना, कोई-न-कोई समस्या फिर पैदा होगा।'

काली के चेहरे पर कोई प्रतिक्रिया न पाकर कुढ़ गया धाँगड़, 'तुम इसको हँसी मान रहे हो...? तुमको शायद अंदाजा नहीं कि दोनों मेहरारू एक-दूसरा से केतना घिना करती हैं !'

धाँगड़ जाते-जाते कह गया था, हमरा गाँव जरूर आना काली भइया, इयाद है न, हरना टाँड़ के बगल शिकदारपुर...।' तीसरे दिन झमाझम पानी बरस रहा था। खेतों में लेब लगाकर पानी से लथपथ लौट आए थे फेंकन और काली। मगर सदर दरवाजा बंद था और अंदर से छीना-झपटी, उठा-पटक की आवाजें आ रही थीं। फेंकन अभी बैलों को बाँध रहा था। किवाड़ की झिर्री से काली ने अंदर का जो नजारा देखा तो रोंगटे खड़े हो गए।

पांड़े और पड़ाइन ने उस औरत को हाथों से पकड़ रखा था और पांड़े का साला उसे दबोचे हुए था। बाप रे ! क्या एक औरत खुद अपने सामने एक दूसरी औरत का बलात्कार करवा सकती है ?

...वह दौड़कर फेंकन को हाथ पकड़कर खींच ले आया।

फेंकन ने झिर्री से देखा, पर पहली नजर में कुछ समझ नहीं पाया। काली के बताने पर उसके चेहरे पर हवाई उड़ने लगी। वह जोर-जोर से किवाड़ पीटने लगा। यह लगभग भूचाल का दृश्य था, सब कुछ खौल रहा था, अंदर भी, बाहर भी। बगल के पड़ोसी आशंका में एक-एक कर पहुँचने लगे। किवाड़ को घेरकर बभनटोली की इतनी बड़ी भीड़ इकट्ठा हो गई कि उसमें फेंकन का वजूद ही गुम हो गया, सहसा कोई धम्म-सी आवाज हुई। फिर थोड़ी खटपट, 'ई ठीक ना कइल-अ, ए बबा !' फेंकन ने क्रोध-भरी रुआँसी आवाज में कहा। अरे, फेंकन की आवाज तो अंदर से आ रही थी। इसका मतलब है, वह खपड़े पर चढ़कर आँगन में कूदा था। किवाड़ खुला और अपनी गोद में अस्त-व्यस्त-सी पत्नी को लेकर वह बाहर आया, 'विचार करीं ए बबाजी लोग।' और वह उसी तरह बिना किसी की प्रतिक्रिया का इंतजार किए पत्नी को गोद में उठाए बाहर चला गया। बाद में पता चला कि कल पड़ियाइन ने उससे हाथ-पाँव टीप देने (मालिश करने) को कहा था, इस पर फेंकन बहू ने इनकार कर दिया था, 'हमसे आपका देह छुवा जाएगा।' बस इत्ती-सी बात का इत्ता बड़ा जहर। इतना-सा कसूर था उसका जिसकी इतनी बड़ी सजा दी गई। सुन्नर पांड़े पर थू-थू होने लगी, पड़ियाइन पर भी। मगर यह उस दिन का दृश्य था, इस घटना के तीसरे दिन तक उनका स्याह चेहरा फिर से जस-का-तस हो उठा था। पंचायत भी बैठी थी, पंचायत ने एक स्वर से यह फैसला दिया कि 'पांड़े या उनके साले ऊँची जात के आदमी फेंकन बहू जैसी नीच जाति के साथ यह कर्म कर ही नहीं सकते।'

लाचार फेंकन थाने गया, मगर कुछ हुआ नहीं। फिर पता चला कि वह परशुराम यादव के पास गया था, जिसने उसे यह कहकर लौटा दिया कि वह चमारों, दुसाधों, धोबियों, कुम्हारों, लोहारों, और नोनियाओं का केस नहीं लेता। इस संबंध में तरह-तरह के मिथक गढ़-गढ़कर खड़े किए जाते रहे। अंततः बात यहाँ तक आ पहुँची कि बलात्कार पांड़े के साले ने नहीं, खुद पांड़े ने किया, साला तो न उस दिन दिखाई पड़ा, न बाद में ही। इस तरह सुन्नर पांड़े अपनी जाति के हीरो बनते गए। दुसाधों ने बाभनों की हलवाही छोड़ दी, मगर वे शर्म और अपमान से किसी से आँख उठाकर भी बात न कर पाते। सबसे आखिर में फेंकन गया था रामजतन नोनिया के पास, मगर गाँव में पुलिस गारद थी।

सुलेमान खाँ के यहाँ लौटने से पूर्व चुपके से मिला था काली फेंकन से। उसका चेहरा तना हुआ था। 'मेरी बात मानो तो कुछ दिन के लिए भौजी को टाटा उसके मायके भेज दो और खुद गाँव छोड़ दो।'

तेरह

चंद्रदीप सिंह, सीताराम सिंहानिया, सुन्नर पांड़े, कोर्ट, प्रशासन, परशुराम, जोगी...घृणा के कितने-कितने कोण थे, मगर फतिंगे की तरह सबको छू-छूकर मन उस एक ही मुकाम पर आकर बैठता है—सुलेमान खाँ ठेकेदार !

सुन्नर पांड़े के यहाँ जो वह बेगार खटा, वह मुफ्त में ! भलमनसाहत बनी इनकी ! पैसा माँगा तो टके-सा जवाब, 'इतनी जल्दी-जल्दी पैसा माँगने लगे तब तो हम दे चुके !'

'कुछ भी मिल जाता तो...!'

'पैसे हैं कहाँ ?'

'काली को सब कुछ याद आया...!'

हक की कमाई माँगने पर ठेकेदार के पास पैसे नहीं हैं और हराम की कमाई डकारनेवाले दुराचारी लुटेरे परशुराम के लिए पंद्रह हजार ! आग घुल रही है काली के मन में। क्या वह इन हरामखोरों की बेगार करने और उनकी गाँड़ धोने के लिए ही पैदा हुआ है ? हतक, हतक और हतक ! हतक के सिवा कुछ नहीं। ऐसे अन्याय पर उसे क्या करना चाहिए—यह बतानेवाला कोई नहीं—न कोई देवी-देवता, न कोई साधु-फकीर, न कोई लीडर-अफसर ! हर तरफ अँधेरा है, हर तरफ घुटन !

मचान की खाट पर लेटा पड़ा है काली। आधी रात बीत गई पर आँखों में नींद नहीं। अन्हरिया रात बादलों की फटी-चिन्थी कत्थर ओढ़कर कीड़ों के शोर में खर्राटे ले रही है, मगर उसकी आँखों में नींद नहीं। उत्तरहवा कोना रह-रहकर चमक रहा है। रात के तीसरे पहर दूर-दूर फैले गन्ना, मकई, ज्वार, बाजरा और सनई की फसलों के बीच अचानक गेहुँअन की तरह फन फुलाकर मचान पर खड़ा हो देखने लगा है, काली—कहीं कुछ नहीं, कुछ भी नहीं, घुप अँधेरों के बीच पल-पल रोशनी की तड़पन। यह तड़प बाहर है या अंदर...?

साँप की जीभ की तरह उसकी ही तड़प रह-रहकर लपलपा रही है क्या ?

अगले दिन गाय-भैंस, बैलों को खूँटों से खोलते-बाँधते, नाँदों की सफाई करते, पानी भरते उसकी नजर सिर्फ एक चीज पर है—मालिक की बंदूक पर। परशुराम के धमकाए जाने के बाद इसकी जरूरत अचानक बढ़ गई है।

अल्ताफ पूछता है—'ई का है अब्बा ?'

'ई ट्रिगर—इसी से दागा जाता है।'

'और गोली किसमें रहता है ?'

'इसमें। चैंबर कहते हैं।'

'ई...?'

'बैरेल...।'

'हमकी भी ला दीजिए।'

'आपकी ही है, मगर मिलेगी तब, जब पढ़-लिखकर होशियार बन जाइएगा। जाइए स्कूल जाइए।' फिर उन्होंने सामने खड़े अंगरक्षक, शंकर अहीर से कहा, 'अल्ताफ साहब को पहुँचा आओ।' अल्ताफ साहब ! कुढ़ जाता है काली, 'अभी गाँड़ धोने का लूर नहीं है और

साहब ! पेट से निकले नहीं कि साहब, बाबू साहेब, बबुआन, पंडितजी...और एक हम हैं बूढ़ा जाएँ, तो भी कलिया !

तो स्कूल जा रहे हैं अल्ताफ साहब। कोई आँच-बतास न लगे, सो हिफाजत के लिए जा रही है बंदूक। बंदूक के साथ जा रहा है शंकर अहीर। इन सालों का यह बाइसकोप बंद हो जाए तो...! इस बात से वह इतना उत्तेजित हो जाता है कि जल्दी-जल्दी नाँद से बासी पानी उलीचने लगता है, बसा रहा है पानी। बसा रहा है काली ! मलिकार खुश होते हैं, मन लगाकर काम कर रहा है काली !

बखरी के किवाड़ की साँकल बजती है तो बैठका तक झनकने लगता है। अंदर से बेगम साहिबा की महीन आवाज, 'ठाकुर साहब, जरा गेहूँ पिसवा लाओ। जब से ठेकेदार साहब ने उसका वंश परिचय दिया, उसे जलाने के लिए 'ठाकुर साहब' ही कहकर पुकारती है। काली का चेहरा तमतमा आता है ऐसे में। आज भी किसी तरह जब्त किया उसने। उसने आसमान की ओर देखा, लगता है, पानी फिर बरसेगा। हाथ धोकर गेहूँ की बोरी सिर पर लादकर चल पड़ा है।

चक्की पर मिल गया नरैना मल्लाह ! गंदी चादर ओढ़े गीध की तरह बैठा था भीट पर, उसे देखते ही जैसे उड़ता-फुदकता सामने आ गया, 'राम-राम काली भइया !' काली लगा भौंचक ताकने कि इस आदमी से किस जन्म में मुलाकात हुई थी।

'इतनी जल्दी भूल गए नरैना को ?' नरैना ने उलाहना दी।

नरैना...? नारायण सिंह निषाद ? लोरिया चीनी मिल में दोनों साथ ही काम करते थे। नारायण शुरू से ही तेज था। बात-बात में किसी से उलझ पड़ता। दो-दो बार निकाला गया था। मिल बंद हुई तो कौन किस घाट, कौन किस घाट।

नियति ने आज फिर से उन्हें मिला दिया था।

'इतना गेहूँ...। वाह काली भइया। खुद मालपुआ खाओ, ई तुमरे नरैना को मड़ुआ भी मयस्सर नहीं। अरे कुछ हमरो जुगाड़ भिड़ाव मरदे...। जब से मिल बंद हुई दयादी-दयादी (रिश्तेदारी) घूम रहे हैं मारे-मारे। हमको पता ही नहीं था कि तुम इतने बड़े किसान हो गए हो।'

काली को लगा कि वह रो देगा। गेहूँ तौलवाकर उसने बुझे स्वर में अपनी आपबीती बताई तो सन्न रह गया नरैना।

'कहो तो पेल दें चाकू ?' एक पाँव ऊपर, एक पाँव ढलान पर चादर का डैना फैलाए, जैसे वह उसे घेर रहा था।

उस दिन तो मूँड़ी हिलाकर घेरा तोड़कर बाहर आ गया काली। मगर कब तक...? कुछ और मुलाकातें, कुछ और बातें।

बातों में कुछ और तर्क। चक्की की पुक-पुक में घुलते रहे शब्द।

'क्या सोचे?' नरैना काली से पूछता।

'मन आग-पीछ करता है।'

'मन को मगजूत करो।' काली के लाख सिखाने पर भी वह 'मगजूत' को मजबूत न बोल सका था, 'अरे अइसे भी मरना है, वोइसे भी...।' काफी सोच विचार के बाद योजना तय हुई।

शाम को स्कूल से लौट रहा था अल्ताफ। कंधे से बस्ता और बंदूक टाँगे शंकर पीछे-पीछे चल रहा था। आसपास निर्जन। गन्ने के खेत में मुँह पर कपड़ा बाँधे नारायण और काली तैयार। सड़क के कूबड़ पर अचानक पीछे से मुहँ पर बोरे का अँधेरा भरा दबाव, बंदूक को खींच लिया जाना, फिर खींचकर गन्ने में लाया जाना। तलपेट में ताबड़-तोड़ घूँसे। शंकर ने शुरू से ही कोई प्रतिरोध नहीं किया था। धीरे-धीरे वह बेहोश हो गया।

अल्ताफ कुछ आगे निकल गया था। अचानक उसने पीछे मुड़कर देखा, कहाँ चला गया शंकर। तभी गन्ने के खेत से भेड़िया-सा झपट लिया किसी ने। अभी वह डरकर चीखता कि नरैना ने उसका मुँह बाँध दिया गमछे से। फिर लड़के की कापी पर लड़के की कलम से लड़के के बाप के नाम खत।

अल्ताफ हमारे कब्जे में है। अपने अल्ताफ साहब की जान की सलामती चाहते हैं तो बकुलिया दोन के बुढ़बा पीपर के खोंढर में पंद्रह हजार रखवा दो।

'अरे मियाद भी लिखो।'

'तीन दिन के अंदर।'

'अ दत तेरी के....आज कै तारीख है ?'

'तीन, ना-ना चार।'

'तो चार, पाँच, छौ। लिखो छौ तारीख को रात आठ बजे तक।'

काली ने लिखकर कागज को देखा, 'बेसी काट-कूट हो गया।'

'का पढइले रहलन पांड़ेजी...फिर से लिखो, दाएँ से ना बाएँ हाथ से साफ-साफ दूर-दूर पर।'

लड़के के हाथ, हालाँकि नारायण ने कसकर पकड़ रखे थे, उसके मुँह में भी कपड़ा ठुँसा था, लेकिन वह काबू में नहीं आ रहा था। काली ने बंदूक तान दी।

'देखो, ई का है...बैरेल, ई का है...चैंबर, ई का है...ट्रिगर...दबाए नहीं कि धाँय।' लड़के की हरकत थम गई। उसके पैंट से पानी चूने लगा। कागज मोड़कर शंकर की जेब में रखा। फिर उसकी नाक पर हाथ रखकर चलती साँसों से आश्वस्त हुए कि जिंदा है।

रास्ते से किसी के गुजरने की आहट हुई। वे शांत हो गए। अब देर करना ठीक नहीं काली ने लड़के को उठाया, नारायण ने बंदूक और थैले। अब वे जल्दी-जल्दी निकल जाना चाहते थे। मीलों गन्ने के खेत। फराल जहाँ छोटी होती, अल्ताफ को उतारकर निहुरे-निहुरे चलते, मेंड़ पर पहले ताक-झाँक कर लेते, गाँव-गिराँव से दूरी बनाए रखते हुए शाम के झुटपुटे में चले जा रहे थे। रात धिर आई, फिर भी वे रुके नहीं।

झाँय-झाँय बज रही थी रात। बीच-बीच में सियारों का रोना, भालुओं की हुप-हुप। पेड़ों पर जुगनुओं की चकमकाहट। मेंड़ों की लंबी-लंबी घासों के बीच साँप की लंबी खिंची किटकिटाहट। अपनी समझ से वे दो कोस चल चुके तो रुक गए। भादों की अन्हरिया रात। हाथ को हाथ न सूझे।

नरैना थोड़ी दूर तक टोह ले आया, 'लगता है, कोई नाला है।'

'नाला !' काली ने शब्द को हैरत से दुहराया। यह नाला तो बकुलिया दोन के उनके नक्शे में नहीं था।

'लगता है, गाँव-ज्वार से बचने के चक्कर में हम भटककर पूरब आ गए।'

'जहाँ भी आ गए, थकान के मारे हमसे तो और चला नहीं जाएगा। आज रात यहीं काटनी पड़ेगी।'

'चोरबत्ती भी तो नहीं है, मचान कैसे बाँधेंगे पेड़ पर, नीचे रहने में तो खतरा है।'

'वो मैं देखकर आया हूँ, नाले के बगल में छितनार आम का पेड़ है। दियासलाई जला के देखा, रात गुजारने लायक बुरा नहीं है।'

'ठीक है पहले कुछ पेट में डाल लें, इसे भी खिला दें, फिर चलते हैं पेड़ पर।'

'नहीं, अब यहाँ रहना ठीक नहीं। पेड़ पर ही चलते हैं।'

लड़के के मुँह-हाथ खोल दिए गए। काली ने उसे निवृत्त होने के बाबत पूछा, मगर वह सहमा-सा पड़ा रहा। बारी-बारी से काली और नरैना निवृत्त हुए। फिर लड़के को लेकर पेड़ पर आ गए। काली फिर नीचे उतरा। उसने नाले से कुछ बेंत काटे। डालों के बीच बेंत की बुनावट से आधे घंटे में ही रहने लायक आधार तैयार हो गया। झुरमुट में सामने की डाल पर एक मोमबत्ती जलाकर रख दी काली ने। नरैना ने चबेना खोला, लाई-गुड़। 'पहले अल्तफवा को दो। ले बे।' उसने उसी अंदाज में कहा, जिसमें उसे कहा करते थे। ऐसा करते हुए उसने सोचा था कि उसे रूहानी सुकून मिलेगा, मगर जाने क्यों, उसे अच्छा नहीं लगा। अल्ताफ ने उसे देखकर भी अनदेखा किया तो दोनों हँस-हँसकर चुभलाने लगे।

'साँप का बच्चा है।' काली ने धीरे से कहा।

'मालपुआ और बासमती खाता होगा। ई लाई-गुड़ तो हम गरीबों के लिए है।'

'ऊ भी सबको कहाँ भेंटाता है।'

अचानक नरैना को उस लड़के के मान पर बेइन्तहा गुस्सा आया। उसने दबी जबान से जोरों से घुड़की दी, 'खइब-ए कि ना ?' और काली के रोकते-रोकते उसका मुँह जबरन खोलकर एक फाँक चबेना डाल दिया। लड़का हिचकी ले-लेकर डर से चुभलाने लगा।

काली ने हाथ खींच लिये।

'का बात है?'

'मेहरा गई है।'

'कल ही भुनवाया था लेकिन बरसात के दिन हैं न।'

'नहीं बरसात से नहीं। लोर (आँसू) से।' नरैना हैरान-सा उसका चेहरा पढ़ने लगा, 'क्या इस लोर के आगे भैया-भौजी, दुधमुँही भतीजी की आँख का लोर भूल गए ?'

'नहीं। फिर भी रुलाई तो रुलाई ही है चाहे किसी की हो। इसकी माँ पर आज क्या गुजर रही होगी ?'

इतना सुनना था कि अल्ताफ जोरों से रो पड़ा। नरैना ने झट बंदूक उठा ली, 'चो...प।'

लड़के ने हदसकर पड़पड़ाकर पायखाना कर दिया। रंग में भंग। काली चोरों-सा लगा देखने दोनों को फिर उसे जाने क्या हुआ, नरैना की बाँह पर सिर रखकर फफक पड़ा, 'ऐसा क्या हुआ, नरैना भैया। हमने लाख चाहा कि ऐसा न हो, जब-जब हम पर ज़ुल्म हुआ, मन बेकाबू हुआ, हमने मन को जब्त ही किया—हे माता भवानी, हे देवता पित्तर, हे सोमेश्वर देब, हमको कुमारग से बचाना लेकिन आखिरकार आज...' उसकी घिग्गी बँध गई थी, 'हमने

नहीं चुनी थी यह जिंदगी। नहीं बने थे हम इन राहों के लिए। फिर भी देखो...कैसे धकेल दिए गए।'

रात बारी-बारी से सौकर काटी उन्होंने। पहले दिन का उत्साह नहीं रह गया था दूसरे दिन। पौ फटते ही वे बकुलिया दोन के एक गन्ने के खेत में आ बैठे थे-क्लांत, उदास, निरुपाय। जैसे न उनका कोई अपना घर हो, न परिवार।

'अब तक तो हर जगह जाना-जानी हो गई होगी।' नरैना ने कहा, 'पुलिस के पास गए होंगे, बिसराम भैया के पास भी, परशुराम के पास भी...?'

'हूँ।'

'बिसराम भैया पर कोई जोर-जुलुम न कर रहे हों ?'

'वो तो कर ही रहे होंगे। लेकिन वैसे भी क्या आरती उतार रहे थे उनकी ?''

चुप हो गए दोनों।

'लड़का ढीला पड़ गया।'

लंबी चुप्पी के बाद काली ने कहा।

'सबेरे तो सत्तू-गुड़ खाया न ?'

'थोड़ा-सा मजबूरी में।'

'हूँह मगजूरी।'

'कल रात तक बकुलिया दोन में पइसा न आया तो ?'

'पइसा तो आ जाएगा, लेकिन...।' इस 'लेकिन' को अपने-अपने ढंग से तौल रहे थे दोनों। संभव है, पुलिस या उनके आदमी या परशुराम के आदमी पास ही कहीं छुपकर बैठे हों। पकड़ा गए तो... ? इसके आगे के सरसराते भय से उनकी सोच जड़ होने लगती। 'पाप हजम करने के लिए भी औकात चाहिए। सबसे नहीं होता हजम। परेमा, नोनिया, परशुराम सबके अड्डे बने हैं जगह-जगह। जहाँ से भी चाहा, गाँव से खाना बनवाकर मँगवा लिया।'

'लड़की मँगवा लिया।' नरैना ने जोड़ा।

'हाँ लड़की भी। और एक हम हैं, हमारी कुल दुनिया यह जंगल, खेत, मचान, लाई-सत्तू, दियासलाई और मोमबत्ती।'

सारे दिन चौकन्ने रहे वे। नेवला भी भागता तो ताकने लगते। रात फिर मचान पर। नरैना को जोरों की नींद आ रही थी, सो सोने की बारी पहले उसकी। काली जगा हुआ था पहरे पर। खाली मन पचास कोठों पर जाता है, हर कोठे में भय की किलेबंदी। चारों ओर से घिरा मन समझ नहीं पाता किधर भागे।

आधी रात के करीब उसने नरैना को जगाया।

'का बात है ?' अचकचाकर लगा तकने अँधेरे में नरैना।

'बकुलिया दोन में जाने में सचमुच खतरा है।'

'है तो ?'

माने बूझ रहे हो। पैसा पीपर के खोंढर में आ जाएगा, लेकिन हम उसे लेकर जा नहीं पाएँगे।

'हाँ।'

'क्यों न इसे किसी और पारटी को बेच दें। जोही दू-चार सौ आए, वही बहुत है। जान सलामत तो सब नियामत।' 'हाँ'-हूँ' करते-करते नरैना फिर सो गया। काली अपने ही संकल्पों-विकल्पों में भटकता रहा। थोड़ी देर बाद उसने फिर जगाया नरैना को, 'एक दूर की रिश्तेदार हैं, बहिन, मकरंदपुर में। वो शायद कोई रास्ता निकाल सकें। तुम बच्चे के साथ यहीं रुको। बंदूक भी रखो। मगर जागते रहो, चौकस भी। भोर होते ही मैं वहाँ से चला आऊँगा।'

नरैना ने नीचे उतरकर नाले में हाथ-मुँह धोया, आँख पर कई छींटे मारे फिर पलटकर देखा तो काली अँधेरे में गुम हो चुका था।

खेत, खेत और खेत। कहीं-कहीं लबालब भरे ताल, नहर और छोटी बरसाती नदी। पेड़ भयानक दैत्य-से खड़े थे; साँप, साँड़, भैंस, बाघ, भालू, भेड़िया, इनका एक डर है, मगर उससे भी बड़ा डर है आदमी का। काली की आँखें प्रतिपल चौकन्नी हैं, बगल में गाँव है मकरंदा...गाँव में घुसते ही कुत्ते भौंकेंगे, बगल से निकल चलना ही ठीक है। अरे-अरे ये तो बूढ़ी गंडक का दलदल है—लाठी से थहाया... धँसती ही चली गई। ना इधर से नहीं, कुछ आगे जाकर पत्थर पड़े होंगे। कास-सरपत के चलते पता चले तब न, लाठी से टटोलते-टटोलते लाठी खींची तो भारी लगी। ओ भोले बाबा लपेट लिये हैं, उसने झटककर साँप को नीचे फेंका...। मिल गए पत्थर। मगर पानी में तरखा है, सँभल के...ऐ...ए...हाँ, सँभल के...लो आ गए इस पार न ! अब वो रहा मकरंदा। घर पहाड़ी से दिख रहे हैं।

कुत्ते भौंकने लगे। लाठी से उन्हें हड़काया, मगर उनकी जमात बढ़ती ही गई। इतनी भौंकों के बाद भी नहीं जगा मकरंदा। अभ्यस्त हो गया हो जैसे।

मलारी ने करिखायी लालटेन की लौ तेज की और कच्ची नींद टूट जाने की झुँझलाहट में ही पूछा, 'तू...? इत्ती रात।'

'पहले बताओ, यहाँ कौन-कौन हैं ?'

मलारी ने इधर-उधर देखा फिर कहा, 'कोई नहीं।'

'खाना-वाना बचा है कुछ रात का ?'

'होगा।' मलारी ने बगल में सिल को हटाया और कहा, 'मकई की रोटी है, दाल, सालन कुछ भी नहीं। प्याज दूँ ?'

'बाँध दो।'

'और आदमी हैं ?'

'हाँ।'

'तुम तो खा लो। बाकी बाँध देती हूँ।'

काली देर तक फुसफसाकर बताता रहा। वह जंभाइयाँ ले-लेकर सुनती रही जैसे उसके लिए यह कोई अनहोनी न हो।

बोली नहीं कुछ।

'सो गई ?'

'ना।'

'अब बताओ क्या करें।'

'क्या बताएँ। जो सुथना सिलाता है, वो पेशाब करने की जगह भी बना लेता है। ऐसा काम करने ही क्यों चले जिसे पूरा कर ही न सको ?

उमर में दो-चार साल की छोटी ही होगी बहिन लेकिन अक्ल में कितनी आगे।

'अब तो जो हो गया, हो गया, रास्ता क्या है ?'

'ठीक है, पैसे के साथ कल शाम तक कोई आदमी जाएगा मचान पर। जगह मत बदलना। पुलिसिया डरेस में होगा, सिर पे मुरेठा...जो भी मिले, ले-देकर अपनी जान बचाओ, पकड़ाव कोई बच्चों का खेल नहीं।' वह एक क्षण को रुकी।

'दारू दें ?'

'ना।'

'खैर। देखो, इस जंगल में कूदना तो आसान है, निकल पाना आसान नहीं। तुम्हारे जैसे आदमी के लिए यह सब काम नहीं। दो कदम आगे चलोगे, चार कदम पीछे। छी! कैसी नादानी कर बैठे।'

दो दिन का भूखा काली मकई की रोटी तोड़ता और निगलता रहा और मलारी उसे कोसती रही, जैसे बड़ी बहन अपने उधमी भाई को खाना खिलाते हुए कोस रही हो।

चौदह

फिर एक अपहरण !

फिर एक नए आपराधिक गिरोह का जन्म।

'काली।' कुमार ने रानीमहल के गेस्ट हाउस में अपहरण का पूरा प्रकरण वायरलेस से सुबह-सुबह सुना और सोचने लगा। उसने सोच को एक झटका दिया, तो क्या करूँ ? एक को पकड़कर बंद करो तो 'चार' और तैयार हो जाते हैं। मीटिंग में मैंने जब डाकू समस्या के उच्छेद के लिए सामाजिक, आर्थिक और भूमि सुधारों की बात की तो पांडेय ने यह कहकर उसे ठंडे बस्ते में डलवा दिया कि यह सब सिर्फ प्रशासन की ढिलाई से हो रहा है। हुँह ! बैठ-बैठकर हिरण-बाघ मारना ही तो प्रशासन को चुस्त-दुरुस्त करना है। चोर की माँ का गला सबसे चाँड़ ! अब क्यों भेजते हो वायरलेस पर संदेश ?

इससे ज्यादा संजीदा वह इस वक्त हो भी नहीं सकता था। यह उसके पी.टी. का वक्त था। एक नौजवान तगड़े घोड़े की तरह सुबह की पी.टी. और आसन किए बिना उसे चैन नहीं। ट्रैक सूट में रानीमहल से पुलिया और पुलिया से पुलिस कैंप तक दौड़ आता। उसे देखते ही पुलिस बल में अनुशासन और सतर्कता आरोपित हो जाती। सुरहा जैसे बज्र देहाती गाँव के लिए यह कौतुक का विषय था। साहुजी की छह साल की नातिन मंजू के लिए तो यह बिन पैसे का बाइस्कोप था। विचित्र भूषा में कुमार को पहले-पहल दौड़ते देख उसे अचरज

हुआ था, 'एही डाकू है...? एही के नाम लेके हमरा के मैया चुप करावे लीं ?' 'ई डाकू न हैं। ई तो डाकू पकड़े के खातिर आए हैं।' माँ ने बताया तो वह किंचित आश्वस्त हुई। फिर लगे हाथ दूसरा सवाल कौंधा, 'तो ई जान ले के भागते काहे हैं ? डाकू के डर से ?'

'भागते नहीं, दौड़ने की परेटिस करते हैं, डाकू भागेगा तो दउड़ के पकड़ लेंगे।'

मंजू का कौतूहल इस पर भी शांत नहीं होता, 'और ई सिपहिया सब नाचते हैं जो...?' उसकी नन्ही उँगली सामने के अस्थायी पुलिस कैंप के परेड पर होती।

'अरे बाप ! चुप ना रहबे बाप खौनी ?' माँ की डाँट विराम जड़ देती बच्ची की जिज्ञासा पर।

'सा-आ-आ-आ-वधान।'

सम्मिलित बूटों की खटाक !

दूकान पर बैठते ही सोना को ग्राउंड से परेड की जो पहली कमांड सुनाई पड़ती है, वह यही है। वह खुद भी सावधान हो जाती है।

'ऐ ! हिलेगा नहीं। बी-ई-ई-स राम।'

'विश्राम' में बिखरते पदचापों की सामूहिक लय।

'सा-आ-आ-वधान।'

फिर वही सम्मिलित खटाक।

'फिर हिलता है।' दरोगा सुदर्शन सिंह की कड़कती आवाज। सोना को दुकान पर आया देखकर ही दो जगह दो प्रतिक्रियाएँ एक साथ होती हैं–एक, यह कि प्रेम प्रकाश के पाँवों की स्थिरता जाती रहती है, दूसरी यह कि दरोगा सुदर्शन सिंह के गले का वॉल्यूम बढ़ जाता है। दरोगाजी डाँटते तो प्रेम प्रकाश को हैं, लेकिन प्रतिक्रिया सोना के चेहरे पर ढूँढ़ते हैं। उधर प्रेम प्रकाश डाँट की अवमानना करते हुए सोना के मन में यह दर्ज कर देना चाहता है कि ऐसे कमांड की उसे परवाह राई-रत्ती-भर भी नहीं है।

दरोगाजी भचकती टाँग से गुस्से में फनफनाते हुए पहुँचते हैं प्रेम प्रकाश के पास, ऐसे देखते हैं मानो कच्चे खा जाएँगे, 'एही बकत पे जे है से, डाकू मारने आए हैं, बबुआन ? घरबे में रहे होते।'

प्रेम प्रकाश निर्विकार है, जैसे सुदर्शन सिंह की अहमियत उसके लिए भुनगे जैसी है।

'फिर हिलता है !'

'सर, बड़ी मच्छर काटता है हियाँ।'

'मच्छर काटता है न ? और किसी को नहीं काटता। बाबू परेम परकास सिंघ का खून में मिसरी घोरल है न !' फिर वे सबको सुनाकर कहते, 'ए ! परेम परकास को छोड़ के सबका बिसर्जन ! ऐ परेम, जब तक औडर न दें हिलेगा नहीं।'

'पीं-ई-ई-ई-ई...!' विसर्जन की व्हिसिल की यह सीटी सोना की धड़कनों में बजती है। यह निगोड़ी 'चाह' है कि कपार ! पी.टी. शुरू होने के पहले ही बाबूजी ने चूल्हा सुलगा दिया था, पर क्या पी.टी., क्या प्रभात फेरी, क्या परेड–सबका विसर्जन हो गया और 'चाह' महरानी में कौनों कदम-ताल नहीं।

उसकी भरसक कोशिश यही रहती है कि 'चाह' बेटी मंजू के हाथों दरोगाजी को ग्राउंड

में ही भिजवा दें, उधर विसर्जन, इधर चाह दरोजाजी के हाथ में। सब बवाल से छुट्टी। लेकिन ये निगोड़ी बरसात की भींगी लकड़ियाँ हैं कि सुलगती ही रहती हैं, धधाकर जलने का नाम ही नहीं लेतीं।

चूल्हे में फूँक मारते हुए वह देखती है ग्राउंड की तरफ। मटियाले पीले कपड़ों के धब्बों से ग्राउंड खाली हो चुका है, रह गया है सिर्फ एक बिजूके-सा खड़ा परेम परकास ! उसको खड़ा कराकर दरोगाजी भचकते हुए इधर ही आ रहे हैं। अब फूँकने से कोई फायदा नहीं सोना। खौले या न खौले। इस लँगड़े भैंसे के चलते कोई और ग्राहक तो आने से रहा। बैठ-बैठ के सुनो इसका लिच्चर और सुलगती रहो ओदी लकड़ी की तरह।

'का हरबरइले है ? हम कौनू भाग थोड़े न जाते हैं।' दरोगाजी बोलेंगे अभी, 'हमरो के जल्दी से भगा देगी ? हे राम, कइसे कटेगी जिनगानी ?'

बहुत दूर से पैंतरे ले-लेकर घेरते हैं जैसे कोई गीध गाय के चारों ओर मँडरा-मँडराकर परखता हो, 'मंजुआ के माई, तुमरा मरद तुमको काहे ले छोर दिया ? बीस-बाईस का उमिर ! कैस कटेगा जिनगी ?' कभी कहेंगे, 'कतना खबसूरत होता है हियाँ का जनाना !' फिर वे बताएँगे। ऐसे-वैसे मरद के साथ भागने से अच्छा है, उसके साथ भागो, जो पार लगा सके, रानी की तरह रखे और कोई और मरद देखे तो उसका आँख निकाल ले।'

जाहिर है कि यह सर्वगुण संपन्न नायक श्री सुदर्शन सिंह दरोगा के अलावा कोई और नहीं हो सकता, सो सरकते आएँगे, सरकते आएँगे। एक दिन बोले, 'तोर नाम चंपा होवे के चाहत रहल।'

'चंपा कैसा होता है दरोगाजी, हमरो के देखा दीं।' अचकचा जाते हैं इस प्रश्न पर सुदर्शन सिंह।

'अरे-ऊ का नाम तो चंपा-चमेली। एस.पी. साहेब बताते हैं कि पहिले समसे इलाका में चंपा का जंगल था।'

'खेती-बारी ना होत रहल ?'

'अरे मार गोली खेती के।'

'त-ऊ चंपा कइसा होता है ?'

'शीशा में चेहरा देख जा के, फिर बताना।'

कितना रसिक होता जा रहा है बुढ़वा !

बाप भी कम बाउर नहीं। बिक्री के लिए बैठा देंगे उसे दुकान पर। जिस दिन कोई बंदूक की नाल से हाँक ले जाएगा उसे, उस दिन होश ठिकाने आ जाएगा।

लेकिन आज दरोगाजी के मुँह से एक शब्द तक न फूटा। चुपचाप बेंच पर बैठे-बैठे भैंसे की तरह हाँफ रहे हैं।

'दरद बढ़ गया है का दरोगाजी ? अकवन का पात गरम करके नई बाँधे थे ?'

इनकार में मूँड़ी हिलती है सुदर्शन सिंह की, फिर बेचारगी फैल आती है चेहरे पर।

'जब अतना 'तकलीफ' है तो इनकार काहे नई कर देते ?'

'अरे तू न न समझेगी।' दरोगाजी दम रोककर कहते हैं, 'देखा नई, भोरे-भोरे नीलगाय के नियर कुलाँचते हुए हाजिर। ऊ जाने सोता भी है कि नई।'

'नीलगाय।' कुमार की उपमा नीलगाय से देने पर मुँह में साड़ी ठूँसकर कुहुँकती हँसी हँसती है सोना, 'सुनते हैं, खाते भी कम हैं।'

'अरे न न, खाता है। दू दिन उनके साथ बैठ गए तो समझो आधे पेट खा के उठना पड़ेगा। चार पातर-पातर रोटी एक गिलास दूध ! बस।'

'हाय राम ! इतना तो हमरी मंजुआ खा जाती है।'

'सोचो !'

'पारबती बाबू से कहके देखिए न, साइत छुट्टी दिलवा दें।'

'पारबती।' जल उठता है सुदर्शनजी का सर्वांग, 'ऊ सार पारबती बाबू कब से हुआ ? ऊ तो चौकीदार है रानीमहल का !'

चाय खौल गई है, सोना अपने आँचल से पकड़कर पतीले को उतारती है, कनखियों से ताक-ताककर निहाल हो रहे हैं सुदर्शन सिंह। अब वह एक कपड़े के टुकड़े से छानते हुए भाप से बचने के लिए नाक सिकोड़ते हुए पुरखिन की तरह बोलती है, 'हम का जानें दरोगा साहेब, हियाँ तो सभे इदमी अइसा रोब जमाता है जइसे कप्तान-ए हो।' रसा-रसाकर बोलती है सोना तो मन रस से चभचभा जाता है।

'देखो देखो, शैतान का नाम लिया और शैतान हाजिर।' सोना ने चाह थमाते हुए मुड़कर देखा, पारबती आ रहा था।

'सलाम दरोगा साहब।' पारबती ने आते ही हाथ उठाकर झाड़ा, 'सलाम !' सुदर्शन सिंह आश्वस्त हुए, अब कम-से-कम, सोना को ई तो पता चल गया होगा कि कौन बड़ा है–परबतिया कि हम !

'चाह पीयो पारबती। का हाल है ?' सुदर्शन सिंह बड़प्पन से बोलते हैं।

'परेड खतम हो गया दरोगा साहेब ?'

'हाँ।'

'बड़ा जल्दी ?'

सहसा उनका ध्यान प्रेम प्रकाश पर गया। उन्होंने मुड़कर देखा, प्रेम प्रकाश वहाँ नहीं था। नजरें दौड़ाईं तो देखा, वह बैरक की ओर से आ रहा था।

'तुमको हम खड़ा कराए थे न ?'

'दिशा फराकत !' प्रेम प्रकाश ने लापरवाही से जवाब दिया।

'हम पूछते हैं कि खड़ा कराए थे कि नहीं ?'

'खड़ा करा के आप गते-से बैठ गए, हम का हुंवई झाड़ा फिरते–गिराउन्डवा में, खड़े-खड़े ?'

सुदर्शन सिंह कुछ और बोलते कि पारबती ने लगाम कस दी, 'दरोगा साहेब, आपको साहेब 'इयाद' किए हैं।'

'साहेब ?'

'हाँ, अभी इसी बखत। बोले हैं साथ में लिवा के आओ।'

'चलो हम आते हैं।'

'त-अ हम जा रहे हैं, जो होगा समझिएगा।' कहकर चल पड़ता है पारबती।

'ए-ए रुको, चल तो रहे हैं। चाहियो न पीएँ ?'

चाय का गिलास रखकर कैप ठीक करते हैं, डंडा सँभालते हैं, फिर प्रेम प्रकाश का ध्यान आता है, 'अब फिर आ के खूँटे के समान खड़ा हो गया। जाओ, माफ किया। बाकी डीसीप्लीन को भूलो मत !'

सोना मन-ही-मन धन्यवाद देती है पारबती को, जान बची। प्रेम प्रकाश आते ही एलान करता है, 'हमरा भाई भी डी.एस.पी है, जियादा फुटानी किए तो मुरगा बनवा देंगे।' वह इतने जोर से बोलता है कि दरोगाजी सुन लें और सोना पर उसका रौब गालिब हो जाए कि ऐसे छटंकी दरोगा से वह डरता थोड़े न है। दरोगाजी चुप रहे। कभी-कभी बलिष्ठ कुत्ते भी पिल्लों की भौंक पर उत्तेजित नहीं होते।

'सात को बैठा के आ रहे हैं, दरोगा साहब आठवें होंगे।' मुँह फेरकर शरारत से यह कहते हुए पारबती सोना को अपना पॉवर जताना नहीं भूलता। सोना की गर्दन मुर्गी-सी फूल जाती है, जैसे वह इस पूरे कैंप की सरदार है, सरदार नहीं, रानी मधुमक्खी !

दरोगाजी सचमुच के आठवें हुए। कड़क सैल्यूट देकर बैठने का इशारा पाकर बैठ गए।

'हँ तो क्या कह रहे थे मास्साब, पंडित की बहन का किसी गुंडे ने बलात्कार किया...?' कुमार मुरली पांड़े से पूछता है। अपने उस दिन के वायदे पर आज खुद ही आ धमके थे पांड़ेजी।

'मुसलमान गुंडे ने।' पांड़ेजी मास्टरी अंदाज में संशोधन करते हैं और बीच-बीच में अंग्रेजी की छौंक भी देते चलते हैं।

'अच्छा खैर, मुसलमान गुंडे ने...। फिर ?' कुमार मुसकराया।

'फिर पंडित ने प्रण किया, परशुरामजी की तरह कि, एक-एक मुसलमान को धरती विहीन न कर दिए तो ब्राह्मण का जन्माया नहीं।'

'अरे बाप ! ई तो डाकू सबका पूरा जे है से, इतिहास-ए खोल के बैठे हैं।' दरोगा कुरमुराते हैं, 'जाने कब तक बैठना होगा।'

'इनको हिंदू जमींदारों का संरक्षण मिला ?' कुमार पूछता है।

'एकदम मिला।...और इनको काउंटर करने के लिए यहाँ के मुसलमानों ने पकड़ा गद्दी को।' शर्माजी बताते हैं।

'हूँ।'

'जरा सोचिए, यह जो आज का परेमा है, जिस पर एक लाख का इनाम है, पहले पंडित के दल का ही था, लेकिन था अहीर। उधर गद्दी भी एक तरह से मुसलमानी अहीर। अब सोचिए कि 'जात-पात' के चलते परेमा गद्दी की ओर खिंचता और दल और हिंदुआपे के चलते अविनाश पंडित की ओर। किस्सा लंबा है, मुख्तसर में ई जान लीजिए कि परेमा ने पहले अविनाश पंडित को मारकर जाति का ऋण उतारा, फिर गद्दी को मारकर धर्म का। अब चूँकि पंडित रह नहीं गए थे, सो हिंदुओं का अघोषित संरक्षण भी मिलने लगा उसे।'

'यह तो एक अंतर्कथा हुई, दूसरी ?' कुमार ने मास्टर साहब को उकसाया। सुदर्शन

सिंह ने कसमसाकर अपनी उपस्थिति जताई, मगर मास्टर साहब दोबारा शुरू हो चले थे, 'दूसरी रामफल यादव की है। आपको पता होगा, पुलिस में सूबेदार था, पहलवानी करता था, नौकरी छोड़कर डाकू हो गया। ऐसे बहुत से होमगाडर्स और दूसरे सैनिक बल के जवानों को डकैती का यह धंधा सूट करता था। तीसरी कथा में लछिमन गोकुल और गामा जो यादवों के गुंडे थे, अचानक मंत्रीजी के नाक के बाल बन गए। ये गुंडे मंत्रीजी के लिए बूथ कैप्चर करते, चंदा उगाहते, बदले में मंत्रीजी इन्हें संरक्षण देते। माने, क्या कहते हैं—मेड फॉर इच आदर !' कहते-कहते मास्टर साहब को अचानक मंत्रीजी से कुमार के लगाव का खयाल आया तो वे गड़बड़ा गए। कुमार ने उनकी मनःस्थिति भाँप ली, 'कोई बात नहीं, आप कहते चलिए, मैं दरअसल उस बिंदु को पकड़ना चाहता हूँ, जहाँ से एक डाकू जन्म लेता है।'

'तब तो सर आपको अफसरशाही को भी सर्च करना पड़ेगा।'

'ऐसा ?'

'जी !' एक बार एक डी.एम. आए। इत्तेफाक से वे भी यादव थे और ज्यादातर डाकू भी यादव। यानी रक्षक भी उसी जाति का, भक्षक भी उसी जाति का ! डी.एम. अगर स्वजातीय दरिंदों के खिलाफ स्ट्रांग ऐक्शन लेते तो जाति-बिरादरी से जाते और न लेते तो बदनाम होते। सो एक बार उन्होंने उन डाकू सरदारों को बुलाया और बिरादराना अपनत्व के तहत अपनी मुश्किल पेश करते हुए सुझाव दिया, 'आप लोग ऐसा कुछ क्यों नहीं करते कि कानून की गिरफ्त से आप भी बचे रहिए, हमें भी बचाते रहिए ?'

'ऊ कैसे साहेब ?'

'हत्या और डकैती छोड़कर अपहरण कीजिए और फिरौती वसूलिए।' डाकू सरदार एक-दूसरे का मुँह ताकने लगे तो उन्होंने विस्तार से बताया, 'आपको मालूम है, डाकुओं के लिहाज से सबसे बदनाम जगह थी चंबल—मोहर सिंह, मलखान, मान सिंह वगैरह का नाम आपने सुना ही होगा। वे भी वही सब करते लेकिन वहाँ के अब के डाकू यह सब नहीं करते। मोटे-मोटे आसामी पकड़ लिये और उन्हें छोड़ने के लिए फिरौती माँगते हैं !'

'और न दें तो ?'

'तब तो मार ही डालते हैं, लेकिन इसकी नौबत ही नहीं आने देते, ऐसे ही आसामी का अपहरण कर उतनी ही रकम की फिरौती माँगते हैं, जो वह दे सके। आप भी यही कीजिए। माने हेल्प अस टू हेल्प यू !'

'हूँ। तो यह बात है। मैं भी हैरान था कि फिरौती की बात पहले-पहल इनके दिमाग में आई कैसे ?' यहीं आकर एक सवाल और फूटता है, ज्यादातर डाकू यादव ही हैं—ऐसा क्यों ?' कुमार ने पूछा।

'सर मिलिटेंसी भी कोई मुद्दा है। अत्याचार सभी पर होता है, मगर प्रतिवाद वही करते हैं जो मिलिटेंट होते हैं। यह तो रहा एक फैक्टर, दूसरा यह कि जिले एवं प्रांत में इनकी संख्या भी ज्यादा है, जो कहीं गहरे इमोशनल सेक्योरिटी, वो क्या कि भावनात्मक सुरक्षा भी देती है, तीजे ये सभी अपहरणकर्ता रेता के अंचल से आते हैं, जहाँ नारायणी नदी हर साल तबाही मचाती रहती है। दो-चार गाँवों को तो उनके पेट में जाना ही है। मकान ढहा, जमीन गई। क्या खाएँ, कहाँ रहें ? फिर वे आते हैं यहाँ के जमींदारों के पास, मिल के सेठों के

पास। जबरन वसूली, बेगारी, बलात्कार, दमन—इसकी ट्रेनिंग यहीं मिलती है। कुछ दिनों के बाद वे सोचते हैं कि जमींदार और सेठ हमारे ही बल पर यह सब करते हैं तो हम खुद क्यों न करें। तब शुरू करते हैं स्वतंत्र डकैती। नाम कर गए, प्रभाव क्षेत्र का विस्तार हो गया तो मंत्री लोगों के काम करने लगते हैं। जबरन चंदा वसूली, पार्टी फंड, बूथ कैप्चरिंग, लठैती ! परेमा, परशुराम, बिन्दा, गोकुल सब की एक-सी दास्तान।'

'हूँ...! और ये जमींदार—इनकी शक्ति का स्रोत ?'

'ये एक लंबा इतिहास है। ये थारुओं के इलाके में पैरासाइट बनकर आए। यह आगमन सन् 1857 के सिपाही विद्रोह से शुरू होता है जब अंग्रेजों से देशी रजवाड़ों और सिपाहियों ने लड़ाई ली और खंड-खंड स्वार्थ के चलते हार गए और जान बचाने के लिए भागे। कुछ लोग जो इधर भागकर आए उन्हें नेपाल की तराई, यानी थारुओं का यह अंचल सिर छुपाने के लिए ज्यादा माकूल लगा। मुख्यतः थे तो थारू ही यहाँ, इफरात जगह, प्रतिरोध न के बराबर। पाँव जमते ही इन्होंने थारुओं का शोषण करना शुरू कर दिया—कहीं कम, कहीं ज्यादा। अब देखिए, बीस-बीस वर्ष पहले रेता के डकैतों ने थारुओं से कहा कि हमारा साथ दो, हम तुम्हें ठेकेदारों, जमींदारों से तुम्हारी जमीन, तुम्हारी इज्जत वापस दिलाएँगे। मगर यह तो एक झाँसा था। एक भी डाकू, जो कहिए, किसी जमींदार के खिलाफ बोला हो, जमीन दिलानी तो दूर की बात, उलटे ये भी थारुओं, धाँगड़ों का ही शोषण करने लगे—ए डॉग इन द मैंजर पॉलिशी !'

'डकैतों को फीड-बैक के पाँच जोन आपने बताए, जाति-धर्म, जमींदारी, पुलिस या अर्द्धसैन्य बल के आज के डेवियेटेड संस्कार, मौजूदा अफसरशाही और मौजूदा राजनीति का अपराधीकरण या अपराध का राजनीतिकरण !'

'चोर दरवाजे अभी और हैं कुमार साहब, यहाँ का विशिष्ट भूगोल, यहाँ की परजीवी सामंती व्यवस्था, यहाँ के मारवाड़ी महाजनों का उपनिवेश...और भी कई। किसी भी दरवाजे से आइए, आपको वहाँ डाकू बैठा मिल जाएगा, मगर जहाँ तक आपका सवाल ताल्लुक रखता है, आपको इन सारे फैक्टर्स के अंतर्संबंधों और अंतर्विरोधों को सही ढंग से जोड़ते-घटाते आगे बढ़ना होगा। गौर करने की बात है कि एक ही व्यक्ति, जो क्रांतिकारी हो सकता था, जरा-सा मट्ठा पड़ा कि डाकू बन जाता है। ऐसा क्यों होता है, इस भेद को समझ पाएँगे, तभी आप उस बिंदु पर पहुँच पाएँगे जहाँ से एक डाकू जन्म लेता है।'

'आपकी जानकारियाँ तो काफी हैं, विश्लेषण भी आप सटीक कर लेते हैं, आप कोई पुस्तक क्यों नहीं लिख डालते इस समस्या पर ?'

'लिखूँगा, अगर जान सलामत रही तो...आप लोगों की कृपा से...। अच्छा चलूँ कुमार साहब, नमस्कार, नमस्कार दरोगा साहब।'

कुमार उन्हें सीढ़ियों तक पहुँचा आया। उन्हें उठा हुआ देखकर सुदर्शन सिंह स्वयं उठकर खड़े हो गए। बाकी लोग भी सलाम करके सीढ़ियाँ उतरने लगे तो कुमार पलटा, 'दरोगाजी !'

'हाँ सर !'

'वो क्या है ?' कुमार की उँगली एक कोने की ओर उठ रही थी। दरोगाजी ने देखा और डरकर उछल पड़े, 'बाप रे, ई तो साँप है सर !'

'डरिए नहीं। मरा हुआ है। आसन कर रहा था कि जनाब छत से झूल रहे थे। जिंदा देखना हो तो इन दरारों में झाँकिए, कोई-न-कोई झाँकता हुआ मिल जाएगा।'

'छोड़ दीजिए रानीमहल सर। भूत-प्रेत, साँप-बिच्छू का डेरा है। कैम्पवे में इंतजाम करवा देते हैं।'

'पारबती कहता है कि विषहरी की सेना है, इन्हें मारना नहीं चाहिए। वही हमें रात-रात भर भटकाती रहती हैं।'

'पायल बजता है सर ?'

'हाँ।'

'का जाने कौन-कौन जमाना का इतिहास भरा है सर।'

'एक इतिहास यह भी है, पढ़कर अपनी राय दीजिए।' कुमार ने जेब से एक कागज का चुटका सुदर्शन सिंह को थमाया। सुदर्शनजी ने मुहर देखी, 'बिहार सरकार !' चौंके फिर खत पढ़ने लगे—

'जय भवानी जंगल पार्टी !

दुर्दांत दस्यु सम्राट परेमा यादव,

(बिहार सरकार की मुहर)

डी.एस.पी. साहब को मालूम हो कि ज्यादा स्मार्ट बनने की जुर्रत न करें। हमारे जवानों का खेवा-खर्च खत्म हो गया है, सो मेहरबानी होगी कि एक बोरा आलू, एक बोरा प्याज, एक बोरा बासमती चावल नौरंगिया दोन में भिजवा दें। यह हम आपसे कोई लेवी नहीं माँग रहे हैं, जवानों का खेवा-खर्च है यह और ज्यादा रात को घूमने की जुर्रत न करें।

परेमा यादव

(बिहार सरकार की मुहर)'

चिट्ठी पढ़कर सुदर्शनजी ने कुमार का मुँह देखा, 'सबसे बड़का साँप तो इहे है। ई कहाँ मिला सर ?'

'नीचे लेटर बॉक्स की बिल में।'

'हुँह ! साला लिखता है बिहार सरकार ? खेवा-खर्चा माँगता है ? राजा को पता ही नहीं, मुसहरों ने जंगल बाँट लिये। हम इनकी रैयत हैं जैसे ? माने कि, जे है से, उलटा चोर कोतवाल को डाँटे।'

'अब सोचिए जंगल सरकार का खेवा-खर्चा लेकर कौन जाएगा ?'

सुदर्शन सिंह का मुँह देखने लायक था, 'हमरा तो ओह दिन 'पेरवा' (पेड़वा) पर से जो कूदे कि गोरवे न भुरुक गया है सर, न तो दर्जन-भर नक्सलिया सभ को अकेले खदेर-खदेर के मारे थे सर !'

कुमार चिंतित-सा टहलने लगा।

'सर, एक गो बात बोलें, कुछ दिन बाहर दौरना बंद कर दीजिए। का मालूम ई सार के मन में का है ?'

कुमार ने उनकी बात को अनसुना करते हुए पत्र को हाथ में लेते हुए पूछा, 'पेट्रोलिंग कर रहे हैं कि नहीं ?'

कुमार का रुख भाँपते ही सुदर्शन जी टाइट हुए, 'जी सर !'

'पी.टी. ?'

'जी सर, देखबे करते हैं।'

'दौड़ ?'

'काल्ह तो पानी न पर रहा था, बाकी परसों दउरे थे और सर साचो का, कसरतिया करने से गोड़वा तनी-मनी ठीक हो रहा है।'

'किए जाइए, किए जाइए, एक दिन नकली युद्ध होगा, जवानों का एक दल डाकू बनेगा, दूसरा दल पुलिस।'

'हें-हें ! रोज-रोज नया-नया खेल सोच लेते हैं सर।' फिर अपनी टाँगों को तनिक धूर्तता से सहलाते हुए पूछते हैं, 'तो हमरा के ? माने, का हुकुम है सर ?'

'आपकी तबियत का हाल जानने के लिए ही कष्ट दिए। देख ही रहे हैं, डाकू तो रानीमहल की दरारों में छुपे साँपों की तरह हैं, अगर जंगल सरकार की सेना आ ही गई तो...आप तैयार हैं तो ?'

जवाब में सुदर्शन सिंह ने अपनी भचकती टाँग से एक कड़कदार सैल्यूट दिया, 'येस सर !'

कुमार ने नजर फेर ली और बारजे में आ गया। आँखें हिमालय की कभी न पिघलनेवाली हिम रेखा पर उठ गईं, बहुत पुराना हिम है, बहुत दिनों का महल, साँपों का बसेरा...और हमारी सुरक्षा व्यवस्था—भचकती टाँगवाले दरोगाजी ! शरीर से पस्त, दिमाग से काहिल, मन से धूर्त और चरित्र से लंपट !

उसे लगा, काली वहीं कहीं हिमरेखा पर टहल रहा है, उसका कोई आपराधिक रेकॉर्ड नहीं है। ऐसे सीधे-सीधे नागरिक भी अगर इस तरह अपराध की दुनिया में उतरने लगें तो यह 'ऑपरेशन ब्लैक पाइथन' 'ऑपरेशन डिसफेथ' है ! खैर, अभी वह नया-नया है। इससे पहले कि वह और गहरे चला जाए उसे पकड़ना होगा।

कहाँ जा सकता है काली ?

मुखबिर ने बताया था कि वह थारू है और उम्मीद है अपना देवता पूजने सोमेश्वर गया हो।

'हूँ...!' इस गहरी हुँकारी में सोमेश्वर रेड करने का संकल्प बुनता रहा था कुमार !

पंद्रह

मुँह-अँधेरे ही एक प्राइवेट जीप रानीमहल से चोरनी की तरह निकली और नहर पार करते ही भिखनाठोरी की ओर मुड़ गई। कुछ आगे बढ़ने पर युवा संन्यासी चालक ने बगल में बैठे प्रौढ़ संन्यासी से पूछा—'आपने यह भी नहीं पूछा कि आपका अपहरण कर हम कहाँ

ले जा रहे हैं ?'

'अपहरण' की बात पर हँसी छलक उठी प्रौढ़ संन्यासी के चेहरे पर, 'मेरा भी तो स्वार्थ है इस खेल में।'

'आपका भी...? जरा खोलकर बताइए।'

'तो सुनिए !' प्रौढ़ संन्यासी ने दाहिने कोने पर उगे आ रहे लाल टहटह सूरज को देखा, जिसके आलोक में धरती सलोनी और नई लग रही थी–'बहुत पहले की बात है। एक काला-कलूटा ब्राह्मण यहाँ आया और खेल-खेल रहे एक चरवाहे बच्चे से प्रभावित हो गया। वह चरवाहा बच्चा राजा बनकर दूसरे चरवाहे बच्चों पर हुक्म जारी कर रहा था। उसके चेहरे से फूटते आत्मविश्वास, उसकी भाव-भंगिमा से ब्राह्मण प्रभावित हुए बिना न रहा। बच्चे के पास गया, हाथ जोड़कर बोला–राजन, मैं एक गरीब ब्राह्मण हूँ। मुझे कुछ गउएँ चाहिएँ। बालक ने राजा के ठसके से कहा–सामने गउएँ चर रही हैं, जितनी चाहें हाँक ले जाएँ। ब्राह्मण को खेल में रस आ रहा था, बोला–'और यदि कोई मारे-पीटे तो...?' चारवाहे बालक ने राजा के उसी आत्मविश्वास से कहा–'मैं यहाँ का राजा हूँ, किसकी मजाल है जो मेरी आज्ञा का उल्लंघन करे।'

प्रौढ़ संन्यासी ने तनिक रुककर कहा–'था तो वह एक नाटक या खेल ही, मगर उसी में उस दिन ब्राह्मण ने अपने भावी नायक का चयन कर लिया।'

'स्ट्रेंज स्टोरी !' चालक संन्यासी ने हैरत प्रकट की, 'आपने यह कथा क्यों सुनाई ?'

'एक तो इसलिए कि यह कथा इसी भूमि की है, जिस पर आप अभी चल रहे हैं, ई. पू. 339 की। वह ब्राह्मण था चाणक्य और वह शूद्र चरवाहा बालक चंद्रगुप्त। दूसरे इसलिए कि मुझे भी नायक नहीं मिल रहा है, इस पूरी जाति को कोई नायक नहीं मिल रहा है। उसी की तलाश है। हालाँकि मुझे मालूम है, न वह समय यह समय है, न ही मैं चाणक्य और आप चंद्रगुप्त। मैं मुरली पांड़े हूँ, एक साधारण मास्टर, आप कुमार हैं, एक साधारण डी.वाई., एस.पी., फिर भी हमारी मंजिलें तो एक हैं।'

उनके दाहिनी ओर सूरज का गोला क्रमशः ऊपर उठा आ रहा था और पेड़ों की झुरमुट से उन पर हल्दी, कुमकुम और अक्षत फेंक रहा था। इस पावन मुहूर्त में कुमार ने एक पल को मुरली पांड़े को देखा और रीझ गया–वाकई यह शख्स एक नया चाणक्य ही है, सवा दो हजार वर्षों के चाणक्य का एक शोधित रूप ! लेकिन वह...? वह तो चन्द्रगुप्त नहीं है।

'मास्साब, अब एक कथा मैं आपको सुनाता हूँ।' कुमार ने कहा–'वो राजा उत्तानपाद वाली कथा जरूरी सुनी होगी आपने। दो रानियाँ थीं उनकी–बड़ी सुनीति, छोटी सुरुचि। सुनीति का पुत्र हुआ ध्रुव, सुरुचि का पुत्र उत्तम। एक दिन ध्रुव राजा की गोद में बैठने को ललके, मगर सुरुचि ने यह कहकर उसे रोक दिया कि राजा की गोद में बैठने के लिए उसे उसकी कोख से जन्म लेना चाहिए था।' मुरली पांड़े ने हँसकर कहा–'यह तोता-मैना अंदाज हुआ, अपने पक्ष को पुष्ट करने के लिए दोनों अपने-अपने हिसाब से कहानियों के पत्ते फेंकते रहते हैं, मगर हुजूर गुस्ताखी माफ, जरा मुझे आपका फेंका हुआ पत्ता फिर से उठाकर देखने की इजाजत दें...।'

'इजाजत है !' कुमार ने बनावटी गंभीरता से कहा।

'पहले पिता राजा उत्तानपाद पैर ऊपर, सिर नीचे; बड़ी रानी सुनीति, दैट इज, (अर्थात) विवेकयुक्त नीति और छोटी रानी सुरुचि दैट इज, महत्त्वाकांक्षा। बड़ी का पुत्र ध्रुव यानी दृढ़, छोटी का पुत्र उत्तम यानी फिटेस्ट। अब छोटी रानी, यह कहकर पिता राजा उत्तानपाद की गोद में बैठने से उसे रोकती है कि उसे सुनीति यानी विवेक की कोख से नहीं, सुरुचि यानी उनके शब्दों में महत्त्वाकांक्षा की कोख से जन्मना चाहिए था...और हुजूर आपने आधी कथा कहकर आधी रोक ली। हर आदमी सिर्फ अपने सच पर रोशनी डालता है, पूरे सच पर नहीं। पूरा सच यह है कि ध्रुव ने कठोर तप से वह पद हासिल किया और एक आदर्श बने। और सिर्फ महत्त्वाकांक्षा रखने मात्र से कुछ नहीं होता।

अगर मैं यह जानता कि आपकी सारी कहानियों का निशाना मैं ही बनने जा रहा हूँ तो आपका अपहरण करने की भूल कतई नहीं करता।'

कुमार ने ऐसी लाचारगी का मुँह बनाया कि मुरली पांड़े हँस पड़े। सिकरहवा प्रकरण के बाद की शायद पहली उन्मुक्त हँसी। पीछे बैठे संन्यासी वेशधारी पुलिस के जवान भी तनिक अनौपचारिक हो गए। प्रेम प्रकाश ने पूछा, 'मास्साब, ध्रुव महराज ने तपस्या कहाँ की थी ?'

'इन्हीं जगलों में ! पुराणों में इसके नदी, नालों, जंगलों, पहाड़ों के वर्णन हैं।' पांड़े ने कहा।

'ऐसा...?' कुमार को सुखद आश्चर्य हुआ।

'यही नहीं, गुरु गोरखनाथजी की तपस्या-स्थली भी यही है। आपको पता होगा ही गोरखनाथजी ही हिंदी के पहले गद्यकार थे।'

इस अंचल को नेपाल और भारत के सांस्कृतिक-सेतु के रूप में भी मान सकते हैं। रामनगर के राजा नेपाली थे, चित्तौड़ के राजा रतन सिंह नेपाल में कभी जा बसे थे, शायद मुगलों से एडजस्ट न कर पाने के कारण। बाद में चले आए। रामनगर के राज्य की स्थापना उन्होंने ही की। सन् 1676 ई. में औरंगजेब ने भी इन्हें राजा की उपाधि दी। सन् 1860 ई. में अंग्रेजों ने भी इन्हें राजा मान लिया। आज भी नेपाल के काफी लोग यू.पी. और बिहार के उत्तरी क्षेत्रों पर नेपाल का ही दावा मानते हैं।'

'लगता है, ऐसे विवादों पर पहले भी युद्ध होते रहे हैं।'

'शायद !'

'तभी कहें कि चानकीगढ़ में भीम की टूटी गदा और लोरिया नंदनगढ़ में अशोक का टूटा लट्ठ क्यों पड़ा हुआ है। अशोक और भीम में निश्चय ही किसी बात पर लाठी चली होगी।'

मास्टर साहब ने भी हँसते हुए जोड़ा—'खबर पाकर औरंगजेब दौड़ता हुआ यहाँ आया और दोनों को समझा-बुझाकर अलग किया। लट्ठ पर फारसी में लिखा हुआ है—'मोहीउद्दीन मुहम्मद औरंगजेब बादशाह आलमगीर गाजी, सन् 1671।'

'यानी कि यह धरती ही मार-पीट की धरती रही है।'

'जी न, आंशिक सबूत के आधार पर पूरी सच्चाई जान लेने का दावा फिर गलत बैठेगा। हिंदूवादी इस बात पर जोर देते हैं कि चानकीगढ़ चाणक्य की तपस्या-स्थली है,

नंदनगढ़ नंद की, जबकि थारू लोग कहते हैं कि यह जानकीगढ़ है, राजा जनक यहीं रहते थे। कुछ तो यहाँ तक मानते हैं कि जानकीजी का जन्म यहीं हुआ था। अब जनकजी ने अपनी बहन के लिए रानी के कहने पर एक गढ़ी बनवाई, जो ननदगढ़ कहलाई। बाद में जानकीगढ़ चानकीगढ़ और ननदगढ़ नंदनगढ़ हो गया। एक दीया चानकीगढ़ पर जलता, दूसरा दीया नंदनगढ़ पर, इशारों-इशारों में संदेशे भेजे जाते। तीसरी तांत्रिकों पर बुनी गई है, जाकी रही भावना जैसी...।'

'मुझे तो थारुओंवाली कहानी ही ज्यादा अपीलिंग लगती है—बूआ दीया जलाकर संदेशे पर संदेशे भेज रही हैं मगर व्यर्थ ! सीता बेचारी तो दूर-से-दूर होती चली गई...एक बन गइलीं, दोसर बन गइलीं, तीसर बन-अ हो...।'

सड़क के छोर पर एक चाय-पान की दुकान थी। कुमार ने रुककर सबको चाय पिलाई।

'बबाजी लोग कहँवा जाइल रहीं थीं ?' चायवाला पूछता है।

'सोमेश्वर !'

'तबे...! न तो ई जंगल-झाड़ में, कौन अखाड़ा के साधू हथीं ?'

'उदासी !' कुमार ने कहा तो सबको हँसी आ गई।

'सड़क सीधे गोबरधना गाँव जाइत है। ओकरा आगे जंगल है, ऊ जंगल के बीच से सोमेश्वर का रास्ता।' चायवाले की उँगली सड़क की सीध में फैली हुई थी।

गोबरधना एक शस्य श्यामल गाँव था जंगल से सटा हुआ ! जीप वहीं गुमाश्ता के खलिहान में रोककर अपने लंबे-लंबे लबादों में बंदूकें छुपाए लोग जंगल में उतर गए। बनमुर्गी, तीतर, मैना, बुलबुल पंडुक, कोयल और पपीहे की टेर जैसे इन विचित्र आगंतुकों को टोक रही थी, 'यहाँ-कहाँ ? यहाँ-कहाँ ?' बिहार में पहली बार यहाँ उन्हें मोर दिखा।

गोबरधना का जंगल पार करते ही सोमेश्वर की रेंज ! पहाड़ के बीच से सँकरा दर्रा पुराने शहरों में तंग गली-सा। इस सँकरी गली में पानी बह रहा था जो शायद ऊपर किसी झरने से आ रहा था। वे बहुत सतर्क होकर बढ़ रहे थे, मगर पानी की ठंड से हाड़-हाड़ काँप गया। दूर-दूर न कोई जानवर, न कोई मनुष्य। सहसा आकाश में फरफराहट हुई। झुंड-के-झुंड कबूतर उड़ गए और आकाश आड़ी-तिरछी धब्बेदार रेखाओं से भर गया। दाएँ-बाएँ दी झरने। झर-झर बहता नीर ! वहीं सुस्ताने के लिए बैठ गए।

'अब आएगी पहाड़ी बतास चौरा,' मुरली पांड़े थूककर कुल्ली कर चुके थे।

कुमार को हँसी आ गई, इन मास्टर साहब को न भूख सताती है, न प्यास, न प्रकृति लुभाती है, न डाकू आतंकित करते हैं, चौबीसों घंटे चार्ज्ड रहते हैं।

जवानों ने केक, बिस्कुट, मिठाई, नमकीन के पैकेट खोले, खा-पीकर बदन को मरोड़कर नसें चटखाईं और खड़े हो गए।

बतास चौरा—दो पहाड़ों को जोड़नेवाली डंडी ! हवा में कँपकँपी है। कहाँ से आती हैं ये तेज हवाएँ ? मुरली पांड़े ने बताया, 'इसकी ऊँचाई 1500 फीट है।'

नीचे उतरते ही फिर जंगल। जंगल-जंगल बढ़ते हुए पहली बार आदमी के दर्शन हुए तो चित्त जुड़ा गया। वे लकड़ी काटने जा रहे थे। शक्ल-सूरत से नेपाली लग रहे थे। नहीं, काली नहीं हो सकता इनमें। आगे बढ़ते ही देवी का मंदिर।

'दिस इज द प्लेस, ह्वेयर, जहाँ बाबा गोरखनाथ ने तपस्या की थी। आगे है भर्तृहरि गुफा, द लीजेन्ड्री हीरो...'

'ए महाराज, तनी हिंदी में बोलीं न, कि हमनियों के समझीं।' प्रेम प्रकाश ने टोका तो मास्टर साहब झेंप गए।

'ई भरथरी गुफा है। भरथरी जैसा राजा हमारे यहाँ दीया लेकर ढूँढ़ने से भी नहीं मिलेगा। एकदम से भोग-विलास से वैराग्य पर उतरे थे वे। राज-पाट, धन-दौलत ही नहीं छोड़ा, खुद के चित्त को भी इतना डीक्लास, इतना निर्मल किया, इतना कि खुद अपनी रानी पत्नी से 'माँ' कहकर भीख माँगते हुए भी जीभ नहीं काँपी, कलेजा नहीं थरथराया।'

कहाँ डाकू, भोग-विलास, राजपाट और कहाँ योग और वैराग्य ! मगर मास्टर साहब वह कथा न कहते तो शायद यह कठिन यात्रा और भी कठिन हो गई होती। बनेश्वरनाथ का मंदिर कब छूटा, कब आ गए सोमेश्वर के समीप, उन्हें पता भी न चला।

'यह टीले पर ऊँचा-सा क्या है ?' कुमार ने पूछा।

'एक कोई अंग्रेज थे घुसनो साहब, उन्हीं की मेम की समाधि है। बाघ उठा ले गया था उन्हें।'

हिरणों के कुछ झुंड वहाँ चरते हुए दिखाई पड़े। क्या पता, कहाँ दुबके पड़े हों बाघ, चीते ? हथियार निकालने-भर का भी वक्त मिलेगा या नहीं। कुमार आशंकित हो उठा।

आगे फिर चढ़ाई शुरू हो गई थी। सांवा के लमेर पौधे लहराते हुए कोई साजिश बुन रहे थे। नीचे गहरी खाई। बहुत सँभल-सँभलकर पाँव रखना होगा। लो, फिर झरना। इसके आगे चढ़ाई-ही-चढ़ाई।

'अरे वाह ! पहाड़ के ऊपर ऐसा समतल होगा, कोई सोच भी नहीं सकता ! बगल एक जीर्ण पड़ा बँगला भी।'

'यह बँगला भी उसी घुसनो साहब का है...? जिसकी मेम को बाघ...!'

'हाँ।'

'मगर इतनी ऊँचाई का यह बँगला बनाया कैसे गया होगा ?'

'सोचिए।'

'पत्थरों से !'

'जी नहीं, ईंटों से।'

'मगर ईंटें नीचे से पहुँचाई कैसे गई होंगी ? दर्शनार्थी भक्तों से ?'

'जी नहीं सर, नास्तिकों से !...मेरा मतलब उनसे जो हमारे भगवानों को नहीं जानतीं। बकरियाँ ! आपको मालूम, बकरियाँ पहाड़ की सबसे उत्तम आरोही होती हैं—तीन टाँग पर भी संतुलन बना लेती हैं ! और यह सोमेश्वर का प्रसिद्ध मंदिर थारुओं का। ऊँचाई 2000 फीट और इस चोटी की ऊँचाई 2884 फीट। वो देखिए, यहाँ से नेपाल के वे गाँव कितने नन्हे-नन्हे दिख रहे हैं। शाम की लाली में धौलागिरि और गौरीशंकर की रक्ताभ चोटियाँ कितनी साफ दिख रही हैं यहाँ से।

'इट्स वंडरफुल। इट्स चार्मिंग ! इट्स थ्रीलिंग ! इट्स...!' विशेषण और उपमाएँ छोटी पड़ रही थीं।

मुरली पांड़े ने झोले से एक किताब निकाली, 'यही नहीं, पूरा उत्तरी बिहार। देखिए, श्री हवलदार त्रिपाठी सहृदयजी क्या कहते हैं—'उत्तर बिहार की भूमि स्वर्ग का वह खंड है जो हिमालय से पिघलकर पृथ्वी के रूप में परिणत हुआ है, दक्षिण दिशा की ओर ढलती-उतरती यहाँ की धरती देवात्मा हिमालय के आंतरिक भावातिरेक से तथा दुग्धद्रवित अनगिनत श्रोतों से सनकर बनी है। इस धरती पर सर्वत्र सरिताओं के लहरदार श्वेत, जरीदार तार खींचे गए हैं और जगह-जगह ह्रदों एवं सरोवरों के चमकते शुक्र और चाँद जैसे बेल-बूटे काढ़े गए हैं। उत्तर बिहार की यह धरित्री हिमकन्या गौरी के आँचल के पवनान्दोलित दुकूल जैसी बनी है, जिसके आँचल के निचले छोर में चाँद की पिघलती धारा-सी गंगा है तो दोनों किनारियों में एक पर पुखराजी रंगवाली गंडकी की धारा तो दूसरी ओर कांचन द्रवित सुनहले रंग की महानंदा की धार जड़ी हुई है।...'

'आपने पूरा उत्तरी बिहार देखा है ?'

'कुछ दिन त्रिपाठीजी के संग था न, जब वे लिख रहे थे ! दूसरी बार तब, जब सिकरहवा की दुर्घटना के बाद बावरे-सा भटक रहा था।

'इतनी सुंदर धरती !'

'और कुछ बर्बर खुदगर्ज इसे नरक बनाने पर आमादा हैं !'

'कैसे चल रहे हैं ग्राम सुरक्षा दल ?' कुमार को जैसे अभी-अभी याद आया।

'ठीक ही चल रहे हैं, आर्म्स की कमी है बस ?'

'परशुराम ने फिर कुछ कहा ?'

'नो !'

सोमेश्वर में पहली बार इतनी बड़ी संख्या में लोग-बाग नजर आ रहे थे, यहाँ स्त्रियों की संख्या पुरुषों से ज्यादा थी। कुमार के कान मुरली पांड़े की ओर थे, मगर आँखें काली की तलाश में।

'अंग्रेज बनियों का नेपाल महाराज से युद्ध हुआ था सन् 1814 में। फिर दोनों के बीच संधि हुई—शायद सुगौली में। तब से भारत और नेपाल के झंडे यहाँ साथ-साथ फहरते हैं—पहले यूनियन जैक, अब तिरंगा राष्ट्रीय ध्वज ! ऊ जो मसान आप देखते हैं, यहीं से निकलती है, बूढ़ी गंडक का उद्‌गम हम छोड़ आए हैं पीछे। जरा रहसो गुरो की नाव तक चलते हैं।' मुरली पांड़े ने कहा।

'चलिए।'

'कहते हैं, इसी नाव से रहसो गुरो जहाँ जरूरत पड़ती आते-जाते थे—स्वर्ग, मर्त्य, पाताल।' मुरली पांड़े ने कहा।

'और सर, इन्दरलोक से परी सब आके डांस करती थी रासो गुरो के सामने।' एक जवान ने कहा।

नाव पत्थर की थी। शायद हवा, पानी, धूप से क्षरित होकर किसी बड़े पत्थर में गड्ढा बन गया था। इसे देखकर सारा उत्साह मर गया कुमार का, 'यह तंत्रवाद और चमत्कारवाद, इससे मुक्त न हो पाने के कारण ही यह दुर्दशा है थारुओं और इधर के नेपालियों की।'

'और आपकी और हमारी...? क्या हम मुक्त हैं ?' मुरली पांड़े ने पूछा।

'असंभव को भी संभव बनाने की कल्पना—इससे एक दुर्बल जाति अपना संबल ढूँढ़ती है। हमारे यहाँ हनुमान, आल्हा, ऊदल, लोरिक, खुद राम, कृष्ण क्या हैं—यही तो हैं, कोई-न-कोई नायक तो खड़ा करना होगा, जिसे अपनी समस्त पराजय, असमर्थता, व्यर्थता, और सपने सौंपकर हम उसे जिताते फिरते मन-ही-मन। जहाँ-जहाँ वह कमजोर पड़ता है, हम चमत्कारों की थूमी लगा देते हैं, हम हीन हैं तो क्या हुआ हमारा देवता तो सर्वशक्तिमान है। हो सकता है, रहसो गुरो एक ऐसे ही माध्यम हों !'

'हूँ...! यह सब तो ठीक है, मगर वह नहीं मिला, जिसके लिए इतनी लंबी कष्टदायक यात्रा हमने की।'

'कौन ?'

'एक है, थारू, नाम काली है।'

मुरली पांड़े जैसे चौंक गए इस नाम से। पस्त होकर लगे निहारने, 'तो आप काली की तलाश में यहाँ आए थे ?'

'जी, उसने नया-नया अपहरण किया है।'

'मालूम है।'

'मुश्किल है, मैं उसे पहचानता भी नहीं, क्या पता सामने से निकल गया हो।'

'इन जनरल, थारू पुरुषों की दाढ़ी-मूँछ नहीं हुआ करती, मगर काली की हैं, कद भी औसत थारुओं से बड़ा है, पाँच फीट छह इंच।'

'...एक बात का इत्मीनान रखिए, काली इस पूरी यात्रा में न कहीं था, न हो सकता था, वह एक अलग ही धातु का लड़का है, धीर, गंभीर, नम्र पर फर्म, वो क्या कि दृढ़ निश्चयी। हर घड़ी जैसे खुद में घुलता रहता था, स्कूल में भी और बाद में चीनी मिल में काम करने लगा, तब भी, नौकरी छूट गई तब भी। इसलिए धार्मिक कारणों के चलते तो काली नहीं ही आ सकता यहाँ !'

'छुपने के लिहाज से ?'

'उसके लिए वहाँ के जंगल ही काफी नहीं हैं क्या ?'

'आप तो ऐसे बोल रहे हैं, जैसे काली ही रग-रग से वाकिफ हों।'

'वह मेरा स्टूडेंट रह चुका है !'

'क्या...?' कुमार सातवें आसमान से गिरा।

सोलह

और काली...?

काली ने पानी में अपना चेहरा देखा तो घबराकर दो कदम पीछे हट गया। यह किस भयंकर आदमी का चेहरा उसने अभी-अभी देखा था—अपना ? दाढ़ी-मूँछ और केश बढ़कर

रूखे हो चले थे। उसके वर्षों पुराने सलोने चेहरे पर यह कहाँ का जंगल उग आया था ! उसने एक ढेला उठाया कि इस अक्स को विरूपित कर दे...फिर जाने क्या हुआ, उसने उसे यूँ ही छोड़ दिया।

कल के मारे-मारे फिरते 'कलिया' और आज के 'काली सरदार' में महीनों और वर्षों का नहीं, युगों का फासला है। काली ने भी औकात कहाँ बूझी थी इसके पहले ? पहले अपहरण में सुलेमान ठेकेदार के बेटे अल्ताफ के केस में कितना कच्चा था वह ! खुद से न सँभल पाने के चलते ही तो मुँहमाँगी दस हजार की फिरौती की जगह सिर्फ दो हजार में ही उसे सौंप देना पड़ा, रामजतन नोनिया को...और नोनिया ने कितनी कीमत वसूली उस केस की—पच्चीस हजार। ये पच्चीस हजार उसकी जोखिम के पैसे थे और ले गया कौन...? नोनिया !

मलारी ने ठीक ही कहा था, 'जी छोटा न करो। हबक लेना आसान है मगर पचा पाना मुश्किल !' मलारी ने एक बात और भी कही थी, 'इस जंगल में कूदना जितना आसान है, निकल पाना उतना ही मुश्किल। मतलब यह कि अब घर-परिवार और समाज में उसके वापस लौटने का हर रास्ता बंद है, अब भैया, भाभी, भतीजी, गाय-बाछी, कुटुंब और बचपने में ही ब्याही गई अपनी दुलहन के नाम को वह सिर्फ रो सकता है, उनके पास वापस नहीं जा सकता। फिर बचता क्या है ? जंगल ! और जंगल में जिंदा रहने के लिए उसे वही करना होगा जो जंगल के लिए जरूरी है।

इस जंगल के लिए अभी वह और नरैना नए थे। हालाँकि गिरोह में तीन सदस्य और आ जुड़े थे—पलटू पासी, जगन थारू ओर पुरुषोत्तम धाँगड़, लेकिन कायदे से बंदूक चलाना अभी किसी को नहीं आता था। भेदिए या मुखबिर का काम करने के लिए इब्राहिम ना-ना करते हुए मक्खी की तरह उसे हड़ाते रहे। वह तो काली ने दो-दो बार उनकी जेब में पाँच-पाँच सौ जबरन ठूँस दिए तो वे जिन्न की तरह बकारे !

'पहले बताओ, यह राज किसी पर खोलोगे तो नहीं ?'

'कसम ले लो चाचा।'

'किसी किस्म का गलत काम तो नहीं करोगे ? यानी खून, बलात्कार, जुल्म...?'

'नहीं।'

इब्राहिम ने आँखें बंद कीं, जैसे ध्यान लगा रहे हों, 'तो तुम्हें ऐसा केस चाहिए जिसमें पैसे ज्यादा हों, जोखिम कम और...!'

'और ?'

'तुम्हारी तसवीर भी साफ-सुथरी बनी रहे पब्लिक में।'

काली और नारायण की आँखें चमक उठीं, 'यह तो दूर की कौड़ी ले आए आप।'

'एक केस है। जालिम आदमी है, उसने अपने कम उम्र के नौकर को सरेआम इतना मारा है कि...दुकान बाजार में है। उस पुलिया से साइकिल से आता-जाता है। तीस हजार का असामी होगा।'

'कौन है ?'

'जवाहिर साहु का साला अजित !'

'वो गंजू...? मगर उसका पैसा कौन भरेगा...? जवाहिर तो एक नंबर का मक्खीचूस है।'

'पैसा देगी उसकी बहिन !'

सातवें दिन ही जुगाड़ बैठा सका। अजित अपनी दुकान बंद कर शाम के सात बजे गाँव लौट रहा था। पुलिया पर आज भी कुछ लोग खैनी ठोंक रहे थे। कोई डर नहीं। मगर वह आगे बढ़ा ही था कि उसकी साइकिल को झटका लगा। किसी ने पिछले चक्के में डंडा डाल दिया था। वह सीधे सड़क के नीचे। उसके मुँह से चीख निकली ही थी कि पुलिया के लोगों ने उसका मुँह बंद कर उसे जंगली सूअर की तरह दबोच लिया।

भाई के अपहरण की सूचना सहुआइन को मिली तो सिर पीटकर विलाप करने लगी। चिट्‌ठी में भेद खोलने की सख्त मनाही थी और तीस हजार रुपए साहु के पोखरे पर तीसरे दिन की शाम तक रखे जाने का हुक्म था। चिट्‌ठी में साफ-साफ चेतावनी दी गई थी कि अगर किसी किस्म की चालाकी की गई तो अजित की लाश मिलेगी।

तीसरे दिन संझलौके में तीन 'औरतें' पोखरे के भीट पर निबटान के लिए बैठी थीं। पहले एक औरत पानी छूने पोखरे में उतरी। उसने इधर-उधर देखा, फिर सीढ़ियों पर पड़ी पोटली को उठाकर झट आँचल में छुपा लिया। वह कदम-कदम आगे बढ़ी, फिर पीछे मुड़ी। तभी कोई गोली दगने का आवाज हुई और गोली उसके सिर को ऊपर से छूती हुई सन्न से निकल गई। जवाबी गोली निबटान के लिए बैठी औरत की बंदूक से छूटी और वह मुँह के बल गिर पड़ी। उधर से अभी भी रुक-रुककर फायरिंग की आवाजें आ रही थीं। 'भाग काली।' तीसरी फुसफुसाई तो तीनों भाग चलीं और फसलों में ओझल हो गईं। खेत के दूसरे सिरे पर वे निकलीं तो तीनों मर्द में ढल चुकी थीं—काली, जगन और पलटू। गोलियों की आवाजें अभी भी आ रही थीं रुक-रुककर !

'का बकरी की तरह लेंड़ी हग रहा है ?' जगन ने शेखी में कहा तो तीनों हँस पड़े।

'लेकिन उस्ताद तुम तो सिपाहियों की तरह लेटकर निशाना लगाते हो।' पलटू ने काली की प्रशंसा की तो वह झेंप गया। उसका जी ही जानता है कि पहली फायरिंग की आवाज पर ही उसका कलेजा धक्-से रह गया था। जवाब में उसने फायरिंग की भी तो नया-नया निशानेबाज होने के नाते हड़बड़ी कर बैठा और धक्का खा गया, फिर सँभला तो मुँह के बल जा लगा।

'लेकिन साले ने दगा की। कहो तो अंग-भंग कर दें।'

'उसने नहीं, उसके रिश्तेदारों ने...छोड़ो सही-सलामत आ गए यही बहुत है।' काली ने कहा।

अड्‌डे पर पहुँचकर उन्होंने देखा कि नारायण और पुरुषोत्तम अजित के अगल-बगल बैठे हुए थे। पैसे गिने गए, पूरे तीस हजार थे। अजित की आँखों पर पट्‌टी बँधी थी, हाथों में मुश्कियाँ। काली ने सहसा एक सवाल किया, 'हमने तुम्हें कोई तकलीफ तो नहीं दी साहुजी ?'

'जी ना !'

'आपके बहन-बहनोई ने हम पर गोलियाँ चलवाईं।'

सकते में आ गया अजित।

'फिर भी हम तुम्हें छोड़ रहे हैं ! इस शर्त पर कि किसी गरीब को नहीं सताओगे।'

'यह मेहरबानी याद रहेगी, मैं-मैं...' वह मुश्किल से बोला, 'एक नंबर का पापी था...' उसका कंठ भर आया।

पुलिया तक लाकर अँधेरे में अजित के हाथ और आँखों की पट्टी खोल दी नारायण ने। उसने हाथ उठाकर सलाम किया और चला गया।

अड्डे पर आकर काली ने फिर से पैसे गिने। 'इतना रुपैया तो हमार बाप-दादा भी नहीं देखा होगा।' वे बारी-बारी से टॉर्च जलाकर पैसे को हाथ में ले रहे थे, सूँघ रहे थे और खुद को धन्य मान रहे थे।

काली ने अपनी दुर्बलता की बात इब्राहिम से बयान की, तो वे लगे उसे घूरने, तुमने यह बात अपने दल के लोगों को तो नहीं बताई ?'

'ना।'

'हाँ, उन्हें कभी मालूम भी न होने देना कि तुम अभी कच्चे हो।'

'एक सलाह आपसे लेनी चाह रहा था।'

'क्या ?'

'एक आदमी है दानू अहीर, परशुराम के गिरोह का भगोड़ा, अचूक निशानेबाज है, दल में आना चाहता है, ले लेना कैसा रहेगा ?'

'मैं राय नहीं दूँगा। एक तो ये कि परशुराम से खामखाह की अदावत मोल लेने की हैसियत नहीं है तुम्हारी, दूजे ये कि जहाँ तुमसे ज्यादा काबिल आदमी तुम्हारे गिरोह में शामिल हुआ, दल पर वह हावी हो जाएगा।'

'फिर उपाय क्या है ?'

'वही तो सोच रहा रहूँ...'

लौट आया काली। अड्डे पर आते ही उसे झटका लगा, पुरुषोत्तम का मुँह बता रहा था, उसके मना करने के बावजूद उसने पी रखी थी। दल को टूटने से बचाने के लिए उसे जब्त करना पड़ा। चुप रहने का फल यह हुआ कि धीरे-धीरे लोग खुलेआम पीने लगे।

वह इन सबसे अलग अपने एकांत में घुल रहा था। भैया-भाभी का हाल जाने हुए महीने बीत गए। पैसे भिजवाए थे नारायण से...। दो दिन बाद लौट आया था नारायण ! गाँव में पुलिस थी, नहीं जा सका भैया के पास। यह तो आज मालूम पड़ा कि मुजफ्फरपुर के कोठे पर से लौटा है। यह नारायण कभी पैसे-पैसे का मोहताज बना दर-दर डोलता रहता। उसे वह दिन याद आया, जब गीध की तरह गंदी चादर ओढ़े बैठा मिला था उसे।

'शहर सिखावे कोतवाल !'

इब्राहिम ने सुना, सिर पर हाथ धरकर बैठ गए, 'दरअसल तुम भी मुगालते में थे, हम भी। हर फन और धंधे की एक तहजीब होती है, उसमें चाहे, न चाहे सीझना ही होता है। भूल

कहाँ हुई, जानते हो काली, हमने जंगल को बागीचे में ढालना चाहा, मगर भूल गए कि ये मुमकिन नहीं, जंगल जंगल होता है। अब अगर जंगल एक हकीकत है तो तुम्हें जंगल में जिंदा रहने के लिए वही करना होगा जो जंगल के लिए जरूरी है...!'

देखते नहीं साँपों की खाल कैसी होती है, ऐसी कि जंगल में खप सके, साँप ही क्यों सभी जंगली जानवर, कीड़े-मकोड़े, परिंदे का रंग-ढंग ऐसा ही कुदरत ने बख्शा है कि कोई आसानी से उनकी शिनाख्त न कर सके। फौजी लड़ाइयों में भी जंगल से घुल-मिल जाने के लिए ड्रेस तक बदल दिए गए, ऊपर झाड़ी-वाड़ी भी डाले रहते हैं—क्यों ? ताकि वे घुल-मिल जाएँ और बच सकें। तुम्हें अगर जिंदा रहना है तो वैसा ही जंगली हो जाना होगा।'

धीरे-धीरे एक तेजाबी असर होने लगा था काली पर ! आखिरकार उसने भी पुलिसिया वर्दी सिला ली, ताकि उनके बीच समंजन हो सके, उसने भी दल को मजबूत करना शुरू किया, ताकि कोई गिरोह उन्हें हजम न कर सके, उसने भी न केवल निशाने साधे, बल्कि बंदूकें भी बटोरीं, ताकि दूसरी बंदूकें उसे आसानी से भून न सकें।

सत्रह

गंडक का पूरबी दियारा। सुबह से लेकर शाम तक इस घाट पर चहल-पहल बनी रहती है। ऊँचे कगार पर बनी फूस की पलानी तक लोग चलकर आते हैं और खेवा (किराया) देकर गाय-बैल और बच्चे या बोझ-लदानी लेकर चलते बनते हैं। रात होते ही पलानी (झोंपड़ी) में झूलती लालटेन जल जाती है और सारी रात जलती रहती है। नरैना के ममिया ससुर दधीछन को इस बात का गुमान है कि आधी-आधी रात को उसने जरूरतमंद और मुसीबतजदा लोगों को पार किया है। मगर इन दिनों जबकि बाढ़ के चलते दो ही खेवे लग पाते हैं, आखिरी खेवा लगाते ही ठेकेदार और मल्लाहों के साथ लौट जाता है दधीछन। अकेले-अकेले डूबता है सूरज दूर-दूर तक गंडक के फैले मटियाले पानी में। दधीछन की भाषा में कहें तो चिरई का पूत भी नहीं झाँकता। बस, ऊँचे-ऊँचे कगार पर खड़ी वीरान पलानी ही नीचे गुस्सैल साँप की तरह ऐंठती, फन पटकती गंडक की विकरालता को देखा करती है। शाम के सँवलाते ही अगल-बगल के कुश, कास, सरपत और झाड़ियों, कटी-फटी माटी की दरारों पर कीड़ों का शोर, मेढकों की टर्राहटें और साँप की खिंची किटकिटाहटें, पानी की खलखलाहट से बतियाया करती हैं।

सूरज के डूबते ही धीमे-धीमे बतियाते हुए, चौकन्ने भाव से इधर-उधर ताकते हुए कुछ लोग आकर पलानी की पटरी पर बैठ जाते हैं, अब यह उनकी मिल्कियत है।

'देख-अ काली भइया, मेन समिस्सा ऊहे है—बन्नूक और आदमी ! ई दूगो चिड़ीमार बंदूक और डेढ़ पसली के चार ठो आदमी से काम नहीं चलेगा।' वह बोलता भी जा रहा था और थैले से रोटी, पेड़ा और रांधा हुआ मांस निकाल-निकालकर रखता भी जा रहा था।

'हाय राम, बोतल तो दूकनिए पे छूट गया।'

'ले आए हैं।' पलटू ने कहा। उसकी इस सूचना से दल को राहत मिली। वे बोतल खोलकर बारी-बारी से घूँट भर रहे थे।

'दियारा में दू गो दू-नली सनिचरे को आया है—परमेशर सिंह और घुरबीन यादव...।'

'एक गो के बारे में दरजी बता रहा था, का तो...हाँ पांड़ेपुर के कोई पांड़े।'

'सुन्नर पांड़े ?' काली की पकड़ बोतल पर कस गई।

'हाँ हाँ, सुन्नर पांड़े।'

'तो हमें वही बंदूक चाहिए।'

'का बात है काली ?'

'उस बंदूक में मेरा भी खून-पसीना और पाप लगा हुआ है। और धीरे-धीरे सुन्नर पांड़े, उनकी पत्नी, फेंकन दुसाध और उसकी पत्नी से जुड़े अपने संस्मरणों को उकेरने लगा वह, 'बताओ, कि एक गो जनाना का कसूर कितना बड़ा हो गया कि कोई अपने ही भाई से, अपने ही घर में अपने ही सामने उसकी इज्जत लुटवाने पर आमादा हो जाए।'

आठ दिन में सब जुगाड़ पक्का कर लिया गया। फेकन ने अपनी पत्नी को टाटा पहुँचा दिया। इत्मीनान कर लिया गया कि गाँव में कुछ फरसे, बल्लम, भाले और उस एक बंदूक के सिवा कोई बड़ा हथियार नहीं है। सब की गतिविधि परख ली गई। तय था कि घटना को अंजाम तभी दिया जाए जबकि शाम को पानी बरस रहा हो और पानी आठवें दिन ही बरसा था।

पलटू ओसारे में लेटे हुए पांड़े के बूढ़े बाप और रिश्तेदार के पास खड़ा हो गया। नरैना और जगन खपड़े पर चढ़कर आँगन में कूद गए और उन्होंने एक ही कमरे में लेटे सुन्नर पांड़े और उनकी पत्नी को दबोच लिया। नरैना बंदूक ताने वहीं खड़ा रहा, 'हिले या चीखे कि गोली पार हो जाएगी।'

जगन ने सदर दरवाजा खोल दिया। काली और फेंकन अंदर घुस आए। पलानी पर पलटू निहत्था पहरा दे रहा था। पानी धार-धार बरस रहा था। पूरा गाँव अचल-सा अपने में सिमटा पड़ा था।

पांड़े ने पहले तो बंदूक देने के सवाल पर आनाकानी की, लेकिन फेंकन के सामने वे जल्द ही टूट गए। रजाईवाला बड़ा ट्रंक खोलकर उन्होंने बंदूक को काली के हवाले कर दिया।

'गोली भी...।'

'फिर बेल्ट में कसी गोलियाँ भी लाकर रख दीं।

'अब तो हमरा जान छोड़ दीजिए।' गर्दन में यही पेटी डाले हाथ में दोनाली लिये बबा टोला की नाक बने फिरते थे वे। एक जरा-सी असावधानी हुई और नाक कटवा बैठे। वे अपने सारे इष्ट देवों का सुमिरण कर रहे थे कि अभी भी ये शैतान लौट जाएँ। उनकी पत्नी तो भय से पीली ही पड़ गई। उसने न जाने कितनी मनौतियाँ मान ली थीं इस बीच।

अचानक चिहुँक उठीं वे। नरैना का बायोनेट पीछे से उनके ब्लाउज को चीरते हुए उनके साये की डोरी पर आ रुका था, दोबारा झटका हुआ और साया नीचे आ गया। फटा

ब्लाउज वे अभी भी सीने से दबाए हुए थीं। उनके ससुर और रिश्तेदार भी वहाँ लाए जा चुके थे।

'तोहर गोड़ पड़ तानी।' पांड़े ने गिरगिड़ाकर पाँव पकड़ लिये काली के। काली ने उन्हें परे धकेलते हुए फेंकन से कहा, 'कर लो इज्जत बराबर।'

पड़ियाइन सिसकने लगी, 'दुहाई ए भइया, दुहाई। तोहरा के भगवान राजा बना दें। हमर इज्जत जनि ल-अ।'

फेंकन को ऐसे दृश्य की कल्पना न थी। उसे खुद पर पश्चात्ताप होने लगा अब। वह काली के कदमों पर गिर पड़ा, 'बस ! बस काली भइया। अब छोड़ देईं। हमसे नहीं देखा जाता।'

'चोऽऽऽप, नामर्द कहीं का।' काली ने उसे इतनी जोर से डाँटा कि वह सनाका खा गया।

नरैना ने अब तक पूरी तरह नंगा कर दिया था पड़ियाइन को और काली के एक ही धक्के में फेंकन उस नंगी औरत के ऊपर जा भहराया था।

मुँह से मुँह जो टकराया कि चीत्कार निकल गई दोनों के मुँह से। लेकिन इससे आगे नहीं बढ़ा सका फेंकन।

जब वे लौट रहे थे, टॉर्च के फ्लैश में उन्होंने देखा, गाँव के पाँच-एक जवान-बूढ़े दरवाजे पर भरभराकर भागे। कई तो पानी में बिछलकर गिर भी गए।

बात एक मुँह से दूसरे मुँह, एक गाँव से दूसरे गाँव फैलते-फैलते पटना के अखबारों की रपट बनकर उछली और सीधे बाल्मीकिपुर की मीटिंग की टेबुल पर आ गिरी।

हलके के डी.-वाई.एस.पी. सिंह ने पूरी घटना की मुख्तसर रपट पेश करते हुए कहा, 'इन फैक्ट, यह लूट और रेप दो माह पहले हुई एक रेप के रिएक्शन या रिवेंज में थी, हालाँकि संबंधित दंपत्ति का कहना है कि उनकी सिर्फ बंदूक लूटी गई, रेप नहीं हुआ।'

डी.आई.जी. जो इस वाकये से बुरी तरह झल्लाए हुए थे, अपना गुस्सा सँभाल न सके, 'रेप हुआ या नहीं, इसका फैसला कौन करेगा, डॉक्टर कि आप ?'

'सर, जब रेप का ईशू ही एफ.आई.आर. में दर्ज नहीं तो एक इज्जतदार परिवार से हम डॉक्टरी जाँच की बात कैसे कह सकते हैं ?'

राय ने भन्न-सी जाने किसे गाली दी फिर पूछा, 'जब पहला रेप हुआ था, उस वक्त से आप सो रहे थे ?'

'सर वो मिनिस्टर का सीधा हस्तक्षेप था कि बात को फैलने न दिया जाए। आय वाज हेल्पलेस।'

'वो लूटी गई बंदूक मिली?'

'नो सर, लेकिन हमें पता है कि वह काली के गिरोह में है, हम कोशिश कर रहे हैं...।'

'और वो आदमी, जिस पर दूसरे रेप का इल्जाम है ?'

'वह भी काली के गिरोह में शामिल हो गया।'

'आपके टॉर्चर से घबराकर, आपकी सेक्योरिटी और विजिलेंस के लीकेज का फायदा उठाकर ?'

सिंह सिर झुकाकर मौन हो गए।

शराब के दौर में कुमार ने पांड़े को चिढ़ाते हुए कहा, 'पांड़े लोग क्या वाकई इतने बोदे होते हैं कि उन्हें ठीक से क्राइम करना भी नहीं आता।'

पांड़े उसी घटना पर लगातार सोचे जा रहे थे, 'हमें लगता है बाकी ब्राह्मणों ने सुन्नर पांड़े का साथ दिया होता तो..।'

'लीजिए साथ देने में अभी उठा ही रखा ब्राह्मणों ने ? जायसवाल ने बात लपक ली, 'ब्राह्मणों की ही पंचायत ने तो यह फैसला सुनाया था कि ब्राह्मण एक नीच कौम के साथ बलात्कार कर ही नहीं सकता।'

पांड़े ने खीझकर कहा,'उसी दुसाध औरत से क्या दुश्मनी थी, और भी तो दुसाध लोग थे ?'

जायसवाल ने पलटा जवाब दिया, 'उसी ब्राह्मणी से क्या दुश्मनी थी और भी तो ब्राह्मणियाँ थीं ?'

कुमार की हमदर्दी ब्राह्मण होने के नाते, पांड़े-परिवार के साथ थी, मगर अभी वह अवचेतन के गड़े प्रेत से खुद भागना चाह रहा था, 'इस पूरी क्राइम स्टोरी में मुझे तो सबसे यूनिक लगी वो औरत..., वो पांड़ेवाली, बताइए साहब, खुद बलात्कार चूँकि नहीं कर सकती थी, सो अपने भाई या पति से करवाया—हाउ कैन ऐ लेडी डेयर टू डू सो...? वह न्यूक्लियस है पूरे हादसे की।'

'नो।' जायसवाल ने कहा, 'न्यूक्लियस थी तो ब्राह्मणों की वह पंचायत।'

'ऊँहूँ, न्यूक्लियस तो सिर्फ एक है—काली।' ऐसे प्रेसीपिटेशंस होते रहे हैं, खुद ही डिजॉल्व कर जाते हैं, इसे जिंदा किया काली ने।'

सिंह की बात ने सभी का ध्यान काली पर केंद्रित कर दिया। सभी अफसरों ने आई.जी. साहब की राय से इत्तेफाक जाहिर किया की यह क्राइम अब तक का सबसे अलग, सबसे संगीन किस्म का अपराध है। दसियों वर्ष पहले जबकि पंडितजी की बहन के साथ गद्दी ने बलात्कार कर नंगे घुमाया था, इस आपराधिकी का जन्म होता है, आज एक चक्र पूरा कर यह उलटा घूम गया। कास्ट हेट्रेड और कास्ट वार के स्पार्क्स इसमें स्पष्ट दिखाई दे रहे हैं। इस प्रकार प्रशासन की नजर में काली अब तक का सबसे खतरनाक डाकू ठहरता है, जिसे किसी भी कीमत पर पकड़ना जरूरी हो गया है।

अठारह

दुबला-पतला आदमी अँधेरे में लाकर खड़ा किया गया तो काली की भौंहें चढ़ गईं, 'आज फिर गलत आदमी पकड़ लाए ?'

नारायण ने सफाई दी, 'सेठवा के साथ आदमी थे सरदार।'

'फिर ये कौन है ?'

'सेठवा को बंदूक बेचने का बात कर रहा था, सोचा काम का आदमी होगा।'

काली ने टॉर्च जलाई तो उस आदमी का चेहरा झुलस उठा, 'अरे जोगी... ?'

'काली भइया।' जोगी भहरा पड़ा काली के कदमों पर, अब हमरा के कोई ना मार सकेला। हम आपन घर में आ गिए हैं।'

नारायण, पलटू, पुरुषोत्तम और जगन अवाक्, जोगी लगातार बोले जा रहा था, 'अपना एक भाई के कहाँ-कहाँ ना खोजलीं..., नेपाल, सीतामढ़ी, मुजफ्फरपुर, गोरखपुर, बगहा, बेतिया, लेकिन भगवान कहाँ मिलउले-हिहाँ' ।'

काली बिना कुछ बोले उसकी बातों का विश्लेषण कर रहा था और जोगी बिना कुछ पूछे बताए जा रहा था। अब गिरोह के बाकी लोग उसकी मेहमानगिरी में जुटे हुए थे, वह बीच-बीच में उन्हें आदेश भी देता जा रहा था—'पहिले एक ठो लोटा ले आओ, मैदान जाएँगे, फिर अन्न छुएँगे।'

काली ने पहला सवाल पूछा, 'भइया कैसे हैं ?'

'बेंत का झूड़ी लेके बाजार जात रहलन। ठीक-ए हैं।'

'भौजी... ?'

'अभी बीमार-ए हैं। बिसराम से पूछ लीं।'

'मास्टर साहेब भेंटाए थे ?'

'ना, हमरा देख के डर लागेला उनकरा के। लगिहैं पढ़ावै—जोगी अपना भगवान को का जबाब दोगे, चाहे, सोचो, का साथ जाएगा ?'

'कोई कुछ मेरे बारे में भी कह रहा था ?'

'सब बताएँगे, सब...अभी जरा मर-मैदान हो लें।' वह ऐसे बोल रहा था, जैसे किसी रिश्तेदारी में आया हो।

उसके निबटान के लिए जाते ही उस पर बेइन्तहा प्यार उमड़ आया। आज पहली बार कोई ऐसा मिला जो उसके भैया-भाभी से मिलकर आया है। वह चोर-बंडोल हो, जनम का पापी हो, सात खून माफ हैं आज उसके।

जगन और पुरुषोत्तम, जोगी के पाँव दबा रहा थे और वह गाँव-घर का संदेश कह रहा था

'पिछला पैसा मिला है ?' काली पूछता है।

'मिला है, लेकिन उजागर नहीं करते। खतरा न है, जाना-जानी हो जाने पर।'

'कहिएगा नेपाल की नागरिकता के बारे में कोशिश कर रहे हैं।'

'अरे ! तुमको ई बात ठो को हमको न बोलना चाहिए था।'

'तुम दिलवा दोगे ?'

'चुटकी बजाते...तब हाँ, पइसा लगेगा काली भइया।'

'कितना... ?'

'दस हजार।'

'तुम तो बंदूक भी बेचते हो ?'

'कै ठो चाहिए ?' वह उठ बैठा था।

'अभी कम-से-कम चार।'

'मिल जाएगा।'

'माल ठीक होना चाहिए।'

'बेफिकर रहो।'

'पइसा... ?'

'अपना भाई से पइसा... ?'

'फिर भी।'

'अभी हमरा के सिरिफ दस हजार और दे द-अ।'

'कारतूस ?'

'गाय जहाँ जाएगी, बाछा तो हुँवई जाएगा, फिरी में देंगे।'

'मगर यह सब रखते कहाँ हो ?'

'हमरा एके ठिकाना है ?'

सुबह जोगी जाने लगा तो पाँच हजार का एक बंडल थमाते हुए काली ने कहा, 'भौजी के हाथ में दे दीजिएगा। एक बात और थी, लेकिन...' मन की बात कहते-कहते रुक गया काली।

'का बात है ?'

'नहीं, कुछ नहीं।'

'तब ई सब रुपैया रखो अपना पास।' जोगी जेब से पैसे निकालने लगा। जबरन हाथ पकड़ लिया काली ने, अटकते हुए पूछा, 'वो जनकहा जाते हो तुम... ?' काली की नजर झुक गई।

ठठाकर हँस पड़ा जोगी, 'जनकहावाली का हाल पूछना चाहते हो, अरे तो इसमें शरमाना क्या, बियहुता दुलहिन है, पूरी जवान हो चली है, रस से भरी'...फिर उसने धीरे से पूछा, 'कहो तो हियाँई पहुँचा जाएँ।'

'हम सोचते हैं कब तक उसे छोड़े रहें। कहीं खाले-ऊँचे गोड़ पड़ जाए...'

'ना-ना काली भइया, एकदम-से नहीं छोड़ना है। ई काम तो पहिले होखे के चाहीं। बिसराम भइया बोले के हम गवने की साई लेके भादों बीतते ही जाएँगे। नवरात के बाद जो भी पहिली लगन होगी उसी तिथि को गवना हो जाएगा। निफिकिर रहो।'

'तो हम यहाँ से लौट रहे हैं, रास्ता भूलोगे तो नहीं ?'...

'चप्पा-चप्पा हमरा देखल है जी।'

'जाते-जाते एक बात, हमरा से धोखा तो ना करोगे ?'

'माई किरिया काली भइया। अरे हम दूसरा के लिए बेईमान हैं, पापी हैं, बाकी भाई खातिर...ना ? डाइन भी सात घर छोड़कर शिकार करती है। राम-राम।'

'राम-राम।' काली उसे जाता हुआ देखता रहा।

'ई आदमी पर इतना विश्वास करना ठीक है काली भइया ?' नरैना ने कहा।

'हम इसे जानते हैं।'

'तब तो कोई बात नहीं।'

उन्नीस

बकरे की माँ कब तक खैर मनाती ? चार अगस्त की शाम को अल्ताफ का अपहरण हुआ था, मियाद बीतते ही सात को पुलिस आ धमकी आधी रात बनकटा। ओसारे में ही खाट पर सोया था बिसराम। अभी-अभी ही नींद लगी थी कि टॉर्च की तेज रोशनी के साथ गंदी चादर के खर्र-से खींचते ही अकबका गया।

'उठ स्साले।' बिसराम हड़बड़ाकर खड़ा हो गया।

'कहाँ छुपा रखा है उस मादरचोद कलिया को ?'

'ऊ तो साहेब ठीकादार सुलेमान साहेब के हिआँ...।'

'वहाँ से शाम को ही उनके लड़के को लेकर भागा है।'

'ऐं।' बिसराम को कुछ पल चीजों को आत्मसात् करने में लगे, फिर जैसे ही स्थिति की भयावहता का अहसास हुआ, गिड़गिड़ा उठा, 'कोई गलतफहमी हुआ है हजूर, हमरा भाई अईसा नीच काम नहीं कर सकता।' अभी वह सफाई दे ही रहा था कि पुलिसवाले धड़ाधड़ाकर घुस गए अंदर। बिसराम बहू उठकर खड़ी हो गई। दूध पीती बच्ची चिंचियाने लगी। छोटा-सा घर, तलाशी लेने में कितना वक्त लगता ! हंडिया-पतकी फोड़ते हुए, खाना उलटते हुए लौट आए।

'यहाँ तो कुछ नहीं है, सर।'

'हम तो पहिलेई कहा हजूर...।'

'चोऽऽऽप साला। अगवार-पिछवाड़ सर्च करो। न मिले तो एक-एक घर छान मारो। जाएगा कहाँ स्साला।'

गाँव में कोहराम मच गया। जिससे भागते बना, खेतों में भाग गया। जो नहीं भाग सके, चुपचाप सहमे-सहमे खड़े हो गए। सत्रह घरों का चप्पा-चप्पा छाना जा रहा था। उधर थानेदार के लात-घूसों और बेंत की छड़ी की मार से हलाल किए जा रहे बकरे की तरह अलला रहे थे बिसराम, बिसराम बहू और उनकी दुधमुँही बच्ची।

'ले चलो साले को थाने, डंडा करते हैं, खुद ही बक देगा।' थानेदार ने कहा।

'ना।' रोक दिया ठेकेदार सुलेमान खाँ ने फिर धीरे से थानेदार के कान में फुसफुसाए, 'ई यहीं रहा तो हो सकता है, 'ऊ' भी आवे।'

बिसराम के बाल पकड़कर थानेदार ने झिझोड़ते हुए कहा, 'एह ! जुल्फी रखाया है बैनचोद ने। अभी तो छोड़ देते हैं लेकिन कल तक काली या उसकी खबर न मिली तो तेरी खैर नहीं।'

पुलिस के जाते ही धीरे-धीरे गाँव के लोग लौटे। लगे कोसने बिसराम को, 'डकैती के माल चाभो तुम और पुलिस तबाह करे समूचा गाँव।'

रोना-पीटना भूलकर बिसराम और बिसराम बहू लगे सफाई देने—'हमरा के कुछुओ ना मालूम।' लेकिन गाँव के लोग जब भला-बुरा करने लगे तो बिसराम बहू लड़ने पर आमादा हो गई, 'कोई देखा है ?'

'ऐसे-ई आई थी पुलिस ?'

बिसराम ने सबसे हाथ जोड़े, 'ऐ पंच लोग, कल हम जाते हैं अकास-पताल, जहाँ तक जा सकते हैं, जहाँ से भी होगा, काली को पकड़कर लाते हैं। काली चोर-डाकू हुआ तो पहिला जूता हमार ओकर कपार पे।'

'आ न हुआ तो ?' बिसराम बहू ने तैश में पूछा। अँधेरे में वह भूतनी-सी लग रही थी।

'चोप...।' बिसराम ने एक भद्दी गाली दी, 'महीना-भर से खटिया पे पड़ी थी, आज तागत आ गया ?'

मगर दूसरे दिन किसी खोज-खबर की जरूरत ही न पड़ी।

'ठीकादार साहेब का लड़का मिल गया है,' इनरदेव ने आकर बताया, 'पुलिस का घेराबंदी हटा लिया गया है। बाकी कलिया के बारे में किसी को कुछ नहीं मालूम।'

गाँव धीरे-धीरे थिराने लगा। वह तो जोगी ने आकर एक दिन खबर दी, 'भाग-अ ऐ बिसराम। कलिया तो डाकू हो गिया। पुलुस तोहरा के छोड़ी ना।'

सरेआम सबको सुना-सुनाकर पचास गालियाँ दी बिसराम ने, 'का ए काली ! नीमन फर्ज चुकवल-अ भाई के। हम तो समझे थे, कमाने गया है, हम का जानते थे कि ई कमाई करेगा ? सब कुछ तो बिला ही गिया था, बाकी बचा था ई तन, अब ऊ भी नहीं बचेगा।'

सिर्फ सौ रुपए में गाय बेचकर रातोरात निकल पड़े थे वे। सड़क पर आने पर पहला बेरहम सवाल—कहाँ जाएँ ?

चन्द्रदीप सिंह के पास, ससुराल, मामा के गाँव, मलारी के घर—जहाँ भी गए दुरदुराए गए। छुप-छुपकर साँझ-सबेरे मास्टर साहब पांड़ेजी के घर गए मगर वे मिले नहीं। कभी बगहा, कभी भैंसालोटन, कभी बेतिया, कभी स्टेशन के भिखारियों के बीच, कभी किसी बस-अड्डे पर। महीने-भर के भटकाव के बाद बीमार पत्नी और बच्ची के साथ आजिज आकर खड़े हो गए गंगौती-बाल्मीकिपुर की सड़क के बीचोबीच बिसराम—पकड़ ले कोई।

गंगौती कैंप के दरोगा सुदर्शन सिंह उस दिन शाम को रशद लेकर आ रहे थे तो उन्हें बीच सड़क पर खड़े उस आदमी की हुलिया देखकर संदेह हुआ। जीप में बिठाकर रामगंज थाने ले आए। थानेदार से जैसे ही उन्हें मालूम पड़ा कि यह तो काली का भाई है, उछल पड़े। जीभ होंठों पर आ गई—'अब रामजी की इच्छा से परमोशन हमरा कौन रोक सकता है ! दुहाई ए त्रिवेणी माई, पशुपतिनाथ ! भगवान के घर देर है, अँधेर नहीं है।'

उनकी सारी बीमार इंद्रियाँ चैतन्य हो गईं—अगर कुमार साहब को खबर करें तो सारा श्रेय उन्हें ही मिलेगा। लड़े सिपाही, नाम हवलदार का ! अरे सबेरे-साँझ तुम्हारे कशरत करने और नाचने गाने से कुछ होगा भला ? नक्सल बेल्ट में काम किया है हम नक्सल बेल्ट में, जेकर नाम लेते ही कतना दरोगा, एस. पी., डी. एस. पी. छर्र से पेशाब कर देते हैं। फिर उन्होंने हाथों में बटलोई उतारनेवाली सँड़सी ली और रामगंज का थाना चीत्कारों से भर गया—'आहि हे माई ! आहि ए दादा ! छोड़ दी हजूर ! हमरा कुछ-ओ ना पता कलिया कुलंगार के बारे में। अरे-अरे आहि। ऊ भाई न ह-अ हजूर, दुश्मन ह-अ दुश्मन ! ना-न अरे-आहि ए बा...प !

नीली टेरिलिन की पुरानी शर्ट, झाँझर धोती, पावों में कुछ नहीं। मारते-मारते पेशाब

उतरवा दी सुदर्शन ने। यहाँ तक की वह नंगा हो गया, मगर उसे छोड़ा नहीं उन्होंने।

छोड़ा तब, जब रात घिरने लगी और किसी ने कान में फुसुक दिया, 'जल्दी कीजिए, कहीं काली आ गया तो गोली चलने लगेगी।'

हाँफते हुए थानेदार से बोले, 'रपट में लिख दीजिए कि काली के भाई को सुदर्शन सिंह ने जंगल में रपटकर पकड़ा...रुकिए एक शब्द और जोड़िए—जान जोखिम में डालकर। आज का तारीख डाल दीजिए। हेडकुआटर को ई रपट भिजवा दीजिए।'

सुदर्शन सिंह जब लँगड़ाते हुए जीप पर वापस आए तो झींगुर बोलने लगे थे। रास्ते खौफ से भरे हुए। आठ बजे कैंप पहुँचे तो रशद उतरवाने के बाद सोचने लगे कि पहले कहाँ जाना ज्यादा उचित रहेगा, रानीमहल या अपनी रानी के पास। अपनी विजय का बखान सुनाए बिना चैन नहीं। भचकते हुए दुकान पर पहुँचे। हाय, ई तो सहुआ बैठा हुआ है, सोना घर जा चुकी है। ड्राइवर को रोक लिया, 'तनी साहेब को रिर्पोट कर दें।'

सीढ़ियाँ चढ़कर रानीमहल पहुँचे तो कुमार खाना खा रहा था। एड़ियों पर उचककर सीने को आगे कर सैल्यूट किया।

'रशद मिल गई ?'

'हाँ सर।'

'बहुत देर से लौटे ?'

'एक गो डाकू भेंटा गया था सर।'

'मालूम है। सबेरे चलके देखते हैं, तैयार रहिएगा।'

दरोगाजी के उत्साह को ठेस लगी। एड़ियाँ उचकाकर सैल्यूट देकर लौट आए, 'तो क्या बिसराम को पकड़ने का श्रेय भी उन्हें नहीं मिलेगा ? ई सार को कौन खबर दिया ?'

सुबह कुमार रामगंज थाने पहुँचा तो सिपाही थालियों में उजला-उजला भात, पीली-पीली दाल और नेनुए की नीली-नीली सब्जी लेकर बैठे थे। उसे देखते ही उठ खड़े हुए। कुमार ने मना किया, 'ना, इत्मीनान से खाना खाइए।'

एक कांस्टेबुल ले आया बिसराम को। वह ठीक से चल भी नहीं पा रहा था। चेहरा इतना मलिन था कि पहचानना तक मुश्किल हो रहा था। पाँवों और हाथों पर बेंत के दाग उपटे पड़े थे।

'दुहाई साहेब।' आते ही भहरा पड़ा था बिसराम, 'हम कलिया के बारे में कुच्छो नहीं जानते।'

'ऐसा कैसे हो सकता है कि तुम अपने सगे भाई के बारे में कुछ भी नहीं जानो ?'

'महीना-भर से जियादा हुआ, ऊ ठीकादार साहब के हियाँ काम पर गया था, तब से भेंट नहीं हुआ।'

'पैसा नहीं भेजता था तुम्हें ?'

'भेजा था एक दफे बीस रुपैया।'

'झूठ ?'

'नहीं साहेब, किरिया ले लेईं।'

'पैसा कौन लाया था ?'

'ऊ एक गो मियाँ जी हैं, का तो नाम है।'

'याद करो।'

'उनका नामवे तो नहीं मन पड़ रहा है।'

'अच्छा यह बताओ कि काली डाकू हो गया है—यह खबर तुम्हें कैसे मिली ?'

'एक ठो आदमी, का तो नाम है, हाँ जोगी, वो ही बताया।'

'कहाँ का आदमी है ?'

'ई तो न मालूम है साहेब।'

कुमार ने थानेदार से कहा, 'इसको सब मालूम है, ऐसे नहीं बताएगा।' कुमार ने थानेदार से छड़ी अपने हाथ में ले ली। सट ! सट ! कितनी सटकारें ! बिसराम के आँसू ही नहीं, जबान तक सूख गई थी।

'शातिर अपराधी है।' कुमार झल्ला पड़ा, 'एक ठो रस्सा ले आइए, इसके पाँव बाँधकर उलटा लटाकाइए।'

कुएँ की जगत से रस्सा आया, खंडहरनुमा थाने की बड़ेर से उसे नीचे झुलाया गया, बिसराम के पाँवों में रस्से का दूसरा सिरा बाँधकर खींचा गया तो छुल्ल-से पेशाब कर दी बिसराम ने...तार-तार हो गई धोती भींग गई और उसके गुप्तांग दिखने लगे।

'बताएगा ?'

'का बताबें साहेब, इससे जियादा हम नहीं जानते।'

'उलटे झूलना पसंद है ?'

'एक्के बेर गोली मार न दीजिए।'

कुमार ने थानेदार को अलग से ले जाकर कहा, 'इसे ज्यादा मारिए-पीटिए मत। मर जाएगा। हाँ, धमकाकर, लालच देकर इससे जो भी उगलवाते बने, उगलवाइए।'

बीस

उड़ती-पड़ती खबर ले आया था पुरुषोत्तम। पक्की खबर के लिए जाना पड़ा था मलारी के पास। मलारी का चचेरा श्वसुर लंगड़ खुद आया था, बनकटा से। बिना पूछे ही बताने लगा सब कुछ, 'अब ई तन से भाई-भौजाई से भेंट हो पाना मुश्किल है काली। पुलिस ने जितना मारा है, कि छूट भी गए तो चल नहीं पाएँगे जियादा दिन !'

'इसका मतलब है, जोगी ने झूठ कहा था,' काली कराहती आवाज में बर्राया।

'ऊ मुँहझौंसा कहाँ भेंटा गया तुमको ?' मलारी की आँख घृणा में सिकुड़ गई, 'कब का बात है ?'

'महीने से ऊपर हुआ।'

'पैस-कौड़ी तो नहीं दिए उसको ?'

'बहुत कुछ ले गया लेकिन अभी छोड़ो उस बात को, ई बताओ, भैया को कहाँ रखा है—रामगंज के थाने में या...?'

'तब तो हुंवई थे, अब शायद चलान हो गया हो ?'

'और भउजी और बुचिया ?'

'बेतिया के अस्पताल में।'

'हूँ...!' गहरी हुँकारी !

मलारी ने उसके चेहरे को देखा तो चौंक उठी, 'देखो, एक गलती की सजा तो पूरा परिवार और समूचा बनकटा गाँव को भोगना पड़ रहा है, दूसरी गलती मत करना। थाना और अस्पताल—दोनों पर कड़ा पहरा है।'

'तुम्हारे पास तो सभी आते हैं—परेमा, परशुराम, नोनिया, भुनेश्वर, कुछ बंदूकों का जुगाड़ नहीं कर सकती—किसी भी तरह ?'

'वादा नहीं करती, देखूँगी।'

काली ने बाहर अपने साथियों को इशारा किया, 'चलो।'

'एक बात पूछूँ, तुम डाकू क्यों बने ?' मलारी ने जाते-जाते एक सवाल उसकी पीठ पर साट दिया। पाँव ठमके, होंठों पर एक उदास मुसकराहट उभरी, मगर बिना कोई जवाब दिए चला गया काली।

रात-बिरात या तो हुँड़ार (भेड़िए) दल बाँधकर चलते हैं, या फिर डाकू ! हुँड़ार भी उठा ले जाते हैं, डाकू भी। मगर हुँड़ार चादर नहीं खींचते...सो जैसे ही इब्राहिम की चादर खिंची, उनकी घिग्गी बँध गई, 'क-क-के ?'

'मैं काली।'

'इतनी रात ! अकेले हो ?'

'सब हैं ?'

'क्या बात है ?'

'ये पता करना था कि चन्द्रदीप सिंह का बड़का लड़का अमरेंदर पटने में कहाँ है अभी ?'

'पटने से आया तो था, परसों ही बाजार में देखा था, अब पता नहीं।'

'कल तक पता करके बताइए।'

इब्राहिम धीरे से उठ बैठे, 'तुम्हारा दिमाग तो नहीं फिर गया ? लल्लन बाबू, चन्द्रदीप सिंह और मिनिस्टर दुबे साहब वो लोग हैं, जिन्हें डाकू भी सलाम करते हैं। तुम्हारी तो ख़ैर अभी कोई हैसियत भी नहीं, खुद परेमा, नोनिया और परशुराम तक में कभी हिम्मत न हुई कि उन्हें आँख उठाकर भी देखें।'

काली ने उनकी बात का कोई जवाब न दिया। टॉर्च 'अगल-बगल निरर्थक-सी चमकती

रही। अचानक उसने छप्पर से एक लोहे की चीज खींच ली, 'ये हथकड़ा है चाचा ?'

'हाँ।'

'बहुत मजबूत दिखता है। ताला भी लगता है ?'

'हाँ। हाथ-पाँव और बीच का छड़ बाँध दो तो इसे हाथी भी नहीं छटका सकता।'

'ठीक है, सलीम दरजी के पास शाम तक खबर पहुँच जानी चाहिए। मैं इस हथकड़े को साथ लेता जा रहा हूँ।'

घंटे-भर बाद वे वासुदेव पाठक के पंपिंग सेट पर पहुँच गए। पाठक ने बंदूकें देने का वायदा किया था। दरवाजा चार बार खटकाकर फिर एक बार खटकाया। पहली बार कोई आहट न मिली लेकिन दूसरी बार अंदर से आवाज आई—'कौन ?'

'काली।'

चरमराकर पल्ले खुले, पहले थोड़े-से, फिर पूरे। एक औरत बिल्ली की तरह दबे पाँव निकल गई।

'बन्नुकिया है ?'

'पैसा ले आए हो ?'

'दो का ले आए हैं, दो के सात दिन बाद पहुँचा जाएँगे।'

'तब दो ही लो, जाओ।'

'विश्वास नहीं है ?'

'हम भी जान जोखिम में डाल के धंधा कर रहे हैं।'

'बुलेट !'

'उसका अलग से पैसा लगेगा।'

'देंगे।'

'ऊ देखो, बोरी है तीन गो...।'

'पलटू और जगन, नारायण और पुरुषोत्तम ने बोरियों में झाँककर देखा।

'ई तो खली है।'

'अंदर है।'

खली हटाते ही बुलेट्स दिखने लगे जैसे जमीन से मूँगफली खोदकर निकाल रहे हों।

एक-एक बोरी का नमूना हाथ में लेकर परखने लगा काली। पाठक ने बताया, 'ई ठो मलिटरी का है, थ्री नॉट थ्री का, ई ठो नवादा का, ई नेपाल का माल !'

वे बुलेटों को हाथ में ले-लेकर ऐसे मोल-भाव कर रहे थे जैसे चने-मटर का कर रहे हों।

अंत में तीनों का थोड़ा-थोड़ा अंश अलग-अलग गमछों में बाँधा गया। रुपए दिए गए। और दो नई बंदूकें, और गोलियों के गट्ठर गले में लटकाए वे लौट पड़े।

डाल-से-डाल और टहनी-से-टहनी उलझी हुई, कहीं-कहीं रस्सी की तरह एक-दूसरे में ऐंठी हुई, चौड़े-चकले पत्तों से ढकी है यह जटिलता। ऊपर से देखकर कोई अनुमान भी नहीं लगा सकता कि नीचे कोई नाला भी है।

दोपहर को सूरज का प्रकाश छन-छनकर नीचे पहुँच सका, तो पहुँचा, वरना घने पेड़ों,

झाड़ों और इस बेंत की गझिन बुनावट में ही उलझकर रह जाता है। ऊपर बिना कोई आभास दिए नीचे-नीचे एक सोते से दूसरे सोते की डोर पकड़कर दक्षिण में बेतिया नहर तक जाया जा सकता है, उत्तर नारायण नदी होते हुए नेपाल, पश्चिम, नदी पार कर गोरखपुर और पूरब, बकुलिया दोन ? बाघ-भालू से लेकर हिरण, भेड़िए, बंदरों और साँपों तक का यह अघोषित अभयारण्य एस.पी. पांडेयजी का भी शिकारगाह है और कुछ दिनों से काली का भी। पांडेयजी को चाहिए बाध, हिरण और काली को चाहिए बंदूकें...!

यहीं फर्जी एनकाउंटर करवाते हैं पांडेयजी। एनकाउंटर के लिए खुद नहीं आते। सब-इंस्पेक्टर झाजी आते हैं—चार से छह बंदूकधारी सिपाही के साथ। लखना यहीं लाया गया था, एनकाउंटर के लिए। ऐन वक्त पर बाघ की दहाड़ सुनकर भाग चले थे झाजी और उनके सिपाही। लखना की जान जाने कैसे बच गई। वह जंगल से निकला ही था कि मिल गया काली। उसकी बदहवासी देखकर वह उसे साथ ले आया। दवा-दारू होने लगी। लखना के द्वारा इस गुप्त खजाने के बारे में पता चला कि थोड़ा साहस करने से दो-चार बंदूकें झटकी जा सकती हैं।

'लेकिन यह पता कैसे चलेगा कि यह खेल कब होने वाला है ?'

'हर महीने की पहली तारीख को डाकूमारू पुलिस अफसरों की मीटिंग होती है, उन्हें अपनी बहादुरी का सबूत पेश करना होता है कि हमने इतने डाकू पकड़े, इतने मारे...आज तेईस है...। उसी के तुरत पहले।'

काली जिस चीज की तालाश में वहाँ आया था, वह तो नहीं मिली, मगर यहाँ पहली बार उसने देखा कि संभोग या बलात्कार क्या चीज है, लौंडेबाजी क्या चीज है। एक अजीब-सा उत्तेजक सनसनाता अनुभव ! दो दिन के बाद वह लगभग लौटने ही वाला था कि आहट हुई। वे सचमुच किसी आदमी को ले आ रहे थे जो लगभग नशे की-सी हालत में पुतले-सा चल रहा था। झाजी ने दूर से खड़े होकर इशारा किया। एक सिपाही ने निशाना साधा—'धाँय ! धाँय ! धाँय !' पक्षी चीत्कार करते उड़ गए। वह आदमी हलका-सा छटपटाया फिर शांत। अब बाकी लोग उसकी टाँग पकड़कर खींचते हुए ले जा रहे थे।

कुछ नहीं सूझा काली को। आदमी की ऐसी नियति की उसने कल्पना भी न की थी। कौन होगा बेचारा ?

दूसरे दिन अखबार में फोटो छपा था उसका—खतरनाक डाकू लखन पुलिस एनकाउंटर में मारा गया।

मगर लखन तो पहले ही उसके पास आ गया था। पुलिस की चाल...!

काली की देह सनसना गई।

थ्री नॉट थ्री के परीक्षण के लिए सबसे माकूल यही जगह लगी काली को। काली का अनुमान इस बार सही निकला। पत्तों की आड़ से उसने देखा, वही जगह, वही लोग, सिर्फ वह आदमी बदला हुआ, वह, जिसका एनकाउंटर दिखाना था। ठीक उसी तरह झाजी ने इशारा किया। बंदूक चली, धाँय, धाँय...वह आदमी एक हलकी-सी चीख के साथ गिरा।

जल्दी-जल्दी में सिपाहियों ने उसे पलटा। नजदीक से पीठ पर एक गोली धाँय ! जंगल में फिर आतंक घुल गया। अब वे उसे घसीटकर ले जा रहे थे। उनकी पीठ उसके सामने है। यही मौका है। उसने सधे हाथों से दो बार फायर किया। झाजी और एक और सिपाही पीछे के बल हलकी चीत्कार के साथ गिरे। बाकी सिपाही भाग चले।

कोशिश करने पर उनके हथियार लिये जा सकते थे, मगर नहीं, यहाँ रुकना और सुरक्षित नहीं। नाले-नाले, सोते-सोते काली भाग रहा था। सूरज डूबने-डूबने को था, रास्ते में एक हिरण, एक भालू और एक सांभर भेंटाया, लेकिन वह भागता गया। जंगल पार कर वह खेतों के बीच से गन्ने के खेत में जा समाया तो उसने अपनी साँसों को सम किया।

अब वह पूरे वजन के साथ जमीन पर अपने पाँव रख रहा था। आज पहली बार उसने थ्री नॉट थ्री चलाई और उसके हाथ काँपे नहीं। उसका निशाना चूका नहीं।

मदर सीरियस कम शार्प ! माँ सख्त बीमार है, फौरन आ जाओ। भेजनेवाले का नाम चन्द्रदीप सिंह !

तार पाते ही मन में बेचैनी छा गई। उसी समय गाँव के लिए चल पड़ा अमरेन्द्र। पटना से मुजफ्फरपुर, मुजफ्फरपुर से बेतिया। बगहा स्टेशन पर एक आदमी मिला, 'अमरेंद्र साहब ! मलिकाइन यहीं हैं अस्पताल में।'

हड़बड़ी में उतरकर वे सामने की जीप में आ बैठे। जीप आबादी के मुख्य भाग को छोड़कर आगे बढ़ने लगी तो अमरेन्द्र को शक हुआ, 'रोको, कहाँ जा रहे हो ?' पीछे से एक पिस्तौल की नली उसकी पीठ से आ सटी, 'चुपचाप बैठे रहो, वरना गोली...।'

एक सुनसान जगह पर जीप रुक गई। पहले से ही आसपास खेतों में छुपे नारायण, पलटू, पुरुषोत्तम ने उसे घेर लिया। जंगल-जंगल वे मदनपुर माई के थान के जंगल में पहुँचे तो वहाँ लखन, घुरबीन पहले से ही उनका इंतजार कर रहे थे।

हथकड़े में जकड़ी अमरेन्द्र की तसवीर लिफाफे से पहले गिरी, देखते ही चिहुँक उठे चन्द्रदीप सिंह। खत निकालकर पढ़ा—

'पूजनीय बाबूजी,

यहाँ काली सरदार के गिरोह में कैद हूँ। मेरी जान की सलामती चाहते हैं तो पाँच लाख रुपए लेकर मदनपुर माई के थान आ जाएँ। पुलिस या किसी को खबर हुई या कोई चाल चली गई तो आप मेरा मुँह कभी न देख सकेंगे। मैं कैसे हूँ, यह आप फोटो देखकर समझ सकते हैं। भैया और बाबा को प्रणाम। पैसे न मिले तो पंद्रहवें दिन ये मुझे मार डालेंगे। पैसे आप खुद लेकर आएँगे। अकेले। निहत्थे।

आपका अभागा पुत्र
अमरेन्द्र।'

पत्र पढ़ते ही आँखों के आगे अँधेरा छा गया। पराजय, शर्म, आक्रोश और प्रतिशोध

के मिले-जुले रंगों से चेहरा बदरंग हो रहा था। क्या करें, कुछ भी करना खतरे से खाली नहीं है। ई बिसरमवा का भाई कलिया ऐसा करेगा, इसकी कल्पना भी नहीं थी। अमरेन्द्र फँस कैसे गया उसके जाल में ? साले कसाई होते हैं, उस पर अभी कुचले साँप हो रहे हैं। वे अकेले-अकेले छटपटा उठे।

मदनपुर माई का थान ! नवंबर की उन्तीसवीं तारीख। समय तीन बजे अपराह्न। यही जगह और यही समय तय हुआ है चन्द्रदीप सिंह के पैरवीकार और मध्यस्थ जगत नारायण से। वहाँ से चार किलोमीटर दूर सड़क से उत्तर काली का गिरोह पूरी तरह से सतर्क है। नारायण और लखन अमरेन्द्र के पास अंदर, बाकी लोग पेड़ों, झाड़ियों और नाले में। सबकी बंदूकें भरी हैं। खतरा कई तरफ से है, चन्द्रदीप सिंह के गुंडों से, उनके खैरख्वाह परशुराम से, पुलिस बल से और बाघों से, जिनकी संख्या यहाँ कुछ ज्यादा ही है।

एक साधु थान पर कथा सुना रहा है माई की...'सो समझे न भगत, ई स्थान ठो सतजुगे से है। सौ साल पहिले एक ठो साधु हुए रहे रहसू भगत। इकबाली आदमी थे। 'खर' उगाते और बाघ से दवनी कराते। तब काफी धान पैदा होता। अब कहाँ होता है उतना धान ?' उसने गाँजे की चिलम पकड़कर खींची और काली की ओर बढ़ा दिया। काली ने हाथ जोड़ लिये तो वह बोला, 'माई का प्रसाद है बच्चा, ले लो।' ऐसा कहते समय धुआँ उसकी नाक और मुँह से बिलबिलाकर निकल रहा था।

'आप कथा सुनाइए ना।'

'हाँ हाँ ! तो का नाम के, सतावन घास पहाड़ में होता है। थारू लोग का लड़की लोग खोंटने आया तब सोम महारानी परगट हुईं, बोलीं, हमरा ढील बीन दो। पहले तो ऊ सब डर गया फिर ढील बीन दिया। महारानी बोली, बर माँग ! लड़की बोली, बेटा दो। अब भगत, का अजगुत हुआ कि बिना पुरुख का संसरग किए ही बेटा हो गया—एक नहीं दू-दू ठो। रानी खुद दूध पिलाया, पोसा। जंगल में ही दूनो बेटवन बड़ा हुए। उसी में से एक थे, रहसू भगत जिनका बारे में बताया कि बाघ का दवनी करते थे। मदनपुर के महाराजा को खबर लगा कि एतना धान होता है कि कोठिला में न समाए। कारिंदा भेजे, बोला, टैक्स दो। रहसू बोले, कि हे भाय, ई बाघ सब, ई जंगल और इसका आदमी सब हमरा मित्र है। धान जो होता है, इनका बदौलत होता है, आपका बदौलत नहीं, सो कैसा टैक्स और कैसा मालगुजारी ? राजा फिर भी जबर्दस्ती करने लगा तो रहसू भगत ने सराप दिया, तोर सर्वनाश हो जाए। मदन सिंह हँसे, झूठ बोलते हो ! उनके इतना बोलते ही रहसू का सिर फट गया, सिर से देवी का कंगन झलका। मदन सिंह का पूरा परिवार खतम हो गिया। सिरिफ एक पतोहू बचा जो नैहर में था। माई की कृपा, उसका पेट में बच्चा। थान पे आके मत्था पटक दिया, दुहाई ऐ माई ! सो, जान बच गिया।

काली का एक कान कथा पर था, दूसरा कहीं और। सवा तीन बज गए, अभी तक चन्द्रदीप सिंह के आने का कोई संकेत नहीं। वह फिर कथा में लौट आया था, 'जब इतनी जाग्रत देवी है तो मंदिर क्यों नहीं बनता ?'

'मंदिर नहीं बनता, इसलिए कि वन का देवी हैं। इनके भगतों के सिर पर कोई साबुत छत नहीं है सो...।'

इस रहस्योद्घाटन से चौंक पड़ा काली। अब तक इस कथा को अलग-अलग लोगों के मुँह से सुनकर वह गँजेड़ियों, गपोड़ियों का गप मानता आया था। आगे की कथा, जो वह साधु अपनी रौ में सुनाता जा रहा था, काली ने सुन रखी थी, मगर आज उसका अलग ही आयाम खुल रहा था।

'धीमा गुरु बच गए थे, माने रहसू के भाई। भाई के मरने के बाद बावरे बनके भटकते रहे। उधर बाघ बेलगाम ! किसी की न सुनें। जब बहुत उत्पात करने लगे तो लोग धीमा गुरु के पास गए। उन्होंने कहा, करमू का साग और भात खिला दे। शांत हो जाएँगे। वही हुआ।'

काली की कल्पना में यह रहसू भगत अब बिसराम में ढल रहे थे, धीमा गुरु काली में सच ! क्या नियति है ! मगर वे महात्मा थे, वह डाकू है। साधु उठकर जाने लगा, 'भगत, शाम हो रहा है। थान पर बाघ आएँगे।'

'आप जाइए बाबा, मैं थोड़ी देर में आऊँगा।'

प्रायः पौने चार बजे जगत नारायण आता दिखाई पड़ा, 'मलिकार आ रहे हैं। जीप सड़क पर है। अच्छी तरह चेक कर लिया है, कोई हथियार नहीं है।'

'सब ठीक है तो ?'

'सब...!' ऊँची सड़क की ओर चला गया वह।

काली ने एक नजर चारों ओर डाली, चारों तरफ सुनसान था। नीचे नाले में एक बाघिन अपने दो बच्चों के साथ पानी पी रही थी। दूर ऊँची सड़क से उतरकर करीब आते जा रहे थे चन्द्रदीप सिंह—वही परिचित पहनावा। खद्दर की धोती, खद्दर का कुरता, पीली सदरी। पाँवों में बाटा का हाफ शू ! चेहरा पर तनिक चौकन्ना भाव है। हाथ में कोई थैला है। माई के थान पर मत्था टेककर खड़े हो गए।

उठकर खड़ा हो गया काली। दोनों आमने-सामने। नजरें एक-दूजे की तलाशी लेती हुई-सी।

'पैसे ले आए हैं ?'

'हाँ !'

'कितने ?'

'पूरे पाँच !'

'लाइए।' उसने हाथ बढ़ाए मगर चन्द्रदीप सिंह वैसे ही खड़े रहे, 'ऐसे नहीं।'

'फिर कैसे ?'

'माई के थान पर रख देते हैं, ले लो।' चन्द्रदीप सिंह ने आगे बढ़कर रख दी थैली। हँस पड़ा काली, 'वही कीजिए। माई की साखी भराकर ही सारे काम कर रहे होते तो ये दिन न आपको देखने पड़ते, न हमें !'

'गिन लो।'

'उसकी जरूरत नहीं होगी। कम हुए तो अंजाम आप जानते हैं, आपका बेटा आपको

नहीं मिलेगा।'

'पूरे हुए तो ?'

'तो घर जाते-जाते अमरेन्द्र सही-सलामत आपके साथ होगा।'

चन्द्रदीप सिंह एक कदम चले फिर ठिठक गए, 'सुनो काली, तू मेरे बेटे जैसे हो...!'

'वह तो नहीं ही हूँ।' काली बात काटकर हँस पड़ा।

'तुम, तुम नहीं जानते कि अमरेन्द्र के अपहरण के बाद से मुझ पर क्या बीती है।'

'काम की बात बोलिए।'

'एक भीख माँग रहा हूँ बेटा ! अपने परिवार की सुरक्षा की भीख !'

'बदले में मुझे क्या मिलेगा ?'

'जब जिस चीज की जरूरत हो, खबर कर दो...लेकिन हमसे दुश्मनी छोड़ के हाथ मिला लो। हम तुम्हें पुलिस की सारी बात बताते रहेंगे।'

'मंजूर लेकिन साबूत ?'

'कैसा साबूत चाहते हो ?'

'भैया-भाभी की सलामती।'

चन्द्रदीप सिंह तनिक हिचकिचाए, 'बड़ा मुश्किल काम है, हम पर खुद संदेह है पुलिस को।'

'यह आप जानिए कि मुश्किल हल कैसे होगी। अब जाइए, देर हो रही है।'

'और बेटा, हमारा अमरेन्द्र ?'

'अभी रास्ते में मिल जाएगा !'

'किरपा बनइले रहिह-अ, ए बाचा, पिछलका भूल-चूक माफ करिह-अ !'

चन्द्रदीप सिंह ने हाथ जोड़कर कातर आवाज में कहा तो काली उनकी बदली रंगत पर दंग रह गया।

'काली !'

काली द्वारा अमरेन्द्र के अपहरण और फिरौती के पाँच लाख की वसूली। यह खबर सुनकर दंग रह गया कुमार। यह पहला मौका था जब किसी प्रतिष्ठित आदमी के लड़के का अपहरण हुआ था। मगर यह हुआ कैसे...? जो भी हो, अब तो बिसराम को सचमुच छोड़ा नहीं जा सकेगा। काली तक पहुँचने का एकमात्र सूत्र है वह। काली ही क्यों, चन्द्रदीप सिंह तक पहुँचने का भी।

रात रानीमहल की फेंशिंग से उसने हुप-हुप की आवाजें सुनीं। कुछ लुकारियाँ दूर-दूर हिलती-सी लगीं। यह कैसी प्रेत-लीला है ?

'पारबती-पारबती !'

पारबती उठ बैठा, फिर आँख मींचते हुए खड़ा हो गया।

'यह सब क्या है ?'

पारबती की घिग्गी बँध गई, 'हुजूर लगता है, ऊ बुचिया ठो परेतों की सेना सजाकर धावा बोल रही है।'

वायरलेस ऑपरेटर शंभू सिंह ने डाँटते हुए कहा, 'ज्यादा चढ़ गई है क्या ! जाकर सोइए सर, भालू हैं, गाँव वाले भगा रहे हैं।'

कुमार को झेंप हुई। इतनी साधारण बात क्यों नहीं घुसी उसके भेजे में ? कहीं बिसराम के केस को लेकर वह जरूरत से ज्यादा सेंटीमेंटल तो नहीं हो रहा है ? इसकी क्या वजह हो सकती है—काली का पत्र...?

इक्कीस

कुमार ने पत्र को फिर से पढ़ा...

आदरणीय कुमार साहब,

प्रणाम !

भैया पर पुलिस जिस ढंग से अत्याचार कर रही है, उसका एक भाई होने के नाते मुझ पर क्या बीत रही है, यह मैं बयान नहीं कर सकता। आदमी इतना जल्लाद हो सकता है ! हम भी किसी के दुलरुए थे, आपकी तरह। आपसे मिलना चाहता हूँ। मुझसे डरिए नहीं, पहली गोली मेरी ओर से नहीं चलेगी—वादा रहा। शर्त मंजूर हो तो आ जाइए। तारीख, समय, मुकाम हम बताएँगे सही मौका तजबीज कर !

एक बदनसीब भाई,

काली।

मुखबिर दे गया था पत्र। दूसरे डकैतों की भाषा से अलग थी इस पत्र की भाषा। बाल सुलभ जिज्ञासु मन किसी डाकू से मिलने को मचल रहा था, बुद्धि तिकड़में बुन रही थी, विवेक आगे-पीछे हो रहा था और आत्मा 'हम भी किसी के दुलरूए थे' के वाक्य से बिद पंछी-सा चक्कर लगा रही थी। पत्र का जवाब वह न दे पाया था, बीच में बेटे का जन्मदिन आ गया। पटना आना पड़ा। पार्टी के उल्लास-भरे सैलाब में एक चट्टान-सा बीच-बीच में उभरता रहता था पत्र। अभी रात के बारह बजे हैं। मित्र और विशिष्टजन अपने-अपने घर लौट गए हैं। एक कमरे में माँ, बाबूजी सोए पड़े होंगे, दूसरे में छोटा भाई और फूल-सा मयंक, अपने कमरे में फूले कचनार-सी सोयी पड़ी है अभिसारवती पत्नी, उसका एक हाथ उसकी बाँहों को अभी भी घेरे हुए है। अपनी सीमा में सुखी-संतुष्ट परिवार—और एक वो हैं, काली... जिसे मारकर पचास हजार पा जाना कोई बहुत मुश्किल तो नहीं, न भाई आने की स्थिति में हैं, न और कोई। उतने पैसों में एक सेकेंड हैंड कार या ऐसी दूसरी हसरतें आसानी से पूरी की जा सकती हैं, रुतबा भी गालिब हो जाएगा, उस मक्खियाँ भिनभिनाती

नाक चुआती बिसराम की बच्ची पर, जो शायद एक मात्र निशानी रह जाएगी उस परिवार की—मगर... क्या उस टेर की अनसुनी करना संभव है...हम भी किसी के दुलरुए थे...। रात-भर ताकती रही बच्ची, कभी अपनी मृत बहन की आँखों से, कभी मरणासन्न माँ की आँखों से, कभी निरीह बाप की आँखों से, कभी काली के पत्र से, कभी मयंक के बर्थडे पार्टी के केक से...।

सुबह ही लौट आया था कुमार। तीसरे दिन दोपहर ही मिलने का मुकाम तय हो गया—सरैया मन।

घोड़े की नालनुमा झील, बीच में द्वीप। यहाँ शायद अटल यादव के मारे जाने के बाद आया है काली।

चलते-चलते जीप की रफ्तार धीमी हुई।

'सर, सरैया मन तो आ गए।' ड्राइवर ने कहा।

'यहीं रोक लो।' कुमार ने कहा—और एक चौकन्नी निगाह से दूर-दूर का मुआयना किया। घने पेड़ों की जमघट, बीच में मैदान, दोपहर के समय किस तरह साँस रोककर खड़ा था सारा परिवेश—सुंदर, मायावी।

'सिंहजी।' कुमार ने सुदर्शन सिंह को धीरे से आवाज दी।

'जी सर।' सुदर्शन सिंह हड़बड़ाकर उतरने लगे।

'बैठे रहिए। ये रखिए मेरा रिवाल्वर।' निशाने लेकर बैठे रहिए आप लोग।

'सर, जीप को कहीं आड़ में करवा लें।'

'आप क्या समझते हैं डाकुओं को कुछ पता नहीं है ?' उसने तरस खाती नजरों से उन्हें देखा, 'याद रहे, आप तब तक फायरिंग नहीं करेंगे जब तक मैं इंसट्रक्शन न दूँ या जब तक उधर से फायरिंग न होने लगे।'

शिव का स्मरण कर वह जीप से उतर पड़ा। मन फिर भी आशंकित बना रहा। उसे अपने कदम बेहद वजनी लगे। धीरे-धीरे आकर वह खड़ा हो गया और तनिक ऊँचे स्वर में कह उठा, 'मैं आ गया हूँ काली।'

उसकी आवाज अभी पूरी भी न हुई थी कि झुरमुट से भूत की तरह निकल आया नारायण, दरोगा का लिबास, मझोला कद।

'परनाम डी.एस.पी. साहेब।' उसने प्रणाम और सैल्यूट एक साथ किए।

'तुम्हारे काली सरदार कहाँ हैं ?'

'पहले तलाशी सर।'

'ले लो।' कुमार ने अपने दोनों हाथ उठाकर तलाशी दी।

सिर से पाँव तक टटोलने के बाद नारायण चौंका, 'ये क्या है साहब ?'

'किताबें हैं, निकालकर तुम्हीं रख लो।'

पन्ने फड़फड़ाकर नारायण ने किताबों की जाँच की फिर कहा, 'चलिए सर।' वे पेड़ों के व्यूह में घुस गए। इतना घना झुरमुट देखकर भला कोई सोच भी सकता है कि एक बेहद सुहानी झील इनकी ओट में छिपी पड़ी है। लंबी, दोहरी, घोड़े की नाल-सी, बीच में कोई द्वीप-सा। कितनी सुरक्षित जगह है अपहरणकर्ताओं के लिए। आसानी से लेकर द्वीप

पर चले जाओ, फिर करते रहो ब्लैकमेल, झील पार कर कोई द्वीप तक पहुँचने का दुस्साहस करे तो घुमा दो एक बार स्टेनगन।

'यहाँ का पानी बड़ा अच्छा होता है न ?'

'जी सर। ई ठो किनारे-किनारे जामुन का पेड़ है न। मौसम में जामुन पक-पककर पानिए में गिरता है, पानी रामबाण हो जाता है। पत्थर भी हजम कर लो ई पानी से।' नारायण ने कहा और फिर रुककर, हाथ के इशारे किए तो द्वीप से एक नाव चल पड़ी। जैसे-जैसे नाव के धब्बे का आकार बड़ा होता गया, वैसे-वैसे कुमार की धड़कनें बढ़ती गईं।

नाव के किनारे पर लगते ही उतरकर हाथ जोड़कर प्रणाम किया काली ने। कुमार ने गौर किया, एस.पी. का लिबास अभी पूरी तरह फब नहीं पा रहा था उस पर, शरीर भरा न था, कद भी मझोला। कुल मिलाकर एन.सी.सी. का सदस्य ही लग रहा था काली, मगर उसका बदन गठा हुआ लग रहा था और आँखें चौकन्नी।

'क्यों, मुझ पर विश्वास नहीं था काली ?' कुमार ने उलाहना दिया।

'ये सब फिजूल की बातें हैं साहब।' काली के मंगोलियन चेहरे पर कटु हास था।

'क्यों ?'

'आपको याद शायद न हो, मैं और मेरे भैया दो-दो बार आपसे मिलने के लिए सड़क पर खड़े रहे। मगर आपको हम गरीबों की बात सुनने की फुरसत कहाँ, आप तो मंत्रीजी की हिफाजत के लिए जा रहे थे। अगर वह मुलाकत हो गई होती, तो शायद आज की इस मुलाकात की नौबत न आती।'

'मुझे उस बात का बेहद अफसोस है।'

'फिजूल की बात।'

'मुझे तुमसे और तुम्हारे परिवार से हमदर्दी है काली।'

'उस हमदर्दी की कहानी तो भैया की देह पर लिखी हुई है साहेब ?'

'मुझे पहले पता नहीं था कि किसे पकड़कर ले आए हैं, जैसे ही मालूम पड़ा, मैंने और टॉरचर नहीं होने दिए।'

'और मैं अगर ये कहूँ कि और मारने से वे मर जाते, फिर चारे की तरह इस्तेमाल करनेवाला दूसरा कोई न बचता, इसलिए आपने रोक दिया तो...?'

'अब इसका जो भी अर्थ लगाओ, सच्चाई तो यह है कि तुम्हारी भतीजी को जब साँप ने काटा था और तुम लोग रात-भर उसे लेकर भटक रहे थे, मैं तभी से तुम लोगों के प्रति सहानुभूति रखने लगा था। भूल बस एक ही हुई, तुम लोग फरियाद लेकर आए थे, मैं तुम लोगों से मिल न सका।'

'भैया कैसे हैं ?'

'हास्पीटल में एडमिट करवाना पड़ेगा। ठीक हो जाएँगे।'

'पुलिस के चंगुल से छूट जाएँगे ?'

'छूट सकते हैं, अगर तुम चाहो।'

'मैं...?'

'हाँ तुम। अपने भैया की सलामती चाहते हो तो समर्पण करना ही पड़ेगा तुम्हें।'

'और अगर न करूँ तो आप उन्हें मार डालेंगे ?'

'ओह काली।' झुँझला पड़ा कुमार, 'तुम इस बात को समझने की कोशिश क्यों नहीं करते कि सवाल मेरा नहीं है, सवाल सिस्टम का है, पुलिस विभाग, कोर्ट का है। मैं पकड़ने और छोड़नेवाला कौन हूँ ?'

'मेरा कसूर ?'

'यह भी अभी बताना पड़ेगा ?'

'हाँ।'

'तुम अपहरण करते हो, फिरौती वसूलते हो।'

'और आप... ? आप तो ऐसा नहीं करते न ?'

'मैं... ?'

'हाँ आप पुलिसवाले। काली की फिरौती के लिए उसके निर्दोष भाई बिसराम को पकड़ रखना, उस पर टॉरचर करना—क्या है यह ?'

कुमार के होंठ हिले, मगर जवाब में कुछ बोल नहीं पाया वह। इस कोण से तो उसने कभी सोचा भी न था। अपने पक्ष में तर्क चुनने लगा वह, मगर कोई भी तर्क वजनी नहीं लगा। ऐसे मौकों पर एक निरीह बच्चे की तरह कन्फ्यूज कर जाता है वह। खुद से जूझते हुए बहुत धीमे से थर्राया वह, 'तुम्हारे तर्क सही हों तो भी कोई फर्क नहीं पड़ता। कानून को तोड़कर कोई कब तक भागा फिर सकता है ?'

'छोटी सी तो जिंदगी है।'

'लेकिन एक आदमी के लिए वही सब कुछ है। मुझे मालूम हुआ है कि तुम एक राजपूत परिवार से आते हो। खामखाह बर्बाद हो जाने में कौन-सी राजपूती शान है काली ?'

'राजपूती शान ?' जोरों से हँस पड़ा काली, 'खड़े रखना अच्छा नहीं लगता, अच्छा हो बैठ जाइए।' उसने एक नीचे झुकी टेढ़ी डाल की ओर इशारा किया।

कुमार ने बेमन-से बैठते हुए पूछा, 'तुम हँस रहे हो ?'

'हँसूँ या रोऊँ ! मेरी समझ में नहीं आता कि बार-बार इस राजपूती तमगे से दागने में लोगों को कौन-सा सुख मिलता है। वे गपोड़ी कहानियाँ कि काफी पहले मुगलों ने राजपूताने पर हमला किया था तो रानियाँ, कहिए राजपूतानियाँ अपनी इज्जत बचाने की खातिर अपने नौकरों के साथ भाग आई थीं वहाँ। राजपूत जब बर्षों तक भी नहीं आ पाए तो औरतों ने अपने नौकरों से ही संबंध जोड़ लिये। देह की मजबूरी थी, नौकरों को अपनाना पड़ा, मगर दिमाग से वे अभी भी रानी होने का खयाल निकाल न पाईं सो उस एक मौके के बीतते ही रानी फिर पलँग पर, नौकर फिर जमीन पर। तब से बहुत बर्षों तक औरतें रानी के ठसके में बनी रहीं, मर्द गुलामी के पट्टे में। मगर आज तो वैसा कुछ भी नहीं है—हम थारू वैसी ही कंगाल की जिंदगी जी रहे हैं—औरत भी, मर्द भी। इतिहास अगर कुछ रहा भी हो तो, सड़-गलकर बदबू दे रहा है। बदबू को ढकने के लिए हमने तरह-तरह के तरीके अपनाए—थारू गाय का दूध नहीं पीते, थारू हिरण का मांस नहीं खा सकते वगैरह-वगैरह, मगर लाज थी कि उघरती ही गई। अच्छा हुआ कि सरकार ने हमें ट्राइबल्स मान लिया।'

जगन चाय और भुने हुए काजू ले आया था। थमाते हुए बोला, 'लीजिए साहिब।'

कुमार एक क्षण को हिचका, काली ने ताड़ लिया, 'डरिए नहीं।'

'नहीं नहीं, मैं बाहर का कुछ भी खाता-पीता नहीं।'

काली ने कुमार के चेहरे को घूरकर देखा, 'कोई बात नहीं। वैसे यह खास आपके लिए मँगवाई गई थी, मुझे तो सऊर भी नहीं है।' उसने एक मुट्ठी काजू लेकर मुँह में डाल लिया, फिर गिलास हाथ में लेकर चाय सुड़कते हुए वह बोला, 'शान की बात जब आ ही गई है तो जरा अपनी शान की बात का खुलासा भी कर ही दें। हमारे बाप के बाप बेतिया महाराज के खास मुलाजिम थे—खास ! महाराज बहुत मोटे थे। पाखाने पर बैठ नहीं पाते थे। किसी तरह कुत्ते-बिल्ली की तरह पायखाना कर भी लेते तो पानी छूने की समस्या आ जाती। हमारे बाबा और एक आदमी का काम होता उन्हें सौंचा दें। हर बार एक नई कोरी धोती मिलती इस काम के लिए। वे धोती को लंबाई में चार-आठ परत मोड़कर पानी से भिजाकर तैयार रहते। महाराज की टाँगों के बीच उस धोती से आरा की तरह रगड़कर उनका चूतड़ साफ किया जाता। बारी-बारी से वह धोती इन लोगों को बख्शीश मिलती। बाबा उसे किसी तालाब या गड़ही में अच्छी तरह धो-सुखाकर घर लाते। उन्हीं धोतियों को रँगकर साड़ी बनती औरतों की, उन्हीं की कमीज, पजामा, कुरता, गंजी हमारे लिए। बहुत बाद तक उन्हीं धोतियों की कत्थर गूदड़, चादर, धोती इस्तेमाल करते रहे हम।'

काली ने ठंडी हो आई चाय को एक ही बार में सुड़ककर गिलास नीचे रख दिया। कुछ सोचते-सोचते खड़ा हो गया वह और कुमार की उपस्थिति को भूलकर पैंट में हाथ डालकर झील के किनारे-किनारे चहलकदमी करने लगा। कुमार खुद उठकर उसके साथ चलने लगा। वे दोनों उस वक्त साथ-साथ ऐसे बेफिक्री से झील के किनारे-किनारे चहलकदमी कर रहे थे, मानो एक-दूसरे के विरोधी नहीं, गहरे मित्र हों।

'हमारा बाप, गाँधीजी जब चंपारन आए थे तो उनका गोड़ छूने गया था। लोगों ने उन्हें चीन्ह लिया। बाहर से ही धकिया दिया। शायद उसे उस क्षण नीलहे साहबों का चंपारन के किसानों पर ढाया जानेवाला जुल्म उसकी ठेस पर ठेढे लेप की तरह लगा होगा, फिर आई हमारी पीढ़ी। हमने बार-बार बिसराम भैया को यह कहते सुना था कि यहाँ कुछ गंधा रहा है। मैं समझ नहीं पाता कि ऐसी क्या चीज है। न भौजी को बदबू लगती, न हमें। भैया घंटों घर के बाहर पेड़ के किनारे काट देते। पाँच-छह वर्ष हुए, एक बार घर के सारे लूगे-लत्ते, कत्थड़-गूदड़ भैया ने होलिका में डाल दिए। हम हैरान थे। यह तो निरी सनक है। घर की फिर से पुताई-लिपाई हुई। बाद में भैया ने हमें सारी दास्तान सुनाई तो हमें अपने पूरे बदन से फिर से उबकाई आने लगी।'

'यह तो वाकई बहुत अजीब और परेशान करनेवाली दास्तान है।' कुमार ने घड़ी देखी तो चौंक उठा, पचास मिनट बीत गए थे आए हुए।

'आप बार-बार घड़ी क्यों देख रहे हैं ?'

'घंटे-भर में मुझे लौटना था इसलिए।'

'और न लौटे तो ?'

'मेरे लोग समझेंगे कि...'

'कि आपका अपहरण हो गया।' काली ने वाक्य को व्यंग्य से पूरा किया।

'यही नहीं, मुझे डर है कि घबराकर फायरिंग शुरू कर दें।'

'हूँ...। आपने आते ही मुझसे पूछा था कि क्या मुझे आप पर यकीन न था, अब वही सवाल मैं करूँ तो... ?'

'नहीं नहीं, ऐसी बात होती तो मैं वीपंस लेकर आता।'

'वो तो अब भी लेकर आए हैं, आपके हाथ में न सही, आपके लोगों के हाथों में हैं। इतना भी यकीन न था कि मेरी चाय ही स्वीकार लेते, देखिए मैंने पी ली है, फिर भी जिंदा हूँ।'

'गलत मत समझो काली। तुमसे बात करके मैंने तुम्हारे अन्दर के इनसान का लहूलुहान चेहरा देख लिया है। मैं उस नेक इनसान को बचाना चाहता हूँ। तुम अपने साथियों के साथ आत्मसमर्पण कर दो। मुकदमा चलेगा, कुछ सालों की सजा ही तो होगी, मैं तुम्हें बचाने की...।'

'कुमार साहब।' बीच में ही बात काटकर बोल पड़ा काली, 'अव्वल तो मुकदमा चलेगा ही नहीं, एनकाउंटर के नाम पर मारकर फोटो खिंचवाने का शौक हो तो अलग बात है, दूजे मुकदमे और सजा के बाद मेरी जाति नहीं बदल जाएगी, हालात नहीं बदल जाएँगे, मैं फिर उसी दलदल में सड़ूँगा।'

कुमार ने घड़ी देखी, सिर्फ पाँच मिनट और रह गए थे, 'काली, मेरा दरवाजा हमेशा खुला रहेगा तुम्हारे लिए। अभी तुम्हारे लिए दो किताबें पहली भेंट की सौगात दिए जा रहा हूँ—'दिमाग को कैसे नियंत्रित करें', विवेकानन्द आश्रम की, और 'भागो नहीं, दुनिया को बदलो, राहुल सांकृत्यायन। पढ़ना और गुनना।'

'अब किताब पढ़ने के दिन हैं ?'

कुमार के लिए पल-पल पहाड़ हो रहा था। उसने हाथ हिलाए।

'इजाजत दो।'

'मेरे भैया बिसराम का क्या करेंगे ?'

'जो भी कानून के दायरे में संभव है। वैसे उनकी तबाही के लिए तुम्हीं जिम्मेवार हो काली।'

'सिर्फ मैं... ?' काली का स्वर कातर हो रहा था।

प्रश्न को बेताल-सा कंधे पर लादकर लौटा आ रहा था कुमार।

बाईस

चार महीनों बाद दूसरा पत्र :

प्रिय और आदरणीय कुमार साहब,

सादर प्रणाम।

समर्पण का आपका पत्र मिला। जवाब बकुलिया दोन से दे रहे हैं। कभी यहीं से शुरुआत की थी हमने, सो...।'

इसके आगे क्या लिखे, काली को उलझन होने लगी। कलम रोककर उसने अपराह्न में सामने फैली प्राकृतिक सुषमा को जी भरकर निहारा। फिर लिखने लगा—

'मास्टर साहब होते तो कहते, पहाड़ों, जंगलों की ढलानों से घिरा छिछला ताल। ताल या धान का कटोरा। राशि-राशि बगुलों की सफेदी से उजला बना रहता है यह बकुलिया दोन। जाड़ों में तिब्बत और मानसरोवर तक के परिंदे तैरते हुए आते हैं यहाँ आकाश में-जैसे समुद्र में शंख तैरते हुए आ रहे हों।

'मगर यह उनका अनुभव था, हमारा अनुभव इससे अलग है। पहली बार आए थे तब बरसात के दिन थे। घास, खर और धान से धानी हो रही थी दोन की धरती। धानी छुई-मुई और लाल बिंदिया-सी वीर बहूटियाँ। छूते ही सिमट जाती हैं, जैसे बलात्कारियों की छुअन से लाज और डर से सिकुड़ जाती हैं दुलहनें। घास-पात, पानी से अटा, उलझा और गूढ़।

'यह दोन एक परदा है जिसे प्रकृति कभी सफेद और कभी धानी, कभी हरे, कभी नीले रंग से रँगती रहती है। अभी इस पर हल्दी के चटक रंग हैं। पूरे दोन में सरसों फूली हुई हैं, आत्मा तक पर छा रही है पीली खुशबू।

'जिंदगी कितनी सुंदर और पवित्र है कुमार साहब...!' कलम फिर रुक गई। ऐसे पाकीजा माहौल में जब मौसम मनुहार कर रहा हो, उसे कुमार साहब के समर्पण के प्रस्ताव का उत्तर देना था। नजर अब भी सामने के पीले विस्तार पर फैल रही थी, मगर वह देख नहीं रहा था। स्मृतियों से निकल-निकलकर कुछ साए दोन के पर्दे पर उभर रहे थे। क्या वह सब फिर से लौट पाएगा ? अगर भैया को बाइज्जत बरी कर दिया जाए, अगर भैया-भौजी की दवा करा उन्हें स्वस्थ करा दिया जाए, अगर ठेकेदार और मलिकार उसकी हड़पी गई सारी चीजें लौटा दें और भैया-भौजी को फिर से सम्मानित जिंदगी जीने का हक मिल जाए तो वह समर्पण कर देगा। सरकार चाहे तो क्या नहीं कर सकती। उसका मन बच्चे-सा मचल उठा, 'ठीक है लिख देते हैं...।'

सहसा उसके दाईं और चरमराहट हुई। देखा तो एक मझोले कद का बाघ बिल्ली की तरह दबे पाँव सरसों की ओर आगे बढ़ रहा था। आगे जरूर कोई हिरण या सांभर है। तभी सरसों के बीच एक काले धब्बे पर निगाह गई। एक पाड़ा था। गिरोह से भटक गया था शायद। आगे के दृश्य की कल्पना करते ही वह सिहर गया। उसके हाथ खुद-ब-खुद चीनी पिस्टल पर जा लगे। निशाना लेने के पहले फिर दुविधा हुई। इसकी रेंज में आएगा नहीं, आवाज चुगली कर जाएगी, सो अलग। तभी उसने देखा, पाड़े ने अपना मस्तक उठाकर कुछ सूँघा। उसकी आँखों की रंगत बदलने लगी—मृत्युछाया ! वह सरसों में उलझते हुए जान लेकर भाग खड़ा हुआ। बाघ ने भी पूँछ ऐंठते हुए कुत्ते की तरह पीछा किया। बाघ और पाड़े का मुकाबला ही क्या ? एक नपी-तुली छलाँग में वह पाड़े की गर्दन पर था। पाड़े ने झटक दिया, बाघ की पकड़ सध नहीं पाई थी पूरी, सो वह सामने चित जा गिरा।

पाड़े ने समझ लिया कि अब भागना बेकार है, सो अपनी नन्ही-नन्ही सींगोंवाले सिर

से उसने बाघ के सीने को दबा दिया। अब बाघ की कटी-फटी गुर्राहट और भैंसे के नथूनों से गुस्सैल आवाजें उनके भीषण संग्राम की सूचना दे रही थीं। पाड़े का मस्तक तिरछा था, आँखें क्रोध से भैंगी, उसके असहनीय वार से बाघ उबर नहीं पा रहा था। मगर कब तक ? बाघ के नुकीले मजबूत पंजे निरंतर पड़ रहे थे उसके थूथन पर, खून-ही-खून ! अब बाघ हावी होता गया, पाड़ा गिर पड़ा। मर गया बेचारा महिषासुर की तरह, बाघ अब उसे घसीट कर ले जाएगा किसी झाड़ में, मगर ऐसा न कर सका वह। कभी अपने दोनों पंजों को चाटता, कभी भैंसे के गले में मुँह मारता। फिर धीरे-धीरे चला गया वह झरने के पार।

काली ने घड़ी देखी, अभी उसके दल के लोग लौटे नहीं थे। पिछले दस दिनों पहले एक सेठ का अपहरण किया था, उसी की फिरौती वसूलने गए थे, फिर लौटकर उन्हें कुछ खाने-पीने का सामान भी लाना था।

जब काफी देर तक बाघ वापस नहीं लौटा तो काली चीनी पिस्टल सँभालते हुए नीचे उतरा। रौंदी हुई सरसों, मरा पड़ा पाड़ा, कुछ-एक कौवे, इनके बीच से क्या चुनकर ला रहा था काली ?

काली ने बोतल से पानी पिया और रुके पड़े पत्र को फिर से उठा लिया—

'अभी एक घटना घट गई जिसने मुझे नया ज्ञान दिया।' उस घटना का जिक्र करते हुए उसने आगे लिखा—

'पत्र के शुरू में मैंने बकुलिया दोन के परदे पर मौसम के अलग-अलग रंगों की बात की थी, मगर अब एक दूसरी ही सच्चाई सामने आ रही है, कुमार साहब, खून की कुछ बूँदें, बकुलिया दोन के सारे रंगों पर फैलती जा रही हैं।

'दो चीजें इस युद्धस्थल से मैं उठाकर ले आया हूँ—एक है, बाघ का वह नुकीला दाँत, जिसके अभाव में पाड़े को घसीटकर नहीं ले जा सका था वह, दूसरी है, पांड़े की वह आँख, बाघ के पंजों से छिटक आई आँख, जिससे वह टूटने लगा...दोनों खून से सने हुए।

'हमारे श्रद्धेय मास्टर साहब आँखों की भाषा पढ़ लेते हैं। मैं आज गौर करने लगा तो चकित रह गया—वाकई ! ये काली, कजरारी, हरी, नीली, बिल्लौरी, लाल जैसी भी हों इनमें पूरी-की-पूरी दुनिया झिलमिलाती है।

'भैया की बैल-सी पनियाईं आँखें, भौजी की रोती हिरणी-सी पिघलतीं आँखें।

'लल्लन बाबू की धूर्त लोमड़ी-सी, चन्द्रदीप सिंह की भेड़िये-सी और परशुराम की साँप-सी सरसराती आँखें। एक ही आँख अलग-अलग परिस्थितियों में अलग-अलग रंग को ओढ़ लेती है। क्या अजीब संयोग है कि मास्टर साहब के पास ऐसी ही एक आँख लेकर गया था परशुराम—उन्हें क्या दिखा होगा उसमें, क्या पता।...मगर मैंने झाँकनी चाही पाड़े की छिटकी आँख से उसके अंदर की हलचल। जब पाड़ा जिंदा था, हमने इस आँख में कई रंग आते और जाते हुए देखे थे और अब, पाड़े के समूचे अस्तित्व से अभी-अभी छिटककर आई इन आँखों में क्या है ? कोई आग-सी जल रही है इस आँख में, दया या समर्पण की भीख नहीं।

'कुमार साहब, आपकी और हमारी क्या बिसात है इस जंगल में... ? मैं सोचने लगा, कितनी समानता है उस पाड़े और मेरी जिंदगी में। कैसी जिंदगियाँ मिली हैं हमें और

कैसी मिली हैं तकदीरें ? मैंने बहुत कोशिश की कि जंगल मुझ पर हावी न होने पाए, मगर...। इस जंगल का कोई भी नियम नहीं है, पता नहीं, कब, कौन, किसी कारण या अकारण ही हम पर वार कर बैठे। यह 'कौन' वह आश्रय भी हो तो कोई आश्चर्य नहीं, जहाँ जान बचाने को हम सिर घुसेड़ रहे हैं। हर पल मौत का बासुकी अपने हजार-हजार फनों को फुलाए चल रहा है हमारे सिर पर। दुर्भाग्य एक पैंतरा चलता हैं, जिंदगी दूसरा जवाबी पैंतरा। पाड़े की तरह हमें अच्छी तरह पता है कि जीत हमारे नसीब में नहीं है, फिर भी मौत से दो-दो हाथ किए बिना हम अपने हथियार डालने को तैयार नहीं होते। आपके आश्वासन ! हमारा यह अविश्वास क्यों है आप जैसे के आश्वासनों पर भी ?

आपका,
अभागा भाई काली।'

कुमार ने यह पत्र पढ़ा और सिर पकड़कर बैठ गया।

तेईस

डाकू लोग 'आत्मशुद्धी' के लिए लखराँव और कीर्तन करेंगे। सबसे पहले यह गुप्त सूचना पंडित दुआरिका दुबे ने अपने एक यजमान को दी। हिदायत यह थी कि यह खबर 'औट' न हो। इसी हिदायत के साथ एक से दूसरे, दूसरे से तीसरे तक पहुँची। फिर तो धीरे-धीरे दिल्ली तक खबर 'औट' हो गई; 'औट' ही नहीं हुई, अपना-अपना पैबंद जोड़कर गाजी मियाँ का लहावर बना दी गई।

'धरम का सत नहीं होता तो डाकू सब टिक पाता ?' एक टिप्पणी।

'मेघनाद भी जग्गे कर रहा था। लछिमनजी का किए थे ? पहिले जग्ग विधंस, फेन मार डाले।' प्रति टिप्पणी।

'ई सब शास्तर का बात है, जग्ग अगर कम्पलीट हो जाता तो मरैबे नहीं करता।'

'त-अ आप लोग का सोचते हैं, गौरमिंट लखराँव रोक देगा ?'

'हमरे जानते तो ऊपर से ई आदेश आया है कि धरम-करम में खुच्चड़ न किया जाए।'

'सेत-मेत का थोरे ही। अरे आत्मशुद्धी के बाद सब समरपन न करै वाला है।'

'नहीं, तब आप भी नहीं जानते हैं—एक ठो शर्त रखा है डाकू लोग।'

'शर्त ?'

'हाँ, ऊ ई कि पहिले हदबंदी से जियादा जमीन 'भूमिहीनों' में बाँट दे सरकार तब समरपन। मंत्रीजी विचार कर रहे हैं।'

'वाह भैया ! अगर ई ठो करवा दे तो जै-जैकार मच जाए। जो काम सरकार न कर सका, ऊ डाकू कर दिया। बताइए केतना जमीन है, लल्लन बाबू, चनरदीप बाबू, साहुजी, मारवाड़ी महाजन सब और महंथ लोगन के पास।'

वह तो रहे सामान्यजन, स्वयं पुलिस अफसरों में इस विचित्र नाटकीय स्थिति पर दुविधा थी। इसी पर विचारार्थ आज बाल्मीकिपुर में मीटिंग थी।

मीटिंग के लिए निकलते हुए कुमार रुककर मुरली पांड़े के घर पहुँचा। कुमार को देखते ही हड़बड़ा उठे पांड़े। कुमार ने उन्हें रोका, 'ऐसे ही जा रहा था कि मुड़ गया इधर। वैसी कोई बात नहीं है, हाँ बता सकिए तो जरा लखराँव के बारे में बताइए।' उसने उनके बैठके में रखी किताबों की भरी-पूरी दुनिया पर निगाह सरकाते हुए कहा। पांड़े ने 'कोश' से ढूँढ़ निकाला 'लखराँव' को, 'किसी महीने की कृष्णा चतुर्दशी को प्रदोष काल के पश्चात् ही यह अनुष्ठान आरंभ करें। इसमें भगवान शिव का विधिवत् पूजन किया जाता है। एक लाख पुष्प या एक लाख बेलपत्र 'ॐ नमः शिवाय' के साथ प्रत्येक बार अर्पित करें। समाप्ति पर एक स्वर्ण बेलपत्र शिव को और एक स्वर्णबेल पत्र पार्वती को अर्पित करें। इस व्रत से गोहत्या, ब्रह्महत्या, गुरु या पर-स्त्रीगमन, मद्यपान आदि महापातकों का नाश होता है।'

'इसमें अंतिम वाक्य इंपॉर्टेंट है।' कुमार ने नोट करते हुए कहा।

'हाँ सर, लूट, हत्या और बलात्कार के दागों से जब चुनर मैली हो जाए तो धर्म की लांड्री में भेज दो। सारा मैल धुल जाएगा, जिसे शिवजी उठाकर पी जाएँगे। इसके बाद फिर पाप करने की सहूलियत—जितना चाहो करो।' मुरली पांड़े ने हँसकर कहा।

'मास्टर साहब, इनमें से किसी को एक लाख तक गिनती भी आती होगी ? फिर एक लाख शिव की मूर्तियाँ बनाना...।'

हँसने लगे पांड़ेजी, 'अरे माटी का ढेला बनाते जाइए, एक खाँची दस हजार, दस खाँची एक लाख।'

'हो गया ?' इतनी विकट समस्या का इतना सरल-सपाट समाधान देखकर कुढ़ गया कुमार, जैसे उसका कोई बहुत बड़ा नुकसान हो गया हो।

'तब क्या।'

'ठीक कहते हैं।' वह स्वतः बुदबुदा उठा, 'जब सात ढेलों में बनसप्ती देवी हो सकती हैं तो एक लाख माटी के ढेलों में लखराँव क्यों नहीं होगा ! बच्चा विकलांग हुआ तो कोई-न-कोई देवी-देवता हो गया, बछड़ा विकलांग हुआ तो नन्दी !'

'आप तो काली की तरह बात करने लगे, अरे साहब,

राम नाम सब कोई कहे, ठग ठाकुर और चोर,
कि बिना प्रेम रीझें नहीं तुलसी नन्द किशोर।'

अरे हाँ, मास्टर साहब को जैसे कुछ याद आया,

'आप की आत्मशुद्धी का रास्ता तो जरा अलग है...। काली के पास भी गए, समर्पण कराने की कोशिशें भी कम नहीं कीं मगर...।'

'ऊँ...।' काली का प्रसंग आते ही कुमार के दिमाग में फिर से धुँध भरने लगी। इस धुँध में परेमा, परशुराम, नोनिया, पुत्तन के भी चेहरे थे, काली का भी...। ये चेहरे कितने एक जैसे थे, कितने अलग-अलग ; सीधे-साधे किसान परिवारों की गरीबी और जहालत से बुदबुदे की मानिंद खिलते चेहरे, मगर इन बुदबुदों में क्या है, प्रतिशोध या भोग और लूट की राष्ट्रीय संस्कृति में अपने-अपने शॉर्ट कट्स के शेयर्स की तलाश ?

पांड़ेजी ने उसे गौर से देखा फिर उसे खुद से जूझने और उबरने के लिए अकेला छोड़कर चाय की व्यवस्था करने चले गए।

चाय उन्होंने लाकर थमाई तो कुमार स्वतः बोल पड़ा, 'काली पास्ट, प्रेजेंट और फ्यूचर—एक ट्रेजेडी का नाम है—ब्लैक, टोटल एंड इंटेंस ब्लैक। आपने कभी उसकी पिछली जिंदगी के बारे में बताया भी नहीं।'

'कोई संयोग नहीं बैठा सर, फिर आपकी व्यस्त कार्यशैली में उसका कोई इंपॉर्टेंस भी है—यह समझ नहीं सका।'

'मगर उसको आप रोक तो सकते ही थे—आपका शिष्य था।'

'देखकर तो कभी लगता नहीं था सर कि वह डाकू हो जाएगा।'

कुमार को लगा कि वह खामखाह मास्टर साहब को आरोप की जद में लपेट रहा है, उन्हें उस दलदल से उबारने की गरज से उसने कहा, 'मेरा मतलब यह था कि आप जैसे आदर्शवान शिक्षक के आदर्श भी उसे नहीं रोक पाए। वह कैसा दिन होगा सोचिए, जब आपके ही दो मानसपुत्र—'ग्राम सुरक्षा दल' और काली में भिड़ंत होगी ?'

'इस दौर का मुख्य संकट क्या है कुमार साहब ?'

'क्या ?'

'यही की दूसरों को सुनने या समझने की फुरसत या जरूरत हमें नहीं है। हम आदमी के एक अंश को देखते हैं, बाकी उसकी भावमूर्ति बनाकर सलटा लेते हैं।'

'हूँ...।'

'बाकी रहे आदर्श। तो ये भी मूल्यों की भावमूर्ति ही हैं। इन आदर्शों को लेकर हम निपट अकेले ही होते हैं। जरा हम जैसों की स्थिति का आकलन करें... जब हम काली जैसों की ट्रेजेडीज के लिए कुछ कर पाने में असमर्थ हैं तो उन्हें गाइड करने का अधिकार भी कहाँ बचता है हमारे पास ?'

कुमार को काली के पत्र की याद आई।

दोनों चुप हो गए। एक जिन्न-सा तैरता रहा काली का अहसास उनके बीच में।

'अब आप पर ही है।' पांड़ेजी की बात में क्या था—समर्पण, आस्था या और कुछ ?

'अपने तईं इस सिस्टम में मेरे जैसा अकेला अफसर क्या कर सकता है, बिसराम पर टॉरचर न हो, उसे, उसकी पत्नी और बच्ची को हॉस्पीटल में एडमिट करवाना—यह तो मैंने आते ही कर दिया।'

'और काली को... ?'

'काली को ? फिलहाल तो सिर्फ यह सुझाव कि वह आत्मसमर्पण कर दे। उसे दो किताबें भी दे आया हूँ—'दिमाग को कैसे नियंत्रित करें'—विवेकानन्द और राहुलजी की वो... 'भागो नहीं, दुनिया को बदलो'।'

'यह अच्छा किया आपने।' पांड़ेजी की कटुता तिरोहित हो गई।

'आपकी सोहबत का असर।' कुमार ने कहा तो हँस पड़े पांड़ेजी।

'वैसे मास्साब,' कुमार ने टोका, 'एक जगह पर आकर आप मुझे पहेली-से लगने लगते हैं।'

'मैं ?' पांड़े आश्चर्य में कुमार का मुँह ताकने लगे।

'आपकी किताबों के भंडार में कार्ल मार्क्स, विवेकानन्द, लोहिया, रजवाड़े साहब जैसे कितने रत्न हैं, अब उनके साथ महेन्दर मिसिर, भिखारी ठाकुर, कुछ और सस्ते लोग—क्या तुक है—इनमें से कई तो बेसीकली क्रिमिनल्स थे। अब यही देखिए, काली भी तो क्रिमिनल ही है।'

'ये किताबें...।' रुककर सोचने लगे मास्साब, 'क्या कहूँ... ? मेरा मानना है कि इनके लेखक चाहे जैसे भी रहे हों, किताबों में उनका क्रीम ही संचित है। आपने जिन पर शंका जाहिर की उनमें से कई थे भी... लेकिन किताबों में वे अपने भव्यतम रूप में हैं, अपराधी भी अपने अंदर कुछ क्रिएटिव माइंड रखता है, हम उसके माइनस प्वाइंट्स से बिदककर उसके क्रिएटिव माइंड तक को कूड़ेदानी में फेंक दें—इट माइट बी ए नेशनल लॉस। सो...'

'समझ गया। अच्छा तो अब इजाजत दें, देखूँ, क्या फरमान आता है ऊपर से लखराँव के लिए।' कुमार लौट पड़ा। मास्टर साहब जीप का दूर तक जाना देखते रहे, 'यह कुमार भी अजीब है, छिन में बच्चा, छिन में कवि, छिन में मिलीटरी स्टाइल का पुलिस अफसर, छिन में असहाय और निरीह।'

'वेल माय ब्रेव ऑफिसर्स !' डी.आई.जी. ने इसी अंदाज में मीटिंग को संबोधित किया, 'आज हम एक ऐसे मुद्दे पर स्ट्रेटेजी लेने के लिए इकट्ठे हुए हैं, जहाँ हमारे शौर्य, विवेक, धैर्य और संयम की परीक्षा है। मेरे हाथ में तीन पेपर्स हैं—दो इनविटेशन कार्ड्स, एक मिनिस्ट्री ऑफ होम अफेयर्स का फरमान। एक इनविटेशन पुत्तन यादव का है लखराँव में सादर बुलाया गया है हमें।' उन्होंने 'सादर' पर जोर दिया, 'दूसरा दस्युराज परेमा का है इस रिक्वेस्ट और कॉशन के साथ कि उनकी पूजा में विघ्न न डाला जाए, वरना वे किडनैप्ड पर्संस को मार डालेंगे—चौबीस घंटों का सीज फायर। ये दोनों ही इनविटेशंस आप सबको मिले होंगे या मिल जाएँगे। यू नो, पुत्तन एंड परेमा बोथ आर हिस्ट्री शीटर्स—एक सुप्त ज्वालामुखी, एक जाग्रत। बट ह्वाट आय मीन इज द थर्ड वन—जो आपको मेरे थ्रू मिल रहा है। मिनिस्ट्री ऑफ होम अफेयर्स का क्लीयर इंस्ट्रक्शन है कि पुलिस बल उनके धार्मिक मामले में इंटरफेयर न करे। नाउ, सवाल यह बचता है कि हम और आप, जो 'ऑपरेशन ब्लैक पाइथान' के तहत यहाँ ड्यूटी पर हैं, ऐसे में कौन-सी स्ट्रैटेजी अपनाएँ।'

मीटिंग में सन्नाटा बरप रहा था।

'वेल मिस्टर सिंह...?' डी.आई.जी. ने सिंहजी से जवाब तलब की। मिस्टर सिंह उठ खड़े हुए, 'सर, अब तो जो भी स्ट्रैटेजी होगी, लखराँव के चौबीस घंटों की मियाद के बाद ही होगी।'

'इक्जैक्टली। यू मिस्टर पांडेय। आपके यहाँ तो हमेशा रामराज्य रहता है ?'

'तभी तो कंचन मृग के पीछे भटक रहे हैं बेचारे।' जायसवाल ने धीरे से कहा तो हँस पड़े सभी।

'हमें तो जो भी आदेश होगा, उसका पालन करेंगे।'

'जायसवाल ?'

'सर, लॉ एंड ऑर्डर मेंटेन करने के बहाने हम डाकुओं को वाच करें तो कैसा रहे। माना कि हम इंटरफेयर नहीं करेंगे लेकिन आइडेंटीफाई तो कर ही सकते हैं।'

'इट्स ए वाइज सजेशन। नाउ एस.पी. श्रीवास्तव ?'

'मुझे तो लगता है हम एक सुनहरा मौका खो रहे हैं।' एस.पी. ने कहा।

'हम गवर्नमेंट के इंस्ट्रक्शंस के खिलाफ तो नहीं जा सकते न। खैर कुमार, तुम बताओ।'

'मेरे विचार से डाकुओं या अपहरणकर्ताओं को नजदीक से समझने का यह अच्छा और इकलौता मौका है। कुछ मायनों में वे एक जैसे हैं, कुछ मायनों में अलग-अलग। अगर हमारा कोई इनफॉर्मर वहाँ हो तो उनके कंट्राडिक्शंस हमारी समझ में आ सकते हैं और बाद में इन्हीं कंट्राडिक्शंस पर उन्हें तोड़ा जा सकता है।'

'क्या सारी उमर हम उनके कंट्राडिक्शंस का ही पता करते रहेंगे ?' सिंह ने हस्तक्षेप किया।

'फिर वही होगा, जैसाकि अब तक होता आया है, आप दस को मारेंगे, बीस नए तैयार हो जाएँगे।'

एस.पी. ने कुछ कहना चाहा, मगर डी.आई.जी. ने रोक दिया, 'यस कुमार, कैरी ऑन।'

'मैंने बार-बार कहा है सर कि डाकू समस्या कोई ऊपर का आवरण नहीं है कि आप उसे खरोंचकर फेंक दें। इनकी जड़ों में भूमि सुधार का न होना, ढीला प्रशासन, पॉलिटिकल सेल्टर, रोजगार की समस्या, धर्म, टिपिकल भौगोलिक स्थिति वगैरह हैं—ये सभी इंटररिलेटेड हैं, सारा कुछ दुरुस्त कर दीजिए, रोग खुद-ब-खुद खत्म हो जाएगा।'

'यह सब तो आप पहले भी कहते रहे हैं। नया क्या है ?'

'नया है धर्म। सर, लखराँव करने का मतलब क्या है—यह कि धर्म इन्हें पापमुक्त कर ऐसी क्लीन चिट देगा कि ये सोसायटी में शुद्ध होकर स्वीकार कर लिये जाएँगे, फिर इनके प्रति लोगों की घृणा डाइल्यूट हो जाएगी। धर्म इनमें वह नया आत्मविश्वास भरेगा कि ये फिर से चोरी, डकैती, यौन उत्पीड़न और अपहरण करने लगेंगे।' यानी लखराँव इस समस्या को जटिल बना रहा है।

डी.आई.जी. ऊबते हुए बोले, 'इतना मत उलझाओ, साफ-साफ बताओ कि तुम कहना क्या चाहते हो।'

'कहना यह चाहता हूँ सर कि डाकू समस्या के जो कई फीड बैक्स हैं, उनमें एक फीडबैक धर्म भी है—मिनिस्ट्री ऑफ होम अफेयर्स को यह चेतावनी भेज देनी चाहिए...' कुमार अभी यह भी बोलना चाह रहा था कि धर्म के इस अंतर्विरोध को सही धर्म का स्वरूप दिखाकर भी तोड़ा जा सकता है, ऐसे में धर्मप्राण जनता भी हमारे साथ हो जाएगी, और हमें डाकुओं को एलीमिनेट करने में आसानी होगी। मगर डी.आई.जी. साहब ने झटके से उसे रोक दिया, 'सो माय ब्रेव ऑफिसर्स, सम अप करें। हम डाकुओं को चौबीस घंटों की मुहलत देंगे—फ्रॉम सिक्स टु सिक्स। बाकी किडनैप्ड पर्संस और जनरल पब्लिक की सेफ्टी को देखते हुए आप जो भी कदम उठाना चाहें, उठा सकते हैं।'

अवाक् रह गया कुमार, क्या ये दिल्ली से पटना तक के सारे-के-सारे अफसर इस्केप ही करना चाहते हैं ? फिर ऑपरेशन का मतलब ?

मीटिंग से लौटते हुए डी.आई.जी. राय ने कुमार को बुलाया, 'सोशल एक्टिविस्ट बनने का मोह छोड़ दो, तुम सिर्फ एक पुलिस फोर्स हो, जिसे ऊपर के इंसट्रक्शंस फॉलो करने हैं, अंडरस्टैंड ?'

कुमार को लगा कि वह सचमुच कन्फ्यूज करने लगा है। डी.आई.जी. के पहले और आज के वक्तव्य में कितना अंतर है !

रात को पाँव दबाते समय दुनिया-भर की रिपोर्ट छन-छनकर झरती हैं पारबती के मुख से, कैंप में क्या-क्या हुआ। किसके खेत में कितना धान हुआ। सोना का मरद से झगड़ा घिसटते हुए कहाँ तक आया, आदि से लेकर गोरखपुर, पटना, राँची और दिल्ली तक की खबरें।

आज थोड़ी ही देर बाद उतर आया वह लखराँव पर, 'हजूर, खबर है कि लखराँव में सब्भे डाकू आएँगे—जो नहीं आएगा, उसका हुक्का-पानी बंद। पुलिस भी घात लगा के बैठा है, लेकिन उनको मालूम नहीं कि मदनपुर माई का थान कोई अइसा-वोइसा थान नहीं, सिद्धपीठ है सिद्धपीठ, सिस्टी के पहले से है, परलय के बाद भी रहेगा। रहसू भगत के चर बाघ लोग पहरा देंगे, जरिको बदमाशी किया कि खा जाएँगे।'

'चुप भी रहोगे अब ?' कुमार का मिजाज पहले से ही खिन्न था।

'नँ बोलेंगे हजूर, सिरिफ एक बात, गाँव का सब्भे जा रहा है लखराँव में—दस बैलगाड़ी तैयार हैं। कहते हैं, सब पाप छिमा हो जाता है, हमरो मन करता है हजूर।'

'तुमने कौन-सा पाप किया है ?'

'पाप, माने, वोइसे तो (नहीं) किए हैं, लेकिन का जाने होइए गया हो कभी ये हजूर।' पारबती ने अँटकते-अँटकते भय और काइंएपन से जिस तरह वाक्य को घसीटा, कुमार को हँसी आ गई; लेकिन हँसी को जब्त कर बनावटी गंभीरता में उसने कहा, 'जाओ, लेकिन अगर पकड़ा गए तो हम फिरौती नहीं देने जा रहे हैं।'

करंट-सा लगा पारबती को। हाथ रुक गए।

'डर क्यों गए ? अरे लखराँव और कीर्तन के बाद डाकू सबका मन पवित्र हो जाएगा।'

'सो तो है हजूर, लेकिन का जाने न हुआ तो... ?'

सुबह उठने पर कुमार ने बैलगाड़ियों की पाँत देखी—स्त्री-पुरुष-बच्चे ठुँसे पड़े थे उन पर। पारबती उनमें कहीं नहीं था। सुबह की कसरत के बाद लौटकर आया तो देखा, सुदर्शन सिंह, प्रेम प्रकाश और दो एक अन्य जवानों के साथ पारबती मिट्टी के खिलौने बनाने में मशगूल था। साहुजी, सोना और उसकी बेटी मंजू सानी हुई माटी के लोंदे ला-लाकर रख रहे थे।

'क्या कर रहे हैं आप लोग ?'

'हजूर, हम हियाँइ लखराँव कर लेंगे, एक लाख शिवजी की पिंडी बनाना है। एक लाख

बेलपत्ता...। अब कोई नहीं जाएगा माई का थान, सब अपना-अपना पूजा करेगा।'

'अच्छा। हम तो समझते थे सिर्फ डाकू ही पापी हैं, यहाँ तो...।'

किसी ने कोई जवाब नहीं दिया।

'सिंहजी, कल सुबह तक पूजा संपन्न कर लें, सात बजे शाम को कूच करना है।' कुमार ने कहा और लौट आया।

मदनपुर माई का थान। अष्टयाम कीर्तन की आज आठवीं रात है, और कृष्ण पक्ष की चतुर्दशी होने के नाते आज लखराँव की पूर्णाहुति भी। अकसर वीरान रहनेवाले जंगल में आज पूरी गहमागहमी मची है। बाग से नाले तक, नदी से जंगल तक आदमी-ही-आदमी।

आदमी नहीं, डाकू। कीरतनिए बीच में ढोल, हारमोनियम और मंजीरे पर कीर्तन कर रहे हैं, 'हमारे भोले बाबा को मनाले जिसका दिल चाहे।' चारों ओर गैस-बत्तियों और लपलपाती मशालों का आलम।

जब भी कोई डाकू दल आता है, दूर से ही अपने आगमन का उद्घोष करता है। पुत्तन यादव, अनुज परशुराम यादव और उनके बड़े बेटे संजय उठकर आगवानी करते हैं आगंतुक दल की। दल यदि तुरंत ही कीर्तन में शामिल होना चाहता है तो आते ही हो लेता है, वरना दूर-दूर तक जाजम बिछा है, जिसका जहाँ जी चाहे बैठकर देखे। दुआ-बंदगी चल रही है। हाल-हवाल पूछा जा रहा है।

थान से जरा परे हटकर लकड़ी के धधकते चूल्हों पर कड़ाह चढ़े हैं। पूरियाँ तली जा रही हैं। शुद्ध घी की पकी महक, अगरू-गंध और बारूद की गंध से मिलकर हवा को गाढ़ा कर रही है। दस्युराज परेमा यादव कब का आ चुका है, थोड़ी देर पहले परशुराम, रामजतन नोनिया, सिंहासन वगैरह भी आ गए हैं। कुछ लोगों का अभी भी इंतजार हो रहा है। सहसा एक नए आगंतुक के आते ही सब कनमनाकर ताकने लगते हैं—मझोला कद, गोरा मंगोलियन चेहरा, एस.पी. का लिबास, साथ में पाँच और आदमी। 'ई के है भाई ?' परशुराम की आँखें सिकुड़ जाती हैं। तभी राइफल उठाते हुए फायर होता है, 'काली सरदार आप सभी भाइयों का जुहार करता है।'

जाजम पर कानाफूसी मच जाती है।

'के... ?' परशुराम धीरे से उठकर जगदंबा के साथ उसके पास तक जाता है, आँखें मानो तलाशी, नंगाझोरी ले रही हों, 'तें अरे कलिया।'

हँस पड़ता है हिकारत से परशुराम, 'तें कलिया से काली सरदार कब बन गया रे ?' काली खुद को जब्त करता है।

'तें कब से डकुआ गिया रे ?' परशुराम के दूसरे वार पर टूट रहा है संयम।

'अब थारू, धाँगड़ भी, जौन बा से डकुआए लगलन। छेंड़-भेंड़ से खेती होता तो आदमी बरद काहे को पोसता ?'

'क्यों ? यहाँ भी तेरे बाप-दादा की जमींदारी छिन गई क्या ?'

परेमा न आता तो काली और परशुराम के बीच गोली चल जाती।

संजय ने दोनों को दूर-दूर बैठाया। परशुराम फिर भी फनफनाता रहा, 'बताइए, हम तो परेम से पूछने गए हाल-चाल, सोचलीं, पुराना रैयत है, का जाने बेचारा कैसे रह रहा है, हाय राम, ई पाँच लाख का फिरौती का वसूला, कि दिमाग-ए चढ़ गया। सीधे जा पहुँचा बाप-दादा तक ?'

कई लोग उसे शांत करने लगे, 'जाने दो, तुम्हीं बड़े हो, गम खा जाओ। भगवान के दरबार में आए हो।'

'भगवान का दरबार में न आए होते तो...सब सनकले भुला देइतीं आज।'

'भाइयो और बहनो से अनुरोध है कि लखराँव ठीक सात बजे शुरू हो जाएगा, अगर वे इस पूजा में शामिल होना चाहते हैं, तो फौरन चले आएँ।' पत्रकार जगदंबा की घोषणा।

परशुराम औरों के साथ उठ खड़ा होता है।

'तुम नहीं चलोगे पूजा में काली ?' जाते-जाते रुककर नोनिया सवाल करता है।

'नहीं।'

अपने-अपने बेलपत्रों की पोटली लेकर लोग वेदी पर आ गए हैं। साथ आए हैं उनके सहायक। एक लाख बार 'ॐ नमः शिवाय' के साथ बेलपत्र अर्पण करना है। कोई मजाक है क्या। पंडित भी तो पाँच-पाँच हैं—दुअरिका दुबे, शालिगराम पाठक, रमाशंकर पांड़े, दद्दू तिवारी, जियूत मिसिर।

ठीक सात बजे 'ॐ नमः शिवाय-ॐ नमः शिवाय' की रटन के साथ अनुष्ठान शुरू होता है।

वहाँ से चुपके चला जा रहा है काली। अभी मदनपुर के 'ॐ नमः शिवाय' का जाप फीका भी नहीं पड़ा है कि सामनेवाले गाँव से वही जाप सुनाई देने लगा है, उस गाँव को पार करते ही किसी तीसरे गाँव से। सारा-का-सारा वेत्र बन शिव की आराधना में लगा है, यही मौका है। वह अपने साथियों से गुपचुप कुछ मंत्रणा करता है। लगभग आधी रात को वे अस्पताल के करीब पहुँच जाते हैं।

'तुम लोग यहीं छुपे पड़े रहो, मैं भैया को लेकर आता हूँ।' कहकर अस्पताल की चहारदीवारी लाँघ जाता है काली।

'मुझे मालूम था, तुम आओगे काली।' आवाज सुनकर चिहुँककर बंदूक निकाल ली काली ने। मगर उसकी समझ में न आया, यह आवाज आ कहाँ से रही है और किसकी है।

'मैं तुम्हें दूसरा क्राइम नहीं करने दूँगा। बंदूक फेंक दो और सरेंडर कर दो।' इस चेतावनी से काली को समझते देर न लगी कि यह कुमार की आवाज है।

'भाग नहीं सकोगे, बंदूक फेंक दो वरना गोली...' आवाज शेष होते, न होते काली ने कलाबाजी खाई और चहारदीवारी के बाहर जा गिरा। गुमटी से फायर हुआ, बिना जवाबी फायर किए अँधेरे का लाभ उठाते हुए वह अपने साथियों के साथ भाग चला।

काफी दूर तक, पीछा करते पुलिस बल के कदमों की आवाज आती रही। काली का इस तरह भागकर निकल जाना अंदर तक अक्षमता से भर गया कुमार है मन में। यह उसका पुलिस बल डाकुओं की चुश्ती-चालाकी के मुकाबले सिफर है। फिर रात अँधेरी थी, लाइट

पिस्टल लेकर आना चाहिए था।

कचोट काली को भी थी। उसका सोचा-समझा दाँव गलत पड़ गया था।

गंडक के किनारे झाड़ियों के एक झोंप में जब काली का दल इकट्ठा हुआ तो सभी ओर से उस पर बौछारें पड़ने लगीं, 'आज तो भगवान का किरपा था, बचके आ गए, लेकिन ई गलती दोबारा कइल-अ तो हमार छुट्टी कर द-अ।'

'भाई का परेम अउर डकैती—दूनो न होई।'

'आ तू गोली काहे ना चलउल-अ ?'

'गोली कइसे चलाता, कुमार साहब भी थे न-अ।' एक दबी हुई हँसी काली के इस तर्क पर !

अब तक काली ने प्रतिवाद में कुछ भी नहीं कहा था, लेकिन कुमार साहब के प्रति पक्षपात के आरोप पर मन का चोर तिलमिला गया, 'देखो, मैं डाकू बना हूँ अपने कारण से। तुम्हें साथ देना हो तो दो, नहीं तो जै राम जी की !' कहकर वह उनसे दूर जाकर माटी पर लेट गया।

धाँगड़ ने नजदीक के गाँव से चाय-रोटी लाकर सबको दी। दोपहर तक गन्ने के खेत में लाशों की तरह पड़े रहे वे। सोकर उठे तो उनका मलाल काफी हद तक हलका हो चला था।

काली नदी से नहा-धोकर आया तो दल के अंदर उसके आचरण को लेकर अभी भी टीका-टिप्पणी चल रही थी। तनिक आड़ से खड़े होकर सुनने लगा वह।

फेंकन सबको मीठे-मीठे फटकार रहा था, 'काली भइया जैसा सरदार दीया ले के ढूँढ़े पे भी नहीं मिलेगा। सोचो, आ कि पाँच लाख का फिरौती कइसा टैक्टिस से वसूल किया। आ वसूलने का बाद बीस-पच्चीस हजार सबको बाँट दिया, अपने भी केतना लिया—सिरिफ बीस हजार, बाकी हथियार और फालतू खरच का। आकि सोचो परेमा और परशुराम जइसन बड़का-बड़का पारटी लोग का करता है। बड़ा-बड़ा हाथ मारा, बाकी दल का आदमी को केतना दिया ?'

'दस हजार से जास्ती तो कब्भो नहीं।' नोनिया ने जोड़ा।

'और फेंकन भइया रुपैया-पैसा, मर-मशक्कत काहे खातिर, पलवार (परिवार) खातिर न-अ ? ओही भाई का खातिर डाकू बना, और ओही भाई को मरने के लिए छोड़ देता ?' तिरहुत थारू ने कहा।

'से काहे न बोलेगा, तोर तो जात-दयाद है न-अ ?' धाँगड़ ने कहा।

'जात का चलते कह रहे हैं ?'

'नहीं कह रहा है, लेकिन जात का टान तो रहबे करता है।'

थारू आहत आँखों से देखता रह गया।

यह वही धाँगड़ है जिसकी बहन की शादी में न सिर्फ अलग से पंद्रह हजार रुपया दिया था काली ने, बल्कि बंदूक लेकर दिन-रात, बगल के घर में पहरा देता रहा। इससे निरपेक्ष धाँगड़ ने अपने कपड़ों को कंधे पर डाला और नहाने चल पड़ा। जाते-जाते रुककर बोला, 'हम भी काली भइया का भला ही चाहते हैं, इसी के लिए बोल रहे हैं कि काल्ह

परशुराम से लड़ बैठना और बिना पूजा किए लौट आना ठीक नहीं था। भगवान-भगौती से बढ़के नहीं हो गया कोई। सब डाकू लखराँव कर रहे थे, और ई...? आफत तो आना ही था, ई तो कहो कौनो पुरूब जनम का कमाई था कि बच गए हम लोग !'

एक लाख बार 'ॐ नमः शिवाय' बोलने के चलते पूजार्थियों में से प्रायः सबकी हालत पस्त थी, कइयों ने मंतर का 'शॉर्टकट' 'ओ नमो सिवा' कर डाला था, इसके बावजूद। फिर एक लाख की संख्या में कोई 'भूल-तिरूटी' हो जाए, इससे बचने के लिए कुछ ने अधिक बार ही कर डाला था।

पुत्तन यादव की मन की हालत उस खूनी जैसी थी, जिसे वकील की दलील पर कोर्ट ने बाइज्जत बरी कर दिया था, वो सबसे आदर से मिल रहे थे। उदारता और अध्यात्म से भींग रहा था उनका मन, हालाँकि स्वर गले के परिश्रम से खासा भर्रा गया था, 'भाई लोग ! लखराँव के बाद आपका सब दोख-पाप छिमा हो गया। हमरा सब पंचन से अपील है कि अब समरपन करके नेक जिंदगी बिताइल जाए।'

कई छुटभैयों ने ताली बजाकर उनका समर्थन किया। काली का दल जब आकर बैठा तो परशुराम अपने फटे गले से घुड़क रहा था, 'भइया को नहीं बोलेंगे, थाकि (थक) गइल बाड़न, बाकी तू लोग...? अरे जब आखिर तक इहे करना था, तो 'शूर-बीर' में नाम काहे लिखवाया, मेहरारू के लहँगा में मुँह घुसा के पड़ल रहते ?'

रामजतन नोनिया ने हँसकर कहा, 'अपना काम में लाज काहे का ? अरे भइया दिल्ली से हियाँ तक जे भी कुरसी पे बइठा है, सभे तो डाकू है। सब बंद कर दें, हम भी कर दें।'

'तब का !' परशुराम ने हाथ हिलाकर तर्क की पुष्टि की, 'हम बोलता है, ई पुलुस (पुलिस) कहीं बाहेर से नहीं आया है, दू-चार महीना कि दू-चार साल बस ! नाच-गा के लौट जाएगा, तब तक तनी हुसियार रहना है, बाकी हे भाई लोग आपस में गाँड़ चलाकी मत खेलिह-अ लोग। हमरा बात माने तो राज करेंगे आप लोग—राज !'

हँसता है काली मन-ही-मन, 'तो ये रहा लखराँव का नतीजा !'

'ए भाई, परेमा भैया का कहते हैं, तनी उनहूँ को सुना जाए !' संपत यादव की नजरें परेमा को ढूँढ़ने लगती हैं।

किसी को क्या पता कि मदनपुर से तीन किलोमीटर दूर परेमा का दल किसी का इंतजार कर रहा है। अभी मियाद पूरी होने में छह घटे बाकी हैं। तिरबेनी घाट पहुँचने में भी चार-पाँच घंटे से कम क्या लगेंगे लेकिन अभी तक नहीं आया कुमार ! चिट्ठी में तो उसने साफ-साफ लिख दिया था, हम आपसे अकेले में मिलना चाहते हैं दुपहर बारह बजे, मदनपुर बगहा रोड पर मदनपुर से तीन किलोमीटर आगे...

तुझ पर कौन यकीन करेगा परेमा, दुबे को तुमने ऐसे ही कीर्तन में धोखे से मारा था, आज बनने चले धरमातमा !

तुमने खुद ही विश्वास खो दिया है परेमा, आज लाख अच्छे बनो कोई तुम पर विश्वास कैसे करेगा ? तुमने लाख अफवाह फैलाई कि दुबे गोरखपुर जाकर साधु हो गए, मगर

सच्चाई क्या है, तुम अच्छी तरह जानते हो। याद है, वह दिन जब दुबे बिलखते हुए आया था तुम्हरे पास।

तुमने पूछा था, 'का बात ह-अ गुरु ?'

'अब बात कहाँ रहि गइल ? हमरा इनराबतिया के बेइज्जत कर दिहलस उ तुरूका सरेआम नंगा करके घुमइलस ?'

'धीरज रख-अ गुरु !'

'धीरज ! अब कइसन धीरज परेमा ? अब तो परशुरामजी का जइसा हमहूँ परन कर लेलें बानी कि मुसलमानविहीन कर देइब धरती के।'

और तुम दुबे के साथ हो लिये थे ! कुल्हाड़ियों से काट-काटकर कितने निर्दोष मुसलमानों को तबाह कर डाला था तुम दोनों ने ? औरतें हाहाकार मारकर रोती रहीं, गिड़गिड़ाती रहीं लेकिन तुम दोनों ने उन्हें नहीं बख्शा। उनके मासूम बच्चों को उठा-उठा के दे मारा। हिंदू अफसर परोक्ष रूप से शह देते रहे। शह देते रहे हिंदू जमींदार !

और फिर क्या हुआ ? दृश्य बदला। दुबे के गिरोह के मुकाबले अमीर मुसलमानों के चंदे पर उठ खड़ा हुआ शमशेर गद्‌दी का गिरोह ! दमित सांप्रदायिक अहं की खुद को श्रेष्ठ स्थापित करने की जहरीली चाह। गद्‌दी ! मुसलमान हुआ तो क्या हुआ, है तो चरवाहों की जात का, चरवाहा माने अहीर ! सो उन अमीर अहीरों से भी संरक्षण मिलने लगा उसे जो दुबे से इस बात के लिए नफरत करते थे कि वह बाभन है। धीरे-धीरे उन अहीरों का दबाव तुम पर भी पड़ने लगा। तुम सोचने लगे कि दुबे का यह कैसा फरमान कि हिंदू को छुओ नहीं। ऊ महातम सिंह, बहावन साहु, भूपति मिसिर जैसे लोगों को इसलिए छोड़ दें कि वे हिंदू हैं और अदने-से-अदने मुसलमान को भी पाकर इसलिए न छोड़ा जाए कि वे मुसलमान हैं। नहीं, अब बर्दाश्त के बाहर है। फिर जब तक दुबे जिंदा रहेगा, तुम नंबर दो ही बने रहोगे और उसके आगे तुम्हारी एक न चलेगी।

ठीक-ठीक याद नहीं आता कि कौन-सा तर्क हावी हुआ था, याद है तो सिर्फ इतना कि झाल-मंजीरे की ताल पर वह भी एक अष्टयाम कीर्तन ही था जिसमें चुपके से तुमने दुबे का निशाना लिया था। फिर लाश को खींचकर जंगल में कर आए थे और अफवाह उड़ा दी थी कि दुबे साधु हो गए।

और वह दिन जब रेता दियारा के सिलहट पट्‌टी गाँव के एक सूबेदार ने तुम्हें बुलाया था...

'बहादुर हो, जात के हो, लेकिन बंदूक...?'

'नहीं है।'

'ठीक है, लो।'

वहीं भेंट हुई नगीना यादव, संपत यादव और लछमन यादव से, तीनों पुलिस के भगोड़े। तीनों डाकू।

नगीना यादव ने आगे बढ़कर स्नेह से तुम्हारे कंधे पर हाथ रखा। 'जियो, तुमने जाति का नाम रोशन कर दिया। उस रात अपने घर भी ले गए नगीना और तुमने एक नजर उसकी बहन रामदेई को क्या देखा कि पाने को बेताब हो बैठे। चुपके-चुपके घर आने लगे

कि एक दिन रामदेई को ले भागे।

नगीना पुलिस एनकाउंटर में मारे गए। तुम्हारा घर, न दुआर। एक लड़का भी हो गया इस बीच। कहाँ रखते उसे ? सो वह नेपाल में है। हमेशा एक-सी उलाहना है उसकी, 'छोड़ दो न अब यह खतरे का काम ! हम भी कैसा तकदीर लेके पैदा भइलीं—भाई डाकू, मरद डाकू, कहीं लइका (लड़का) भी डाकू बन गया तो...?'

तुम कुमार के आने की बाट जोह रहे हो ? कुमार तो कुमार, कोई भी पुलिस अफसर, तुम्हारे बीवी-बच्चे तक तुम्हारे पास नहीं आएँगे। तुम अँचरा पसारकर क्षमा की भीख माँगते फिरोगे दरवज्जे-दरवज्जे और खिड़कियाँ, कपाट बंद होते जाएँगे। किसी जंगली जनावर (जानवर) की तरह गोली खाकर इस जंगल में पड़े रहोगे, कुत्ते की तरह अपने जख्मों को चाटते हुए, घावों से निकल-निकलकर कीड़े बिलबिलाते रहेंगे—तुम्हारे पापों के रेशे-रेशे की तरह।

तुम क्या समझते हो, पुलिस नहीं समझती तुम्हारी चालाकी ? पुलिस को छोड़ो, थोड़ी-सी बुद्धि रखनेवाला भी समझ सकता है तुम्हारी चाल को। क्या दस-बीस गरीबों की बेटियों का ब्याह करा देने या सौ-पचास जरूरतमंदों को सौ-पचास की दान-खैरात से तुम्हारे पापों का 'पराश्चित' हो जाएगा ? यह तुम्हारी बंदूक, यह तुम्हारा बाना, गरीबों के किस लुटेरे के खिलाफ उठी ? तुम तो उनकी रखैल हो, आज लल्लन बाबू की, कल दुबेजी की ? उन्हीं लुटेरों के मोहरे हो, पोसे कुत्ते हो। लोग सब समझते हैं, मजबूरी में कुछ बोलते नहीं। यह लाख-लाख जाप का लखराँव, वह घंटे-घंटे-भर की पूजा, रुद्राक्ष की माला, रामनाम और टीके से सबको झाँसा दे लोगे, लेकिन खुद को ? कोई नहीं अएग परेमा, कोई नहीं—न कुमार, न भगवान। मित्र तक बहाने बना लेंगे, रखैलें भी टाल जाएँगी !

झटका लगता है उसे, अरे कब आँख लग गई उसकी। स्वप्न से यथार्थ में आता है परेमा। कहाँ का कीर्तन ! कहाँ के साथी ! कुछ भी तो नहीं है। श्मशान है धरती ! दिमाग के किसी धुँधलाए फ्रेम में बुझती आग-सा अभी भी जल रहा है स्वप्न ! किसके इंतजार में इस वीरान दोपहर में तपस्या कर रहे हो दस्युराज ? कौन आएगा यहाँ ?

'अरे, ये गोली कहाँ से चली ?'

कंधा दबाए आँधी के परिंदे-सा गिरता-पड़ता चला आ रहा है सुदामा, 'सरदार पुलिस !'

'पुलिस ! पुलिस को तो नहीं आना चाहिए था ! मियादी वक्त में तो अभी भी चार घंटे बाकी हैं। कौन है कुमार ?'

'हमरा तो लगता है, पांड़ेजी हैं।'

'वो साला क्यों आया ?' जूते पहनते हुए सोचता है परेमा, 'एक लाख इनाम की लालच में ! ठीक है, कितने हैं ?'

'पनरह-बीस से जियादा !'

फायरिंग की आवाज करीब आती जा रही है। परेम गमछे से सुदामा का कंधा बाँधता है, 'भाग सक-अ-ब-अ !'

'हाँ !'

'तो राम का नाम लेकर ले राइफल, तैयार हो जा सब !' लेकिन पुलिस बल ज्यादा है, नयका मशीनगन ही ठीक पड़ेगा।'

'भागने की कोशिश मत करो परेमा, तुम लोग घिर चुके हो।'

पांडेयजी की भारी-भरकम आवाज आई। लेकिन परेमा और उसका दल भाग रहा है। पुलिस का विश्वास नहीं। जो आदमी अपने साथी से विश्वासघात कर सकता है, सरकार से विश्वासघात कर सकता है, हिरण मार सकता है, वह उसे बख्श देगा ?

दोनों ओर से अंधाधुंध फायरिंग। पुलिस बल भीड़ की तरह फटा, दो-चार जवान गिरे। भागना और भागते हुए फायरिंग करना जारी रहा। टीलों की ऊपरी परत छर्र-छर्र उड़ रही है। पेड़ों और झाड़ियों की फुनगियाँ कट-कटकर गिर रही हैं। दोनों ओर से ललकार और गालियाँ !

पांड़े अपनी स्थूल काया के चलते पीछे रह गए हैं। एक गडहे में लेटकर ललकार रहे हैं—'दोनों ओर से घेरते हुए पीछा करो, एक भी साला बचके जाने न पाए।'

परेमा ने एक भीट की ओट से देखा कि भेड़ियों की तरह पुलिस बल की भीड़ बढ़ती ही आ रही है। दो जवान पुलिस के और दो उसके खेत रहे। तो क्या पकड़ा जाएगा वह इस बार ? पकड़े जाने की शर्मनाक कल्पना से ही वह सिहर उठा। दहाई भोले बाबा ! दहाई बनसप्ती देवी !! दहाई नर देवी !!! क्या मेरी पूजा-अर्चना बेकार चली जाएगी ? पुलिस के जालिम कुत्तों के हाथ मत पड़ने देना माँ !

'परेमा भाग ! पीछे से दोसर पलटन आ-गइल !'

'दूसरी पलटन ?' परेमा का माथा ठनका, उसने घड़ी देखी, 'हाहि ए दादा, मियाद का बखत भी तो पूरा हो गया। ई दोसर पलटन तो कुमार के लागत-आ। हाँ, वही है—लंबा-छरहरा जीप की आड़ ले रहा है। फायरिंग की आवाज सुनकर दूसरे लोग भी आ सकते हैं, तिस पर रात होने में अभी भी डेढ़-दो घंटा बाकी ही है। खोल, थैली खोल ! दस-दस और सौ-सौ की गड्डी को वह तोड़कर तितलियों की तरह हवा में उड़ा देता है।

हाँफते हुए पुलिस के जवान हैरान-से देखते हैं नोट। दो-चार आगे बढ़ते हैं। बाकी नोटों की तितलियाँ पकड़ने लगते हैं। दोनों ओर की टुकड़ियाँ नोट की वर्षा में नहा रही हैं। बारात में पैसे लूटने का-सा दृश्य ! वे कुत्ते की तरह लपकते हैं, बरसते नोटों पर दावे जताते हुए एक-दूसरे पर गुर्राते हैं। परेमा कुत्तों को कौरा फेंक-फेंककर ललचा रहा हो जैसे—'ले ले, आतू...! आतू...!'

'तुम लोग रुक क्यों गए ? पीछा करो !' कुमार स्थिति को समझ नहीं पाने के कारण चीखता है। वे कुछ दूर जाकर फिर नोट लूटने लगते हैं। उधर डाकू काफी दूर जा चुके हैं। शाम का सलोनापन घिरने लगा है। बात क्या है ? वह दूरबीन से देखते ही माजरा समझकर पुलिस के जवानों के प्रति घृणा से भर उठता है। ये साले हर मायने में डाकुओं से गए-बीते हैं।

'पीछा करो।' वह जान की परवाह किए बिना उनके पीछे दौड़ता है।

जंगल में घुसने के ऐन पहले परेमा ने मुड़कर देखा, एक जवान अभी भी उसका पीछा करते हुए चला आ रहा है।

एक फायरिंग हुई और उस जवान ने कटे पेड़ की तरह वहीं गिरकर दम तोड़ दिया।

उधर अँधेरे में लौटते हुए दो स्याह आकृतियाँ एक-दूसरे के आमने-सामने आ गईं—'कौन ?'

'हम पांड़े हैं कुमार साहब ?'

'आप क्या करने आए थे ?' आश्चर्य से आँख सिकुड़ गई कुमार की !

'वही, जो आप करने आए थे ?'

'परेमा मेरा लक्ष्य नहीं था, मैं तो परशुराम की टोह में आया था। फायरिंग की आवाज सुनी तो मुड़ गया।'

'कहाँ परेमा, कहाँ परशुराम। कहाँ एक लाख, कहाँ पचास हजार ! अब जाने भी दीजिए।'

कटकर रह गया कुमार ! हकीकत तो वही थी, मगर उसे क्या मालूम था कि यह महिषासुर पहले ही घात लगाए बैठा था।

चौबीस

अगहनी धान तैयार है। 'धान उगाहाँ' के लिए किसिम-किसिम के पंछी मँडराने लगे हैं। मकरंदापुर में भी गुड़-चोटे की कुरकुरी जलेबी, इमरती, वैद्यनाथ धाम का पेड़ा, सेन्हुर-टिकुली, अलता-चोटी, नेलपालिश, कंघी, चोली बेचनेवाले घूमने लगे हैं। ताड़ी, मांस, मछरी वाले भी और अजबइना (थरुहट की शराब) वाले भी जहाँ-तहाँ बैठे मिल जाते हैं। नट-बाजीगरों, बंदर, भालू वालों के डमरू बजने लगे हैं गलियों में। अलबत्ता, नाच-तमाशे वाले हरना टाँड़ और गंगौती में ही पड़ाव डाले पड़े हैं। कोई बात नहीं, बैलगाड़ी का रास्ता है। हाँ, नाले में पानी हुआ तो उतरना पड़ेगा।

कुल धान सिर्फ एक डेहरी। मकरंदापुरवाली सोच में पड़ गई है, इस बासमती की पैदावार ही कम होती है। वह दूसरा धान भी लगा सकती थी, मगर क्या करती, यहाँ जो भी आता है, उसे बासमती ही चाहिए।

गाँव की दूसरी औरतें बैलगाड़ी पर रजाई लादकर निकल पड़ी हैं पहुनाई के लिए। भरपेट गदला (शराब) पी, बकरे की मांस खाकर नाचेंगी। उसे इत्ती फुरसत कहाँ। फिर जाएगी भी कहाँ ? मायका श्मशान हो गया, मर्द ने तज दिया और वो सेठ जिससे यह लड़का है, उसके घर जा ही नहीं सकती।

वह धुँध में जाती हुई बैलगाड़ियों को देखती है, और ठसके से कह उठती है—'जाओ ! इस नाच-तमाशा और पहुनाई में वैशाख तक आते-आते सब धान लुटवाकर फिर करज लो या मजूरी के लिए गिड़गिड़ाओ।'

बैलगाड़ियाँ नहर पारकर गंगौती के रानीमहल की दक्षिणी कच्ची सड़क से जा रही हैं।

कोई अस्पष्ट-सा गीत उड़ा आ रहा है बीते दिनों की स्मृति-सा। अपने बारजे पर खड़ा कुमार सोचता है—ये दोन (द्रोण) की मछलियाँ हैं—किल्लोल कर रही हैं मोदमग्न। क्या इन्हें इस बात का जरा भी खौफ नहीं है कि कोई बगुला या चील्ह इन्हें लपक लेगा !

सीढ़ियाँ चढ़कर मास्टर साहब आते हैं, 'क्या सर, क्या देख रहे हैं ?'

कुमार पलटता है, 'आपके ठाकुरों की ठकुराइनों के रथ को।'

हँस पड़ते हैं मास्टर साहब, 'वो तो इनका विश्वास है, सरकार का नहीं। सन् '45 की मर्दुमशुमारी के अनुसार ये जनजाति हैं, फिर ये लड़ गए कि नहीं, हम ठाकुर हैं। सरकार ने 1951 में इन्हें प्रोमेट कर पिछड़ी जाति बना दिया।'

'थारू शब्द कहीं ठाकुर से घिसकर तो नहीं बना ?'

'क्या पता ! मुझे लगता है 'स्थिर' से।'

'और सहोदरा देवी, जिन्हें आप यशोधरा कहते हैं ?'

'वही तो मैं कहता रहा हूँ कि ये शाक्य हैं। स्थिर स्वभाव, शांत, गंभीर विश्वासी, धैर्यवान, यहाँ की जनसंख्या के एक लाख पचास हजार, यू.पी. के एक लाख तीस हजार, कुछ नेपाल के—कुल मिलाकर तीन लाख थारू कोई और नहीं गौतम बुद्ध के वंशज हैं।'

इस चर्चा से हमेशा की तरह ऊब होने लगी कुमार को, बोला, 'और मास्टर साहब, आपके ग्राम सुरक्षा दल कैसे काम कर रहे हैं ?'

'उसी के लिए तो आया था, सर उनके लिए बंदूकें...!'

'जिला-अधिकारी देने को तैयार हैं बशर्ते उनका बेजा इस्तेमाल न हो।'

'नहीं होगा।'

'तो जाकर ले लीजिए।'

मुरली पांड़े के जाने के बाद कुमार दूसरे बारजे पर आ गया और नीचे देखने लगा। चना, गेहूँ, जौ, मटर, सरसों आदि के जो बीज कातिक में बोए गए थे, वे अब पूरी तरह अँखुआ गए थे। कुमार के अंदर भी एक नया बीज अँखुआ रहा था, कुंठा का बीज !

भूल गए पांड़े-शर्माजी, भूल गया बिसराम, भूल गया काली, धुँध में एक-एक कर डूबता रहा सारा कुछ ! याद रहा तो सिर्फ इतना कि उसे किसी भी पैंतरे से अपने शिकार तक पहुँचना है। वृंदावनलाल वर्मा के 'मृगनयनी' का एक शिकार-प्रसंग याद आया, मृगनयनी की सखियाँ, साँभर मारकर इतरा रही थीं, इस पर मृगनयनी ने कैसे ठसके से कहा था, 'हुँह, साँभर और चीतल को तो मैं यूँ ही छोड़ देती हूँ...।' यानी बड़े लोग छोटे शिकारों पर हाथ नहीं डालते, उन्हें चाहिए बड़ा शिकार ! रामजतन नहीं, परशुराम नहीं, परेमा ! पच्चीस, पच्चास हजार का नहीं, एक लाख का आसामी !

उस दिन हाथ में आकर भी फिसल गया स्साला !

सहसा उसे याद आया, उस दिन एनकाउंटर में उस गैंग का भोला तो पकड़ा गया था। हाँ, और वह लॉकअप में होगा। वह चुपके से उठा, फिर दबे पाँव शिकार तक आया...! (शेर ऐसा ही करते हैं !)

'इससे कुछ मालूम हुआ ?' उसने थानेदार से पूछा।

'ना सर, बताता-ई नहीं है।'

'ऐसे थोड़े बताएगा।'

'बहुत पिटाई हुई है सर, बाकी बताता-ई नहीं है।'

'सब बताएगा। पहले एक सँड़सी ले आइए।'

सँड़सी आ गई तो भोला को पकड़कर ले आया गया।

'परेमा कहाँ मिलेगा, बता दो भोला।'

'नहीं मालूम हुजूर !'

'हथियार कहाँ रखता है ?'

'नहीं जानते सर !'

'उसके बाल-बच्चे कहाँ रहते हैं ?'

'नहीं ई-ई...!' उसका नहीं शेष होते, न होते कुमार ने झट सँड़सी की चोंच में भोला के हाथ के बढ़े नाखून दबोच लिये।

'अरे बाप रे, छोड़ दे हजूर !' भोला हलाल हो रहे बकरे-सा मेमिया उठा। कुमार का खिंचाव जारी रहा, बोला, 'नहीं बोलोगे तो नाखून उखाड़कर उसमें नमक-मिर्च भर देंगे। उसे खुशी हुई कि इस मायने में वह पांडेय से भी एक कदम आगे जा रहा था। एक ही मिनट के दर्द में समर्पण कर दिया भोला ने, 'बता रहे हैं हजूर, गोड़ लगते हैं, नाखून मत उखाड़िए।'

'कहाँ ?'

'नेपाल में।'

'चलो, लिवा चलो हमें।'

सड़क, सड़क, सड़क ! सड़क से जुड़ती सड़क। सड़क से घटती सड़क ! बाजार। बियावान। पहाड़, जंगल, कच्ची सड़क। पक्की सड़क। नेपाल के मझोले शहर की गली।

परेमा के गिरोह का यह भोला जो लखराँव के बाद पकड़ा गया था और जिस पर थर्ड डिगरी का खुलकर प्रयोग हुआ था, आज मुखबिर था।

'ई घर है हुजूर !'

रुक गई जीप। दस्तक देने की जरूरत न पड़ी। दरवाजा खुला हुआ था। कोई तीन-चार साल का गोरा-गदबदा बच्चा निकलकर भाग रहा था, घर से, जिसे पकड़ने कोई गोरी संभ्रांत-सी दिख रही युवती बाहर लपकी।

'ये ही है हुजूर !'

सुदर्शन सिंह और पारबती ने इधर-उधर देखा फिर घात लगाकर बैठ गए। बच्चे को पकड़कर जैसे ही वह युवती अंदर मुड़ी कि लपक ली गई। जीप में लादी जाने तक उसके मुँह से 'बचाओ ! बचाओ !' की कातर आवाज फुदककर बाहर आ ही गई। कुमार ने झट उसके मुँह पर तौलिया डाल दिया, बाकी जवानों ने उसकी छटपटाहट पर काबू कर लिया। पारबती बच्चे का मुँह दबाए जीप में आ दुबका। कुमार एक शातिर अपराधी-सा गुर्रा उठा, 'चीखी कि गोली मार देंगे बच्चे को।' शांत हो गई औरत, शांत नहीं पस्त और परास्त।

मगर बाहर आनन-फानन में भीड़ जुट आई और 'मारो-मारो' का शोर मचाने लगी।

हाय ! ड्राइवर जुम्मन कहाँ मर गया अब। मरा वह। चाभी भी उसी के पास है। ढेले, पत्थर बरस रहे थे। गालियाँ और ललकार ऊपर से। थोड़ी देर और हुई कि भीड़ उन्हें जिंदा खा जाएगी। खैर, जुम्मन दौड़ा आ रहा है पान की दुकान से।

फिर वही राह, गली, पक्की सड़क, कच्ची सड़क, जंगल, पहाड़, बियावान बाजार, सड़क, सड़क, सड़क !

प्रारंभिक पूछताछ के बाद थाने में माँ-बेटे को स्पेशल पुलिस कस्टडी में रखकर लौट आया कुमार रानीमहल। पुलिस की वर्दी तजकर सिविल ड्रेस में अनआफिसियली गए थे लोग। कहीं कुछ हो जाता तो जवाब देते न बनता। खैर, न केवल सभी सही, सलामत आ गए थे, बल्कि परेमा के बीवी-बच्चे को पकड़कर ले आने में कायामब भी हो गए थे। अब कितने दिन और बचके रहोंगे दस्युराज ?

पारबती भी आज पुलिस के आदमी का रुतबा पा गया था। अपनी सफलता की कहानी वह कल सुनाएगा सोना को तो 'अस ! अस !' करने लगेगी। कुमार का पाँव दबाते हुए पता नहीं कहाँ से उसके कंठ पर एक पुराना सवाल उभरा।

'हजूर !'

'हाँ।'

'कब्भी पूछ रहे थे न कि डाकू लोग कैसे 'किडनैपिन' करता होगा...!'

'हाँ...।' हुँकारी भरते ही चिहुँक उठा कुमार, सचमुच आज उसने खुद ही तो की...!

आज तो पारबती की मालिश से भी नींद नहीं अएगी। उसने वैलियम फाइव की गोली को पानी के साथ निगल लिया।

सुबह आँख खुली तो सात बज रहे थे। पिछली घटनाएँ एक दुःस्वप्न-सी झूल रही थीं पलकों में।

सुदर्शन सिंह ने एक कड़कदार सैल्यूट देते हुए पूछा, 'सर, थाने चलना है न ?' हमेशा अपाहिज की तरह पड़ा रहनेवाला यह सुदर्शन सिंह भी आज चुस्त-दुरुस्त था। एक छोटी-सी कामयाबी भी किस तरह झोल झाड़ देती है।

थोड़ी देर में जीप बेतिया की ओर भाग रही थी। कुमार मन-ही-मन इंटेरोगेशन के सवालों का गुणा-भाग कर रहा था। पहले यह पूछेगा कि परेमा के चरित्र में यह बदलाव आया कैसे ? उहूँ, यह नहीं, यह कि इन दिनों उन दोनों में कितनी बार भेंट होती है और क्या बातचीत होती है, कि उसको वह खुद सरेंडर करवाने के लिए सहयोग देगी या...!'

जीप हचके के साथ रुक गई और रुक गए सवाल ?

थानेदार की मोटर साइकिल बगल आ लगी थी, 'सर, पत्रकार लोग हल्ला मचा रहे हैं।'

'पत्रकार ? वे कहाँ से आ पहुँचे ?'

'पता नहीं। कह रहे हैं कि औरत को मर्द कांस्टेबलों की पुलिस हिरासत में आप नहीं रख सकते। फोटो ले लिया उन लोगों ने।'

'और आपने उन्हें लेने दिया ?'

'हम क्या करते साहब, एस.डी.ओ. नीलाचलम आए थे, बोले छोड़ दो।' सिर पकड़कर रह गया कुमार।

सरे बाजार जा रही एस.डी.ओ. की जीप का पीछा किया पुलिस की जीप ने और बेतिया थाने के पास खदेड़कर घेर लिया।

'आप एस.डी.ओ. हैं ?' कुमार खिसिया उठा।

'यस, ह्वाट्स द मैटर ?' नीलाचलम हैरान था।

'थाने चलिए, वहीं बताते हैं। पहले तो एक क्रिमिनल को इस्केप कराने के लिए आपका ही चालान करना होगा।' क्रोध में वह अपनी सीमा भी भूल गया।

थाने में मजमा लग गया।

'एक्चुअली, आय डॉन्ट नो !' नीलाचलम के चेहरे पर हवाई उड़ रही थी।

'जर्नलिस्ट लोग बोले कि वो, बांडेड लेबर, क्या बोलते, बँधुआ श्रमिक प्रॉब्लम पर स्टडी करेगा। हमसे हेल्प माँगा थाना देखने का। देन वो उस लेडी से क्वेश्चन पूछने लगे। आ-आमको नई मालूम था, जो, वो किसका वाइफ है। फिर बोले इसको क्यों डिटेन करके रखा है। कोई ऑफीसियल डाकुमेंट नहीं था।'

'सो आपने उस औरत को छुड़वा दिया ?'

'यस, बट फॉर गॉड्स शेक, प्लीज बताइए, वो किसका वाइफ था।'

'यहाँ के सबसे बड़े क्रिमिनल का !'

'ओ माय गॉड !' नीलाचलम अनुतप्त-से हो उठे, फिर पूछा, 'बट, आप किसी औरत को चौबीस घंटे से ज्यादा डिटेन नहीं कर सकते। इट इज इललेगल। जर्नलिस्ट लोग जान गए थे।'

'आपके जर्नलिस्ट गए कहाँ ?'

'आय डॉन्ट नो !'

खिसियाकर लौट रहा था कुमार।

दूसरे दिन अखबार में कल की घटना के विस्तार से वर्णन के साथ-साथ कुछ उपदेश भी थे—

हमारे देश की पुलिस पर इलाहाबाद उच्च न्यायालय के चीफ जस्टिस आनंद नारायण मुल्ला ने टिप्पणी की थी, 'पुलिस अपराधियों का सबसे बड़ा संगठित गिरोह है। जाने कब हमारी पुलिस को यह बात समझ में आएगी कि डाकू समस्या अपने बुनियादी रूप में एक मानवीय समस्या है कि मारपीट, एनकाउंटर की आड़ में हत्या और डकैतों की तरह अपहरण कर उनसे ब्लैक मेलिंग करना जख्म पर मरहम लगाना न होकर उसे खरोंचना है। उन्हें आत्मसमर्पण का मौका दिया जाना चाहिए ताकि वे एक सम्मानित जिंदगी में वापस आकर समाज की बेहतरी के लिए कुछ कर सकें।'

शिट ! (पायखाना !), एक बोतल दारू और एक अदद मुर्गे पर बिकनेवाले भी अब उपदेश पोंकते हैं। उसका वश चलता तो इन्हें उलटा लटकाकर पीटता !

पच्चीस

जरा-सी गफलत हुई और आया हुआ शिकार हाथ से निकल गया। उफ यह बकलोल नीलाचलम और ये धूर्त पत्रकार ! कुमार एकबारगी बौखला उठा था। उसका आहत अहं बार-बार इस बिंदु के गिर्द चक्कर काट रहा था कि अब किसी पर भी दया-माया करने की जरूरत नहीं है। पांडेयजी की तरह बिलकुल व्यावहारिक होना पड़ेगा—हंड्रेड परसेंट प्रैक्टिकल ! नहीं प्रैक्टिकल नहीं, दुनियादार !

पांडेय इन दिनों उसके चहेतों की सूची में सबसे ऊपर थे। एक सच्चे हमदर्द की तरह एक दिन उन्होंने उसके जख्म को सहलाया,

'कुमार, क्यों न हम दोनों ही परेमा के खिलाफ संयुक्त अभियान चलाएँ। यानी तुम्हारी चुस्ती।'

'और आपकी अक्ल !'

'हाँ।'

कुमार की जैसी आदत थी, थोड़ी देर तक ऊँ-ऊँ करता रहा फिर कुढ़कर बोला, 'लेकिन सर, अब तक के अनुभव क्या बताते हैं, दो-दो बार हमने ज्वाएंट वेंचर लिया, दोनों ही बार बचकर निकल गया परेमा।'

एक चतुर शिकारी की तरह पांडेय ने कुमार को देखा, 'गोया तुम भी संयोगों पर विश्वास करते हो ?'

'करता तो नहीं था, मगर...खैर छोड़िए,' वह तनिक झिझका जैसे कोई अनैतिक काम करने जा रहा हो, 'आपने कभी किसी तांत्रिक की बात कही थी।'

'हाँ।'

'कभी आजमाया है आपने उसे एक बार भी ?'

'एक बार ! यह पूछिए कितनी बार—इतना सिद्ध तांत्रिक तो मैंने देखा ही नहीं। मेरी एक बेटी थी, लँगड़ी हो चुकी थी, तांत्रिक के पास गया। उसने नाक से साँस की गति परखी, थोड़ी देर ध्यानस्थ रहा, फिर बोला, सावन में बाबा धाम में काँवर लेकर जाओ। और साहब, कितने कष्ट से गई, क्या बताएँ, कहाँ सुलतानगंज, कहाँ वैद्यनाथ धाम। लेकिन बिलकुल ठीक है आज !'

'अच्छा ?'

'हाँ ! मेरा विश्वास जमने लगा। जब भी कोई परेशानी हो, दो चिलम गाँजा लेकर हाजिर ! एक दिन उसने कहा, आपके घर के उत्तर एक सौ सत्तानवे कदम पर एक कुआँ है, उसमें एक ब्रह्म रहता है। बताइए, तांत्रिक ने न मेरा घर देखा था, न द्वार, हमें खुद आइडिया न थी। लेकिन नाप कर देखा तो ठीक एक सौ सत्तानवे कदम पर कुआँ था, न एक कदम कम, न एक कदम बेशी। और ब्रह्म किसका था तो हमारे गोतिया तीतर पकड़ने के चक्कर में सौ साल पहले उसमें गिर पड़ थे। फिर तांत्रिक के अनुष्ठान पर काशी और गया ले जाकर बैठवाया, तबसे सारी अलाय-बलाय दूर !'

'उससे कहाँ मुलाकात होगी ?'

'जब कहो, बुलवाए देता हूँ।'

तीसरे दिन तांत्रिक व्योम बिहारी पांडेयजी के कैंप में हाजिर था। कुमार की कल्पना से अलग सफेद धोती-कुर्ते में वह एक गृहस्थ पंडे जैसा लग रहा था। परिचय के बाद प्रणाम किया कुमार ने मगर जवाब में उसकी आँखें मुँद गईं, दाहिना हाथ नाक के नीचे जा लगा..!

'तुम अभिशप्त आत्माओं के बीच से आ रहे हो, अभिशप्त, यौन पिपासित।'

'हाँ महाराज, रानीमहल से आ रहा हूँ।'

'बोलो मत ! मैं देख रहा हूँ कि इकतीस विषधर लकड़ी की दरारों में झाँक रहे हैं, मगर तुम एक मानव सर्प के पीछे पागल हो। दो-दो बार तुम्हारा वार हुआ, मगर वो सरक गया।'

'मैं उसे मारना चाहता हूँ।'

'मगर कोई उसे जिलाए रखना चाहता है।'

'तो क्या वह मरेगा नहीं ?'

'इस मृत्युलोक में जो जन्म लेता है, सबको मरना पड़ता है।'

'कैसे मरेगा महाराज ?'

'महामारक मंत्र से।'

'वह मंत्र तो मैं नहीं जानता।'

'तुम अपना काम करो, प्रभु को अपना काम करने दो।'

'मैं और पांडेयजी संयुक्त अभियान चलाना चाहते हैं।'

'अकेले-अकेले प्रयास करो।'

'कब तक सफलता हाथ लगेगी, महाराज ?'

'यह महामारक मंत्र पर निर्भर करता है।'

तांत्रिक की देह काँपी और वह सामान्य होने लगा।

'अनुष्ठान में कितना पैसा लगेगा बाबा ?'

'दो चिलम गाँजा बस ! बाकी काम संपन्न हो जाने पर पाँच ब्राह्मणों, पाँच गायों, पाँच बंदरों, पाँच बालकों को भोजन करा देना।'

'सिर्फ दो चिलम गाँजा ! स्वयं कुछ नहीं लेते महराज ?'

'गुरु ने कहा जिस दिन तुमने लिया, तुम्हारी सारी विद्या खत्म हो जाएगी।'

'आपके मंत्रीजी तक इनसे सलाह लेते हैं।' पांडेय ने कहा।

'मंत्रीजी भी...?' कुमार चकरा गया।

'हाँ मेरे लिए जैसे मंत्री वैसे भिखारी, जैसे डाकू, वैसे पुलिस !'

छब्बीस

कहीं कोई हैंग ओवर है तन-मन पर—वह क्या है ?

कुमार ने पिछले कुछ दिनों की घटनाओं पर गौर किया, मगर वजह ठीक-ठीक न समझ सका। लोगों में आस्था जगाने के लिए पुलिस बल का नियमित फ्लैग मार्च होता है; इधर अपहरण, बलात्कार या अन्य आपराधिक वारदातें भी नहीं हुईं, खुद को और अपने दायरे के प्रशासन को वह हर घड़ी चाक-चौबंद रखता ही है। फिर यह हैंग ओवर क्यों ?

शायद पत्नी का पत्र—'जंगल, जंगल, जंगल ? डाकू, डाकू, डाकू ? आपकी जिंदगी में क्या बस ये दो ही शब्द हैं ? मगन हैं आप अपने दंडकारण्य में, दंड मुझे मिला या मयंक को—आपको इससे क्या ? मैंने उर्मिला की नियति स्वीकार कर ली है !' कुछ देर तक पत्र में डूबने-उतराने के बाद वह उसे हाशिए पर सरका देता है, 'ऊँह यह क्यों नहीं होगा, यह तो मानिनी का मान है ?'

सोचते-सोचते उसका मन एक जगह आकर टिकता है, कोई शीर्ष बिंदु नहीं, एक पसरा हुआ धब्बा ! यह धब्बा है मंत्रियों-अफसरों की नीम चालाकी का। प्रधानमंत्री हों, मंत्री दुबेजी, आई.जी. हों या निचले स्तर पर पांडेयजी, एक बार कहकर खलास ! फिर वे बाहर से कुछ और, अंदर से कुछ और ! कितने अद्भुत सुझाव दिए उसने कि हमें पोस्ट क्राइम मेजर्स (अपराध हो जाने के बाद के उपाय) की जगह 'प्रिक्राइम मेजर्स (अपराध के पहले के उपाय) पर ध्यान देना चाहिए, कि भूमिसुधार, सामाजिक न्याय, ढीला प्रशासन, मानसिक संस्कार और डाकू—सारे प्रश्न एक-दूसरे से जुड़े हैं, कि डाकुओं के सभी फीड बैक्स खतम कर देने चाहिए। लेकिन डी.आई.जी. ने किस तरह डाँट दिया, 'सोशल एक्टिविस्ट बनने का मोह छोड़ दो, तुम सिर्फ एक पुलिस फोर्स हो, जिसे ऊपर के इंस्ट्रक्शन फॉलो करने हैं—अंडरस्टैंड !'

फोर्स यानी ब्लाइंड फोर्स ! ये वही डी.आई.जी. हैं जो अखबारों में क्रिएटिव माइंड का इस्तेमाल करने की बात कह रहे थे।

फिर ये पुलिस अफसर्स ! इन्हें कहा गया था कि ये महज सुविधा के लिए जोनल इंचार्जेज में बँटे हुए हैं, मगर हैं सामूहिक रूप से एक...एक शरीर, एक प्राण, एक मन ! और इनके आचरण...? लगता है, एक अंधी रेस में शामिल हैं सबके-सब ! उस दिन वह भी परेमा को पकड़ने गया था, वे भी ! पहले मारे सोई मीर ! यह थी एक शरीर, एक प्राण, एक मन की हकीकत !

और वह जायसवाल ! उस दिन व्हिस्की के नशे में उसने (कुमार ने) क्या कह दिया कि यहाँ के मूल निवासी थारू हैं जबकि अपराधी और अपराध को सरंक्षण देनेवाले यहाँ के बैकवर्ड्स ! यह तो वह शुरू से ही कहता रहा था, नया क्या कहा था ?

लेकिन जायसवाल के अंदर दुबके पिछड़ी जाति के अहं ने इसे कैसे अपने वर्ग पर ओढ़ लिया, 'हाँ, डाकू दुबे, मंत्रीजी, लल्लन बाबू, चंद्रदीप सिंह, पिछड़े ही तो हैं !'

होमगार्ड्र्स के कमांडेंट का अलग ही रोना था, 'पिछड़े तो हम हैं, होमगार्डवाले। सबको नाइट एलावेंस मिलता है, हमारे जवानों को नहीं। तनख्वाह तक तो सरकार देती नहीं, बस

एक डंडा पकड़ाकर दौड़ा देगी हर आपदा में—यहाँ 'ऑपरेशन ब्लैक पाइथान' में भी—और हम बेगार कर रहे हैं।'

इस पर जायसवाल ने हँसते हुए कहा था, 'कुमार साहब, मंत्रीजी के तो आप खासमखास हैं, इन बेचारों की सिफारिश करवा दीजिए न !'

'मंत्रीजी !' वह कुढ़कर रह गया था, इतना ही खासमखास होता तो इस तरह शंटेड पड़ा रहता आज तक !

वायरलेस ऑपरेटर सिंह आकर खड़ा हो गया है, 'सर !'

'हाँ !'

'एक सूचना है, रामजतन नोनिया पकड़ा गया।'

इस खबर पर उछल पड़ा वह, 'ऐं ! कहाँ, किसने पकड़ा !'

'किसी मारवाड़ी सेठ की फिरौती वसूलकर नेपाल भागते हुए अपनी रखैल लक्ष्मी के पास रुका। मुखबिर से सूचना पाकर जायसवाल साहब ने रात में ही छापा मारा और...!'

'मिस्टर सिंह और पांड़ेजी थाने पहुँच चुके हैं, आपके लिए सिन्हा साहब ने कहा कि मौका हो तो इंटेरोगेशन के लिए चल आएँ !'

कुमार जब थाने पहुँचा तो उसने देखा कि सिन्हा, जायसवाल और पांड़े बाहर बैठे हुए हैं। अंदर एक मझोले कद के किसाननुमा युवक को खड़ा किया गया था। अत्यधिक पिटाई और टॉरचर से उसकी पलकें मुंदी जा रही थीं। एक सिपाही चाय दे गया।

'कुछ उगला उसने ?' सिन्हा ने दारोगा से पूछा।

'नहीं सर !'

'होश में है ?'

'सोने लगा था सर, कल से जब-जब सोने को हुआ, सोने नहीं दिया गया ! मार पड़ी, सो अलग। फिर सोने लगा तो एक बाल्टी पानी डलवा दिया।'

'ऐसे नहीं बताएगा', पांड़े ने कहा, 'उसके नाखून उखड़वाओ एक-एक कर !'

दरोगा अंदर गए तो पीछे-पीछे पांड़ेजी भी।

सँड़सी कहीं मिल नहीं रही थी। एक सिपाही दौड़कर मेस से ले आया। नाखून छोटे थे, पकड़ में नहीं आ रहे थे।

पांड़े ने उसे परे करते हुए सँड़सी खुद अपने हाथ में ले ली और पाँव के अँगूठे पर झुके। चार सिपाहियों ने नोनिया को दबोच रखा था, उन्होंने सँड़सी को बेरहमी से अंदर तक खुभोकर जोर से खींचा और एक चीत्कार के साथ जिंदा रक्तरंजित नाखून सँड़सी की चोंच में था। अँगूठे से पिलपिलाकर लाल खून बह रहा था।

'आहि हे माई, आहि ए दादा !'

'अब भी बता दे साले, नहीं तो इसी सँड़सी से इसी तरह एक-एक कर सारे नाखून उखाड़कर फेंक देंगे।'

कुमार का कलेजा काँप उठा।

'सब बता देइब ! हमरा के छोड़ देई साहेब !'

अपनी पैशाचिक विजय की सफलता में पीछे मुड़कर उन्होंने दूसरे अफसरों पर शेखी-भरी नजर डाली तो उनका रोब गालिब हो चुका था।

'आप तो मोची के भी बाप निकले !' कुमार ने कटाक्ष किया।

'यहाँ आइए।' पांड़े के शक्तिशाली पंजे उसके कंधों पर पड़े। कोने में जाकर राज भरे अंदाज में बताने लगे, 'आप क्या समझते हैं जायसवालवा यह सब नहीं कर सकता था, सबका ताऊ है साला।'

'तो ?'

'वही बताने तो ले आया आपको। खाली हनुमानजी की तरह पूँछ उठा के दूसरे की जनाना के लिए दौड़ते रहते हैं। अरे ई सब कूटनीति भी समझा कीजिए।' उनकी आवाज अब और भी रहस्यमयी होती जा रही थी, 'जब ई जायसवालवा मारने लगा न नोनियवा को, तो ऊ औरतिया, उसकी रखैल, गोड़वा पकड़ के गिड़गिड़ाने लगी, छोड़ दो हाकिम। हमारा जो कुछ है, सब ले लो, लेकिन इनको मत मारो।... डेहरी से रुपिया आया, कोठा से रुपिया आया, बक्सा से गहना झाड़ा गया, तकिया से रुपिया झाड़ा गया। अस्सी हजार ! आँख चौंधिया गई जायसवालवा की। सोचा, नोनिया पर सरकारी इनाम है सिर्फ पच्चीस हजार, यानी पकड़ने पर पच्चीस हजार, छोड़ने पर अस्सी हजार ! बनिया है, नफा-नुकसान समझता है लेकिन जाना-जानी हो गया था। पूरी भीड़ थी। तब जाके पकड़ के ले आना पड़ा। ले तो आया लेकिन जो नुकसान हुआ माने अस्सी घटाव पच्चीस, कितना हुआ ?'

'पचपन हजार !'

'हाँ उसी पचपन हजार के लॉस के चलते बुझा हुआ है।'

सशस्त्र जवान नोनिया को पकड़कर जीप में चढ़ा चुके थे। जायसवाल पांड़े और कुमार के पास आए, 'तब चला जाए सर...'

'मुझे तो माफ करें, कल से यहीं हूँ, अपने क्षेत्र से इतना ज्यादा बाहर रहना ठीक नहीं होगा।' पांडेय जाने क्यों कन्नी काट गए।

'आप तो चलेंगे कुमार साहब ?'

'मेरे पास सिर्फ दो आर्म्ड कांस्टेबुल और एक सब-इंस्पेक्टर हैं।'

'चार मेरे साथ हैं, काफी हैं।'

'ठी-क है, चलिए। पेट्रोल आगे चलकर ले लेते हैं !'

आगे-आगे जायसवाल की जीप, पीछे-पीछे कुमार की। गाँव-दर-गाँव पार हुए जा रहे थे कि अचानक सामनेवाली जीप रुक गई। कुमार की जीप को भी रुकना पड़ा।

जायसवाल खुद उतरकर आ रहे थे।

'क्या हुआ ?'

'वह तो बदल गया। कहता है, चाहे मार डालिए, नहीं बताएँगे।'

'आर्म्स ?'

'हाँ !'

'चलिए, चलकर देखते हैं।' कुमार ने कहा और उनके साथ हो लिया।

नोनिया एक बनैले सुअर-सा एक दिशा में ताक रहा था। चेहरे पर तनाव-भरी

बीभत्सता जमी हुई थी। जीप में मुँह डालकर स्नेह और आदर भरे स्वर में कुमार ने पुकारा, 'रामजतन भैया !' कोई प्रतिक्रिया नहीं, जैसे पत्थर का बुत हो गया था नोनिया। 'देखो, रामजतन भैया,' कुमार ने हिम्मत नहीं हारी, 'एक पुलिस अधिकारी होकर भी मैं तुम्हारे जजबातों का कायल हूँ। तुम बचोगे या नहीं, नहीं जानता, मगर एक बहादुर आदमी के रूप में हमेशा याद किए जाते रहोगे। तुम क्या चाहते हो, तुम्हारे बाद भी यह खूनी खेल चलता रहे ? वे हथियार पुलिस को नहीं मिलेंगे तो वे किसी और के हाथ लग ही जाएँगे और जरूरी नहीं कि वह तुम्हारी तरह पाक-साफ ही हो। उम्र में तुमसे छोटा हूँ, सो भैया कह रहा हूँ...।'

रामजतन नोनिया ने इस बार आँख फेरी, 'भैया...?' हुँह ! क्यों मुँह खराब करते हो साहब। हम नान्ह जात के हैं, आपके भाई कैसे हो सकते हैं ?'

कुमार को कुछ सोचना पड़ा कि वह क्या कहे, नजर झुकाकर बोला, 'उन तमाम नाइंसाफियों का हिसाब आज, इसी पल और मुझसे अकेले माँगोगे तो शायद न दे पाऊँगा, फिर भी मेरा वायदा रहा कि तुमने हमारी सहायता की तो तुम्हारी सजा में रियायत कराने की मैं भरपूर कोशिश करूँगा।'

एक-एक पल अनिश्चय में विसर्जित हो रहा था। धूप उस बियावान प्रांतर में बुखार-सी चढ़ती जा रही थी।

'तब क्या किया जाए ?' जायसवाल ने पूछा।

'क्या कहें–! बहुत अन्याय हुआ है इन लोगों पर, सारा कसूर इन्हीं का थोड़े ही है।' कुमार एक क्षण को रुका फिर आर्त्त स्वर में बोला, 'चलिए लौट चलें !'

सबके-सब वापस अपनी-अपनी जीपों में बैठ गए। जीपें स्टार्ट होने को थीं कि सन्निपात के रोगी-सा बर्रा उठा नोनिया, 'जीप को दाहिना मोड़ लीजिए।'

कुमार ने जायसवाल को देखा, जायसवाल ने कुमार को ! उनके चेहरों पर राहत पसीज आई थी।

नोनिया के इशारे पर दाहिनी ओर के घंटे-भर के सफर के बाद जंगल में रुक गई जीप। नोनिया को दो सिपाहियों ने लगभग टाँग रखा था दोनों ओर से। वे जंगल के अंदर-ही-अंदर बढ़ते गए फिर एक बड़ी चट्टान के पास पेड़ में धँसी नन्ही कील को ढूँढ़ निकाला नोनिया ने। कीलों का सिलसिला कुछ दूर चला, फिर एक झाड़ी को दिखाकर नोनिया ने इशारा किया–'हियाँ खोदिए।'

दो बोरा बुलेट, चार देशी बंदूकें, दो स्टेनगन, दो राइफल...! हथियार लूट के बाकी हथियार कहाँ हैं ? 'हमें तो सिर्फ दो राइफलें मिली थीं, नोनिया जानकर !' इंस्पेक्टर राम नोट करने लगे, वह वहाँ से हट गया।

जाते समय रामजतन की आँख भरी हुई थी, 'हुजूर, भाई कहा है तो भाई जैसा पवित्तर नाता का लाज रखना।'

लौट आया था इन शब्दों के साथ कुमार। रानीमहल में पहुँचते-पहुँचते शब्द कहाँ झर गए, कुछ याद न रहा। उस पर एक दूसरा ही सफलता का नशा हावी होने लगा था।

आते समय उसने और जायसवाल ने ऊपर-ही-ऊपर हाथ मारे थे, पांड़े होते तो तीसरा

हाथ भी होता—चीयर्स के अंदाज। मन में बार-बार जायसवाल की प्रशंसा गूँज रही थी, 'आप इतने अच्छे अभिनेता हो सकते हैं, नहीं मालूम था।'

मगर इसके लिए उसे पांडेयजी का शुक्रगुजार होना चाहिए था, उन्होंने उसकी झोल न झाड़ी होती तो ऐसे टेढ़ें पैंतरों और सधे दाँवों पर उसका ध्यान ही न जाता। 'भैया' कहने और स्नेह, आदर, विनय विगलित शब्दों पर कैसे फिसल आया नोनिया !

दूसरे दिन सूचना आई कि एनकाउंटर में मारा गया नोनिया !

'यह तो होना ही था !' उसने तटस्थ भाव से कहा। उसका हैंग ओवर छूट चुका था...अब वह एक नए हैंग ओवर की गिरफ्त में था—कामयाबी के नशे का...।

सत्ताईस

अचानक वसंत के इस मौसम में डाकुओं की तरह वसूली माँगने आ गए थे बादल और मौसम सिड़ा गया था। कल भी बारिश हुई, परसों भी और आज धुँध। कुहरा इतना घना था कि सामने के बड़े फाटक पर मानो किसी ने सफेद परदा टाँग दिया हो। बगल के आम की टहनी मानो सफेद परदे के कैनवस पर काढ़ी हुई कोई धुँधली-सी फूल-पत्ती हो। दूर के न पेड़ दिख रहे थे, न राह, न पोखर, न सरसों के पीले खेत। बूँद-बूँद चू रहा है कोहरा मानो सबको निचोड़कर—टप !...टप ! आम के बौर लसा जाएँगे, सरसों, अरहर और आलू की फसल नष्ट हो जाएँगी। डाकू हो या बादल, जो न कराए वरना इस फागुन के शेषांत में भी कोहरा !

कुमार ने एक क्षण को इस बेलगाम मौसम के सामने खुद को लाचार पाया फिर जड़ता को झटककर रानीमहल की सीढ़ियाँ उतरने लगा।

वह दौड़ रहा था और सोच रहा था—कैसी है यह दौड़। बचपन से आज तक वह दौड़ता ही रहा है मगर पहुँच नहीं पाया किसी मुकाम पर। क्या अनंत-पथ का यात्री है वह ? इस दौड़ की क्या कोई इंतहा नहीं ? आज यह दौड़ उसे कहाँ ले आई है इस कोहरे-भरे जंगल में, जहाँ कोई मायावी दानव हँस रहा है राशि-राशि उजली हँसी। इस उजली हँसी के सैलाब में डूब रहा है सारा जंगल—जहाँ कोई चीज नहीं दिखती, दिखता हैं धुँध निजड़ित उनका आभास मात्र।

नहर के पास भेड़ों ने उसका रास्ता रोक लिया। आज की यात्रा ही खराब है।

'सलाम हजूर।' गडेरिए ने इधर-उधर देखा फिर सामने आ गया, 'परेमा परसों रधिया दोन होकर दोपहर को लौटेगा।'

'तो तुम हो ?' मुखबिर मोहन को पहचानकर आशंकित हो उठा कुमार।

'खैर, खबर पक्की है ?'

'जी सर, नेपाल जाएगा, बॉर्डर पर गस्त है, सो संझलौके, चाहे रात में पार करेगा।'

'अभी कहाँ है?'

कोई आ रहा था। मोहन भेड़ों को हाँकते आगे बढ़ गया, उस आदमी के दूर निकल जाने पर वह वापस आया।

'परसों ही क्यों ?'

इसलिए की परसों से झाजी की ड्यूटी लग रही है गश्त पर। वही न पार कराते हैं।

'यानी नेपाल जाएगा।'

'जी।'

'अभी कहाँ है ?'

'यह बताना मुश्किल है सर। कोई कह रहा था देवराजपुर के किसी श्यामदेव के घर अपनी औरत को रख छोड़िस था। हुँवई से ला रहा है। श्यामदेव उसी के दल में काम करता था।'

'तुम्हें यह खबर कैसे मिली ?'

'चनपटिया से। मगर वहाँ से चल चुका था, अभी कहाँ है, हमें नहीं मालूम ?'

'मगर रधिया दोन के ही जंगल से परसों जाएगा, इसकी क्या गारंटी ?'

'सबसे निरापद रास्ता वही है, इसलिए।'

'अंदाजन कितने होंगे, उसके गिरोह में ?'

'आठ से दस।'

'हथियार... ?'

'हाँ, यह तो बताना भूल ही गया, एक नया हथियार मिला है उसे। दूरबीन से देखकर सही निशाने के लिए।'

'रेंज जानते हो ?'

'ना हजूर।'

मौसम ने अगले दिन ही करवट ली। धुँध हालाँकि अब भी थी, मगर धूप निकल आई थी। तीसरे दिन स्ट्रेटेजी के मुताबिक चकिया के पास के जंगल के प्रवेश पर पुलिस बल दूर-दूर तक जाल की तरह फैल गया। कुमार ने खुद दूर से अजनबी की निगाह से परखा, सामने के पत्तों के झोंपों के अलावा कहीं कुछ भी संदिग्ध नहीं। सुबह की धूप में दूर-दूर तक सब कुछ साफ-साफ दिख रहा था। आसमान साफ था, सिर्फ उत्तर के कोने पर मटमैली घटा का एक नन्हा पैबंद चस्पाँ रह गया था।

दोपहर के बाद उसने जंगल में अकेले ही प्रवेश किया। सोते की राह पकड़कर वह चलता गया। इसी राह से जाते हैं 'डाकू'। पिछली बारिश से भीगी मिट्टी अभी भी गीली थी, ऊपर के पेड़ों व झाड़ियों की नंगी जड़ें साँपों-सी उलझी झूल रही थीं। आगे सोते में बेशुमार पत्ते बिछे थे। पत्तों की आहट से बचने के लिए जड़ों को पकड़-पकड़कर वह सँभल-सँभलकर चलने लगा। वह बहुत ध्यान से देखता चल रहा था, गीली मिट्टी पर एक भी कदमों के निशान नहीं हैं। इधर से कोई आया-गया नहीं। उसका धैर्य जवाब दे गया और वह एक मोटी जड़ पकड़कर ऊपर आ गया।

ऊपर जंगल उसके सामने एक नए ही रूप में खिला पड़ा था। जंगल के इस रूप को तो उसने कभी नहीं देखा। अरे वाह ! वही चकित शिशु की चितवन।

महाकाल के जटाजूट-सा उलझाता, भरमाता जंगल—दिन में भी हर पल साजिश रचता हुआ-सा। आज पतझार में इस जंगल का तिलस्म तार-तार हो गया है—टहनी-टहनी नंगी है। उन टहनियों पर कहीं-कहीं नन्हीं-नन्हीं कोपलों के पंख हैं तो कहीं फूलों की कलियाँ भी। एक अजीब तपी हुई गंध है फूलों की, इस अपराह्न के जंगल में। इस गंध में तैरता आड़ी-तिरछी रेखाओं का अबूझ-सा ग्राफ, जैसे किसी बच्चे ने कागज पर यूँ ही गोंज-गाज दिया हो।...और यह सुनहली धूप, इस धूप से बनते जालीदार साए...धूसर धूप हुई तन पर ज्यों सुधियों की चादर अनबीनी !

ये क्या है—मचान ? हाँ, मचान ही तो है। शायद पांडेयजी का हो—कहीं कुछ दिख जाए शायद—बाघ या डाकू !

मचान पर आकर अच्छा लगा। कुछ बंदर डालियों पर धमाचौकड़ी मचा रहे थे, बाकी कहीं कोई नहीं।

अरे यह तो बूँदा-बाँदी शुरू हो गई। धूप भी, बारिश भी। पीली सुनहली धूप और उसमें आड़ी-तिरछी रेखाओं का जाल, जैसे सोने की झालर बरस रही हो आसमान से। सियार का बियाह ! पेड़-पेड़ फुनगियाँ खड़ी करके ताकते हैं, जैसे अपने कोमल कान खड़े करके निहार रहे हों हिरण और खरगोश के शावक ! सुग्गों, बगुलों और कलहंसों की उड़ती कतारें। कीं-कीं-कीं ! लगता है, यह बाज के चंगुल में फँसे किसी अभागे परिंदे की करुण पुकार है। अलसाई-सी नजर सेमल के पेड़ पर फिसल रही है—लाल-लाल फूल जैसे मांस के लोथड़े ! बासमती की मह-मह महकती बास-सी मस्त कर देनेवाली कोई मदमाती गंध है, जो चेतना पर छाती जा रही है। देह अलसा रही है। पलकें मुँदती जा रही हैं, स्वप्न और जागरण के बीच की स्थिति ! उसे लगता है वह भादों की चाँदनी रात में बासमती के खेतों के बीच से गुजर रहा है। बासमती की झुकी-झुकी फूली-फूली गलियाँ, मह-मह महक रहा है बासमती, जवानी की खुशबू ! मन करता है बाँहें फैला-फैलाकर भर ले पूरी सुगंध को अपने अंदर।

'कीं-कीं-कीं' की आवाज तेज होती है। स्वप्न टूट जाता है। बंदर उत्पात मचा रहे हैं। अचानक सारे बंदर झपाक-झपाक कूदकर जा बैठते हैं डालियों पर। सामने बाघ खड़ा है। बाघ देर तक सिर झुकाकर पंजों से कुछ हटाता-सा लगता है। फिर दूर से आवाजें आने लगती हैं। कुल दस-एक आदमी हाथों में भाला और आग की लुकाठी लिये हुए शोर मचाते इधर ही आ रहे हैं। बाघ दूसरी ओर चल देता है।

ये कौन लोग हैं ? कहीं परेमा के तो आदमी नहीं ? नहीं, साथ में सुदर्शन सिंह भी हैं।

'उतर आइए सर !'—सुदर्शन सिंह चीखते हैं।

वह अभी भी असमंजस में है।

'उतर आइए सर, ये रधिया दोन के गुमाश्ता हैं और गाँव के लोग हैं।'

वह सतर्क भाव से उतरकर उनके करीब आता है फिर दो कदम पीछे हट जाता है। सामने एक अजगर मरा पड़ा था।

गुमाश्ता बताते हैं, हम उधिर से आ रहे थे सर कि पता लगा आप जंगल में अकेले

चले आए हैं। बाघ का डर, कमरछिनवा का डर और सबसे बढ़कर अजगर का।'

'ई कमर छिनवा का क्या हुआ ?' सिंहजी पूछते हैं।

'कमर छीन के भागता है भालू !'

'ओ !'

'फिर ?'

'फिर हम लोग तैयार होकर आ गए।'

'अजगर को आप लोगों ने मारा ?'

'ना, ई बानर सब ! ऊ सर ऐसा हुआ कि एक ठो बानर का पूँछ पकड़ के लील रहा था। ऊ किकियाया—लपट-झपट हुआ। तब दूसरे बानर आ गए। मिल के मार डाला सब।'

'औ !' कुमार को अब 'कीं-कीं-कीं' की करुण टेर का आशय समझ में आया, 'फिर ये भागे क्यों—बाघ देखकर ?'

'हाँ सर ! बाघ बड़ा देर से खड़ा था। दरोगाजी तो फैर-ए कर देते ! हम बोले, नहीं, माँ भगवती का असवारी है। इसको हम लोग भगा देंगे। मारते नहीं हैं। हर घर के सामने एक कठौत में साफ पानी रात को रखते हैं कि आएगा तो पीएगा ! हम मारने नहीं देंगे, भगा देंगे।'

कुमार को काटो तो खून नहीं। उससे इतनी बड़ी भूल कैसे हो गई ? इस जंगल में, इस मौसम में बासमती कहाँ ? क्या मौत एक छलना बनकर उससे रोमांस करने आई थी ? वह कैसे भूल गया कि वह इस वक्त रधिया दोन में है, जहाँ बाघ नजराना वसूलता है ? क्या उसे मालूम नहीं कि बासमती और बाघ के जिस्म की गंध के स्रोत एक ही हैं—टू एसीटाइल पाइरोलिन।

अट्ठाईस

नोनिया ने हथियार-लूट में किसका नाम लिया—श्यामदेव यादव ? नाम नोट कर रहे इंस्पेक्टर 'राम' का सिर झनका ? उन्होंने कौए की तरह कनखियों से इधर-उधर देखा, बड़े अफसर बहस में भिड़े हुए थे, रात-भर के थके हुए कांस्टेबुल्स नींद में झूल रहे थे। चुपके से इस नाम को गुड़प लिया उन्होंने।

थाने आकर उन्होंने गंगौती की धूल-अँटी फाइल ढूँढ़ निकाली, उन दिनों गंगौती इसी थाने के अंतर्गत था। हाँ, वह देवराजपुर का श्यामदेव ही था। इस नाम को सब भले भूल जाएँ, वे कैसे भूल सकते हैं भला !

तीन साल पहले गंगौती के उस छोटे से शस्त्रागार पर उनका पहरा था। ज्यादा नहीं, कुल बीस-एक बंदूकें थीं। गरमी के दिन थे, शाम का वक्त। सोना कुएँ की जगत पे नहा रही थी। अब कोई परी-सी जनाना खुलेआम नहा रही हो तो नजर है, चली ही जाती है।

सो वे और उनके दोनों जवान एक-दूसरे से आँखें चुराते हुए उसे ही देख रहे थे। उन्हें क्या पता था कि परेमा, नोनिया समेत कई डाकू आज घात लगाकर बैठे हैं, यह तो उन्हें दबोचकर जब बेकाबू कर दिया गया, तब कहीं पता चला। बैरक में कुल सत्रह जवान थे, इसके पहले कि वे आ पाते, उन्हें दबोचे हुए दो डाकुओं में एक ने हैंड ग्रेनेड का पलीता खोला और लुढ़का दिया। एक, दो, तीन, चार... विस्फोट, धुआँ और धूल के गुब्बारे। वह, जिसने उसे दबोचा, जिसने हथगोला फेंका और उनके तनिक कसमसाते ही जिसने उनके सिर पर 'बट' दे मारा, वह एक ही था—श्यामदेव। किसी की हिम्मत तक न हुई कि उसे छुए। सिर पर लगे कुंदे की चोट आज भी झनकती है। उस झनक का नाम है श्यामदेव।

पटना दौड़-दौड़कर पैसे, जाति और पार्टी की बिनाह पर बहुत मुश्किल से सस्पेंशन उठ पाया था उनका, मगर ऑपरेशन शुरू होते ही उन्हें ट्रांसफर कर दिया गया रामगंज थाने, डिमोशन हुआ, सो अलग।

जल्द ही चुपके-चुपके काफी कुछ पता लगा लिया उन्होंने। श्यामदेव परेमा के गिरोह में था। श्यामदेव ने गोतिया, दयादों द्वारा कब्जियाँ ली गई जमीनों पर फिर से कब्जा किया। परेमा की औरत दो घंटे के लिए पिछले दिनों रुकी थी उसके घर। श्यामदेव के खिलाफ कोई केस नहीं है, इस केस के सिवा, जिसे लीपा-पोती कर सबने ताक पर रख दिया है। अब सारे कुकर्म छोड़कर घर पर खेती-बाड़ी करेगा श्यामदेव। इंस्पेक्टर राम के मुँह में कारिख पोत के तुम एक इज्जतदार गृहस्थ की जिंदगी जीने का सपना देख रहे हो... ? अब मेरे चंगुल से बचकर कहाँ जाओगे तुम ? अब तो मूल भी हग दो और सूद भी...।

श्यामदेव उतनी ही आसानी से पकड़ा गया, जितनी आसानी से भेड़-बकरी पकड़ी जाती है। भोर हुई ही थी कि दरवाजे पर दस्तक। वह बाहर आया और पुलिस को देखते ही भाग खड़ा हुआ और दबोच लिया गया।

थाने में लाते ही बेदम मार, 'बोल, हथियार कहाँ है ?' कुमार के थाने में पहुँचने तक अधमरा हो चुका था श्यामदेव। वह बार-बार पानी माँग रहा था।

'कुछ बताया इसने ?'

'न सर।'

'मेरी जीप में कुछ केक हैं, ड्राइवर से मँगवा लीजिए।'

'जी।'

कुमार ने उसकी पिटाई रुकवा दी और केक खाने को दिए, फिर रुक-रुककर थोड़ा-थोड़ा पानी।

'हथियार कहाँ हैं ?' फिर वही सवाल।

...इस सवाल पर फिर वही चुप्पी।

'ऐसे परेम से पूछने पर न न बोलेगा सर। परेमा का टेनिया है। ऊ चिठिया सब आप लोगों को यही न लिखता था। मेट्रिक और इंटर फस्ट डिवीजन पास है। बाप पढ़ाते-पढ़ाते मू गया तो ई डाकू बन गया।' राम ने कहा।

'मैंने तुम्हारे पिछले रिकॉर्ड्स देखे हैं श्यामदेव।' कुमार ने उसकी आँख-में-आँख डालकर देखते हुए कहा, (तांत्रिक व्योम बिहारी की नई सीख सम्मोहन की) ! तुमने बहुत-सी

चिट्ठियाँ लिखी हैं जंगल सरकार की ओर से हमें...वो दुर्दांत दस्यु परेमा यादव का 'दुर्दांत दस्यु' का विशेषण तुम्हारा ही लगाया हुआ है न ?...खैर अगर हथियार वापस न किए तो सिर्फ एक चिट्ठी जाएगी--असली सरकारी चिट्ठी तुम्हारे घर अंत्येष्टि के लिए माँ के पास, अपने बेटे की लाश ले जाइए...। जिस बाप ने कर्ज ले-लेकर जमीनें बंधक रख-रखकर तुम्हें फर्स्ट डिवीजन मैट्रिक और इंटर का सम्मान दिया और इसी में टूटकर मर गया, तुमने तो अच्छा पितृऋण उतारा उस अभागे बाप का।'

श्यामदेव की आँखें जरा-सी नम हुईं मगर मुँह से बोला नहीं कुछ--न आह, न कराह ? सिर्फ दूर कहीं अदृश्य में ताकती रही डबडबाई नजर।

इंटेरोगेशन करते-करते शाम हो गई। शाम रात में ढल गई। गहरा गई रात। तब जाकर कहीं तोड़ पाए 'राम' उसे।

दो कांस्टेबुलों ने उसे लाकर खड़ा किया कुमार के सामने। उसके चेहरे पर कौन-सा भाव है...मौत, वितृष्णा, अनुताप, जीवन का मोह या शून्य ?

'कुछ ज्यादा ही हो गया।'

'सर, आहो ऊह न न करता है, कि पता चले।'

'खैर ले चलिए। फिर उसने आगे बढ़कर उसका झुका सलोना चेहरा ऊपर उठाया, 'तुम्हारी कोई इच्छा हो तो बता दो।'

'सर, खइनी खिला दीजिए।' श्यामदेव, जैसे बेखुदी में बर्राया।

'खइनी ?' कुमार की आँख सिकुड़ गई, 'बस...?'

'और सर हो सके तो मेरे बेटे से भेंट करा दीजिए, घर पर।'

इंस्पेक्टर राम और जवानों का परिचित रास्ता था यह। मगर वह दिन की बात थी। इस नियाई रात को सारा कुछ अपरिचित-अपरिचित-सा लगता है। पोखर का खोढराया चिलबिल का पेड़ दानव-सा खड़ा है। ऊभड़-खाभड़ राह नाले पर आकर रुक जाती है। अब जीप आगे नहीं जा सकती। टॉर्च की रोशनी में श्यामदेव को अपाहिज की तरह दोनों ओर से पकड़े दो जवान लिये जा रहे हैं। आगे जुते हुए खेत हैं। यह क्या, श्यामदेव जुते हुए खेत में मुड़ गया है। इंस्पेक्टर राम, कुमार की ओर देखते हैं, कुमार इशारे से उसे 'फॉलो' करने को कहते हैं। खेत के पश्चिमी कोने पर एक जगह लात मारता है श्यामदेव। टॉर्च फोकस हो गई है। हाथों से हटाई जा रही भुरभुरी मिट्टी। एक जवान अपनी छुरी निकाल लेता है म्यान से। दस मिनट की खुदाई के बाद कुछ लाल-लाल-सा झलकता है, कपड़ा... ? नहीं प्लास्टिक में लिपटी राइफल और डब्बे में कारट्रिज। जवान छू-छूकर देखते हैं और उत्साह से भर जाते हैं। राम का तो पूछना ही नहीं।

आगे ऊँचे-नीचे काजल के पहाड़-सा दिख रहा है गाँव। रात के दो बजे हैं। घोर अँधेरी रात। सारा गाँव सोया पड़ा है, सिर्फ एक घर जाग रहा है। ड्योढ़ी पर ढिबरी जल रही है। उसकी मातमी लालछौंह रोशनी में कोई अधेड़ औरत रोए जा रही है-- घुटी-घुटी रुलाई। कभी-कभी दूर कोई कुत्ता भौंकता है और रात थरथराने लगती है। कदमों की आहट पर रोते-रोते औरत ने आँखें उठाईं, तो आँखे फटी रह गईं।

श्यामदेव के रुकते ही अंदर जाँत के पास बैठी दो जवान औरतें सकते में उठ खड़ी

हुईं। एक की गोद में बच्चा था, यह पत्नी होगी, दूसरी बहन या और कोई।

श्यामदेव अपनी मुरझाई पलकों के पालने में अपने बेटे का बिंब भरता है फिर नजर फेर लेता है, कहीं बेटे को नजर न लग जाए बाप की। नजर ठहरती नहीं, फिसलकर आ गिरती है बेटे की हथेलियों पर। बच्चा सो रहा है। वह हौले से अपने काँपते हाथों से उसके फूल-से सुकुमार नन्हे हाथों को उठाता है, कहीं जग न जाए। धीरे-धीरे फैलाता है हथेली की पंखुड़ियों को। झुककर थुकथुकाता है और बिना किसी ओर देखे, बिना किसी से कुछ बोले, पलटकर चल देता है। बेटे की हथेली पर 'थुकथुकाहट' का टोटका। अब इस बच्चे को, जिसे नहीं मालूम कि उसके बाप के साथ क्या हुआ, इस टोटके के चलते कलपानेवाली याद नहीं आएगी।

कुमार ने ढिबरी की रोशनी में उसके चेहरे को पढ़ना चाहा, 'और कुछ... ?'

'नहीं' वह पूरी तरह रूक्ष और सपाट था श्मशान की तरह ? पिछला सारा लेखा-जोखा पोंछकर जा रहा था वह।

जीप में बैठते ही कुमार ने भन्न से कहा, 'इसे खइनी दे दीजिए।'

'जी।' राम ने एक जवान को इशारा किया।

जीप नहर की पुलिया पार कर सीधे जंगल में रुकी। सुनसान अमूर्त जंगल। चार बज रहे थे। इसी ब्रह्म मुहूर्त में फाँसी दी जाती है। कसाई तैयार हैं। दस-एक बंदूकें तनी हुई हैं। श्यामदेव के सारे बंधन खोल दिए गए हैं—वह घायल पशु-सा लड़खड़ा रहा है।

श्यामदेव पर फायर कौन करेगा—इस मुद्दे को लेकर जवानों में होड़-सी लग गई है। जैसे यह कोई मौत का नहीं, उत्सव का माहौल हो। सभी चाहते हैं कि श्यामदेव उसी की गोली से मारा जाए, ताकि मारने का श्रेय उसी को मिले, इनाम, इकराम कोई और लूटकर न ले जाए !

कुमार को बोरियत-सी हो रही है। दिन-भर की थकान और रात-भर की अनिद्रा से चिन्न-चिन्न चटख रहा है उसके अंदर। अंततः वह औरों को रोककर इंस्पेक्टर राम को इशारा करता है और टार्च श्यामदेव पर फोकस हो जाती है। श्यामदेव अशक्त हो गए टीसते हाथों को उठाकर ओट करना चाहता है आँखों पर कि 'धाँय'।

गोली सन्न से कुमार के सिर पर से गुजर जाती है। 'क्या करते हो ?'

अभी उसकी आवाज शेष नहीं होती कि 'धाँय' दूसरी गोली श्यामदेव के पेट में। कुत्ते-सा कुकड़ा गया है श्यामदेव। 'धाँय'। तीसरी गोली में गिरकर ठंडा हो जाता है श्यामदेव !

इस एनकाउंटर के बहुत बाद में अचानक आधी रात में धूप की तरह जल उठी यह घटना—एक-एक घटना, एक-एक मुद्रा याद आई, सबसे ज्यादा याद आया, उसका डबडबाई आँखों से अदृश्य की ओर ताकना, और सूखी आँखों से बच्चे की हथेली पर थुकथुकाना और याद आया पुलिस बल का वह मनहूस मृत्यु उत्सव और वीरान अँधेरी रात में द्वार पर ढिबरी का जलना, घुटी-घुटी रुलाइयाँ...। लगा, वह जल्लादों का सरदार है...लगा, जैसे नींद की खुमारी में कोई फरियाद रिरिया कर चली जाए, जगने पर वह सब सपने जैसा लगे, फिर एक खलिश खुले तो खिलती ही जाए...।

उन्तीस

जंगल का सामने का अंश विरल था। कोई हुलकता हुआ जानवर उन्हें देखकर छुप गया था, डालियाँ अभी भी हिल रही थीं।

'वो क्या है ?' कुमार की जिज्ञासा जगी।

'सर, मोर है मोर।' प्रेम प्रकाश को लगा कि उसने बताने में जरा भी देर की तो सुदर्शन सिंह मौका लपक लेंगे।

'मोर...?' सुदर्शन सिंह बर्राए, 'कभी बापो-दादा मोर देखा हो तो जाने। हरिना है सर।'

'कहाँ मोर कहाँ हिरण ? दोनों में कोई संगति नहीं। दूर से इस जंगल को समझ पाना कितना मुश्किल है।' कुमार सोचने लगा।

'सर, हम देखें ?' प्रेम प्रकाश खैरख्वाही में जीप से उतरकर उस ओर चल पड़ा, 'जो भी हो, सामने आ जाओ, नहीं तो गोली मार देंगे।'

प्रेम प्रकाश के चलते सुदर्शन सिंह का उतर जाना लाजिमी हो गया था, 'चलावें गोली ?'

'दहाई हजूर।' एक लँगड़ाता अधेड़ आदमी झुरमुट से बाहर आ गया। साथ-साथ उसने दोनों हाथ ऊपर उठा रखे थे और उसके कंधे पर एक नीली लुंगी झूल रही थी।

'ई जंगल में का कर रहा है-ऐं ?'

'हजूर, गोड़वा से लाचार हैं न, एक ठो जड़ी खोजने आए थे।'

'हियाँ नहीं, चल साहेब के पास, हुँवई सफाई देना।' प्रेम प्रकाश उसे ठेलता है। एक कुत्ता भी पीछे-पीछे चलने लगता है।

'ऐ परेम परकास, इसका तलाशी ले तो।' सुदर्शन सिंह अपना पावर जताना नहीं भूलते।

'हजूर सलाम। हमरा नाम रामदास है, बाकि 'लँगड़' कहते हैं सब। ऊ सामनेवाले मकरंदापुर गाँव के हैं, किसी से भी पूछ लीजिए।'

लँगड़ बिजूके की तरह हाथ उठाए तलाशी दे रहा है। कुत्ता उकड़ू बैठ गया है। तलाशी में खैनी की चुनौटी और चंद रेजगारियाँ मिलती हैं।

'सर यही तो मिला। इसको जाने दें सर ?'

कुमार का इशारा पाकर साँप के मुँह से छूटे मेढक की तरह फुदकते हुए चल देता है लंगड़। कुत्ता पीछे-पीछे जा रहा है। कुमार उसका जाना दूर तक देखता है। इस लँगड़ को उसने अकसर इधर आते देखा है। फिर जिस तरह इसने हाथ उठा लिया, अभ्यस्त लगता है। जंगल में आने का सबब हो सकता है डाकुओं से संपर्क, उनके भोजन-पानी का इंतजाम ? फिर इसका कुत्ता भौंका क्यों नहीं ? इसका मतलब है, खाकी वर्दी से अभ्यस्त हो चुका है। खाकी वर्दी में किससे साबका पड़ता होगा ? पुलिस या डाकू। डाकू... ? इसी ने परेमा को आगाह किया हो तो ? सारे सूत्र जोड़ते ही कुमार स्प्रिंग की तरह उछल पड़ा...।

'कहाँ चलें सर—रानीमहल ?' ड्राइवर पूछता है।

'नहीं, इसके गाँव...ना, अभी नहीं। इस आदमी के बारे में पूरी जानकारी हासिल करके हमें बताइए।' ध्यान रहे इसे पता नहीं चलना चाहिए कि इस पर नजर रखी जा रही है।'

'सर, कुतवा भी नहीं भूका।'

'देखते हैं, कब तक नहीं भूंकता।'

तीसरे दिन पुलिस ने गुपचुप घेर लिया गाँव को। रात के ग्यारह बज रहे थे। फागुन की रात। कथड़ी-गुदड़ी, पुआल में अभी लोगों ने सिर घुसेड़ा ही था कि कुत्तों के भौंकने की आवाजों ने उन्हें जगा दिया। एक-एक घर, एक-एक झोंपड़ा, टॉर्च की रोशनी की शहतीर में बिंध गया। दीनता, बदहाली का आलम। घर-घर की सर्च। कुमार को स्वयं लंगड़ की तलाश थी। ज्यों ही उसने ओसारे में घुसना चाहा, लंगड़ के कुत्ते ने भौंकते हुए रौद्र रूप अख्तियार कर लिया। प्रेम प्रकाश ने बंदूक की बट से सीधे उसके मुँह पर प्रहार किया तो 'काँय-काँय' करता बाहर भागा, 'हम यहीं हैं सर। आप अंदर जाइए।'

ओसारे से लगा दरवाजा। दरवाजे से अंदर तीन कमरे, सभी कच्चे, खपड़ैल, माटी के खिलौने, जाँत, ओखल, सूप, मकई के बालों के झोंपे, लूगे-लत्ते, गगरी, बोतल, सिल, चूल्हा-बरतन—रोशनी सब पर फिसल रही थी,' फिसलते-फिसलते वह आ टिकी दरवाजे की एक खाट पर। कोई औरत सो रही थी, बगल में एक दो साल का लड़का। पीली साड़ी टाँगों पर तनिक उघड़ी हुई, लाल ब्लाउज, गले में चाँदी की सिकड़ी, सुंदर-सलोना गोरा मुँह, ललाट पर चमकती टिकुली। साँस के गहरे खींचने और छोड़ने से उसका सीना ऊपर-नीचे हो रहा था। रोशनी की तेज धार पलकों पर पड़ी, सुरमई पलकों की तितलियाँ काँपकर रह गईं, उड़ी नहीं। वह किसी अप्सरा-सी लग रही थी, उसका आभिजात्य-भरा वजूद उस घर में समा नहीं पा रहा था।

'अरे उठ रे, हाकिम आइल बाड़न।' लंगड़ उसे जगा रहा था।

'तुम कहाँ थे ?' कुमार ने पूछा।

'हजूर के साथ-ए-साथ रहलूँ।' लंगड़ ने सफाई दी।

कुमार झेंप गया फिर सजग होते हुए दूसरी ओर ताकने लगा।

'उठ न रे, कइसन जो नींद है।'

झकझोरने पर औरत ने ऊँ-ऊँ करके करवट लिया फिर उठ बैठी, फिर उतरकर खड़ी हो गई। फिर भौंचक-सी हाथ उठाकर सलाम किया।

'यहाँ खाना-वाना बनाया गया था ?'

मलारी की समझ में न आया।

'खाना तो रोजे बनता है हाकिम।'

'मेरा मतलब, ज्यादा।' उसे अपना सवाल बेवकूफी-भरा लगा। औरत का व्यक्तित्व उस पर हावी होने लगा है क्या ?

'इधर कोई हथियार है ?' उसने दूसरा वाक्य गढ़ा।

'हथियार... ?'

'हाँ, जिससे मारा-काटा जाता हो ?'

मलारी ने लँगड़ की ओर पलकें उठाईं, फिर घर के अंदर से ढूँढ़-ढाँढ़कर हँसिया, खुर्पी, कुदाल सामने लाकर रख दिए।

'अरे ई नहीं, बंदूक।'

'बन्नूक...? अइसन...?' उसकी उँगली उसके रिवाल्वर को छूकर हट गई। (इतनी ढीठ !)

'हाँ, इससे बड़ी भी।'

'ना हजूर।'

'ना ?'

'रौवा (आप ही) देख लीजिए हाकिम। पूरा घर तो खुला है।'

कुमार के इशारे पर प्रेम प्रकाश और दो अन्य सिपाहियों ने पूरे घर को छान मारा। कहीं कुछ नहीं मिला।

'कोठा, डेहरी और छप्पर में भी देख लो।'

बायनेट से खोद-खोदकर देखा गया, कहीं कुछ न मिला।

'जमीन में गाड़ी हो तो बता दो।'

'कुदरिया है न हाकिम, खुदवा डालिए।'

'और कहीं दूसरी जगह हो तो ?'

'बाकी रही भीत और देह। तो भीत ढाह दीजिए और हम हाजिर हैं।'

सुदर्शन सिंह और अलग-अलग सिपाही अलग-अलग घरों में सर्च कर खाली हाथ लौट रहे थे और अब वे औरतों से पूछताछ कर रहे थे। कुमार ने खुद एक-एक जगह जाकर जायजा लिया, फिर मलारी से कहा, 'तुम लोग बता दो, नहीं तो...।'

मलारी की सुंदर मुद्रा तनिक बंकिम हुई, 'हजूर आप हाकिम हैं, नियाव करिए। हमरा मरद अगर आपका जनाना से एई सलूक करे तो आप लोगों को कइसा लगेगा ?'

वह हतबुद्ध रह गया। यह औरत उसे मात-पर-मात दिए जा रही थी और वह कुछ भी नहीं कर पा रहा था।

घर के अंदर से बच्चे के रोने की आवाज आई, वह झटपट मुड़ गई। अब वह बच्चे को गोद में लिये आ रही थी। वह उसे बार-बार पुचकार रही थी, चूम रही थी।

खाट बिछ गई थी। सिपाही आ-आकर जमा हो रहे थे। सुदर्शन सिंह उन्हें समझा रहे थे अपने ढंग से, 'साहेब तुम लोगन के दुश्मन नहीं हैं, दुश्मन से हिफाजत करने आए हैं। तुम लोग बिना डर के अपना बात ठो कह सकता है...।'

कुमार के दिमाग में अलग ही उधेड़बुन चल रही थी। इन लोगों के हावभाव और अब तक की प्राप्त सूचनाओं के आधार पर यह शंका तो पुष्ट होती जा रही थी कि ये अपराधियों से मिले हुए हैं, लेकिन सीधे तौर पर कुछ बताएँगे नहीं।

डी.आई.जी. की बात आई, 'हर आदमी की एक कमजोर नस होती है, आपको वो नस टटोलनी है। इनसान के साथ डील करते हुए, याद रखिए कि कुछ कॉमन सेंटीमेंट्स एक जैसे होते हैं। ये सेंटीमेंट्स ऊपर से नहीं दिखें तो भी, कारण जो जितना जटिल होता

है, सेंटीमेंट्स को छुपाने की कला में उतना ही कुशल। इसलिए बिना वह ऊपरी कवच तोड़े, हम सच्चाई की तह तक नहीं पहुँच सकते। आदमी को तोड़ने का सबसे अच्छा तरीका यह है कि या तो उसकी वह नस तलाशो, या फिर उसे उसके कॉन्ट्रास्ट पर ले आओ। कभी-कभी उन्हीं के औजारों से उन्हीं पर वार...।

कुमार ने कनखियों से देखा, पुलिस बल और गाँववाले सभी एक साथ बैठकर ऐसे बतिया रहे थे, जैसे ये उनके गोतिया-भाई हों।

'ये बच्चा तुम्हारा है ?' उसने मलारी की ओर हाथ बढ़ाया। लँगड़ ने मलारी के हाथ से बच्चा लेकर कुमार के हाथों में दे दिया, 'समझिए, आप-ए का है हजूर।'

प्रेम प्रकाश की हँसी सोते-सी बलबलाई, मगर सुदर्शन सिंह के आँखें तरेरने पर वह चुप हो गया।

लड़का अचकचाया-सा ताकने लगा। कुमार ने उठते हुए कहा, 'सुनो, यह लड़का हम लिये जा रहे हैं अपने साथ। बता दोगी तो वापस कर देंगे।' उसने सोचा था, वत्सला गाय की तरह वह रँभाती हुई पीछे-पीछे दौड़ेगी,'छोड़ दीजिए, छोड़ दीजिए हाकिम, हम सब बताते हैं।' लेकिन नहीं। वह सिर्फ देखती रह गई। उसे शक हुआ, 'यह तुम्हारा ही लड़का है तो ?'

'है।' वह ठसके से खड़ी थी, मंद-मंद मुस्कुराते हुए।

'फिर ?'

'फिर क्या ?' हँस पड़ी वह, 'ले जाइए न हाकिम। रुक काहे गए ? अरे हमरा पास रहेगा तो चोर-डाकू बनेगा, नहीं तो जमींदार का हरवाह, चरवाह, चाहे बनिहार। ओकरा से तो यही नीमन (अच्छा) है कि आप ही ले जाएँ। कम-से-कम कायदे का आदमी तो बनेगा।

खीझ-भरी हँसी के साथ लड़के को उसने लँगड़ को थमा दिया। अपने ही तर्कों में अटपटा होकर हारे हुए सेनापति की तरह अपने दल-बल के साथ लौट रहा था वह।

तब से कई दिन गुजर गए हैं। आते-जाते मकरंदा के मोड़ पर पहुँचते ही नजर अनायास उठ जाती है। पानी में हिलती कोई रुपहली परछाईं-सी झलमला उठती है, मगर डर है, छूते ही तिरोहित न हो जाए। सुदर्शन सिंह की ड्यूटी लगा रखी है नजर रखने की।

सीढ़ी पर पाँव रखते हुए जैसे ही उसकी नजर ऊपर जाती है कदम जहाँ-के-तहाँ जड़ हो जाते हैं। यह कोई टेलीपैथी है क्या !

वह खड़ी है। ठीक सीढ़ी के दूसरे सिरे पर। हाँ, वही है। ऐसा कैसे हो सकता है ? खयालों से निकलकर कोई हकीकत में कैसे आ सकता है ? उसने ऊपर-ही-ऊपर से सलाम उछाला है। घंटियाँ बजने लगी हैं मन में।

परे हट गई है वह। अब वह बारजे से झाँक रही है। यह मलारी नहीं, सौ साल पहले की बेतिया की रानी है, शिकार करने को खड़ी है हिरण का।

सुदर्शन सिंह ने खटाक से सैल्यूट मारा, 'सर मलारी और उसके ससुर को लाकर हियाँ रखना पड़ा, कैंप में पत्तरकार सभ आया हैं।'

कुमार ने पहली बार सुदर्शन सिंह की बुद्धि की प्रशंसा की, 'बहुत बुद्धिमानी का काम किया आपने, मगर इन्हें यहाँ ले ही क्यों आए ?' सुदर्शन सिंह ने एड़ी ऊँची कर कान में कुछ कहा तो वह गंभीर हो गया, 'चलिए देखते हैं।'

'जेल में सड़ना है ?' अब वह मलारी से मुखातिब है।

'जेहल...? एहीं जेहल है हाकिम ? हियाँ का गद्दा-बिछौना केतना नरम-नरम है ! केतना अच्छा लगता है हियाँ। आप हियाँ रहते हैं...?'

यह इसका भोलापन है या चतुराई...? वह तय न कर पाया,

'कल रात में कौन-कौन आया था तुम्हारे पास ?'

'कल रात में...? कोई एक-दू ठो था, बहुत आदमी था, नाच था।'

'बंदूकें तुमने दे दीं उन्हें ?'

'बन्नूक...? कइसन बन्नूक हाकिम ?'

'सर।' सुदर्शन सिंह को बोलना पड़ा, 'पत्तरकार सभ थाना में है, भेंट करना चाह रहा था।'

'पत्रकार...?' सोचते ही सिहर गया कुमार, कहीं इसे देख लिया और तिल का ताड़ बना दिया तो ?

'ऐसा कीजिए, अभी तो इन लोगों को जीप से गाँव के पास छोड़वा दीजिए। फिर उसी जीप से लौटते समय पत्रकारों को ले आइए।

जीप मलारी और उसके ससुर को लेकर दक्षिण की ओर बिदा हुई तो उनका कुत्ता पता नहीं कहाँ से आ लगा। कुत्ता जीप के पीछे-पीछे दौड़ रहा था—कुत्ता या उसका मन ?

तीस

बड़े बाबू ने नक्शा खोलकर फैला दिया, 'मकरंदापुर गाँव तो 'सी' जोन में पड़ता है सर !'

'हल्लो रामनगर बरुआ बारी, आर यू रिटर्निंग ! ओवर !'

वायरलेस पर सूचना पाते ही पांड़ेय हो-होकर हँस पड़े।

'देर आयद, दुरुस्त आयद ! मगर वो क्या है कि बिना मेरे कंसेंट के आपको वहाँ छापा नहीं मारना चाहिए था। अब जुर्माना दीजिए।'

'मैं जुर्माना देने के लिए तैयार हूँ !'

'नो नाट सो ! आपको यहीं आकर जुर्माना भरना पड़ेगा विथ लेट फाइन, तीन महीने बीत गए हैं।'

कैंप पर पहुँचते ही पांडेय ने कुमार को बाँहों में भर लिया।

'पहले यह बताइए, सर्च में कुछ मिला था।'

'कुछ नहीं।'

'क्या सच ? कुछ भी नहीं ?' पांडेय की आँखों में शरारत थी।

कुमार ने अनजान बनते हुए कहा, 'यह तो लगा कि लंगड़ का कोई-न-कोई लिंक जरूर क्रिमिनल्स से है, मगर सर्च में न कोई क्रिमिनल, न कोई सूत्र, न कोई वीपन।'

पांडेय ने ओल्ड मॉन्क की बोतल खोल ली। एक सिपाही हिरण की कलेजी दे गया।

'ये...?' कुमार चौंका।

'दिस इज द पेनाल्टी !'

'मुझे क्षमा करें सर ?'

'नो एस्क्यूजेज ! आपने प्रोमिज किया है।'

बाहर बारिश होने लगी थी। बूँद-बूँद बारिश !

बूँद-बूँद सुरूर, बिंदु-बिंदु बातें !

'इसका मतलब यह हुआ कि फिर से रेड करना ही पड़ेगा।'

'लेकिन वह जोन आपका है, हर बार आपका कंसेंट लेना संभव नहीं होगा।'

'मैं उसका इंतजाम किए देता हूँ। बस एक पेपर पर साइन करना पड़ेगा।' पांडेय ने अपने क्लर्क को कुछ इंस्ट्रक्शंस दिए फिर कुमार से बोले, 'बाइ द वे आपकी मिसेज कहाँ हैं ?'

बाहर देखते हुए बोले, 'बारिश रुक गई है। जरा नदी तक हो लेते हैं। गश्ती की इंस्पेक्शन रिपोर्ट तैयार करनी है।'

'मैं चलूँगा अब।' कुमार ने उठते हुए कहा।

'पेपर्स भी तो अभी तैयार नहीं हुए हैं। साथ चलो तो मन ही बहल जाएगा, लौटने तक पेपर्स भी तैयार हो जाएँगे, खाना भी...!'

कैंप के बाहर आते ही कुमार को बदली हुई प्रकृति का अहसास हुआ। नाहक ही सड़ता रहा कैंप की सड़ी गर्मी में। पेड़-पौधे बारिश में धुलकर चटक हो गए थे। हवा में सोंधी भाप के साथ-साथ फूलों की भींगी खुशबू थी। चहले-चुहलों में जहाँ-तहाँ बारिश का पानी अभी भी ठहरा हुआ था। जंगल की सड़क गीली होकर टायरों को रोक रही थी।

जीप के रुकने पर पांडेय नदी की ओर बढ़ गए, कुमार यूँ ही पूरे परिवेश को देखने लगा। लंबे-लंबे हरे-भरे पेड़ों की ओट से गंडक की रेत चमक रही थी। कगार के इस ओर का जंगल कुछ दूर तक विरल था। शायद कभी आग में झुलस गया हो। पहली बरखा के बाद चिहराई धरती के विवरों से तरह-तरह के कीड़े निकल आए हैं—चींटियों, गोजरों, बिच्छुओं से लेकर हरे, पीले, लाल, नीले, मयूरपंखी...कुछ काले-उजले तरह-तरह के कीड़े। पंख खोलकर थोड़ी देर उड़ते हैं, पंखों के नीचे कुछ और रंग ! अरे-अरे सिंदूरी मखमली वीर-बहूटियाँ भी...! उसने एक वीर बहूटी को हथेली पर रख लिया, और देखने लगा।

कितने-कितने रंगों का अनंत खजाना है यह प्रकृति। धारीदार बाघ, चित्तीदार चीते और हिरण, काले भैंसे, रंग बदलते गिरगिट, रंग-रंग के परिंदे, बाज और गिद्ध। कुछ अपने यौन सहचर को रिझाने के लिए, कुछ शत्रु से आत्मरक्षार्थ। साइकॉम स्यूडोमेटिक। केमोफ्लेज और कॉन्सीलमेंट। शायद यही वजह है कि डाकू भी पुलिस की वर्दी में रहने लगे हैं। फूलों की रक्षा के लिए प्रकृति काँटों के पहरे बिठाती है, मेढक को देती है लसदार जीभ। छुछूंदर को देती है दुर्गंधयुक्त गैस। खुद अराजकता पैदा करती है और खुद अराजकता के बीच बचे रहने के नुस्खे भी...। जंगल कभी उलझाता है तो कभी सुलझाता भी है। इसका अपना आदिम विधान और अपना ही आदिम राग। राग, घृणा, हिंसा, पर पल-पल बदलते रंग !

'मिस्टर कुमार !' पांडेय साहब का काम लगता है, पूरा हो गया था, 'आइए आपको एक चीज दिखाते हैं।' उनकी आवाज नीचे नदी से आ रही थी। कुमार ने अपने में डरकर सिमटी हुई वीर बहूटी को वापस उसके साथियों के बीच छोड़ दिया।

कुमार नदी के किनारे पहुँचा तो पांडेय ने पूछा, 'जरा देखो तो इस जीव को पहचानते हो ?' उनकी उँगली नदी के तट पर एक रंग-बिरंगे कछुए पर उठ रही थी। 'देखो यह उस छोटे कछुए को मार रहा है।'

'हूँ।'

'यह सवर्ण और असवर्ण का कास्ट स्ट्रगल है !' पांडेयजी ने कुमार को उकसाने के लिए कहा।

'मगर ये दोनों तो एक ही कास्ट के हैं—वह रंगदार पीठवाला नर है, यह खबीस-सा लगनेवाला कछवी !'

'मुझे बना रहे हो ?'

'नहीं, सच कह रहा हूँ। ये कछुए महाराज कामार्त्त हैं। अपनी प्रिया को रिझाने के लिए जैसे आप अपने सबसे खूबसूरत लिबास में उसके पास जाते हैं, वैसे ही ये। क्या भड़कीली चकत्तेदार पीठ सजा ली है, मानो छींट की शर्ट पहनकर बन-ठनकर छैला की तरह रिझाने आया है कछुवी को ! मगर बेचारी कछुवी ! सेक्सुअली कोल्ड है अभी। कोई लिफ्ट नहीं दे रही। ये देखिए एक और ठोकर मारी है इन्होंने। कामिहिं बचन सती मन जैसे !'

'तुमने यह सब कैसे जाना !'

'किताबों से।'

'हाँ, किताबी कीड़े तो तुम शुरू से थे। खैर अब बताओ, आगे क्या होगा ?'

'देखिए, प्रकृति में नर का मतलब ही है सुंदर, सुपुष्ट, कामी, दबंग; जबकि मादा का मतलब है अपेक्षाकृत कम सुंदर, कम पुष्ट, कम कामार्त्त ! नर को जो अतिरिक्त रूप से रंग, स्वर, बल प्राप्त है, यह मादा को रिझाने के निमित्त।'

'मगर मनुष्य में तो रूप के मायने में हम इसका उलटा पाते हैं।'

'हाँ, पर मनुष्य की नजर से...।'

'मैं इसे नहीं मानता।'

'मत मानिए।'

'खैर, आगे क्या होगा ?'

'कछुवा जीत जाएगा।'

'बेट !'

'बेट !'

'कितने का ?'

'सौ !'

'ठीक है ! वो देखिए, कछुवी के ऊपर जा सवार हुआ है कछुवा ! निकालिए सौ !'

कैंप लौटकर पांडेय ने कुमार से फिर पूछा, 'बाई द वे, आपकी मिसेज कहाँ है ?

'पटना !'

'मेरा मतलब कब से नहीं मिले ?'

'चार माह से !' कुमार ने इस प्रसंग को टालने की गरज से विषयांतर किया, 'यह तसवीर क्या मधुबाला की है ?'

'यस !'

'अनपैरलेल ब्यूटी !'

'वो बेचारी तो कब की गई स्वर्ग में। इंद्र के दरबार में नाच रही होगी—मोहे पनघट पे नंदलाल छेड़ि गयो रे...! तुम्हें कुछ जिंदा न्यूड्स दिखाऊँ !'

अलबम खुल गया। एक से बढ़कर एक शबाब ! खुली जाँघें, खिले वक्ष, अनावृत गुप्तांग ! प्याज की परतें ! हर परत पहले से ज्यादा कोमल, ज्यादा टटकी, ज्यादा उत्तेजक।

क्लर्क टंकित पत्र लेकर दरवाजे पर खड़ा था।

'आओ।' पांडेय ने कहा, फिर कुमार की ओर पेपर्स बढ़ा दिए—'साइन कर दीजिए।' कुमार ने सरसरी-सी निगाह डाली और साइन कर दिए। घड़ी देखी, दस बज रहे थे, 'अब इजाजत दीजिए।'

'जा सकेंगे इस हालत में ?'

'नो प्रॉब्लम !'

'तो जाइए, वह इलाका आपके हवाले। मैं कल ही डी.आई.जी. साहब से कंसेंट ले लेता हूँ।'

'गुड नाइट सर !'

'गुड नाइट। बेस्ट ऑफ लक !' जीप को अँधेरे में जाते हुए दूर तक देखते रहे पांडेय !

सुनसान रात। साँय-साँय करता सन्नाटा। जीप की रोशनी और किरकिराहट में जग सकता है गाँव ! गाँव से काफी दूर रोक ली गई जीप। एक किलोमीटर का चक्कर काटकर गाँव के पिछवाड़े से चोर की तरह उस आखिरी घर के सामने जा खड़ा हुआ कुमार।

धीरे-धीरे कदम बढ़ते हैं। ओसारा। ओसारे से लगा दरवाजा। दरवाजे के अंदर तीन कमरे, आँगन, माटी की भीत, खपड़ैल—जाँत, ओखल, सूप, मकई की बालों के झोंपे, लूगे-लत्ते, गगरी, बोतल, सिल, चूल्हा, बरतन, सब पर फिसलती गई पेंसिल टॉर्च,...वही पीली साड़ी, टाँगें कुछ ज्यादा उघड़ी हुईं, काला ब्लाउज, गले में चाँदी की सिकड़ी, साँसों के गहरे खींचने और छोड़ने से ऊपर-नीचे होता हुआ सीना, वही चंपई रंग, सुरमई पलकें, सुंदर-सलोने चेहरे पर जड़ी मयूरी हरेपन की वही बिंदी !

हाथ बढ़े ! फिर रुक गए।

होंठ काँपे। मगर बकार न फूटी।

कहीं वह कुछ गलत तो नहीं कर रहा है ? ऊँ ! विश्वास में लेने का यह भी तो एक तरीका हो सकता है। चोरबत्ती बुझी और जेहन की न्यूड तसवीरें और मलारी की देह एकमएक हो गई। जंगल के बसंत प्लावन का बाँध टूट गया।

'हाकिम ?'

'हाँ।'

'हाकिम !'

होंठ बंद हो गए होंठों से।

'तुम कितनी अच्छी हो ! कितनी सुंदर !' वह उसके हाथों पर हाथ रखता है। वह प्रतिकार नहीं करती। धीरे-धीरे उसके हाथ आगे बढ़ते हैं, 'तुम्हें देखकर कोई अपने वश में कैसे रह सकता है ?' वह उसकी नर्म जाँघों और गोलाइयों को दुलारता है। मलारी आँख मूँद लेती है। हाथ ब्लाउज की ओर बढ़ते हैं। बटन खुलती है एक-एक कर। वह आँख खोल लेती है। जैसे वहाँ भी कोई बटन हो।

'तुम चीखी-चिल्लाई नहीं ?' वह उसे जकड़ता जा रहा है।

अब उसके होंठ होंठों से आ लगे हैं। वह मुर्दे-सी निर्विकार है।

'जग रही थी ?'

'हाँ।'

'और उस दिन ?'

'ओहू दिन भी।'

वह चौंकता है इस सूचना पर, 'इसका मतलब आदी हो, है न ?' वह कोई जवाब नहीं देती।

'यहाँ और कौन-कौन आता है...परशुराम, नोनिया, डी.एस.पी. साहेब...? वह उसके चंपई गालों में गाल सटाते हुए धीरे से पूछता है।

'हाकिम, आप जल्दी से निकरि जाई हियाँ से ?'

'काहे ?'

'बदनामी होई।'

'बदनामी !' एक क्षण को ठिठकता है इस शंका पर, लेकिन फिर सतर्क होकर पूछने लगता है।

'परेमा भी आता है ?'

'...'

'लेकिन वह तो साधु है।'

'सभे साधु है।'

'काली भी...?'

'हम उसकी फुफेरी बहिन हैं।'

करंट का झटका लगता है। वह उसे छोड़ देता है। मगर पेंसिल टॉर्च जैसे ही जलती है, उसका अनिंद्य सौंदर्य उसे अपने जाल में समेटने लगता है। आशक्ति स्वतः ही अपने पक्ष में कोई तर्क चुन लेती है, 'यह मौका, जीवन में आए, न आए।'

'तुम किसी से कहोगी तो नहीं ?'

'ना।'

'लोग कैसे जाहिल हैं। तुम्हारी जैसी परी को भी छोड़ देते हैं। हमसे तो नहीं छोड़ा जा सकता है।' वह अपनी बलिष्ठ बाँहों में भरकर बच्चे की तरह उसे उठा लेता है, और कसता, चूमता चला जाता है, जैसे कोई लंपट हो।

इस वक्त इस पूरे जहान में, इस पूरे ब्रह्मांड में कोई नहीं, सिर्फ वह है, वह, वह !

'तुम्हारा बेटा ?'

'लंगड़ बाबा के पास।'

'कुत्ता इस बार भौंका नहीं।'

'लँगड़ बाबा रोक देते हैं इशारे से।'

'अरे बाप ? इसका मतलब है कि लंगड़ जग रहा है, और उसे मालूम है...'

यह खयाल आते ही वह घबरा गया। जल्दी-जल्दी कपड़े पहने, जूते पाँव में डाले, तस्मे बँधने लगा।

'जातानी हाकिम ?' पूछती है वह।

'हाँ।'

'बस...?' मलारी के मुँह से निकले इस छोटे शब्द की व्यंजना, लगा, उसे पूरी तरह नंगा कर गई। वह उचक्कों की तरह वापस जा रहा था। वह घरवाली की तरह ओसारे में खड़ी उसका जाना देख रही थी।

'बस...?' सिर्फ दो अक्षरों का शब्द मगर कितनी बड़ी रेंज है, कितनी दूर तक मार ! यानी, 'बस हो गया ? बस हो गई पूछताछ, मिल गई बदूंक ! बस इसी के लिए कुत्ते की तरह आए थे दबे पाँव, आपकी औरतें तो इज्जतदार हैं, ऊँची जात के बड़े लोग ! हम गरीब नीच जाति की औरतों की क्या इज्जत ? खुला दरवाजा है, जो चाहे मुँह मार ले। तुम इतने दिन रुके कैसे रहे—यही आश्चर्य है। बस यही तुम्हारी इंतहाँ थी !'

यह दारू जो न कराए ! फिर उस पर वे नंगी औरतों की वे उत्तेजक तसवीरें और पांडेय का भड़काना ! मगर पांडेय का इसमें क्या कसूर ? यह तो उसी के अवचेतन में दुबकी काम-पिपासा, नहीं-नहीं काम-पिपासा नहीं काम-लोलुपता थी जो बहाने ढूँढ़ रही थी भड़क पड़ने के लिए !

एक क्रिमिनल औरत के साथ सहवास, नहीं-नहीं बलात्कार करने गया था वह। कैसे-कैसे खतरे उठाकर गया था ! कैसे-कैसे खतरे उठाकर लौट रहा था !

मलारी ने उसकी कमजोर नस को जान लिया है, अब वह नहीं बताएगी कुछ। उलटे वह उसका सारा भेद डाकुओं को बताती फिरेगी। और कहीं यह बात फैल गई तो...?

'हाकिम जल्दी से निकरि जाई हियाँ से, बदनामी होई...!'

जीप हिचकोले खा रही थी या वह...?

सुबह पारबती ने जगाया तो उसकी आँखें ही नहीं खुल पा रही थीं, 'जरा देह दबा दो तो पारबती।'

'जी हजूर !'

पाँव छूते ही चिहुँक उठा वह, 'आपको तो बुखार है।'

ज्वर बढ़ता ही जा रहा था।

'सर डॉक्टर बुला दें ?'

'ना, कल-परसों तक यूँ ही ठीक हो जाएँगे।'

मिनट बीते, घंटे फिर दिन, फिर दिन पर दिन...।

'सर डी.आई.जी. साहब का मैसेज आया है।'

'कहा नहीं, मेरी तबीयत...।'

'कहा सर, बोले, जरूरत हो तो बेतिया चले जाएँ।'

'और कुछ ?'

'कहे कि आपका और पांडेय सर का अनुरोध मान लिया गया है—मकरंदापुर आपके चार्ज में आ गया, बनकटा पांड़ेय सर के चार्ज में।

'... ... ...'

'सर, पांडेय पूछे है कि मकरंदापुर का रेड सफल रहा। बोले, आपको देखने खुद आएँगे किसी तांत्रिक को लिवाकर।'

'सर काली सरदार के भाई बिसराम को हॉस्पीटल से जेल में ट्रांसफर कर दिया है पांडेय सर ने। इंटेरोगेशन हो रहा है।'

'... ... ...'

'सर डॉक्टर साहब आए हैं।'

'सर पांड़े मास्टर साहब आए हैं।'

'सर काली सरदार की चिट्ठी आई है।'

'सर मकरंदा से परशुराम का गिरोह खाना बनवाकर ले गया है।'

'सर सुनने में आया है, जोगी काली सरदार की औरत को कहीं बेच आया है।'

'सर दू ठो और अपहरण हो गया।'

'सर मेम साहब आई हैं, पटना लिवा जाएँगी आपको।'

सूचनाएँ नीम बेहोशी में गिर-गिरकर विसर्जित हो रही हैं।

पटना में जैसे-जैसे तबीयत सँभलती है, वैसे-वैसे धुँध छँटती है। यह उसके घर की दीवारें हैं, ये आवाजें उसकी जानी-पहचानी हैं। यह बेटा है, यह माँ, यह पापा, यह पत्नी।

थोड़ा सँभलते ही सारा परिवार जाता है हनुमान मंदिर। अजब भदेस, भक्ति का कचपच ! हनुमान चालीसा का पाठ—उसकी तंद्रा के कपाट पर दस्तक देता है।

माँ बताती है, 'अइसे तो ठिकाता नहीं। ऊ तो धन्न भाग कि बहू ने पता लगा लिया था पारबतिया से कि बनसप्ती देबी का करोध है, पांडेयजी तांतरिक झाजी को ले आइन, हियाँ हनुमानजी और विंधाचल भवानी का मनौती, जाप, पूजा...तब जाके...!'

'माँ !' पत्नी रोक देती है बीच में कि कहीं भड़क न जाएँ। तो कोई कर्म बाकी न रहा ! एक छोटा-सा स्खलन कितने नीचे तक ले आता है !

माँ बाँह पर एक ताबीज बाँधती हैं, 'हे भवानी माय, रच्छा करो !' पत्नी को भर आँख देखता है, इज्जतदार जनाना ! बेटे का गाल थपथपाता है, पापा-मम्मी के पाँव छूकर बैठ जाता है गाड़ी में।

पूरे पच्चीस दिन बाद सारी सूचनाएँ बल्ब की तरह एक-एक कर जलती जा रही हैं—नाउ नो वाइन, नो पांडेय, नो वोमैन, सिर्फ ड्यूटी !

इकतीस

पांड़ेपुर की मरी धार ! दुसाध टोली से भी दक्षिण, उस चारागाह में, जहाँ मरे ढोर-डाँगरों को फेंक दिया जाता है, दसियों गीध शव-साधना में जुटे रहते हैं; आज कोई अनजान आदमी देखे तो चौंक जाए—अरे बाप, इत्ते सारे गीध ? नहीं ! गीध नहीं आदमी—कौमीन (अंत्यज) भी, परमीन (अन्य जाति के लोग) भी।

आखिर 'बराह पूजा' कोई हँसी-ठट्ठा है कि जहाँ चाहो, वहीं कर लो। उसके लिए बड़ा मैदान चहिए, खासा बड़ा मैदान। दुसाधों के पास खेत कहाँ, सो इस चारागाह को ही साफ-सूफ कर, कुश-गंगाजल छिड़ककर मैदान बना लिया गया है।

मैदान के बीचोबीच गड़े हरे बाँस की फुनगी पर लहराती पताका। सुरूज भगवान पूरब में हुलके। सारी तैयारी पूरी देखकर उनकी काया एक से दो हुई। एक रह गई आकाश में, दूसरी आ विराजी सूर्य-पताका में।

बगल में दो और लंबे मजबूत बाँस। नीचे बाँसों पर टिकी दो दोधारी तलवारें। उसके ठीक आगे लंबाई में धधकता अग्निकुंड। अरधान की सारी सामग्री—फल, अक्षत, अन्न, चावल, गुड़ की भेलियाँ दौरियों में पाँत में रखी हुईं। सब कुछ तैयार है, अब इंतजार है तो पुजारी भगतजी की, वे आएँ और पूजा शुरू करें।

बभनटोली में सख्त मनाही है कि दुसाधों की पूजा में कोई न जाए लेकिन मन-ही-मन सभी उत्सुक हैं। सबसे ज्यादा उत्सुक हैं सुन्नर पांड़े। कलंक की उस काली रात के बाद से ब्राह्मणों ने उन्हें जाति से बहिष्कृत कर दिया था। इस पूजा में फेंकन जरूर जाएगा, भले ही छुपे भेस में। अगर वह सबके सामने देवता की कसम खाकर कह दे कि पड़ाइन पवित्र हैं तो ब्राह्मणों की पंचायत बुलाकर उनसे न्याय की भीख माँग सकते हैं वे। एक चाहना और है। पड़ाइन तो उस दिन के बाद से सिड़ा ही गई एकदम से। कोई बाल-बच्चा की आस कहाँ से हो ? सहोदरा, जिउतिया थान, त्रिवेणी, काली मंदिर कहाँ-कहाँ नहीं मनौतिया मानीं उन्होंने, मगर कोई फल नहीं मिला। बाभनों के देवता में अब सत्त कहाँ रहा ? सुनते हैं, दुसाधों का देवता बहुत जाग्रत है। एक मनौती उनसे भी माँगकर देख लें। सूअर का छौना ही न लगेगा ! है तो कठिन, मगर पैसे दे देंगे, इंतजाम हो जाएगा। किसी भी तरह अपनी हारी लड़ाई जीतना चाहते हैं सुन्नर पांड़े।

घेरे के अंदर पासवान लोग और बाकी लोग घेरे के बाहर—परमीन ! किचबिचाती-उथलाती भीड़ उस दिशा में ताक रही है, जिधर से भगतजी को आना है। प्रातः आठ बजे ढाक, ढोल और झाल की आवाजों ने उन्हें आश्वस्त किया कि वे आ रहे हैं। अरे यह तो कोई मेहरारू है ! न न, वही हैं, औरतों का साज-सिंगार किए हुए, पीले कपड़े, बगल में बेंत की छड़ियाँ। ढाक के ताल पर सामने दो लड़के हवा में फरी मारते (कलाबाजियाँ खाते) आ रहे हैं। ढाक, ढोल और झाल की आवाजें तेज होती जा रही हैं। भगत हवा में बेंत की छड़ी घुमाकर पूरे पांड़ेपुर को मंत्र से बाँध रहे हैं। पूजास्थल के प्रवेश के ऐन मौके पर फरी मार रहे लड़के अचानक पंजों के बल खड़े होकर कमर के बल उलटकर बिच्छुओं की तरह चले आ रहे हैं, शाबाश ! वाद्य स्वर मारू विहाग की तरह दहशत भर रहे हैं, भगत बाँसों की परिक्रमा

कर रहे हैं...कीर्तनियों ने सुमिरन शुरू कर दिया है...

तहरा के सुमिरीला, ए बराह बाबा,
कि बाबा हमर, (विराम का ठेका)
इसी बीच कोई चीखता है, 'ए-ए-ए...ह
बोल-अ, बोल-अ राह बाबा की जै'
'जै !' भीड़ का समवेत स्वर !
हो बाबा हमर, दीह-अ सभ बिघिन नसाय !
हो बाबा हमर,
आज हो ख-अ हमरो सहाय !'

ढाक, ढोल, मंजीरे, झाल और कीर्तन के मिले-जुले, झंझा की तरह उड़ते, स्वर ! दहशत और शौर्य की मिली-जुली अजीब-सी उत्तेजना !

प्रौढ़ भगतजी पर सुरूर-सा चढ़ता जा रहा है, लीजिए वे घूमने लगे। कीर्तनयों का स्वर झंझा-झकोर की तरह द्रुततम पर आ पहुँचा है...

हो बाबा हमर आजु होख-अ हमरो सहाय !

परमीनों की भीड़ में धक्का खाते दो साधु बार-बार ठेले जा रहे हैं, 'ए बबाजी लोग, तनी गत-ए से बैठम एक जगह ! का अकबाइल बाड़-अ ?'

साधुओं के वेश में कुमार और मुरली पांड़े सिटपिटा जाते हैं।

'ई नया कीरतन ह-अ का ?' मुरली पांड़े धीरे से टुहुँकते हैं ।

'होगा नहीं ? अब ई कमीन सभ के बाल-बच्चे भी पढ़-लिख गए हैं।'

'ए चुप ना रहब-अ ! सामने देख-अ, सामने !'

सामने...? भगतजी अब नटों की तरह करतब कर रहे हैं। वाह क्या चुस्ती, क्या फुर्ती, क्या लोच है ! अरे-अरे वह तो बंदरों की तरह बाँस पर चढ़ रहे हैं। वहाँ से कितनी जल्दी उतरे जा रहे हैं। फिर चढ़ रहे हैं...फिर उतर रहे हैं। अब वह बैठकर पाँवों को सहला रहे हैं, हाथ मल रहे हैं, थक तो जाता ही है आदमी !

'अरे नहीं, वे तो सीधे दौड़ गए अग्निकुंड पर नंगे पाँव ! जले नहीं ?

'मजाल है, जल जाएँ !'

'बोल-अ, बोल-अ, राह बाबा की बाबा की जै !'

'जै !'

'अरे-अरे ! उन्होंने जलती हाँड़ी में हाथ डालकर हाथ से करछुल की तरह चलाया। हाथ से भाप निकल रहा है।'

'जले नहीं ?'

'ऊ आदमी थोड़े हउएँ, बराह बाबा के सवारी न आइल बा उनका पर !'

'जब वह बैठकर हाथ-पाँव सहला रहा था, कोई केमिकल मल रहा था।'

कुमार ने पांड़े से धीरे से अंग्रेजी में कहा।

पांड़े ने सिर हिलाया, 'अकवन का पत्ता।'

भीड़ में दबी-दबी कई प्रतिक्रियाएँ हैं। कुछ प्रशंसा की, कुछ विश्लेषण की, कुछ

आशंकाओं की भी...!

'ई पूजा का बाद ई दुसाध लोग का तागत औरो बढ़ जाएगा। अब बाभन लोग को सेटियाएगा नहीं।'

'बाभन लोग को भी पूजा करना चाहिए।'

'बामन लोग केकर पूजा करिहें ? अरे जतना भगवान बाड़न, ओकरा में बाभन केहू-बा...? रामजी ठाकुर, किसनजी, ग्वाला...'

'अरे परशुरामजी ?'

भगवानों के जातिगत बँटवारे पर कुमार और मुरली पांड़े एक-दूसरे को देखकर मुसकरा पड़े। मुरली पांड़े इस पर एक अच्छा-खासा लेक्चर देना चाहते थे, फरटिदार अंग्रेजी में, मगर मन मारकर रह गए। 'पूजा करनेवाले कहाँ हैं ?' कुमार के अभिप्राय को मुरली पांड़े ने ही समझा—खग जाने खग ही की भाखा ? लँगड़े, लूले, अपाहिजों, रोगियों, मनौतियाँ माननेवालों की कतार खड़ी है।

भगतजी इशारा करते हैं। गोद में उठाकर लाया जाता है सूअर के छौने को। भीड़ में तनिक अस्थिरता आती है। छौने को त्रिशूल पर रखा जाता है। अभी चर्बी नहीं चढ़ी, सो उम्मीद है, एक ही बार में कट जाएगा।

बलैत का उठा हुआ दाब धूप में बिजली-सा कौंधता है—'खट्ट !' एक दबी चीत्कार ! सर अलग, धड़ अलग। फैलती-सिकुड़ती थरथराहट और छटपटाहट ! लाल खून की पिचकारी। खून की धार नीचे गिर रही है। भगतजी झूमते हुए झुकते हैं। उन पर पीली चादर तान देते हैं लोग। भगतजी उठते हैं तो उनके मुँह में रक्त लगा हुआ है।

आखिर सुन्नर पांड़े ने खोज ही लिया फेंकन को. 'फेंकन भइया ! फेंकन भइया !'

फेंकन के हाथ अपनी कमर में खुँसे रिवाल्वर पर कस जाते हैं।

'मारिए द-अ ! मरने में कोई कसर बचा है ?'

'ओह दिन से...' स्वर को जबरन आर्त्त बनाकर पड़ाइन से जुड़ी कलंक-कथा और जाति बहिष्कार की दुर्दशा कह डालते हैं। मगर क्या सुन पा रहा है फेंकन ? उसके सामने अपनी लाज छुपाने की असफल कोशिश करती पड़ाइन थीं, डाँटता हुआ काली, 'कर लो इज्जत बराबर !' गिड़गिड़ाती हुई पड़ाइन, 'दुहाई ए भइया...' 'बस-बस ए काली भइया।' उसका हिचकिचाना और 'चो-प नामरद कहीं का !' काली की डाँट के साथ नरैना का धक्का, उसके दोनों हाथ में उनकी नंगी मांसल छातियाँ...!

उन हथेलियों में वह स्पर्श अभी भी चिपका रह गया है कहीं, मुट्ठियाँ भींचे खड़ा है फेंकन !

'हमरा के समाज में राखि ल-अ ए फेंकन भइया !'

'का करे के परी ?'

आशा बँधती है सुन्नर पांड़े को, 'सिर्फ एक बात, सरेआम तू ई बात पंचायत में अपना देवता के किरिया खा के कहि द-अ कि पड़ाइन के बेइज्जत ना कइले रहल-अ ! ऊ तोहर महतारी समान हईं...सिर्फ इहे बात...!'

'सरदार से पूछे के परी।'

'एकरा में पूछे के का बा...?' सुन्नर पांड़े विकल होकर उसके हाथ-पाँव पकड़ने लगते हैं।

बड़ी मुश्किल से उनसे पल्ला छुड़ाकर भाग पाता है फेंकन ! क्या कभी सचमुच इस बात को कह पाएगा काली भइया से !

रामगंज थाने पर अपनी नकली दाढ़ी-मूँछें छुड़ाते हुए मुरली पांड़े ने कहा, 'चलिए, आपके चलते हम भी नौटंकी कर लिये। लेकिन यह दूसरी और आखिरी है। समझ में नहीं आता, हम लोग गए क्यों थे ?'

'काली के गिरोह को पकड़ने !'

'बट व्हेयर वाज काली (लेकिन काली कहाँ था) ?'

'उसका वो दुसाध साथी वहाँ आएगा; और वह आएगा तो उसके प्रोटेक्शन के लिए काली भी आएगा--खबर तो यही थी। हम भी संन्यासी ही बने धक्के खाते रहे, ढूँढ़ना चाहिए था।'

'उस माहौल में...?' मुरली पांड़े की आँख फैल गईं, 'भीड़ का चरित्र जानते हैं साहब ?'

'क्या होता ज्यादा-से-ज्यादा ?'

'कम-से-कम होता कि तब ये नकली दाढ़ी-मूँछें हमें नोचने की जहमत नहीं उठानी पड़ती, वह धर्मांध भीड़ खुद नोच डालती।'

कुमार 'हो-हो' कर हँस पड़ा। जेहन में वह सारा रोमांचक दृश्य फिर से सजीव हो उठा, बोला, 'वाकई ! मुझे तो अंदाजा भी न था। मैंने तो सिर्फ लखराँव की वो पूजा छुपकर देखी थी पिछली बार, बट, इट वाज डिफरेंट ! क्वाइट डिफरेंट--अपने रीचुअल्स में ही नहीं, अपने रोल और गोल में भी...'

'इट वाज सिंपली ए हॉरर !'

'यस इट वाज !' मिलिटेंसी से खुद के समाज को ऊपर उठाए जाने की कोशिश !

'क्या करते बेचारे...?' मुरली पांड़े की भड़ास अब रोके नहीं रुक रही थी। धारा प्रवाह अंग्रेजी में बोलना शुरू किया तो बोलते ही चले गए, 'व्हेन एनी स्टैगनैंट सोशल यूनिट, दैट इज कास्ट...जब कोई अचल सामाजिक इकाई अर्थात् जाति खुद को असहाय पाती है तो विकल होकर शक्ति के अन्य स्रोतों की ओर भागती है या कृत्रिम शक्ति स्रोत बनाती है, गौरवमय इतिहास से खुद को जोड़ना, अपने बनाए सर्वशक्तिमान देवता की शरण में जाना आदि-आदि। यहाँ तक कि सत्ता पुरुष, राजनीति, प्रशासन में अगर अपनी जाति के लोग हुए तो वहाँ से, जाति का कोई धनी-मानी हुआ तो वहाँ से, जाति का कोई डाकू या दबंग गुंडा या सन्नामी आदमी कहीं हुआ तो वहाँ से, चाहे कुछ हासिल हो या न हो, ये इमोशनल सपोर्ट पाते हैं।'

कुमार ने सिर हिलाकर समर्थन किया, 'अब यहीं समाज और प्रशासन से इन्हें कोई मदद नहीं मिली उलटे इनके देवता या राजा सल्हेस बाबा हो या बराह बाबा, उन्हें चोर माना गया। किसी जाति विशेष को नीच या चोर प्रचारित करवा देना उसके तेज को मार देने का अमोघ अस्त्र है।'

'चोरी को किसी जाति विशेष से जोड़ना--एक ब्रीलिएंट आइडिया है।'

कुमार को लगा, जैसे एक अज्ञात नरक-लोक से अभी-अभी पर्दा हटा हो।

सुबह बीती, दोपहर बीती, दिन तमाम हुआ, फेंकन नहीं आया। रात भी तमाम हो गई, फेंकन नहीं आया। सुबह एक घंटे दिन चढ़े, बाढ़ में डूबा-सा उतराया फेंकन !

'बड़ी देर लगा दी।' नरैना मल्लाह ने खैनी मलते हुए पूछा, 'सरदार तो रात-भर राह ताकते रहे।'

'अरे भउजी से भी तो मिलना था,' धाँगड़ जोड़ता है।

'ऊ बात नहीं। परसाद लेने में न देर हुई। लो सबको बाँट दो !' लजाते-लजाते फेकन ने कहा फिर गमछे के छोर से फल और रोट को अलग से निकालकर काली को देते हुए उसने कहा, 'आप तो ऊ सब लेते नहीं, सो अलग से परमीनों का परसाद ले आए आपके लिए। एकदम नहीं छुआया है, उस परसाद से।'

काली को हँसी आ गई, 'यह किस देवता की पूजा थी ?'

'राह बाबा की।'

'तो राह बबा तुम लोगन के देवता हैं, हमरे तो...'

धाँगड़ ने कहा तो सब अपने-अपने देवता को याद करने लगे।

'हम लौट रहे थे तो कोई कह रहा था कि सूअर के छौने की बलि बहुत दिन बाद हो रही है।' काली ने कहा।

'उसके बिना हमरा धरम-करम नहीं चल सकता काली भइया। मगर हमको जबरन नीच-कमीन कौम कहा जाता है, हम हैं नहीं। आप तो चले आए, भगतजी से भेंट करते तो आप जानते कि हम को हैं ?'

'को हैं ?'

'देखिए, ये मुसलमानों का डिमांड था कि कोई भी दुलहिन हो, पहली रात उनके साथ बितानी पड़ेगी। सब कौम मान लिया, एक हमी थे, जो नहीं माने। भाग गए जंगल में। कंद-मूल-फल खाए। जब नहीं सपरा, मरने लगे तो चोरी करने लगे। बाकी, जब भी मोगल फौज आई, हम सूअर का हाड़ फेंक-फेंककर उसको लौटने पे मजबूर किए। बादशाह बुलाए तो सिरिफ भाई-बहन रह गए थे। हुआँ भी सूअर का छौना निकाल के बादशाह के सामने जे पटके कि बीता-भर उछल के दम तोड़ दिया। से, वोई बीता-भर का छूत माना जाता है। अब सूअर बादशाह को हराम था सो हम लोगों को छोड़ दिए। मोगल फौज भागी। सो, सूअर तो हमरा गाय-भैंस से बढ़कर है। दुलहिन आती है बाप के घर से तो अँचरा में छौना देकर बिदा करते हैं। दुलहिन का ताग-पाट उसी हाड़ का होता है।'

'भउजी भी लेके आइल रहनी ?'

'अरे बाप, ऊ पढ़ल-लिखल औरत नू है !'

गिरोह की पूरी मंडली आग सेंकते हुए शांत भाव से प्रसाद खाते हुए सुन रही थी। किसी भी तरफ से कोई प्रतिक्रिया न पाकर फेंकन को बुरा लगा, 'आपको विश्वास नहीं होता हो तो जाकर पूछ लीजिए गियानी गुनी से कि ई गोड़ाइत, गहलौत लोग कौन हैं।

महाराज शिलादित्य और रानी पुष्पावती का नाम सुने हैं ?'

'ना।'

'ऊ सूर्यवंशी छत्तरी राजा थे। मोगल लोग से लोहा लिये थे। रानी भाग के गुहा में शरण ली। हुँवई एक लड़का हुआ। तभिये से हमरा वंश का शाखा अलग होता है। गुहा के चलते गहलौत कहाए। चौबीस बरण है हमरा जात में। महाराना परताप, बप्पा रावल—ई सब हमरी ही जात के थे। हमरा पताका नहीं देखे, सूरज का छाप है ! सूरजवंशी छत्तरी हैं। कटा हुआ है—गौर किए कि काहे है ?'

'काहे ?'

'कट्टर हैं हम लोग—यह दिखाने के लिए ? देखिए, जनेऊ था भगत का।'

'तुम भी तो पहन के आए हो ?'

'ऊही दिए। बोलिन सूर्यवंशी छत्तरी को धारन करना चाहिए।'

'बाकी एकगो बात', नरैना मल्लाह भी उठा खड़ा हुआ, 'तू अगर छत्तरी...'

'सूरजवंशी छत्तरी !' फेंकन ने संशोधन किया।

'माने छत्तरी में भी सबसे ऊँचा..., ई बात छत्तरी लोग मानता हैं ?'

'अब न मानें तो...!' खिसियाहट की हलकी परत चढ़ गई फेंकन के उत्साह पर !

'सुअरिया न पालने लगा ई सब !' नोनिया ने कहा।

'ओकरा में का दोष है ?'

'गू न खाती है।'

'और गाय न खाती है ! गाय चराए हो कभी ?' फेंकन ने पूछा।

'हाँ ई भी ठीक है। तब...! हाँ, ऊ लोग जइसा चिक्कन न न रहते हो।'

नरैना अब पस्त पड़ रहा था।

'तुम भी तो लौरिया की मिलिया (मिल) में लगाते थे 'नारायेन सिंध निसाद !' फेंकन ने आखिरी वार किया, 'लेकिन उनका जइसा चिक्कन रहते थे ?'

'गँजेड़ियों की गप है यह सब !' काली ने कंबल उतारते हुए कहा, 'जहाँ तक साफ-सफाई की बात है, हम थारुओं से कोई साफ नहीं रहता। बाकी वही मुगल, वही भागना—एक-सी कथा।'

'ऊ भी राजपूताना के राणा परताप के खानदान के।' नोनिया ने नमक लगाया।

'इसी छलावे में आदिवासी के कटवाकर, फारवर्ड में ले जाने लगे थे मूरख लोग, कि हम तो ठाकुर हैं...जो भी सुविधा मिलती, खतम। ये तो कहो सरकार ने बैकवर्ड माना सो...ऐसे बहलावों में बहुत भटक चुके फेंकन ! तुम सूर्यवंशी, तुम्हरी बहू के अँचरा में सूअर का छौना और...? साठी का साठ बिगहवा, राजा साहब की बहनन को कोइँछा में मिला था। सोचो, कहाँ एक छौना, कहाँ साठ बिगहा !'

'अरे बाप !'

'लेक़िन सँभल नहीं पाया, दाने की तरह झरने लगा कोइँछा से !'

'तब ?'

'तब लोटा ले के ब्यापार करके को आ रहे थे, जानकी प्रसाद सिंहानिया, रोप लिये

लोटा में...देखते-देखते साठों बिगहा लोटे में समा गया। उसी साठ बिगहा से मंत्री, नेता से अफसर तक को भिजवाते रहते हैं। उस लोटे से जिन्न निकला—एक-दो-तीन-चार...गिनती नहीं। आज के परेमा, परशुराम, नोनिया, सब उन्हीं के लठैत थे। बैरिया के वे उनके ये सिपाही—'ध्रुव, रूदल मियाँ, पुत्तन, जिन्होंने मजदूरों के आंदोलन को मार पीटकर दबाया, बाद में डाकू बने। हम वहीं थे उन दिनों। कहाँ हैं स्वर्ग और मंदिर के देवता लोग ?'

'बाकी ए काली भइया, और चाहो सब कह-अ, ई देबी-देवता के मत कह-अ कुछ।' नरैना ने कहा।

'देवी-देवता में तनिक भी समरथ होता तो हम सबकी ई दुरदसा काहे होती ? इसीलिए हम जात के देवता के पास फरियाद करने कभी न गए।'

'अइसन मत बोल-अ काली भइया, देवता रूठ गइलन तो...'

'एकरा से और बुरा का करिहें हमार ? दिन, महीना, बरस ! एक दिन एक गोली सन्न-से लागी, करेजा, कपार चाहे कंधा पे, बस सब कुछ खतम।'

बत्तीस

काली के थैले में पुरुषोतम ढूँढ़ रहा था चीनी पिस्तौल और मिलीं क्या—किताबें।

'ई को चीज का किताब है ?'

काली ने आँख उठाकर देखा, 'भागो नहीं दुनिया को बदलो' और 'मस्तिष्क को वश में कैसे करें ?'

'कुमार साहब दिए होंगे पढ़ने को।' नोनिया बोला।

नरैना ने किताब लपक ली, 'ई पढ़ल-लिखल आदमी का मामला है।' शीर्षक काफी दिलचस्प लगे, 'ए भाई सुन-अ लोगन, एकरा में का लिखल बा ?'

'का लिखल बा भाई ?' जगन जमूरा बन गया।'

'दुनिया नरक है।'

'ए भाई, ई तो अपने ही बिरादरी का मालूम पड़ते हैं।' जगन बोला।

'चोप। आगे सुनो कि दुनिया क्यों नरक है, जोंकों के चलते। 'जोंकों के दुश्मन मरकस बाबा' फिर वह देश जहाँ जोंकें नहीं हैं।'

'तनी रुको। पहिले ई बताओ कि ऊ कौन देश है ?'

भस्मासुर भूतनाथ पे चढ़ बैठा। पागल सियार गाँव की ओर भागा।

'सान्ती का रास्ता'...ऊँ-ऊँ-हाँ 'हिंदुस्तान की आजादी, औरत की जात, 'अछूत और सोसित, अनाज कैसे बढ़े, कल-कारखानों का फैलाव और आखिरी में कमेरों का राज।'

'ए भाई, पहले हमरा के ई बताब-अ कि हमरा मन के बात के लिखले बा ?'

'राहुल सांकिरतायन।'

'ई कईसन नाम है ?'

'खोज करेके चाहीं। वोही हमरा इस भँवर से उबारेगा।'

नरैना ने एक प्रस्ताव दिया, 'ई किताब को सरदार के छोड़ा के कोई नहीं पढ़ा, सो ऊ बतावें कि इसमें आखिर का लिखल है कि इसको ढोते चलते हैं।'

'पढ़ने की फुरसत है ?' काली ने कहा।

'फिर भी...।'

'अरे वही सब बात, हम लोगों की यह दुर्दशा क्यों है, कमानेवालों का हक जमींदार, अफसर सब लूट रहे हैं—ये जोंक हैं, इस नरक से तभी निकल पाएँगे, जब कमेरों का राज आएगा बगैरा...बगैरा....अभी थोड़ा ही देखा है।'

'किताब तो नीमन है, लेकिन बिना रस के।' जगन के चेहरे पर एक आलोचक की बेरुखी थी।

'रस भी है, जइसे कि...' काली ने पन्नों को खोलते हुए एक स्थल पर उँगली रख दी, 'साधारण आदमी के लिए स्वर्ग क्या है ?'

'क्या है ?'

'गेहूँ की रोटी, और जड़हने का भात,
गल-गल नेमुआ और घिउ तात,
तिरछी नजर परोसे जोय,
ई सुख सरग पैठिले होय।

माने गेहूँ की रोटी, जड़हन का भात, नींबू का गलगलाता रस, गर्म घी और इसको परोसे कोई तिरछी नजरवाली घरवाली तो ई सुख स्वर्ग में जाने जैसा है।'

काली ने सोचा था कि इसे सुनकर उसके साथी खुश होंगे, मगर इसके उलटे वे उदास हो गए।

ठीक इसी समय फेंकन, जो अब तक इस चर्चा से तटस्थ, चादर ओढ़कर लुढ़का पड़ा था, उठा और काली के पास आया, 'बिसराम भइया की कौनो खबर मिली है ?'

'ना तो।... हाँ कुमार साहब आश्वासन दिए थे।'

'और तुम उनकी बात का विश्वास कर हाथ-पर-हाथ धरके बैठ गए।'

'कोई खबर मिली है भइया की ?'

'हाँ, का पता, जिंदा भी हैं या नहीं।'

'क्या बोलते हो ? कहाँ से खबर मिली ?'

'सगीर दर्जी से।'

'तो का कुमार साहब... ?' काली को कुमार के आश्वासन की बात याद आई।

'कुमार साहब बीमार हैं, पटना में पड़े हैं, अब बनकटा पांडेयजी के कंट्रोल में आ गया है, बिसराम और काली का मामला भी।'

नरैना का हाथ जेब में पड़ी चीनी पिस्तौल पर कस गया, मगर एक कचोट लहरा गई, इसका स्प्रिंग बदला न जा सका था। उसे करमू लोहार पर इतना गुस्सा आया कि सीधे

गला दबा दे जाकर। इतने-इतने हथियार बनाता है एलेक्शन में, एक भी मिस नहीं होता और एक चीनी पिस्तौल का मामूली-सा स्प्रिंग नहीं बदल सका।

'जेहल में ही पूछताछ के बहाने कसाई की तरह मारते-पीटते होंगे।' पुरुषोत्तम ने पूछा।

'हुआँ कौन हिकमत लगेगी ?'

'डर ई बात से नहीं, डर ई बात का है कि एनकौंटर के बहाने कहीं...।' वाक्य पूरा नहीं कर सका फेंकन।

'हम भी तो वही मनाते हैं कि एनकाउंटर का नाटक जल्दी-से-जल्दी हो।' काली ने कहा।

'उससे का होगा ?'

'हमने वह जगह, वह नाटक अपनी आँखों से देखा है। वहाँ से उन्हें छुड़ा पाना हमारे लिए ज्यादा आसान होगा।' काली के मुरझाए चेहरे पर तनिक उत्तेजना छा गई।

अँधेरे में रोशनी की हलकी किरण।

सप्ताह के अंत में वह किरण भी यकायक डूब गई।

दर्जी की दुकान पर इब्राहिम चाचा ने भर्राए कंठ से बताया, 'आज जेल में ही एनकाउंटर कर डाला। मार डाला बिसराम भाई को। रात दू बजे के टैम। बोले, जेल का चहारदीवारी फाँद के भाग रहा था। वो बेचारा तो चल भी पा नहीं रहा था, उठाके ले आते थे पूछताछ के लिए...लेकिन पुलिस और गौरमेंट के लोग जो बोले, वही सच है। लाश रखी हुई है कि काली इसी बहाने आ जाए तो...।'

तीन दिन बीत गए। तीन दिन सिर्फ ईख चूसकर बिताए काली और उनके साथियों ने। घड़ी-घड़ी पेशाब लगती है, देह में कँपकँपी बनी रहती है और नींद का मतवालापन आठों पहर। इस बीच पलटू को सर्दी लग गई। खाँय-खाँय खाँसने लगता है तो सुरसुरी चढ़ जाती है। गमछे से मुँह दबाने पर भी रात के सन्नाटे में आवाज दूर-दूर तक फैलती है। हर खाँसी पर उनके दिल की धड़कनें बढ़ जाती हैं। कल इस खेत की ऊख काटी जाएगी, सो कल तक तो इस मुकाम को छोड़ ही देना है, मगर आज की रात तो कटे किसी तरह। दवा भी नहीं कोई। धत्त तेरी जिंदगी की !

एक घड़ी रात बीतने पर खरखराहट हुई। सियार की बोली का जवाब कुत्ते की भौंक से। यानी धाँगड़ आ गया।

ठंड के मारे दाँत किटकिटा रहे थे धाँगड़ के। आते ही पुआल पर धम्म से पसर गया। काली ने टार्च जलाकर उसका मुआयना किया और अपना कंबल उस पर डाल दिया।

'लाश फुँका गई ?' काली ने पूछा।

'हाँ। तीन दिन बीत गया था, महकने (बदबू देने) लगे थे भैया।'

'गऊ जैसे आदमी। हाय !' पलटू के घरघराते गले से इतना ही निकल पाया।

'का जाने भउजी पे का बीत रहा होगा ?' जगन उठकर बैठ गया।

'अस्पताल में पहरे में हैं बुचिया (बच्ची) के साथ।' धाँगड़ ने बताया!

'अब उसको ई कसाई लोग चारे की तरह इस्तेमाल करेगा।' नरैना दाँत पीसते हुए बोला।

'हाँ।' धाँगड़ ने कहा।

'उधर भउजी का भी कोई खबर नहीं।' नरैना ने करवट ली।

'मायका से चली तो जरूर, मगर न बनकटा चहुँपीं, न हियाँ।' जगन बोला

'ऊ सार जोगिया। शुरू-ए से शैतान रहा।' नरैना बोला।

'मेहरारू खरीदना, मेहरारू बेचना, हथियार, बैल, औरत का दलाली करना यही तो उसका धंधा था।'

'तुम तो मना करते रहे। काली भइया कहाँ माने।'

धाँगड़ को गर्मी पाकर नींद आने लगी।

सर्द अँधेरे में धीमे-धीमे हो रही बतकही में किसी को पता न चला कि वहाँ से कब का उठकर जा चुका है काली।

धुआँई-धुआँई चाँदनी में सँवलाए-सँवलाए-से मौत की डरावनी चमगादड़ों के फैले हुए डैने। रुक्ष दाढ़ी-केश। इस अँधेरे में घुल रहा है उसका वजूद। जिंदगी एक बीहड़ की तरह फैली हुई है उसके सामने दूर-दूर तक। खुद को बचा लेने की चुनौती उसके सामने थी और वह चुनौती हारता जा रहा है वह प्रतिदिन, प्रतिपल। इस एकांत पत्थर पर बैठकर गला फाड़-फाड़कर रोना चाह रहा है वह। मगर नहीं। कभी बात-बात में आँसू निकल जानेवाली आँखों में एक कतरा आँसू नहीं।

तैंतीस

कुमार ने चिट्ठी पढ़ी—

'कुमार साहब !' कुमार ने गौर किया पहलेवाला 'आदरणीय' गायब था।

'मुझे आश्वासन देने के बावजूद भैया को आपने उस नीच कसाई पांड़े के हवाले कर दिया। यानी सीधे-सीधे नहीं, पांड़े का दस्ताना पहनकर भैया की हत्या की गई, ताकि आपकी उँगलियों के निशान तक न मिलें। बिना किसी कसूर के एक निरीह आदमी की बर्बर हत्या। पांड़े का स्वार्थ तो समझ में आता है कि भैया के बहाने वे मुझे पाना चाहते थे—इस मिनी चंबल के अपने ढंग के सबसे खतरनाक क्रिमिनल को, कारण वह सिर्फ धन लूटने नहीं आया था, सम्मान और बराबरी का हक छीनने के लिए उतरा था। मेरे पकड़े जाने पर उन्हें पचास हजार का इनाम तो मिलता ही, बड़ी जातियों के लंपट लुटेरों की नजर में वो हीरो बनकर सामने आता। मगर आपका स्वार्थ क्या था ? लगता है, आपकी असलियत को मुझे फिर से समझना होगा।

मेरी भतीजी को साँप ने डँसा, भैया को आप और पांड़ेजी ने मिलकर डँसा, पत्नी को किसी औरत बेचनेवाले ने...अब सारा कुछ छीनकर नियति ने मुझे सोलह आने डाकू बनने

को ठेल दिया है। मेरे अंदर का जंगल घना होता जा रहा है...वहीं कभी मुलाकात होगी।

आपका,

काली

(मुँहबोला भाई, जो मर चुका)'

पत्र पढ़कर उदास हो गया कुमार।

थोड़ी देर बाद एक-एक कर दूसरी सूचनाएँ साँप की तरह गिरने लगीं छत से...

एक, बिसराम को इंटरोगेशन के दौरान इतना मारा गया था कि जान से मार देने के अलावा कोई चारा न रह गया था पांडेयजी के लिए। काली को पकड़ने के लिए ही सारा जाल बिछाया गया था, लेकिन भाई के मरने के तीन दिन बाद भी न आया तो लाश फुँकवा दी गई। उसकी औरत और बच्ची को हजारीबाग ट्रांसफर किया जा रहा है।

दो, परशुराम अब आएदिन मकरंदापुर गाँव जाने लगा है, बल्कि एक दिन तो पांड़ेजी और चंद्रदीप सिंह भी थे। सुना फायरिंग भी हुई मगर यह सब दिखाने के लिए।

चंद्रदीप, पांड़े, परशुराम—बहुत पीछे तक की स्मृतियाँ सुलग उठीं।

कुमार के बाइनोक्यूलर की गोल परिधि में लंगड़ था और उसका कुत्ता। वे जंगल की ओर बढ़ रहे थे। जड़ी खोदने जा रहा है। हुँह !

घंटे-भर बाद कुमार मकरंदापुर ग्राम में था और लंगड़ उसके सामने पिट रहा था। मलारी समेत पूरा गाँव दूर से देख रहा था।

'तुम अभी भी बता दो कि किससे मिलने जाते हो, किसका खाना बनकर जाता है, तुम्हें छोड़ देंगे।'

'हम तो जड़ी खोदने जाते हैं हजूर। खाना-वाना के बारे में हम कुछ नहीं जानते।' रोते हुए फरियाद करता है लंगड़।

'तो तुम ऐसे नहीं मानोगे ?'

'दहाई हजूर, गरीब आदमी हैं, मर जाएँगे।'

'गरीब है तो लुटेरों से क्यों मिला हुआ है ?'

जवाब में लंगड़ की आँखें मुँदने लगीं।

'पानी का छींटा दो इस पर।'

पास के घर से एक डेगची (पतीला) पानी आया। अगहन का अपराह्न। पानी के छौंक से आँखें बिलबिला उठती हैं। आँखों के आगे खाकी के धब्बे तैरते हैं।

'दहाई हजूर, हम निर्दोख हैं, हमरा के मत मारीं।' कुमार के कदमों पर गिर पड़ता है।

'कोई बात नहीं। हमें किसी निर्दोष को सताना नहीं। तुम सिर्फ इतना करो कि हथियार हमारे हवाले कर दो। तुम्हें छोड़ तो देंगे ही सरकार से ईनाम भी दिलवाएँगे—वादा रहा।'

'नहीं हजूर। हमरा पास हथियार नहीं है।'

'नहीं।'

'न-अ-आ...।' शब्द पूरा भी न हुआ था कि एक बूट मुँह पर पड़ा, लंगड़ चित जा गिरा और तड़पने लगा।

'इसे जंगल में ले जाओ, दस तक गिनो और न बताए तो गोली मार दो।' कुमार ने

आँख के इशारे से सुदर्शन सिंह को बुलाकर कहा। फिर कुछ सोचकर खुद भी चल पड़ा।

'तुम लोग यहीं रुको, कोई भी न भागने पावे।' जीप चल पड़ी। कुत्ता भौंकते हुए पीछे आ लगा।

जंगल में जहाँ पहले दिन लंगड़ छुपता हुआ दिखा था, वहाँ उतारकर उसी के गमछे से उसके चेहरे पर पट्टी बाँधी गई।

सुदर्शन सिंह काँपती हुई टाँगों पर खड़े, काँपते हाथों से राइफल साधे थोड़ी दूर पर खड़े हो गए, 'बोलो लँगड़, रामजी का एक।'

'रामजी का एक।' लंगड़ मिमियाया।

'रामजी का दू।'

'रामजी का दू।' आवाज सिसकी में डूब गई।

'रामजी का तीन। वाक्य पूरा भी न हुआ कि कुत्ता टूट पड़ा सुदर्शन सिंह पर।...गोली दगी और कुत्ता गिरकर डूबती कराह में छटपटाने लगा। टूट गया लंगड़, मत मारिए साहेब, हम बताते हैं कि बन्नूक कहाँ हैं।'

गाँव वापस आते-आते फिर बदल गया लंगड़। खामखा खेत से लेकर घूर और गली में भटकाता रहा। आधे घंटे में विरक्त हो गया कुमार।

लोहार की भाथी के लिए आग जल रही थी और उसमें कोई लोहे का छड़ तब से पड़ा हुआ था। कुमार ने सँड़सी से छड़ को निकाल लिया—वह आधा लाल था आधा काला।

'इसी रॉड से सारी देह दाग देंगे; समझ क्या रहा है।'

रॉड का लाल सिरा जैसे ही पास आया, घिघिया उठा लंगड़, 'दहाई हजूर, हमरा के मालूम नइखे, हमर पतोहू के मालूम बा।'

पतोहू माने मलारी। मलारी देवी !

वह धीरे-धीरे चलकर कुछ दूरी पर खड़ी हुई मलारी के पास पहुँचा, कुमार ने कनखियों से देखा, आज साड़ी का रंग धानी था और ब्लाउज का रंग चटक लाल।

'कहाँ है बंदूक ?'

'हमरा नय मालूम हाकिम।' स्वर में कैसी कुहुक है ! कितनी ठंडक !

'यह रॉड देख रही हो न।'

तिरछी आँखों से देखकर मुसकराती है मलारी फिर पलकें फड़फड़ाती है, जैसे आश्चर्य करने का नाटक कर रही हो, 'क्या सचमुच ?' मगर नहीं, वह उसके अनुमान से भी आगे है, 'दागब ?' दाग दीहीं (दागेंगे ? दाग दें।) ए हाकिम, एकरे से ई करेजा पे आपन नाम लिख दीं। गोदना जइसन, जिनगी-भर रह जाई।'

वह नजर नहीं मिला सका।

'सर आप हट जाइए। बदजबान औरत है, पता नहीं, क्या कह दे।'

वह वहाँ से हटकर जीप की ओर चला गया।

'अरे भैया !'

'आ-आ। ना-आ-आ।'

एक स्त्री कंठ की कातर आवाजें।

लंगड़ फिर से पिटने लगा, अब वह रोते-रोते मलारी को गलियाने लगा, 'बोलाव-अ अपना भतार लोगन के बचावें अब।'

प्रेम प्रकाश ने उसका झोंटा पकड़ और बेदर्दी से झकझोरकर पीछे की ओर तान दिया, 'बोल साली बंदूक कहाँ है ?' दर्द के बावजूद, खिंच जाने से उसका चेहरा सपाट था। इस चेहरे पर न सौंदर्य था, न लावण्य, जैसे कठपुतली का चेहरा था वह, इतनी बेदर्दी से पीटा जाता है भला ! शर्म करो। कमजोरी फिर हावी होने लगी, मगर जल्द ही उस पर पुलिसिया तटस्थता फिर छा गई।

प्रेम प्रकाश उसी तरह झोंटा पकड़े हुए उसे घसीटकर ले गया घर में। पुलिस के जवानों ने पहले ही सर्च के चलते घर को तहस-नहस कर रखा था। चारों ओर दरिद्रता का आलम था, कथरी, गुदड़ी, लूगे, लत्ते, सूप, चलनी, मकई की छितराई बालें अरगनी पर से गिरी फटी रजाई। वह दरवाजे की उसी खाट के पास धूल, पसीने, खून से सना चेहरा लिये खड़ी थी। आज ललाट पर बिंदी नहीं थी, काजल फैल चुका था। धूल सने बाल बिखरे पड़े थे कंधे पर, साड़ी धूल से अँटी पड़ी थी—डकैतों से सीधे संपर्क में रहती है, मगर इसकी स्थिति... ?

प्रेम प्रकाश ने अपना बेल्ट खोलकर लहराया, एक चीख के साथ उझक पड़ी खाट पर।

'आह।' वह बेल्ट मानो कुमार पर पड़ा था। 'बंद करो।' उसने इतने जोर से डाँटा कि प्रेम प्रकाश सिटपिटा गया।

'बहुत ज्यादती हुई तुम पर। बहुत नुकसान।' कुमार ने कहा, उसके हाथ जेब में गए, पर्स में इस वक्त सिर्फ सौ रुपए बचे थे। उसे थमाते हुए बोला, लो रख लो इसे।

नोट देखते ही जोरों से फफक पड़ी, कुमार के हाथ काँपे, मानो पूछ रही हो मलारी 'ये उस दिन के हैं या आज के ?'

'हाकिम। हमरा कसूर बस एतना है कि गरीब हैं, औरत जात हैं, जो ही आता है, डरा-धमका के जबरजस्ती करने को मगजूर (मजबूर) करता है।'

सुदर्शन सिंह ने आते ही कुमार के कान में कहा, 'सर हथियार हियाँई पे है। थोड़ा करेजा कड़ा करिए।' इस सूचना के साथ ही कुमार को मलारी से तीव्र घृणा हुई, तो यह और नाटक कर रही है ?

'आखिरी दफा पूछ रहे हैं, बता दो, हथियार कहाँ है।' सुदर्शन सिंह ने कहा।

वह विस्फारित आँखों से उन्हें ताके जा रही थी। सहसा सुदर्शन सिंह का चौड़ा हाथ उसके मुँह पर पड़ा और वह खाट पर सीधे जा भहराई। प्रेम प्रकाश ने सीधे राइफल तान ली, 'बोल भोंसड़ी। रंडी, कुतिया...।'

बोल, मादर चोद !...नहीं तो ई राइफल तेरे पेट में डाल देंगे।'

'कुमार अंधा और बहरा हो रहा था।

वह बाई के बेग से उठी, 'हमार जान छोड़ देई हाकिम !'

'तो बता !'

'बताव तानी।' हियाँ, हियाँ।' बाई के बेग से उसने खाट खींच ली और फावड़ा लेकर दरवाजा खोदने लगी। वह जाँत का बैठका था। उसे हटाते ही मिट्टी की जगह बोरा नजर आया। उसने खुद खींचकर निकालने की कोशिश की। कुमार के इशारे पर सिपाहियों ने

उसे खींचकर बाहर निकाला। बोरे से दो राइफलें और कारतूसों की एक पोटली निकली।

'इन्हें सावधानी से जीप में ले चलो।'

मलारी को पीठ के पीछे कुछ चुभा, देखा राइफल की बायनेट थी, 'चलो, चलकर जीप में बैठो।'

वह भहरा पड़ी कुमार के कदमों पर, 'हमरा के आज-भर छोड़ देई हाकिम, हम सबके पकड़वा देइब।'

'कैसे ?'

'कइसे ?' वह मिरगी के रोगी की तरह इधर-उधर भटकने लगी, फिर झपटकर हाथ पकड़ लिया,' ई जंतरिया (यंत्र) दे देई। एही से फून कर देइब।' हँसता है कुमार, फिर फिल्मी अंदाज में हाथ हिलाता है, वह बुझ जाती है, मगर तुरंत ही जल उठती है, 'तबो पकड़वा देइब।'

'कैसे ?'

'कल दारु चुआइब। ऊ सबको बुलाइब। पी-पी के सब के होश...आप कल रात में आ जाईं आधी रात के बाद।'

वह फुसफुसा रही थी। तब की गर्वीली, अप्रतिम सौंदर्य की मलिका, गरिमामयी नारी की जगह अब एक पालतू कुतिया-सी दुम हिला रही थी वह।

कुमार को तनिक असमंजस में पड़ा देखकर गाँववालों ने कहा, 'ई ठीक कह रही है साहब।'

'और तुम लोग ठीक कह रहे हो ? है न ?'

अपने मातहतों के साथ कुमार ने परामर्श कर लेना उचित समझा, 'क्या किया जाए, बाबू सुदर्शन सिंह ? आपने तो बहुत नक्सली मारे और पकड़े हैं।'

'और आज कुत्ता भी।' प्रेम प्रकाश ने टुहुँका, 'चलाई या चल गई डर से हड़बड़ा कर ?'

पुलिस बल हँस रहा था। आज उन्हें कामयाबी मिली थी।

'सर, हुवाँ तो हमलोग किसी को छोड़ते नहीं थे, लेकिन हियाँ के बारे में...।'

'ई नक्सली नहीं हैं न ?'

'वही तो सर।'

'मेरा खयाल है चुपके-चुपके गाँव के गिर्द घेरा डाले रहें, सारे चेक पोस्टों को एलर्ट कर दें तो वो बड़ी मछलियाँ भी फँस सकती हैं जो अभी नहीं हैं।'

'ई हुआ न अकल का बात।' सुदर्शन सिंह ने कहा, 'एही से न गौरमेंट हमको दरोगा बनाया और आपको डी.एस.पी.।'

दूसरी रात। सरपत-कुश की झाड़ों, गन्ने के खेतों, नीम-शीशम के पेड़ों और माटी के घरौंदों पर पड़े कोहरे और अँधेरे के परदों को हटाकर कृष्ण पक्ष के पंचमी के चाँद ने भेदिया की तरह झाँका। संकेत पाकर पुलिस बल का घेरा कसने लगा।

पूरा गाँव साँस खींचकर पड़ा हुआ है। पुलिस के जवान बहुत सावधानी से बढ़ रहे थे, ताकि जाल में आई हुई मछलियाँ हड़क न जाएँ।

'यह क्या ? यहाँ तो कोई नहीं।' एक आवाज आई। 'कहाँ भाग गया सब ?' दूसरी आवाज।

वृत्त खुद ही बिंदु पर आकर समाहित हो गया, 'पूरा गाँव खाली है।'

सूने घर। सूने खूँटे। कुत्ते तक नदारद। बीसियों टॉर्च जल उठीं। कुछ बहुत पुरानी हाड़ियाँ, टेटे सूप, चलनी, तार-तार हो गए गुदड़ी, एक-आध शीशियाँ, नेल पालिश की टूटी नन्ही शीशियाँ, चूड़ियों, अलता की खाली बोतल, टूटी दावातों, टूटे खिलौनों, टूटे आइनों को छोड़कर ओसारा, घर, आँगन, देहरी, अटारी सब खाली। ऊपलों के भितहुर, फूस, और मिट्टी के घरौंदों को ले जा पाते तो उसे भी ले जाते।

'कहाँ चले गए वे लोग ?'

वीरान गलियों में साँय-साँय कर रही थी हवा।

खिसियाहट-भरी उदासी में खड़ा था कुमार, हत्यारा है वह !

चौंतीस

फिर वही मकरंदापुर। वही खपड़ैल। हालाँकि वह मुखबिर की सूचना पर ही परशुराम की तलाश में यहाँ आया था, मगर इस मुकाम के चप्पे-चप्पे नहीं, रोम-रोम ही नहीं, हर धड़कन से वह परिचित है।

यह घाट वही जिस पर हँसकर,
वह कभी नहाती थी धँसकर,
आँखें रह जाती थी फँसकर,
कँपते थे दोनों पाँव बंधु,
बाँधों न नाव इस ठाँव बंधु,
पूछेगा सारा गाँव बंधु !

हे भगवान, हे सोमेश्वर देव, आज की रात डाकू नहीं, डकैतिन को भेजना।

संयोग कभी-कभी चामत्कारिक ढंग से भी घटित हो जाया करते हैं। मान लो वह आ ही गई तो... ? फिर तो एक मुजरिम की तरह खड़ा हो जाएगा वह उसके सामने, 'मुझसे डरो मत, तुम्हारा गुनहगार हूँ। मुझे जो भी सजा देनी हो कबूल है।'

लमहा-लमहा बीत रही थी रात।

पहले नीम की फुनगी से मुँडेर तक दबे पाँव आया, फिर मुँडेर से पिछवाड़े के काले पोखर में भूरे बिल्ले-सा कूद गया चाँद। पेड़-पल्लव सब पर छींटे हैं पंक के। चितकबरी-चितकबरी-सी रात। मायावी उजाला डरकर पेड़ों की फुनगियों पर जा चढ़ा है या फिर दूर गन्ने के खेतों में भागकर वह नदी-सा बह रहा है। रात का आखिरी पहर है। कहीं दूर पहाड़ों के कपाट हिले हैं और रात-भर की अटकी पड़ी हवा झिरकती हुई यहाँ तक चली आई है।

बँसवारी पागल हाथी के सूँड़-सी हिल रही है। सँवलाए-सँवलाए से फूस के घरौंदे, कीड़ों के चीत्कार में खर्राटे ले रहे हैं।

चाँद डूब रहा है और परशुराम या उसके आदमी नहीं दिखे अभी तक। मास्टर साहब मकरंदापुरवाली के वीरान घर में क्या पता सो रहे हैं या जग रहे हैं। परशुराम के धमकी-भरे पत्र के अनुसार उन्हें एक लाख रुपया लेकर उस मकान में इंतजार करना था। पाँच दिन पहले शाम को बाजार से लौटते हुए उनके दामाद का अपहरण हुआ था। पांड़े को अपना अगला शिकार क्यों बनाया परशुराम ने ? मेरी उनसे निकटता के एवज में...या ग्राम सुरक्षा दल गठित करने के दंड स्वरूप ? और भला मकरंदापुर ही क्यों... ? क्या महज इसलिए यह गाँव वीरान है...? नहीं इसलिए भी कि परशुराम को यहाँ के चप्पे-चप्पे का पता है।

क्या सिर्फ परशुराम को ही, तुम्हें नहीं... ? अंदर कोई सवाल करता है। वह एक बार फिर मकरंदापुरवाली की अपनी दुखती रग को छूने से कतराता है।

अब तो चाँद भी डूब गया। शायद परशुराम को इसी मुहूर्त का इंतजार हो। पेड़ के नीचे उसने पहलू बदले। एस.एल.आर. पर पकड़ कस गई। उसे याद आया, तीन बड़े डाकुओं को छोड़कर पुलिस शायद ही किसी बड़े डाकू को दबोच पाई है। यह ठीक उस दिन जंगल में हो रहे बाघ और अरना भैंसे की लड़ाई है। दोनों ही गुर्राते, फुँकारते गोल-गोल चक्कर काट रहे हैं। एक पैंतरा वह चलता है, एक पैंतरा डकैत। जब पुलिस पैंतरा चलती है तो वह अकेली होती है, जबकि जब डाकू पैंतरे चलते हैं तो उनके साथ पूरा इलाका चलता है। आक्रमण-प्रत्याक्रमण की बेला काउंट-डाउन की तरह सेकेंड-सेकेंड करीब आती जा रही है।

उसने वायरलेस सेट से संपर्क करने की कोशिश की, 'हैलो, मोबाइल डी.वाई.एस.पी. टाइगर स्पीकिंग...।'

दूसरी तरफ से कोई रिटर्न नहीं। क्या वह खुद चलकर देखे ? इतना उतावलापन ठीक नहीं, मगर यह कमबख्त वक्त जो बीतता जा रहा है।

उसे लगा, वह खामखाह अटपटा होता जा रहा है और इस अटपटेपन की वजह परशुराम नहीं, परेमा नहीं, काली नहीं, उसके अंदर का अपराधबोध है।

'कैसा अपराधबोध... ? मकरंदापुरवाली का ? अंदर से कोई सवाल करता है।

'नहीं, नहीं।'

'झूठ।'

'जो कुछ उस रात हुआ था, वह स्वाभाविक था, हंड्रेड परसेंट नेचुरल अर्ज।'

'सफ़ाई ?'

'कोई भी स्वस्थ आदमी ऐसे में बेकाबू हुए बिना नहीं रह सकता था। बड़े-बड़े चरित्रवानों के वाकयात सामने हैं।'

'कोई जस्टीफिकेशन तो तुमसे माँग नहीं रहा है।'

'नहीं... मगर वह भाग क्यों गई इस तरह ?'

'किसने उसे उजड़ने पर मजबूर किया ?'

'मैंने तो नहीं।'

'फिर किसने ?'

'कुछ हिरणियाँ छूते ही रोने लगती हैं, कुछ डरकर मर भी जाती हैं।'

'तो क्या वह हिरणी थी ?'

'नहीं हिरणी तो नहीं थी, मगर...'

'साफ-साफ कहते क्यों नहीं कि वह पुंश्चला थी, डाकुओं को सेल्टर देती थी, आर्म्स सप्लाई करती थी, क्रिमिनल थी, कोई वैसा अनैतिक कर्म नहीं, बल्कि सुंदर औरत के रूप में उसे न भोगना और क्रिमिनल के रूप में उसको न इंटेरोगेट करना ही गलत होता ?'

'नहीं, नहीं, ऐसा न कहो।'

'क्यों बहुत तकलीफ हो रही है ?'

डाल पर बैठा उल्लू उपहास करता है—कूच-कूच कूच-कूच। अँधेरा तरंगायित हो उठता है।

रात यूँ ही बीत गई। एक सिपाही ने साइकिल से आकर सूचना दी, 'हजूर पांड़ेजी के जमाई घर आ गए हैं, परशुराम ने कहला दिया है कि गुरुदक्षिणा में छोड़ रहे हैं, लेकिन अगर नहीं सुधरे तो...।' पांड़ेजी ने कुमार को देखा, कुमार ने पांड़ेजी को...। 'चलिए।' पांड़े ने कहा और वे लौट पड़े।

उसे इस बात की सांत्वना न थी कि मास्टर साहब के दामाद सही-सलामत पहुँच गए, बल्कि इस बात का मलाल था कि 'वह' नहीं आई जैसे 'उसी' के लिए यह सारी रणनीति बनाई गई थी।

पैंतीस

'काली भइया !'

'धाँगड़ की टेर सुनकर पुआल पर लेटे-लेटे ही गर्दन मोड़ी काली ने।

'मकरंदापुरवाली आई है।'

'मलारी ?'

'हाँ।'

'साथ में और कोई है ?'

'सगीर और इब्राहिम चाचा थे, पहुँचाकर लौट गए।'

'ठीक है ले आओ और जरा होशियार रहो, कहीं कोई सूँघता हुआ, यहाँ तक न चला आया हो।'

'उनको बहुत चोट लगी है।'

'चोट ?' उसकी जिज्ञासा के सामाधान के रूप में खुद ही चली आ रही थी मकरंदापुरवाली।

जगह-जगह साड़ी फाड़कर बाँधी गईं पट्टियाँ, सूजा चेहरा, मैला लूगा। इस भेष से मकरंदापुरवाली के साफ सलीकेदार कपड़ों का कोई मेल नहीं। यह जगह-जगह सूजा चेहरा भी मकरंदापुरवाली का नहीं लगता। हाँ, तमाम बदहाली के बावजूद यह हंस-सी चाल बता रही थी कि यह मकरंदापुरवाली ही है, कोई और नहीं ।

काली पुआल से कूदकर उसके सामने आ गया, 'मलारी तुम !' ई का हुआ तुमको ?'

मलारी ने उसे भर-नजर देखा फिर पाँव पकड़कर बैठ गई, विलाप करने, 'काहे को गरीब घर में जनम दिए हे भगवान ? ई कइसी जिनगानी है वीरन, तुम राम की नाईं जंगल-जंगल भटक रहे हो। तुम्हारा भाई नहीं, बाप था बिसराम, दशरथ की तरह क्लेश से तड़प-तड़प के मरा, माटी की गति करनेवाला भी कोई नहीं, जैसे वह किसी माँ की कोख से नहीं खोंढर में पैदा हुआ था। तुमरी सीता जैसी दुलहिन को कौन 'रवनवा' हर ले गया ? उसको कोढ़ भी नहीं फूटता। अभी भी ई कठकरेज हम-तुम जिंदा ही हैं, हे भगवान।'

काली खुद को भरसक विगलित होने से बचाते हुए उसे चुप कराता रहा, 'तुम्हें छोड़कर इस खानदान में अब कोई बड़ा नहीं बचा। जब तुम्हीं इस तरह धीरज छोड़ दोगी तो हमारा क्या होगा ?'

किसी तरह चुप हुई मकरंदापुरवाली तो काली ने उसके सूजे चेहरे को अपनी हथेलियों में भरकर उठा लिया, 'तुम्हें मेरी किरिया, सच-सच बताओ, तुम्हारा यह हाल कैसे हुआ ? बचवा कहाँ है, लंगड़ बाबा कहाँ है ?'

'समसे गाँव उजड़ गया। हम सब जान लेके भागे फिर रहे हैं। रोज-रोज का अतियाचार, जुलुम।'

'डाकू की दोस्ती। यह तो होना ही था एक दिन।' उसने जैसे खुद से कहा, 'मगर किया किसने—परशुराम, परेमा, पुलिस ?'

'का करोगे जानकर।'

'देखो, तुमको किरिया दी है।'

'पुलिस।'

'पुलिस ! अब आगे क्या विचार है—कहाँ जाओगी ?'

'जहाँ राम ले जाए।'

'फिर भी... ?'

'गोरखपुर, अगर जा पाए।'

'हम भी चलें तुम लोगों के साथ ?'

'तुम... ?'

'पुलिस हमारे पीछे पागल हो रही है। आज यहाँ, कल वहाँ, छुपते फिर रहे हैं। फिर भी डर बना रहता है।'

'तुमको काहे का डर काली !' गहरी साँस खींचते हुए कहा मकरंदापुरवाली ने, 'तुमरे तो कुमार साहेब हैं।'

'मजाक नहीं मलारी। सुनो, कुछ दिन के लिए इलाका बदलना चाहते हैं। यहीं से घाट पार करते हैं। नरैना का मंमियाउत ससुर हैं, दधीछन, रातोरात पार करा देगा। भोरे तक ऊख में छुपे रहेंगे, फिर संझा होते ही तमकुही। रात-विरात पहुँच पाए तो चैक पोस्ट से किसी टरक पर बैठकर पडरौना, चाहे गोरखपुर।'

'दुलहिन को ढूँढ़ने जा रहे हो ?'

काली के चेहरे पर लाज की हलकी-सी झाईं उभरी, सिर झुकाकर बोला, 'वह भी, मगर पता तो चले।'

मकरंदापुरवाली तनिक सोच में पड़ गई, फिर जैसे किसी निर्णय पर पहुँचते हुए उठ पड़ी, 'ना। हम अकेले जाएँगे।'

'काहे ?' तनिक अप्रतिभ हुआ काली।

'अब काहे का तो कोई जवाब नहीं।'

'हमें बताने लायक नहीं है क्या ?'

'तो सुनो काली, तुमरे खातिर तो अभी भी कुमार साहेब हैं।'

'और तुम्हारा ?'

'कोई नहीं।'

'तुमने अच्छा याद दिलाया, कहो तो कुमार साहब से बात करें तुमरे लिए। पँड़वा की तरह नहीं हैं। बड़े सज्जन अफसर हैं।'

'हाँ बहुत सज्जन हैं और साधु भी।' मलारी ने निर्विकार भाव से कहा,

'चलें, बच्चा छोड़के आए हैं।'

'तो फिर आई ही क्यों यहाँ—इतना खतरा मोल लेकर ?'

उसकी गोल-मटोल बातों से कुढ़ गया काली।

'आखिरी बार मिलने और जी भरकर देखने अपने काली को, ई कहने कि डाकू का विश्वास कर लेना, लेकिन किसी हाकिम का विश्वास मत करना।' 'ई कहने के लिए कि अब रात-बिरात मत जायब।' कहते-कहते एक जोरों की हूक उठी और वह सिसक पड़ी, 'हुआँ, अब कोई नहीं रहता।'

छत्तीस

इब्राहिम से मकरंदा का सारा वृत्तांत मालूम हुआ। काली ने एक लंबी हुँकारी भरी, 'हूँ...। कुमार साहब, तो आखिर तुम भी... ?'

इब्राहिम ने खैनी-चुना निकाल लिया चुनौटी से, 'तुम्हारे लिए भी बनाऊँ ?'

काली ने सिर्फ सिर हिलाया। मकरंदापुरवाली के साथ घटी अदेखी घटना के बारे में ही सोच रहा था वह।

'देखो ये ऐसा मामला है कि इसमें सीधे-सीधे सिर्फ किसी एक को कसूरवार नहीं ठहरा सकते। कुमार न होता तो कोई दूसरा होता, तीसरा होता...थे ही।' इब्राहिम ने तसल्ली देने की कोशिश की।

काली ने पहलू बदला। मलारी पर ध्यान केंद्रित करते ही उसकी एक-एक गतिविधि नागफनी-सी चुभने लगी उसे, 'अपने किए का फल पाई।' वह धीरे से बर्राया।

तुम फिर जल्दबाजी कर रहे हो, 'आखिर मकरंदापुरवाली करती भी क्या ?'

'बच सकती थी।'

'तुम भी तो बच सकते थे ?'

'मेरे सामने और कोई रास्ता नहीं बचा था।'

'उसके सामने बचा था ?'

निरुत्तर हो गया काली।

'मन को हलका करो भैया, इसमें किसी का वश नहीं, सब तकदीर का खेल है। अब आगे की सोचो। पुलिस को तुम्हारी बू तो नहीं मिली ? पांड़ेजी तुमको किसी भी सूरत में एरेस्ट करना चाहते हैं।'

'एक बार बहुत नजदीक से गुजर गई पुलिस। हम लोग नारा (नाला) की खोह में छुप गए, ऊपर से पेड़ पलई, डार-पात। एक बार ऊख के खेत में थे, सूअर चर रहे थे, सो बच गए।'

'पांडेय बहुत कमीना है। वह तुम्हें पकड़ने के लिए परशुराम की भी मदद ले सकता है।'

'जानता हूँ। तभी तो एक मुकाम पर ज्यादा दिन नहीं रुकते हम लोग !'

'लेकिन यहाँ कम-से-कम पंद्रह दिन रुक सकते हो। जगह अच्छी है, घनी बाग, बगल में नाला। दूर-दूर तक वीरान ! और पांडेयजी छुट्टी पर जा रहे हैं, पंद्रह दिन की। सबसे बड़ी बात तो यह कि उन्हें यह जानकारी मिली है कि तुम अपनी बहन के साथ गोरखपुर जा चुके हो।' यह कहते हुए उन्होंने खइनी का चून झाड़ा और हाथ आगे कर दिया।

काली ने इनकार में मुंडी हिला दी।

'ठीक है, जा रहे हैं, होशियार रहना !'

काली ने जेब से एक मुट्ठी नोट निकाली। सौ-सौ के दस नोट थमा दिए इब्राहिम को और औंधे मुँह लेट गया।

ऊसर हो गया है मन। न कोई रस है, न कोई रंग। अगर कुछ हैं तो स्मृतियाँ हैं बीते दिनों की।

बचपन के वे दिन। काली इतना शर्मीला कि किसी बाहरी आदमी के आते ही घर के कोने में जा छुपता। ब्याह के लिए देखनहार आए तो भी शाम को खाट के नीचे से खींचकर ले आए थे बिसराम भइया।

आज के कितने बरस पहले हुआ था ब्याह ? कोहवर के जूए में हाथ-पर-हाथ धरे बैठा रहा, जीत गई एक-एक कर सारी बाजियाँ दुलहन। औरतें कहतीं 'इसे तो भगवान ने भूल से मर्द बना दिया।'

स्कूल में भी भर मुँह बोल न पाता किसी से। खुद ही सोचता रहता, सोच-सोचकर घुलता रहता। और जब मलिकार के अत्याचार से भागकर चीनी मिल में नौकरी की तो वहाँ भी चुपचाप अत्याचार सहता रहता, नरैना लाख-लाख कोसता उसकी नामर्दी को। मलिकार के साथ-साथ परशुराम भी जबर्दस्ती करने लगा और फिर भी वह 'चुप्प' बना रहता तो गुस्से में आकर बिसराम भइया कह बैठे, 'जा के घर में घुसुर जा !' मास्टर साहब ललकारते, 'मर्द बन काली, मर्द !'

एक दिन में नहीं सूख जाता सारा कुछ। बहुत धीरे-धीरे मियादी बुखार जैसी बीमारी में सूख़ता रहता है मन। इस सूखने को पहली बार साफ-साफ महसूस किया काली ने भाभी के बलात्कार पर जिसे वह आज तक स्पष्ट न कर पाई कि बलात्कारी डाकू थे या पुलिस ! फिर क्रम-क्रम से जोर-जबर्दस्ती, कोर्ट की खिंचती तारीखें, हाकिमों के बहरे कान, मौत और तबाहियाँ। इस पर भी अगर ठेकेदार ने उसके पैसे दे दिए होते, अगर नरैना न मिला होता तो शायद डाकू बनने की दुस्साहसिकता उसके मन में न आती।

बंदूक तक पकड़ना नहीं आता था उसे तो। मगर सब होता गया उससे। हालाँकि दुविधा फिर भी धर लेती कभी-कभी, पंड़ियाइन की सरेआम इज्जत उतार लेने के बाद, रह-रहकर उसके मन में धिक्कार उठती थी कि गलत हुआ। भैया की मर्मांतक परिणति के पीछे कभी-कभी लगता, यह सब उसकी वजह से है। जोगी द्वारा अपनी पत्नी को बेच देने के पीछे भी वह खुद को पाता। मगर मकरंदापुरवाली घटना ने उसको रहा-सहा सुखवा दिया। राइफल की बगल, झोले में पड़ी हैं दो किताबें—'दिमाग पर कैसे काबू करें ?' और 'भागो नहीं, समाज को बदलो'। देखते-देखते उसके मन पर कुमार और मकरंदापुरवाली के नंगे बदन चस्पाँ हो उठते हैं।

आज उस घर-घुसरे को न कोई घर नसोब है, न घरवाली। आज उस घर-घुसरे का नाम सुनकर लोग घरों में घुस जाया करते हैं। वे भी, जो 'ठाकुरा' कहकर उसकी जाति की खिल्लियाँ उड़ाया करते थे। इतना जहर पीकर कोई भला कब तक जिंदा रह सकता है ?

मर गए लोग, मर गया वह काली। जो यह प्रेत-सा औंधा पड़ा है, किसी गोली पर लिखा जा चुका है उसका नाम ! अब झुंड की भटकी भेड़-सा पीछे ताक-ताककर क्या मिमियाना, काहे का मिमियाना ? जब तक उस मौत और इस मौत के बीच जाले-सा झूलता समय है, चरो ! किसका डर, काहे का डर। रोकने-टोकनेवाले तो गए अपनी-अपनी राह।

उसके अंदर एक अजीब किस्म की वैराग्य विजड़ित खूसट स्वैराचारिता सिर उठा रही थी।

पाप क्या है ? पुण्य क्या है ? नैतिक क्या है ? अनैतिक क्या है ? सब व्यवस्थित जीवन जीनेवाले सफेदपोशों के परोपदेश मात्र हैं।

अब काहे का शोक, काहे का पछतावा ! जब कोई नहीं सोचता तो तुम्हीं ने सारा ठेका अकेले क्यों ले रखा है ?

उसने हाथ बढ़ाकर झोले को झपट लिया। किताबों का व्यर्थ बोझ क्यों ढोता फिरे ? मगर किताबें निकालने के क्रम में हाथ किसी ठंडी चीज से टकराए—निकालकर देखा—एक

उसकी चाइनीज पिस्टल थी, दूसरी माउथ आर्गन ! बचपन का शौक जवानी में ही पूरा कर सका, वह भी डाकू बन जाने के बाद। हुँह ! यह तब मिली, जब इसे भर कंठ बजा भी नहीं सकता। यह उसका वह बिंदु है, जहाँ से वह चला था और पहुँचा कहाँ—इस चाइनीज पिस्टल पर। वह उठाकर अजनबियों की तरह लगा देखने उसे—जहाँ चूमने के लिए औरत न मिले, तू ही सही, ठंडी, जल्लाद ! अब बची कुमार साहब की दी हुई भेंट—किताबें ! कल तक ये उसके लिए पवित्रतम सौगात हुआ करती थीं, पर आज...ना। किताबों से तुम्हें मुक्ति नहीं, तुम खुद देखो कि कल तक तुम्हारा चहेता, किस तरह से औरत को भोगता है।

और एक दिन !

लेटे-ही-लेटे कुत्ते की तरह बदन तोड़कर उसने एक लंबी अँगड़ाई ली और झप्प से कूद पड़ा। उसने सबसे पहले दूर-दूर की टोह ली। व्यायाम और अभ्यास कर रहे उसके गिरोह के साथियों को छोड़कर कहीं कोई नहीं था। उसने खुद थोड़ी दौड़ लगाई, थोड़ी वर्जिस की। फिर साथियों के साथ बैठा गया नाश्ता करने। आज तीसरे दिन भी भिगोए हुए चने और गुड़ का नाश्ता ! उसने लक्ष्य किया नरैना आज भी लापता है।

'रोज-रोज मेहरारू के पास जाता है, ये नहीं कि एक-आध दिन कुछ बनवाकर ही लेते आए।' वह बर्राया। उसकी बात पर किसी ने कोई प्रतिक्रिया व्यक्त नहीं की तो उसने एक मुट्ठी चना उठा लिया और नाले की ओर बढ़ गया। नाले से पानी पीकर लौटने तक वह काफी तरो-ताजा हो आया था। मूंज और कास के गुच्छ इतने बड़े हो आए थे कि खड़े-खड़े भी छुपा जा सकता है।

नाले के ऊपर उठते ही घनी बँसवारियों की गंझौंट ! बाँस के पत्ते झर-झरकर गद्दे-सा बिछ गए थे। बाँस हिलते हैं तो खट-खट के साथ एक हलकी-सी मुरुकने की आवाज होती और कोई सुपौली बाँस की गाँठ से छूटकर चकराती हुई नीचे आ जाती। कितनी चिकनी है, जैसे किसी की देह...नन्हे-नन्हे रोएँ भी। सामने से बिलबिलाते हुए एक गोह भाग निकला—गोह कि नेवला ! अभी वह तय नहीं कर पाया था कि करौंदे की झाड़ से एक खरहा लंबी छलाँग भरकर कुलाँचता हुआ नाले की ओर निकल गया। बंदरों ने एक डाल से दूसरी डाल पर कूदकर शरण ली। गिलहरियाँ झट फुदकती हुई पेड़ों पर जा चढ़ीं। फिर सब कुछ शांत। इतनी शांति, इतना सन्नाटा कि मानो एक गहरी रिक्ति से निकली हों वे आवाजें।

वह धीरे-धीरे मंदिर की सीढ़ियाँ चढ़ता है। आश्रय के नाम पर यही है यहाँ। कभी एक मूर्ति हुआ करती थी राधा-कृष्ण की। दूर-दूर से लोग पूजा करने आते थे। जन्माष्टमी को रात-रात-भर गहमा-गहमी रहती। अब इस खंडहर में दिन में भी कोई नहीं आता। खंडहर की दरकी दीवारों से पौधे निकल आए हैं। इसी के एक हिस्से में पुआल डालकर काट रहे हैं वे ठंड के आखिरी दिन।

मंदिर की एक परिक्रमा पूरी कर वह दूसरी ओर निकल आया है। सामने बेशुमार सरसों के फूल खिले हैं। गन्ने और अरहर की फसलों के कट जाने से पीलेपन का वह विस्तार नेपाल तक फैल गया लगता है। इधर से झिर-झिर झिरकती पछुआ हवा में सरसों के फूलों की खुशबू है। इतने दिनों से यहाँ हैं, मगर आश्चर्य, एक बार भी ध्यान न गया।

सहसा उसके कानों में कोई गीत घुलने लगा।

'बनवाँ फूलेला बसंत हो, बउराइल मोरा जियरवा...'

पुरुष कंठ ! आवाज निरंतर तेज हो रही है। कोई इधर ही आ रहा है।

'नरैना ?'

'काली भइया !' गीत बंद कर अचकचाकर खड़ा हो गया नरैना। उसे लगा, आज उसकी खैर नहीं। पता नहीं क्या-क्या सुनना पड़ेगा आज, 'आज-भर माफी दो भइया, अब से अइसा नहीं होगा।'

'चुप ! कुछ सुन रहे हो ?' काली ने उसे बोलने से मना किया !

नरैना सशंकित हो गया। वह पैंट की जेब में हथियार ढूँढ़ने लगा। उसे आश्चर्य हुआ, काली की नजर ऊपर बाँसों पर टँगी थी।

नाले के ऊपर उठते ही घनी बँसवारियाँ हैं। इनके चलते स्वतः ही अभयारण्य बन गया है यह टीला। मगर यहाँ तो कोई आवाज नहीं है। बाँस के पत्ते झर रहे हैं। नीचे बेशुमार पत्ते, कुछ सूखी टहनियाँ और सुपौलिया हैं।

'ध्यान से सुनो। बाँस हिलते हैं तो एक हलकी-सी मुरुकने की आवाज होती है और कोई सुपौली बाँस की गाँठ से खुलकर चकराती हुई नीचे आती है। पत्ते और सुपौलियों के एक-एक कर झरने से नंगे और चिकने होते आ रहे हैं बाँस—जैसे कोई जवान औरत एक-एक कर अपने कपड़े और गहने उतारकर नंगी होती जा रही हो—बिछुआ, बाजूबंद, करधनी, हँसुली, हबेल, माँग टीका...ब्लाउज, साड़ी।

नरैना का धड़कता दिल शांत हुआ, अब एक दूसरी ही हैरानी हावी होने लगी उस पर, 'तुमने कभी कोई नंगी देह देखी भी है सरदार ?'

'हाँ, पंड़ियाइन की ?'

'वो तो दूर खड़े थे, और नजदीक से। मेरा मतलब...।'

'नहीं देखी है, करीब से तो अब देखूँगा।' यह चितकबरी-चितकबरी धूप-छाँव, यह नरम-नरम सेज, ये फूली सरसों, मेरा भी तो हक है इन पर।

सैंतीस

अब उसे किसी भी औरत को भोगने में कोई झिझक नहीं होती। मगर उसका अपना उसूल है, औरत किसी बड़ी जात की होनी चाहिए। ऐसा करते हुए उसे कोई आनंद आता हो, ऐसी भी बात नहीं। किसिम-किसिम की औरतों के संसर्ग के बाद अब कोई भेद भेद नहीं रहा। कमोबेश सब एक-सी, मुँह के फर्क को छोड़कर। उसे कभी-कभी इस कल्पना में बड़ा कौतुक मिलता है किसी का सिर किसी में लगा दो, कोई फर्क नहीं पड़ता है। जब तक पूछो नहीं, किसी की जाति का पता नहीं चलता। जाति का पता चलने पर ही दुनिया

बदलती नजर आती है। इसी जाति से मान और अपमान जुड़ा हुआ है। इसी के चलते पंडिताइन मामूली से गैरमामूली औरत बन जाती है और इसी के न रहने पर उस जैसे तमाम घरों की औरतें जिंदगी-भर रौरव नरक में जलती रहती हैं। इसी के चलते चंद्रदीप सिंह और सुलेमान खाँ की औरतें उसे 'ठाकुर' कह-कहकर ताने कसती हुई मजा लेती हैं। सो जाति पर पेशाब करता है वह छरर-छरर !

नदी के इस मचान पर लालटेन की रोशनी में हलका घूँघट दिए जो औरत गठरी बनी हुई है, वह भी किसी ठाकुर की है। सोनपुर के मेले से उठाकर ले आया है नरैना। डर के मारे आवाज तक नहीं फूट रही है अभी और जरा इसके घर पहुँचा दो फिर देखो, भूल जाएगी कि इसका मर्द इसे क्या-क्या समझता है, कुतिया बराबर भी नहीं ! लेकिन उस जैसों पर भूँकना हो तो मर्द और परिवार के साथ टूट पड़ेगी–'भौं ! भौं !'

उसने बोतल की आखिरी दारू भी गटककर बोतल को परे फेंका फिर कहा, 'खोलो।'

औरत ने घूँघट की ओट से बरौनियाँ फड़फड़ाईं, लगी देखने उसे, जैसे शिकार शिकारी को देखता हो, तनिक परे सरकी, मगर मचान पर कोई कहाँ तक सरक सकता है ?

'सुना नहीं ?...कोई बात नहीं।' उसके हाथ उसके आँचल पर गए और वह पूरा दुशासन बन गया।

'तुमरे पैर पड़ूँ। मुझे छोड़ दो। बहुत धरम होगा। बड़ा पुन्य मिलेगा।' लगातार गिड़गिड़ाती हुई अवश हुई जा रही थी वह।

एक शातिर बदमाश की तरह काली पर कोई असर नहीं। उसने लालटेन की लौ जरा तेज की और करीब ले आया। औरत सिकुड़ी। रोशनी सेंध लगाने लगी।

'जरा भी हरकत की तो गोली मारकर इस नदी में फेंक दूँगा। चुपचाप चित पड़ी रहो।" काली ने कहा और उसकी मुड़ी परतों को जबरन खोल दिया।

मक्खन-सी देह। एक तिल तक नहीं। कामुकता के ज्वार पर फूलने लगी देह। लालटेन उसने फिर से टाँग दी। लौ धीमी कर दी और औरत को गोद में लेकर जी भरकर लगा भींचने। वह बेजान-सी बनी रही। अब उसने उसे फिर से लिटा दिया। पिपासित-सा, फिर से देखना चाह रहा था इस सुंदर देह को। इस बार टॉर्च की चटक रोशनी में। बिलकुल मक्खन-सी देह ! उसकी पुष्ट छातियों पर उसके दोनों हाथ थे और चेहरा झुका हुआ। उसने छातियाँ दबा दीं। दूध की उष्ण धार उसके मुँह को छर्र से भिंगो गई, बिलबिलाती हुई आँख में भर गई, कान तक में फैल गई। यह क्या ?

चिहुँककर उसने टॉर्च जला दी। दूध था। थूकता हुआ वह हड़बड़ाकर उठ बैठा, 'बच्चा है ?'

हिचकियों में औरत का स्वर बहक गया, 'हाँ।'

'कितना बड़ा ?'

'छै महीना का !'

'तुम्हारा नाम क्या है ?'

'सीता।'

'सीता...?' यह नाम तो उसका परिचित है।

'किस गाँव की हो ?'

'वंशूपुर।'

'उहूँ, मेरा मतलब, तुम्हारा मायका...?'

औरत चुप हो जाती है।

'बोलो।'

'हियाँ बेतिया में जनकहा।'

'ऐं !' उसका शक सही साबित हुआ।

'बाप का नाम ?'

'मनखू।'

'थारू...?'

उसने सिर हिलाया।

'वंशूपुरा के रामराज सिंह से ब्याह कैसे हुआ ? दूसरी शादी है ?'

औरत चुप हो गई।

'पहली शादी कहाँ हुई थी ?'

'बनकटा गाँव में।'

'मर्द का नाम ?'

औरत फिर चुप हो गई।

'उसने तुम्हें छोड़ दिया ?'

'वो डाकू हो गए।'

'तुमने उसे कभी देखा था ?'

'छोटे थे तब...।'

'और जब बड़ी हुई ?'

'एक दिन एक ठो आदमी आया, बोला पहुँचा देंगे तुमरे मरद के पास, हमको लाने को भेजा है। ऊ जनाना बेचता था। जोगी नाम था शायद। ऊहे वंशूपुरा में बेच दिया हमको--दस हजार में।' औरत तनिक रुकी, फिर बोली, 'अब तो एक ठो लड़का भी है।'

लालटेन की मद्धम उजास में काली ने अपनी पत्नी को फिर से भर नजर देखा। इस बार वह दूसरी ही औरत थी। अचानक उसने एक शिशु-सा उसके स्तनों में मुँह छुपा लिया। बदन में कोई हरकत नहीं। सिर्फ सीने की धड़कन और साँसों के आरोह-अवरोह !

औरत धीरे-धीरे खुली। उसने उसके रूखे बालों को सहलाना शुरू किया।

काली ने सिर ऊपर किया, 'उठो। कपड़े पहन लो।'

औरत तनिक खुशी, तनिक दुविधा में जैसे-तैसे कपड़े लपेटने लगी। उसने उसे कनखियों से देखा। नियति के इस बर्बर व्यंग्य पर उसका मन हुआ कि वह भोंकार मार कर रोए, हिचकी ले-लेकर जोर-जोर से। मगर उसकी आँखें रीती थीं। उनमें एक कतरा भी पानी न था।

'ठीक से पहन लो, तुम्हें वापस जाना है; कोई देखेगा, तो क्या कहेगा ?'

उसने कहा तो उसकी खसखसी आवाज में नमी घुल रही थी।

'कहाँ जाना चाहती हो—मायके या ससुराल ?'

'बंशूपुरा ?'

'क्यों ?'

'हमरा बच्चा है।'

'बच्चा अगर मिल जाए तो ?'

'तो भी।'

'क्यों, काली के पास नहीं ?'

'नहीं। अब हुआँ का है ?'

'और बंशूपुरा में ?'

'ऊ हमको पतनी का मान दिए, इज्जत दिए, बेटा दिए। आज ऊ बेमार हैं तो हम और कहाँ जाएँ ?'

खाली-खाली नजरों से उस औरत को घूरता रह गया काली।

रात आधी से ज्यादा बीत चुकी थी। काली ने नरैना को जगाया, 'सुनो, इस औरत को वापस पहुँचा आओ। किस गाँव जाना है, मालूम ?' नरैना ने इनकार में सिर हिलाया। 'वंशूपुरा। अभी से चलोगे तो पौ फटने तक पहुँच जाओगे। सँभल के जाना। खोज हो रही होगी। नाव लगी' है, खुद ही उस पार जाकर नाव बाँधकर मुँह अँधेरे लौट आओगे।'

नरैना ने अपने कपड़े ठीक किए। पिस्तौल कमर में खोंसी। और तैयार हो गया।

'सुनो।' काली ने रोका, 'ये दस हजार रुपए हैं। इसके मर्द को दे देना। बीमार है। और बिना कुछ कहे, चुपचाप चले आना।' और वह अँधेरे में गुम हो गया।

अँधेरे में डाँड़ खेने की हलकी-सी हिलकोर हुई। दो जोड़ी आँखें नाव में पीछे मुड़ीं। दो जोड़ी आँखें भीट पर से देख रही थीं...मगर मिल न सकीं। उनके बीच अँधेरा था।

एक घंटे दिन चढ़े लौट आया नरैना।

काली ने मुड़कर देखा, 'सब ठीक-ठाक !'

'हाँ भइया, मगर...।'

'क्या कोई गड़बड़ हुई ?'

'ऊ तो रो रही थी। बोली—अपने सरदार से कहना जिनगी में एक बार जरूर आके मिल लें, सरदार बन के नहीं, पाहुन बन के।'

नरैना रुक-रुककर बोल रहा था।

काली सन्न।

'तुमने मेरा नाम बता दिया था उसे ?'

'नहीं बताना चाहिए था क्या ?'

काली ने कोई जवाब नहीं दिया और चेहरे का रुख मोड़ लिया।

अड़तीस

और जोगी...?

पूरी जिंदगी का बही-खाता खोलकर बैठा था जोगी।

कोई कहता थारू है, कोई कहता मगहिया डोम, कोई कहता नेपाल का है, कोई कहता गोरखपुर का, कोई कुछ कहता, कोई कुछ, मगर वास्तव में वह है कौन—यह खुद उसे भी नहीं मालूम। नाम बदलते-बदलते वह अनाम हो गया है। कुम्हड़े जैसा चेहरा, मझोला कद, मैला रंग, मैली धोती, और टेरीकॉट की कमीज, प्लास्टिक का मटियाला हाफ शू और सुनहरी किनारी का मुचड़ा गमछा—सैलून के शीशे में खुद अपनी शिनाख्त कर रहा था जोगी। पहचान फिर भी नहीं बन पा रही थी पूरी। कुछ था, जो काफी पीछे छूट गया है।

दस-बारह साल पहले जगह-जगह फेरी लगानेवाले रेखिया उठान उस जोगी की याद और किसी को हो, न हो, मगर सोखाइन को अवश्य ही होगी। 'भिच्छा दे देई मतवा, तॅहार लइका-बच्चा राज करिहें।' गाँव-गाँव अलख जगाता फिरता जोगी। वीरान प्रांतर ! पता नहीं कब कीड़े चुगते अकेले मुर्गे को देखकर लोभ जगा। गमछा फेंककर पकड़ा था उसने और अपने लंबे झोले में डाल लिया था। तब से वह अकसर ऐसा करने लगा था। एक बार पकड़ा गया तो कसकर पिटाई हुई। उस दिन जोगी ने किरिया खाई, 'आज से ई कुकरम नहीं करेंगे।'

कुछ दिन तक सचमुच कोई 'कुकरम' नहीं किया जोगी ने। मगर एक दिन अकेले चरते एक तगड़े बकरे को देखकर नीयत फिर डोल गई। चारों ओर सुनसान था। इस बार भी गमछा काम आया। बकरे के गले में रस्सी की तरह लपेटकर विरल जंगलों से होता हुआ वह हाट आया और जो भी दाम मिला बेच दिया। पैसे देखकर उसकी आँख में चमक आ गई। अब वह अकसर इसी टोह में भटकने लगा था। आखिर यहाँ भी पकड़ा गया, पिटाई हुई, फिर एक और किरिया, 'अब से...'

तीसरा पड़ाव था गाय-बैल और भैंस को चुराकर बेचने का। दो-दो बार की पिटाई ने उसे खासा चौकन्ना बना दिया था।

सीमांत जिले के इस कटहरा गाँव में एक घर भूजे के भाड़ के दाने की तरह छिटक गया था नाले के किनारे। जोगी की नजर नाले के किनारे चर रही मुर्रा भैंस पर और पाँव उस अलग-थलग पड़े खपड़ैल के दुआर पर 'भिच्छा दे देई मतवा, तॅहार लइका-बच्चा राज करें।'

'अरे पानी-ऊनी पी ल-अ जोगीजी, कपार पे गरमी चढ़ि जाई।'

जोगी चौंका, उसकी नजर भैंस पर थी, सामने कोई सुघड़ प्रवीना खड़ी है, इसका उसे अंदेशा भी न था। वह एकबारगी गड़बड़ा गया।

'अरे जात ना जाई।' गाल पर उँगली रखकर किसी मायाविनी की तरह हँस रही थीं सोखाइन।

'अरे नाहीं मतवा।'

'मतवा...? हम तॅहार माई हई ?' छनक उठती हैं सोखाइन।

'जोगी के लिए सभे जनाना माई हैं। राजा भरथरी का जोग तब तक कंपलीट नहीं हुआ, जब तक अपना रानी को माई कह के भीख नहीं माँग लाए।'

जोगी ने पहली बार उस भरी-पूरी औरत को देखा फिर बोला, 'लेकिन आप तो छाच्छात (साक्षात) महरानी हईं।—ई देह, ई धजा...।'

खुश हो गईं सोखाइन, आँगन में खाट बिछाते हुए बोलीं, 'आओ बैठो, कौन बिरादर हो ?'

'जोगी का जात नहीं होता।'

'ओ...!' कहकर आँख नचाई सोखाइन ने, 'तो सुनीं जोगीजी, मेहरारू का भी जात नहीं होता। जइसन तूँ, तइसन हम !

फिर वे अंदर चली गईं। लौटीं तो मूंज की मउनी में भुने चने का चबेना, नमक- मिर्च और उजले गुड़ की डली थी। इसी बीच जोगी को लगा, बंद साँकल के अंदर से कोई घुटी-घुटी रुलाई की आवाज आ रही है।

'घर में कउनो तकलीफ है मतवा ?'

'तकलीफ ?' सोखाइन एक पल को अचकचाई फिर आशय ताड़कर बोलीं, 'अरे ऊ... ! हमरा नैहर के लइकी ह-अ। कहता-आ घरे चहुँचा द-अ ! अब बताई कोई विसवासी अदमी भेंटाई तबे तो भेजब। सेयान लइकी ह-अ...!' फिर कुछ बातें फुसफुसाहटों में, कुल निचोड़ यह कि अक्षत कुमारी है, देखोगे तो देखते रह जाओगे।

सोखाइन की बातों में नासा था। तीसरे दिन फिर खिंचा चला आया था वह। आँगन में उस दिन एक और आदमी बैठा था।

'भिच्छा दे देई मतवा। तँहार...!'

जोगी का अलख पूरा भी नहीं हुआ था कि सोखाइन ने कहा, 'आव-अ, आव-अ जोगीजी, भितरे चलि आव-अ।'

दोनों अपरिचित एक-दूसरे को देखकर भड़के तो उन्होंने उनका झिझक तोड़ देना उचित समझा, 'दूनों जन अपने ही आदमी हैं।'

उस आदमी की झिझक मिटी नहीं, बोला, 'त-अ हम बाद में।'

'अरे ना, बाद में काहे ?'

'त-अ माल देखाव-अ !'

'पइसा ?'

'ऊ त-अ, माल देखला के बादे...।'

सोखाइन ने बंद कमरे की साँकल खोलकर लालटेन की लौ तेज कर दी, 'सौख से देख-अ।'

उस आदमी ने लालटेन अपने हाथ में ले ली और उसकी पीली रोशनी में उस सहमी हुई किशोरी का पहले चेहरा देखा फिर अगल-बगल सिर से पाँव तक लालटेन घूमने लगी। जोगी को हँसी आ गई, जैसे वह उसका आरती उतार रहा हो, मगर वह गंभीर बना रहा।

'हूँ...!' कहकर उसने लालटेन नीचे रख दी। उसकी चुप्पी पर सोखाइन खुद ही आगे बढ़ आईं, 'अरे एकरा में सोच-विचार के कउन बात बा ?' फिर उन्होंने अपनी चुटकी में

पेट का चमड़ा दबाकर दिखाया, 'हई देख-अ, एकदम कागद के माफिक पतला चाम...।'

जोगी को लगा, यह किसी औरत की नहीं, किसी गाय, भैंस की सौदेबाजी हो रही है—ये आँख देखो, ये नाक, कान, लिलार, गदरन, कोई दाग नहीं, एकदम निर्दोष, ये पेट देखो, पुट्ठा देखो...ये थन...! यहाँ किशोरी तनिक सिकुड़ गई थी। गाय-गोरू भी ऐसे में सिकुड़ जाते हैं। कोई-कोई तो भड़ककर लात भी चला देता है।

'दस हजार से कम के का होई ई माल, लेकिन ई राँड़ रो-रो के जान अकच्छ कइले बिया। पाँचों हजार मिल जाई तो निकाल देइब। लेकिन एकदम नगदी, ई हाथ से दो ऊ हाथ से लो !' फिर उन्होंने जोगी से भी साखी भराई, 'का जोगीजी, कउनो गलत कहीं तो बोल-अ !'

उस 'माल' को संत बकस सिंह के यहाँ सही-सलामत पहुँचकर पाँच हजार रुपए लाकर जोगी ने सोखाइन के अँचरा में डाले तो सोखाइन ने अँचरा उसे ओढ़ा दिया।

धीरे-धीरे वह औरतों को फुसलाकर लाने और उन्हें बेटी-बहन के नाम पर ग्राहकों को बेच आने के पूरे तंत्र से वाकिफ होता गया जैसे यह कि इस सौदेबाजी में कभी भी भावुक नहीं होना है, दिल को इतना कड़ा कर लेना है कि चाहे अपनी सगी बेटी, बहू, बहन या पत्नी ही क्यों न हो, अच्छी कीमत मिले तो धंधे की धरम ई है कि बेच देने से नहीं बिचकना है, कि जैसे बिल्ली अपने नन्हे बच्चों को कभी एक मुकाम पर नहीं रखती, उसी तरह तुम भी लड़की के मुकाम बदलते रहो, अपना भी। लड़की को, मर्दोंवाले घरों में न रखो, आग से 'खर' की रखवाली नहीं हो सकती। औरतों के घरों में वे खप जाती हैं, संदेह भी नहीं होता। जब भी रास्ते में कोई टोके, 'बेटी', 'बहन' या बहू' ही बताओ, दूसरे रिश्ते शक के दायरे में आ जाते हैं।

अब सवाल रहा लड़कियों के मिलने का, तो राम जी की दया से उनकी पैदावार कुछ ज्यादा ही है और अपने यहाँ वह आफत ही समझी जाती हैं। नून चटाने से भी अब नहीं मरतीं, जैसा-तैसा खाकर भी तैयार हो जाती हैं। दहेज की मार है। फिर किस घर में झगड़ा-टंटा, मुँह-फुलौवल नहीं होती ! बस ऐसी औरत का पता करना है, उससे मेल-जोल बढ़ाकर उसके मन को परिवार से अलगाते रहो और मौका पाते ही निकाल ले आओ। वैसे भी घर से भागी, घर से निकाली गई या चूसकर छोड़ी गई औरतों की कोई कमी है क्या ! अब रहे खरीददार, तो रंडुए, ऐयास, ठेकेदार, बनिए, यहाँ तक कि मास्टर और पुजारी तथा बाल ब्रह्मचारी भी—औरत किसे नहीं चाहिए ? कोई बोलता है, कोई नहीं। बस ऊपरी लोक लाज का एक छिलका-भर है, मौका मिलने पर कोई नहीं छोड़ता !

सोखाइन या सलमा चूड़िहारिन ! एक झाड़-फूँक करने के चलते, दूसरी चूड़ी पहनाने के बहाने घर की औरतों की मुँहलगी हो जाती हैं। औरत होने के चलते शक भी नहीं होता। ज्यादा चतुराई की जरूरत भी नहीं है इसमें—एक चिड़ीमार या मछेरे जितनी अक्लवाला भी यह काम कर सकता है।

धीरे-धीरे इस पेशे के संत बकस सिंह समेत बहुत-से दलालों और सोखाइन से लेकर चूड़िहारिन तक से मेलजोल बढ़ गया था जोगी का और अब उसे लगने लगा था कि नाहक छेंड़ी-भेंड़ी में उमर गँवाई, यहाँ तो आम के आम गुठलियों के भी दाम ! उसका तंत्र नेपाल

से बेतिया, मोतिहारी, मुजफ्फरपुर, गोपालगंज, सीवान, छपरा, देवरिया और गोरखपुर तक फैल गया था और उसे अब इस काम में रस आने लगा था।

एक ही बार इस धंधे में गच्चा खाया था जोगी ने। कोई नेपाली माल था। मरियल पियराया कटाने लायक, जोगी ने उसे महीने-भर तक खूब दूध-घी खिलाया। सोखाइन ने देखा तो डाँट बैठी, 'करत का बाड़-आ ? अरे खिलाव-अ, पियाव-अ, जैसे चरबी छलकल देह पें, हाड़-गोड़ चमकल कि बेच के फरका हो जा, नाहीं तो बवाल हो जाई !'

झाँड़-फूक और हमेशा फुसफुसाकर बोलने के चलते सोखाइन की आवाज में नागिन-सी सिसकारी भरी होती।

साल-भर बाद एक दिन साँपों की तरह जब वे एक-दूजे में ऐंठे पड़े थे, जाने कैसे सोखाइन को उस नेपाली माल की याद आ गई, 'अरे हाँ, ओकर का भइल ?'

जोगी तनिक हिचकिचाया, 'उसको जहाँ-जहाँ बेचा, हुआँ, हुआँ से भाग आई।'

'अउर खियाव मलाई ! मार-पीट के हटा न देबे के चाहत रहल !'

'समझावल, बुझावल, मार-पीट सब फेल।'

'परक गइल। पेट साफ-बा न ?'

'एक गो लइकी भइल बा।'

'आँ...!' चिहुँक उठीं सोखाइन, बुनी हुई रस्सी के बल ढीले हो गए।

खाट से उठते हुए उन्होंने उस आदमी को देखा, लिजलिजा, मूर्ख, जाहिल !

तनिक तंज से पूछा, 'छेंड़ी-भेंड़ी अउर गाई-भैंस के बैपार अउर जनाना के बैपार में कुच्छौ फरक बुझाला जोगीजी ?'

'अरे न मतवा, ऊ भी मेमियाती हैं, ई भी। चारा डालने पर ऊ भी चुप, ई भी। हाँ, तनी टैम लागेला एकरा में। रिस्क दुनहूँ में है। परोफिट भी।'

'माने कौनो फरक ना ?'

'ना, एक फरक है, छेंड़ी-भेंड़ी, अदमी का भाखा नहीं समझता, अदमी अदमी का भाखा समझ लेता है।'

'झूठ !' पता नहीं सोखाइन की आवाज क्यों भर्रा गई। उस दिन से सोखाइन का दरवाजा उसके लिए हमेशा के लिए बंद हो गया।

औरतों के व्यापार के धंधे से हथियार सप्लाई के धंधे में ले आने का श्रेय परशुराम को जाता है। डकैती और अपहरण में तब उसने नया-नया कदम बढ़ाया था और हथियारों की उसे सख्त जरूरत थी। इसके पहले वह उसे भी लड़कियाँ ही सप्लाई करता था। उन दिनों वैसे भी हथियारों की डिमांड अचानक बढ़ गई थी और औरतों की डिमांड कम हो गई थी। हथियार हो तो सब कुछ जबरन हासिल किया जा सकता है। सोखाइन से मनमुटाव हो जाने के बाद एक दिन मुँह लटकाए जा खड़ा हुआ परशुराम के पास, जिसने उसे मीठी झिड़की दी, 'अरे हिजड़ा का माफिक हमरा सामने मत आवो। शूरवीर का खाता में नाम लिखवाओ।'

शूरवीर, माने हथियारवाला आदमी ! जोगी नेपाल से हथियार उठाता, मौका देखकर गंडकी को पार करता और किसी वीराने खंडहर या उदयपुर के जंगलों में गाड़ देता फिर

मौका देखकर सप्लाई करता। धंधा परशुराम की देख-रेख में होता। तभी गंगौती में हथियार लूट कांड हुआ। चूँकि कुछ बंदूकें डाकुओं के हाथ लग गई थीं, सो धंधा मंदा रहा, लेकिन थोड़े ही दिनों के बाद फिर डिमांड बढ़ गई। इन दिनों वह परशुराम की नाक का बाल हुआ करता था और अकसर गाँवों से खाना बनवाकर ले जाने का काम किया करता था। तभी शुरू हुआ 'ऑपरेशन ब्लैक पाइथॉन'।

डाकू मारू हल्ला ! काम करना उतना आसान न रह गया था। जोगी ने हथियार के धंधे के साथ औरतोंवाला पुराना धंधा फिर शुरू कर दिया, बंदूकें इधर-उधर छुपा दीं, मकरंदापुर की मलारी से लेकर नेपाल और गोरखपुर तक में अड्डे ढूँढ़ निकाले, लेकिन मुश्किलें तो थीं ही। इस बीच कुछ डाकू मारे गए, कुछ निर्दोष लोगों का 'एनकाउंटर' कर दिया गया तो उसे अपनी मौत की परछाइयाँ सरसराती दिखाई दीं। उन्हीं दिनों एक दिन घर गया तो बेटी गुलबिया को देखकर डर गया, 'अरे बाप, ई तो पूरा मेहरारू हो गइल !' अगले दिन वह परशुराम के पास आया, और काफी चिरौरी-मिनती करके अपने पैसे माँगे।

'तो पइसा लेने को तेल लगा रहा है ? आँ...!' उसने बगल पड़ी दोनाली बंदूक उठा ली, 'भागताड़े कि ना !'

कहाँ जाए जोगी...? क्या करे जोगी ? अब इस उमर में कौन-सा नया धंधा शुरू करे कि बिटिया का पार-घाट लगा सके ? एक काम हो सकता है अभो भी। दूर-दूर गाड़ी गई दो-चार बंदूकें लेनेवाला कोई भेंटा जाए तो...। बाजार में एक मारवाड़ी सेठ से इसी सिलसिले में बात कर रहा था कि काली के गिरोह द्वारा पकड़ लिया गया। काली ने उसे पहचानकर उसे आदर के साथ रखा, पैसे भी दिए और सब कुछ जानते हुए भी उस पर विश्वास कर अपनी पत्नी को लिवा आने की जिम्मेदारी सौंपी।

बस यहीं आकर एक बार फिर उसे दिशा-भ्रम हुआ। पैसे पाते ही जोगी का मन हिरन हो जाता है। नीयत डोल गई। काली की पत्नी को ठकरहाँ के वंशूपुरा गाँव के एक बाबू साहब को दस हजार में बेच आया। खौफ का खंजर इसके बाद उभरा। उसके हर ओर काली का खौफनाक चेहरा नजर आ रहा था। आखिरी खेवे का आखिरी मुसाफिर संझलौके में रेता के सुनसान में कान पकड़कर उठ-बैठ रहा था, 'अब ना। हे काली मइया, हे सोमेशर देब, हे सुभदरा देबी, हे रासोगुरो, हे बनसप्ती देबी, हे नर देबी ! अबकी बेर बचाल-अ। आजु के घरी से किरिया खात बानी, कुल धंधा बंद !'

देवताओं ने शायद सुन ली थी। निर्विघ्न लौट आया वह पैसों के साथ।

घर का भूला लौट आया था घर को। नरकटियागंज की गली का भाड़े का वह घर, जिसे कभी उसने अपना घर नहीं समझा...परछाईं की तरह लौट-लौटकर आती रही घरवाली, जिसे कभी उसने घरनी नहीं समझा और टटके खिले गुलाब जैसी बेटी गुलबिया, जिसे कभी उसने बेटी नहीं समझा।

घरबारी होते ही पहली जिम्मेदारी बेटी के बियाह की महसूस हुई। गुलबिया की माँ ने कहा कि उसने खुद इस बावत बात चलाई थी तो लोगों ने पूछा, 'कौन जात हो ? ए जी हम लोग कौन जात के हुए ?'

यहीं आकर जोगी की सारी अकल गुम !

'कोई भी जात कह देती !'

'ऐसी कहने से नहीं होता, कोई चिन्हानेवाला होना चाहिए न, जो बताए कि हाँ ये फलाँ के जात के ही हैं।'

समाज एक ऐसे दुर्भेद्य जंगल के रूप में उसके सामने खड़ा था, जिसमें समाना असंभव था। इस जंगल का अपना ही कानून था।

जीवन-भर का बही-खाता फैलाकर देख रहा था जोगी, कौन है उसका समाज, कौन हैं उसके नाते-रिश्ते के लोग, हित, मित्र...? वे ही चटोरे, ऐयास, रंडुए, कुत्ते की तरह कूँ-कूँ करते जमींदार, ठेकेदार, बनिए, पैसेवाले और गीध की तरह ताकते दलाल, जिनके बारे में सोचते ही उसे उबकाई आ रही थी। मगर एक यही तो हैं जिन्हें जाति नहीं चाहिए। शायद इन्हीं के लिए सोखाइन ने कहा था, 'मेहरारू का भी जात नहीं होता।' इनके सिवा उसे मुँह लगाएगा ही कौन ? इन्हीं घिनौने चेहरों में से कुछ कम घिनौने को उसे चुनना होगा मन मारकर।

मोतिहारी के चनेसर साव का लड़का कैसा रहेगा ? है तो जात का तेली, मगर पैसेवाला है। जाति का छुटुआ न होता तो वह भी नहीं पूछता।

चनेसर अपनी भावी पतोहू को देख गया था, अब बात रह गई थी चनेसर के लड़के की। गहने की दुकान पर दिखाने का वायदा है। अगर उसने 'हाँ' कर दिया, तो दिन-बार पक्का है। वहीं से गुलबिया के नाक, कान और गोड़ का (गहना) लेता आएगा।

बेटी को लिवाकर वह जा ही रहा था कि एक घड़घड़ाते ट्रैक्टर से एक आवाज बिल्ली की तरह उछलकर उसका रास्ता काट गई, 'का रे जोगिया, ई नया माल ले के कहाँ जात बाड़े ?'

'माल ?' यूँ तो हजारों बार इस शब्द को उसने सुना था।

मगर आज पहली बार उसे लगा, अरे यह तो गाली है।

'माल नाहीं, बेटी है मलिकार,' उसने लाखू सिंह से विनीत भाव से अर्ज किया।

'अरे वही हुआ। हर-हमेशा बेटी, पतोहू ही तो रहता है तुम्हारा साथ।'

'ना मलिकार, ऊ धंधा हम छोड़ दिए हैं। राम किरिया, ई सचमुच के बेटी है हमार।'

'त-अ ई बेटी हमरा के चाहीं।' लाखू सिंह के आदमियों ने पलक झपकते ही गुलबिया को उठाकर ट्रैक्टर पर लाद लिया।

'बाबू ! बाबूजी-ई-ई-ई...!'

कलेजे को आर-पार चीरती गुलबिया की गुहार !

'मलिकार ! मलिकार ! अइसन जुलुम मत करीं मलिकार !' जोगी कातर हो उठा। बाप-बेटी दोनों की करुण फरियादों को पीसते चला गया था ट्रैक्टर।

जोगी कुछ देर तक ट्रैक्टर के पीछे-पीछे यूँ ही दौड़ता रहा, फिर पिछड़ने लगा। एक घोर काली निराशा उस पर हावी होती गई और वह लड़खड़ाकर गिर पड़ा। नीम बेहोशी की हालत में उसे लगा, कुत्ते के कौर-जैसी कोई चीज उस पर उछाल दी गई है—शायद नोट की कोई गड्डी, जोगी की भिच्छा !

उनतालीस

बहुत धीरे-धीरे फैली थी मकरंदापुर की खबर जवार में। पनघटों, बैठकों, चौपालों, बाजारों में हर कोई उसका ऐसे वर्णन करता, मानो, घटना उसकी ऐन आँखों के सामने घटी थी।

'औरत हो चाहे मरद, सबको नंगा करके मारते-मारते ले गई पुलिस।'

'उहूँ ! पुलिस के हाथ कहाँ भेंटाया कोई। अन्हरिया रात थी। गोरू-बछरू समेत सब जंगल में चले गए।'

'न ! जंगल नहीं, नेपाल !'

'दिल्ली-पटना में जवाब माँगा गया है। हाकिम सबका पाद बंद है।'

'खोजाई चल रही है।'

'लेकिन तब तक उन लोगों का खेत-खेतार कौन देखेगा ?'

'गौरमिंट उसका भी इंतजाम करेगी भाई !'

और सचमुच 'गौरमिंट' ने इंतजाम कर दिया था।

'एक प्रतिष्ठित और जिम्मेदार नागरिक होने के नाते, जब तक मकरंदापुर के गाँववाले लौट नहीं आते, तब तक इनके खेतों के संरक्षक आप हुए लल्लन बाबू, ताकि कोई इन पर कब्जा न जमा ले।' जिलाधीश ने लल्लन बाबू से कहा। मगर लल्लन बाबू के रोबीले चेहरे पर कोई भाव न आया, मानो वे विदेह हों।

मौके पर मुआयने के लिए आए अफसरों में सबसे पीछे कुमार चल रहा था, अंदर का संकोच चेहरे पर झाईं-सा झूल रहा था। लल्लन बाबू ने मौका देखकर चाल तनिक धीमी की और बोले, 'का बात है कुमार साहेब ?'

'क्यों, कुछ भी तो नहीं।' कुमार तनिक सतर्क हुआ।

'हाँ, ये रही न मरद की बात !' लल्लन बाबू ने प्रशंसा से नवाजा फिर फुसफुसाए, 'कौनो सार आपका रोआँ भी टेढ़ नहीं कर पाएगा, आप हमरे आदमी हैं, डरिएगा बिलकुल नहीं।'

पता नहीं, कहाँ की दुबकी कातरता उछलकर कंधे पर सवार हो गई कुमार के। उसके हाथ खुद-ब-खुद उठ गए शुक्रिया अदा करने या अभिवादन के लिए। लल्लन बाबू का भरा-भरा हाथ कंधे पर पड़ा।

सबको विदा कर वह रानीमहल लौट रहा था तो अचानक उसे यह वाकया फिर याद आ गया। उसने हाथ को देखा, जुगुप्सा हुई उठे हुए हाथ पर और उसने दे मारा ! मन घायल परिंदे-सा कभी इधर उड़ रहा था, कभी उधर !

डी.एम. गंभीर थे। कहीं वह पकड़ी गई और उसने सच-सच बता दिया तो–?

उस रात और बाद की कई रातों में वह ढंग से सो भी न सका। हलकी-सी नींद लगती कि अनाप-सनाप सपने आने लगते। कभी वह देखता कि मकरंदापुरवाली आ गई है, रानीमहल की सीढ़ियाँ चढ़कर ठीक ऊपर। सिपाही पूछता है, 'कौन ?' वह जग जाता। कभी उसे पत्नी के साथ बतियाते देखता, कभी काली के साथ। कभी देखता, जीप रोककर सबके सब बंदूक लेकर खड़े हैं।

यह स्थिति मीटिंग तक बनी रही। आश्चर्य, मीटिंग में डी.आई.जी. समेत सभी ने उसकी, इस कार्य के लिए, प्रशंसा की, 'वेल डन माय ब्वाय ! आपने अपराध के एक मकड़जाल को पोंछकर फेंक दिया ! राष्ट्रपति पुरस्कार के लिए आपको पहले ही अनुशंसित किया गया था, अब आपका दावा और भी पुख्ता हो गया है।'

उसने ईश्वर को लाख-लाख धन्यवाद दिया।

चाय के वक्त डी.आई.जी. ने बताया, 'मंत्री दुबेजी और पीपुल्स पार्टी के नेता ने इस महत्त्वपूर्ण उपलब्धि पर हम सब को बधाई दी है। अब चूँकि एलेक्शन आ गया है, सो, ऑपरेशन का यह चरण, हम यहीं छोड़ रहे हैं, हमारे सारे आफिसर्स अपने-अपने डिस्ट्रिक्ट हेड क्वार्टर्स को रिपोर्ट करेंगे। इस ऑपरेशन का सारा दायित्व डी.एस.पी. कुमार पर !'

तालियाँ बजाते सारे अफसरों की ईर्ष्या-भरी नजरें कुमार की ओर उठ गईं।

पांडेयजी जाते समय रुके, 'देख लिया न मेरे तांत्रिक का कमाल !'

वह बेवकूफ-सा ताकने लगा उन्हें।

'अरे अभी क्या...! आगे-आगे देखो क्या कमाल होता है। तुम अकेले बड़े अफसर बच रहे हो, जो ब्राह्मण है—यानी सारे ब्राह्मण वोट बैंक पर तुम्हारा एकच्छत्र राज्य ! बेस्ट ऑफ लक !' उन्होंने आँख दबाई और हँस पड़े। वह रात बाल्मीकिपुर के सर्किट हाउस में ही कटी। हालाँकि सर्किट हाउस गंडक परियोजना के चलते चारों ओर से सुरक्षित था, अपने हथियारबंद जो सिपाही थे, सो अलग, फिर भी रात जैसे-जैसे गहराती गई, भयदायिनी अस्फुट आवाजें उसे घेरने लगीं—कभी कालू बरुआ के घने जंगल से, कभी गंडक से, कभी उस पार नेपाल से...। वह एक बार स्थिर चित्त से आज की बातों का जायजा लेना चाह रहा था, मगर तनाव के मारे नसें तड़क रही थीं।

सुबह दस बजे रानीमहल पहुँचा तो उसका पहला सवाल था, 'कोई लेटर वगैरह है ?'

पारबती एक लिफाफा लेकर हाजिर हुआ। पत्नी की चिट्ठी थी। खोलकर देखा, वही पुराना राग...। 'यह क्या रामायण का चौदह वर्ष का वनवास है या महाभारत का अज्ञातवास या दोनों साथ-साथ चल रहे हैं ? सामने एलेक्शन है। कुछ दिनों के लिए अभी ही चले आइए। बच्चे बहुत ज्यादा मिस करते हैं आपको। एलेक्शन शुरू हो गया तो आना मुश्किल हो जाएगा...।'

'और कोई चिट्ठी-विट्ठी नहीं है कहीं से ?' उसने तनिक ऊँची आवाज में पूछा। उसे उम्मीद थी कि कम-से-कम एक चिट्ठी तो आई ही होगी—विद्रूप-भरी चिट्ठी काली सरदार की। मगर नहीं। पारबती के इनकार करते ही वह उम्मीद टूट गई।

इस शहर में अब कोई बारात हो या वारदात,
अब किसी भी नाम पर खुलती नहीं हैं खिड़कियाँ !

चालीस

'आज हमारे युवा एस.पी. मिस्टर विनोद श्रीवास्तव हमसे विदा ले रहे हैं।'

डी.आई.जी. राय ने मिटिंग शुरू की, 'इसी जगह, इसी समय इनके नेतृत्व में आपने ऑपरेशन शुरू किया था। पहला फेज बीता, फिर दूसरा फेज, पूरे दो साल बीत गए–दो साल यानी सात सौ तीस दिन ! तो सात सौ तीस दिन बीत गए और हमने कितने डाकुओं का सफाया किया...? यह सवाल आपके सामने है। पहले हम आपसे सुनना चाहते हैं, फिर मिस्टर, 'श्रीवास्तव से।'

मीटिंग में सन्नाटा छा गया।

'हम अपना टारगेट क्यों नहीं एचीव कर पा रहे हैं ?' राय ने सवाल की दूसरी परत जड़ दी, ऊं...?'

बगहा क्षेत्र के डी.एस.पी. मिस्टर सिंह कुछ कसमसाए।

'यस मिस्टर सिंह ?'

'सर मेरा मामला औरों से अलग प्रकृति का है। पिछली बार की तरह इस बार भी पहली बरसात में ही गंडक का पानी, रेता के दियारे में फैल गया है। अपराधी अपराध कर नदी से उस तरफ छितौनी की ओर भागकर यू.पी. में सेल्टर ले लेते हैं।'

'छितौनी पर के पुल का क्या हुआ ?' राय ने पूछा।

'वह सरकार के विचाराधीन है।' एस.पी. श्रीवास्तव ने धीरे से कहा।

'उफ ये सरकार...! खैर !'

'प्रॉब्लम यह है सर कि लांच वोटों के अभाव में हम उनका पीछा नहीं सकते। क्षेत्र का जो नक्शा उपलब्ध है, वह पुराना है और नदी ने इस बीच नए कटाव क्षेत्र और द्वीप तैयार कर लिये हैं। सर्वे और दूसरी सहायताओं के लिए मुझे किसी योग्य अफसर की मदद भी चाहिए।' डी.एस.पी. सिंह ने कहा। राय ने सिंह के तर्क को ठुकरा दिया, 'दिस इज ए रिपीटेड लेम एक्स्क्यूज ! लँगड़ा तर्क। माना कि हमारे पास पर्याप्त सुविधाएँ नहीं हैं और हमारे आप जैसे अफसर भी नए ही हैं, मगर डाकुओं के साथ भी तो यही सारी प्रॉब्लम्स हैं। जब वे उन्हीं नौकाओं से काम चला लेते हैं, फिर आप क्यों नहीं ?'

'सर मल्लाह भी तो उन्हीं के आदमी हैं !'

'नेचुरली। होंगे ही। आप को वे भटका भी सकते हैं।'

'वही होता है सर।' एस.पी. श्रीवास्तव ने धीरे से कहा।

'आप औरों को यूटिलाइज कीजिए।'

'वे भी तो...।'

'इसका मतलब यह हुआ कि पब्लिक को वे विश्वास में ले सकते हैं, आप नहीं।'

चुप हो गए सिंह !

'थानों से भी आप कोई सहयोग नहीं ले पाते। देखिए, मैंने पहले ही कहा था यहाँ के थाने, यहाँ की प्रशासनिक मशीनरी, और यहाँ के शांतिप्रिय लोग, सबको कोऑरडिनेट करके आप इस समस्या को जड़ से खत्म कर सकते हैं।'

कुमार को शांतिप्रिय लोगों के नाम पर चंद्रदीप सिंह और राघो बाबू, खान साहब, साहुजी जैसों के चेहरे याद आए, उसने पूछना चाहा कि भूमि सुधारों की, तथा प्रशासनिक मशीनरी को चुस्त-दुरुस्त करने, जुडीसियरी को चाक-चौबंद रहने की उसकी रिपोर्ट का क्या हुआ ?

'सर !' वह धीरे से उठा।

'नो सर !' डी.आई.जी. पूरे तैश में थे, 'मैं यह कैसे मान लूँ कि इस पूरे क्षेत्र में सिर्फ डाकू या डाकू के सिपैथाइजर्स ही बसते हैं ?'

कुमार कटकर रह गया, सफल अफसर का मतलब ही होता है, वह सीनियर्स की ठकुरसुहाती गाए और जूनियर्स को धौंसाकर उन पर अपना ब्लंट आदेश थोप दे।

श्रीवास्तव ने धीरे से कुमार का कंधा दबाया और उठ पड़े। 'नाउ !' राय ने कहा, 'मिस्टर श्रीवास्तव, ऐज ऐन आउट गोइंग एस.पी., हम आपसे एक एक्सपर्ट कमेंट सुनना चाहते हैं।'

श्रीवास्तव ने सबको औपचारिक धन्यवाद देते हुए कहा, 'मेरा अपना अनुभव है कि समाज में अपराधियों से हमेशा उन लोगों की संख्या ज्यादा होती है, जो अपराधी नहीं हैं। यहाँ तक कि एक व्यक्ति विशेष में भी सत और असत का द्वंद्व बराबर चता रहता है। हमें व्यक्ति और समाज के इस पायसनेस (पवित्र भावना) का इस्तेमाल करना चाहिए। अब रहीं सामाजिक, राजनीतिक, आर्थिक और सांस्कृतिक परिस्थितियाँ, यहीं आता है प्रश्न उस कोऑरडिनेशन का, जिसे हमारे माननीय डी.आई.जी. साहब ने प्वाइंट आउट किया और जहाँ हम चूक रहे हैं। मैं समझता हूँ हमारे यंग फ्रेंड मिस्टर कुमार की बेचैनी का सबब भी यही था।' फिर वे कुमार की ओर मुड़े, 'एम आई राइट !'

'यस सर !'

'न सिर्फ कुमार, बल्कि हमारा हर सिंसियर और संवेदनशील ऑफिसर इसे महसूस कर रहा है। इसी चूकने का यह नतीजा है कि पुराने क्रिमिनल्स में कुछ मारे गए, कुछ भाग गए, कुछ ठंडे पड़ गए जबकि नए-नए गिरोह भी इमर्ज कर गए।'

श्रीवास्तव ने आगे कहा, 'देखिए, बेसीकली, मैं एक स्पोर्ट्समैन हूँ। मुझे सिर्फ एक दिलेर पुलिस अफसर की जरूरत थी...'

श्रीवास्तव के बाद डी.आई.जी. ने सभा का समापन करते हुए कहा, 'नंबर वन, हम सभी को मिस्टर श्रीवास्तव के अनुभवों से लाभ उठाना चाहिए। हम सब उन्हें बेतिया से विदा कर रहे हैं, दिल से नहीं।

'नंबर टू, मिस्टर सिंह, लांच बोट्स के लिए हम लिख रहे हैं और बाकी रहा एसिस्टिंग अफसर का सवाल, तो यहाँ जिस किसी अफसर को आप चाहें चुन लें।'

'सर, कुमार।'

'यस कुमार विल एसिस्ट यू ! अब दूसरी बात, कुछ नए एल.एम.जी. और ए.आर. आए हैं, आपको आवंटित किए जा रहे हैं, कुछ जीपें भी हैं, प्रायरिटी के आधार पर हमने कुछ नए सॉफिस्टिकेटेड वीपंस के बारे में भी लिखा है। फर्स्ट एंड फार्मोस्ट, विन द कॉन्फिडेंस ऑफ लोकल पीपुल !'

जायसवाल ने खड़े होकर पूछा, 'सर कुछ हिंट्स दे देते कि कैसे ?'

'कैसे ?' डी.आई.जी. तनिक सोचने लगे।

'मैं बताऊँ सर ?' श्रीवास्तव ने पूछा।

'ह्वाइ नॉट ?'

'उनके आपसी विवादों को सुलझाकर उनकी शिकायतों पर सहानुभूतिपूर्वक ध्यान देकर...!'

'यस !' डी.आई.जी. संतुष्ट-से बोल पड़े, 'देखिए, सब कुछ मैं ही नहीं बता डालूँगा, कुछ स्ट्रेटेजी और विट आपकी भी होनी चाहिए न !'

'कुमार साहब, आपके कुछ मवेशी भूल से हमारे इलाके में चले आए थे।'

पांडेय की वक्रोक्ति पर हँसते हुए कुमार ने कहा, 'इलाके में क्या, कहिए नाँद पर।'

'हाँ, हाँ, वही।'

'मैं उन्हीं की टोह में आपके पास आने वाला था।'

'कोई फायदा नहीं।'

'उसे 'काजी हाउस' में दे दिया ?'

'नहीं, खदेड़ दिया।'

'कहाँ जंगल में ?'

'हाँ।'

'आपको मालूम है जंगल में जंगली जानवर रहते हैं ?'

'इसीलिए तो।'

व्यंजना से सीधे अभिधा पर उतरते हुए कुमार ने कहा, 'आपको मालूम था कि गाँव में किसी की भैंस, किसी के खेत में चली गई थी। आपके पास भूल से चले ही गए तो क्या था, सुलह-सपाट करा देते, या मेरे पास भेज देते ?'

'पर भैये, न तो तुम इनका झगड़ा सलटाने यहाँ आए हो, न मैं। ये ग्राम पंचायत और हद-से-हद लोकल थानों के मामले हैं।'

'हम-आप भी किसी मर्ज की दवा हैं ?'

'क्यों नहीं, सब की ड्यूटी और अधिकार क्षेत्र साफ-साफ बँटा है। हम यहाँ सिर्फ डाकू उन्मूलन के लिए आए हुए हैं।'

कुमार का सिर भन्ना गया। पांडेय मजे लेते रहे, 'और सुनो, हमने जो किया वह हमारे उसी काम के लिए सिंपली एक स्ट्रैटेजी हैं।'

'जरा सुनें।'

'आपके पास भेज देता तो आप न्यायमूर्ति की तरह उनकी सुलह-सफाई करा देते, मगर मुझे तो इन्हें 'पांड़े' की तरह इस्तेमाल करना था। अब वे फैसले के लिए डाकुओं के पास जाएँगे और डाकू आएँगे...बस।'

'मगर डी.आई.जी. साहब ने हमें जनता में विश्वास पैदा करने को भी कहा था। इस

छोटी-सी घटना से उनका विश्वास हम पर से उठ गया और डाकुओं के पक्ष में चला गया।'

पांडेय ने हँसते हुए कहा, 'आपने यह बात तो ब्रह्म वाक्य की तरह नोट कर ली, मगर उनकी यह बात भूल गए कि सब कुछ मैं ही नहीं बता डालूँगा, कुछ स्ट्रैटेजी, कुछ विट आपकी भी होनी चाहिए।'

कुमार बेवकूफ-सा पांडेयजी के चेहरे पर ठिठके कौतुक को पढ़ने की कोशिश करने लगा।

'फुटबॉल देखते हैं ?' पांडेय ने कुर्सी पर सीधा होते हुए पूछा।

'मैं आपकी तरह फुटबॉल तो हूँ नहीं, खेलनेवाला भी हूँ।'

'नहीं मेरा मतलब सिर्फ देखने से है।'

'हाँ।'

'वहाँ अच्छा खेलना महत्त्वपूर्ण नहीं होता, महत्त्वपूर्ण होता है गोल देना।'

'ऑफ साइड से भी ?'

'यहाँ जंगल में कोई रेफरी नहीं है।'

'आपके भगवान।'

'भगवान की माँ की...बालि को छुपकर मारे थे...युधिष्ठिर से झूठ बोलवाए थे, छल से तुलसी का सतीत्व तक लूटने में संकोच नहीं हुआ... डोंट बी इमोशनल ! सरकार यह नहीं देखने जाएगी कि तुमने कितने लोकल टंटे दुरुस्त किए, उसका पैमाना सिर्फ और सिर्फ यह है कि कितने डाकुओं को अपने कस्टडी में लिया, कितनों को मारा, कितने आर्म्स सीज किए, यह भी नहीं पूछने जाएगी—कैसे, सिर्फ पूछेगी—कितने !'

वायरलेस से कोई मैसेज आ रहा था...

'मिरगाटाँड़ गंगौती, गंगौती आर यू रिसीविंग ?'

'रिसीविंग ! मिरगाटाँड़ रिपोर्ट !'

कुमार उठकर ऑपरेटर के पास चल गया। उसने सेट अपने हाथों में ले लिया। 'कुछ डाकू भाग रहे हैं।' उधर से आवाज आई, 'उनकी संख्या बारह से करीब होने का अनुमान है। सभी पैदल हैं। दियारा की ओर भाग रहे हैं। ओवर !'

'क्या बगहा को इत्तला दे दी गई है ? ओवर।'

'दी जा रही है, अभी वे बगहा से दस किलोमीटर की दूरी पर हैं। ओवर—।'

'ओवर !'

'उसे क्या करना चाहिए, क्या वह बगहा से मैसेज का इंतजार करे या चल पड़े ?' उसने तनिक रुककर सोचा, 'जो भी हो, परीक्षा की घड़ी आन पहुँची है। अब दुविधा कैसी ?' उसने तय किया और ड्रेसअप होने लगा।

वह तैयार भी हो रहा था और ड्यूटी पर तैनात एक सब-इंस्पेक्टर यादव को समझाता भी जा रहा था, 'कैंप इंचार्ज से कहिए कि साहब बाहर गए—यह खबर लीक न हो। कोई दिक्कत हो तो बगहा से संपर्क करें, चौकसी में जरा भी ढील न हो। और सुनिए, चार आर्म्ड जवानों के साथ जीप फौरन बुलवाइए।'

'जी।'

यादव वहाँ से चला गया तो पांडेय जी उठकर पास आए, 'जाओगे ही ?'

'जाना ही पड़ेगा।'

'यानी आप खुद को लायक सिद्ध करने की जिद में हम सभी को नालायक सिद्ध किए बिना नहीं मानोगे ?' उनके स्वर में तल्खी और हिकारत थी। कुमार ने ठंडी नजर से उन्हें घूरा, मगर कोई जवाब न दिया। वह जूते के तस्मे बाँध ही रहा था कि बगहा से सिंहजी का अनुरोध आ गया, वायरलेस पर !

जीप आ गई थी।

'तो पांडेयजी, विदा ! मैं आपको कायदे से इंटरटेन भी न कर सका, क्षमा !'

'अरे अभी कहाँ की विदा और कहाँ की क्षमा...नहर तक तो साथ ही रहेंगे आप के...।' पांडेयजी हँसते हुए उठ पड़े।

नहर तक जीपें आगे-पीछे चलती रहीं फिर नहर के कुछ बाद अलग-अलग राहों पर हो गईं।

जंगल की राह। कच्ची पर समतल सूखी सड़क। साठ कि.मी. प्रति घंटे की रफ्तार पर जीप पेंग ले रही थी। जीप के वायरलेस की सूचनाओं के आधार पर वे आगे बढ़ते गए।

बाढ़ से फूली हुई गंडक। दूर-दूर तक मटियाले पानी का फैलाव। एक क्षण को इस पानी से डर लगने लगा कुमार को। जंगल, पहाड़, नहर, खेत में काम करना कितना आसान है और यहाँ इस तरल, सचल गहराई की उन्मत्त सतह पर कितना मुश्किल ! पानी नहीं, पानी का जंगल। पानी और डाकू—दोहरी मौत से जूझना। बीच में नाव उलट जाए तो तैरकर इतने दूर स्थित किनारों तक पहुँचा जा सकता है भला, वह भी तब, जब नदी में भँवर और तेज करेंट हो और ऊपर से गोलियाँ बरस रही हों ? ये किनारे के गाँव कितने जीवट के हैं, साल-दर-साल इस क्रुद्ध फुफकारती मौत से जूझते रहते हैं। बाढ़ कितना कुछ निगल जाती होगी, पर जो बचा रहता है, उसी से फिर उठ खड़े होते हैं ये। शाम के धुँधलके में यह नजारा किसी महाप्रलय के सूचक-सा फैला हुआ था।

'चला जाए सर !' सिंहजी की आवाज अँधेरे में कौंधी ! वे टॉर्च लेकर आगे-आगे चल रहे थे, कुमार पीछे-पीछे। कीचड़-पानी-भरी ढलान से वे घाट से उत्तर कुछ आगे के नियत स्थान पर पहुँचे जहाँ दो मझोली नौकाएँ उनकी प्रतीक्षा कर रही थीं। नौकाओं पर पहले से ही लाइफ बेल्ट्स, पंप की हुई ट्यूबें, रस्से, कुल्हाड़ियाँ और सशस्त्र जवान थे। चल पड़ी नावें।

सिंह पेंसिल टॉर्च की रोशनी में एक नक्शा फैलाए कुमार को रेता का भूगोल समझा रहे थे, 'मूल धारा बस इतनी है, गहरी नीली रेखा। उसके गिर्द डॉटेड लाइन अलग-अलग रंग की, अलग-अलग महीनों के फैलाव की...।'

'ये मैप आपने खुद बनाए हैं ?'

'हाँ, सरकारी नक्शे के साथ-साथ अपना सर्वेक्षण भी है।'

'डाकुओं को भागे हुए लगभग छह घंटे तो हुए ही होंगे।'

'हाँ।'

'इस नदी के विस्तार में उन्हें ढूँढ़ते हुए कहाँ-कहाँ भटकना होगा ?'

'वे उत्तर की ओर भैसहवाँ चौकी और पूरब के इस घाट के बीच ही होंगे।'

यहाँ अमूमन पहुँच रहे होंगे। दो सौ से चार सौ वर्ग किलोमीटर के बीच !

'कौन-सा ग्रुप हो सकता है ?'

'कुछ कहा नहीं जा सकता।'

'इस जोन में कितने गाँव हैं किनारों पर।'

'ठीक संख्या याद नहीं, चालीस के आसपास होंगे।'

उफनती लहरों में नावों को सँभाल पाना बहुत मुश्किल हो रहा था। यह नदी थी या भूल-भुलैया ! टॉर्च भी जलाई जाए तो इस एहतियात के साथ कि दुश्मन को एहसास तक न हो। बत्ती न जलाओ तो किसी छुपे पत्थर या बहकर आ रहे किसी पेड़-वेड़ से टकराकर जल-समाधि ! बत्ती जलाओ तो किसी दुश्मन की गोली का निशाना बनो। किसी भँवर में फँस गए तो सीधे जल-समाधि !'

कई कटावों की नन्ही खाड़ियों के अंधे मुहाने से वे लौट आए थे फिर मझधार में।

'अगर वे नदी में उतरे ही न हों तो...?' कुमार ने पूछा।

'हाँ ऐसा भी हो सकता है। मगर हम इसके सिवा कर भी क्या सकते हैं ?'

अचानक थोड़ी दूर पर रोशनी चिलकी। एक लंबी सुनहरी आभा लहरों पर सुनहरी नागिन-सी मचल रही थी।

'हजूर ?' एक सिपाही फुसफुसाया।

'हूँ...!' सिंहजी सतर्क हो गए।

'आदमी तो नहीं लौकता है।' एक दूसरा सिपाही फुसफुसाया।

'चाँद है चाँद !'

'अन्हरिया रात में इसको चाँद लौकता है।'

'तब लालटेन है।'

'हाँ' लालटेन लेकर कोई तीर तक आया।' कुमार ने अनुमान लगाया।

'यह तो घाट है, मेरा खयाल है दधीछन मल्लाह का।'

'नावें किनारे आती गईं। लालटेन एक मचान पर जल रही थी अब। किनारे एक बड़ी नाव बँधी थी।

अचानक कई टॉर्चें जल उठीं। एक आदमी ने हाथ से ओट कर रोशनी को आँखों पर पड़ने से रोका।

'कौन है ?'

'हम हजूर दधीछन मल्लाह !'

'यहाँ इतनी रात को लालेटन जलाकर क्या कर रहे हो ?'

'बखत जरूरत के लिए लालटेन तो हमेशा जलता रहता है हजूर !'

'यहाँ कोई आया था ?'

'जी न !'

'तुम रात में यहीं रहते हो ?'

'जी न ! वही आठ-नौ तक। अब घर जाएँगे।'

कुमार ने जवानों को आगे बढ़कर तलाशी लेने को कहा।

झखमारी करके लौट आए वे। फिर वही पानी का कलकल-छलछल, नदी के तरखे के साथ चप्पुओं की आहटें !

कुमार को यहाँ का सारा कुछ बड़ा तिलस्मी लगा—बाढ़ से फूली नदी, बौखलाती धारा, गहराती रात का अँधेरा, आसपास के श्मशानी परिवेश में खड़ा एक मचान और मचान पर जलती लालटेन ! यह मंजर सम्मोहित भी करता है, डराता भी है, जैसे कोई स्याह मकड़जाल बुन रहा हो कोई !

उसे यह भी लगा कि सामने से ललकारने की बजाय पीछे से औचक छापा मारा जाता तो कोई-न-कोई रेशा अवश्य हाथ लग जाता। नीचे से ललकारने पर उन्हें ऊपर भागने-छुपने के हमने पर्याप्त मौके दे डाले। उसने यही बात सिंह से कही तो वे सोचने लगे, 'मे बी।'

अपनी राय की स्वीकृति पर उत्साहित होकर उसने कहा, 'आपने गौर किया होगा लालटेन पहले नदी में थी, फिर मचान पर...।'

'मल्लाह नाव को नदी से किनारे सुरक्षित जगह लाकर बाँध रहे थे तब लालटेन की लौ नदी में दिखी। फिर उन्होंने घाट पर बँधे मचान पर टाँग दी। इट्स सो सिंपल !' सिंह ने कहा।

कुमार कन्फ्यूज कर गया, 'संभव है, आपकी बात सही हो, आपको इस अंचल के तजुरबे हैं।'

'देखिए सर !' सिंहजी ने कहा, 'आपसे ज्यादा दिलेर और तजुर्बेकार यहाँ कोई नहीं, मैं भी नहीं, बनाइए मत ! लेकिन अफसोस यह है कि वह सजेशन आपका बाद में आया।'

कुमार का मलाल कुछ कम हुआ, 'मझरिया किधर है ?'

'वो दाहिनी ओर ! नदी पार करने पर।'

'हमारी लिस्ट के कई-कई डाकू वहीं के हैं।'

'सुबह होने के पहले नाकेबंदी कर लेते हैं।'

पौ फटने में अभी देर थी। मझरिया के पूरब-उत्तर के तट पर महुए के एक धराशायी पेड़ की जड़ों से नाव को बाँध दिया गया। तरखा बड़ा तेज था। तय हुआ कि कुमार नाव पर रहेंगे दो बंदूकधारी जवानों के साथ, बाकी लोग सिंहजी के नेतृत्व में गाँव को घेर लेंगे।

रात-भर की थकान और नींद का दुलरुआ कुमार ! पलक जरा-सी झपकी कि नींद के पाताल लोक तक जाकर ही लौटी। आँख खुली तो चंपई उजाला खिल चुका था। नदी के उमड़ते मटमैले पानी के तट पर वह एक अभिशप्त गाँव था। कुछ मकान, छप्पर, नाँद, पेड़ टेढ़े हो झुके पड़े थे, मानो, नदी एक बड़ा अजगर हो, जिसके पेट में ये समा रहे हों। देखते-देखते पानी के कटाव से वह नाँद पानी में लट्टू-सी घूमने लगी, फिर टेढ़ी होते ही डूब गई।

'सर अब ऊपर आ जाइए।' एक जवान ने इसरार किया तो वह महुए के पेड़ से होता

हुआ ऊपर चढ़ने लगा। सौ-सवा सौ घरों का एक ढहता हुआ गाँव। कुमार का दिमाग पच्चीस-पचास हजार के इनामी डाकुओं और लाख-लाख तक की फिरौती के आँकड़ों पर टप्पा खा रहा था। गाँव की अवस्था से आँकड़ों की बुलंदी कोई मेल नहीं खा रही थी। काफी लोगों ने गाँव छोड़कर बाँध पर आश्रय ले रखा था, जहाँ इस तरह से उजड़े लोगों की भीड़ मेले जैसी लग रही थी। बाँध पर कुछ अधेड़, कुछ वृद्ध, कुछ बच्चे, एक-दो जवान खाट बिछाकर अगवानी को खड़े थे।

सिंहजी परिचय करा रहे थे, 'ये परेमा के चाचा हैं, ये परशुराम के मौसेरे भाई, ये पुत्तन के साढ़ू हैं, ये...।' गाँव के सबसे बूढ़े-बुजुर्ग लाखू यादव उन्हें घर-घर दिखा रहे थे, 'देख लेई साहेब, हिहे गाँव ह-अ ! ऊ लोगन के, जेकरा खोज में आए हैं, ई जनमभूमि जरूर ह-अ, लेकिन राम झूठ न बोलावें, जबसे गइलन-स, झाँके ना आइलन ! जब देखले रहलीं, ऊ लोग छोकरा रहलन ! अब तो हमरा सामने खड़ा कर-द-अ, तबो ना चिन्हाई !'

'रात कोई आया नहीं यहाँ ?'

'कहे न, रात तो क्या, बरिस-बरिस बीत गया, कोई को आए हुए।

'वे डाकू कैसे हुए ?'

'हम डाकू काहे ना हुए ?'

'फिर भी...?'

'बबा तुलसीदास कह गए हैं न, तुलसी जस भवितव्यता तैसे मिले सहाय ! आपन आवे ताहिं पर ताहिं तहाँ ले जाय !' हई नदी देखीं...हत्तियारिन नदी। हर साल दस-बीस घर और खेत एकरा पेट में समा जाला। बस। एकरा बाद चाहे ऊ भागे कलकत्ता, बंबई, चाहे हिआँ के बाबू साहब लोगन के गुलाम हो जाए।'

'लठैत ?'

'हाँ, बाकी टरेनिंग हुहें मिल ला।'

एक अधेड़ औरत बिलख उठी, 'सरकार, हमरा के बचाईं, नदी नीचे से काटेली, डाकू ऊपर से, जान कइसे बाची ? ई बान्ह (बाँध) पे कतना दिन काटीं जा...?'

भावुक हो गया कुमार ! लगा, नींद की नदी उन्हें सहस्रों वर्षों पहले के किसी ध्वस्त सभ्यता के मलबे पर ले आई है। डाकुओं का उत्स ढूँढ़ने निकले थे न ? मिला...? कर पाओगे कुछ ? कल को इन्हीं घरों से फिर कोई किशोर निकलकर लठैत बनकर डाकू हो जाएगा ? रोक सकोगे इस हत्यारी नदी के कटाव को ?

कुमार ने मन-ही-मन संकल्प लिया कि रेता को पूर तरह समझने के लिए उसे एक बार फिर आना होगा, बाढ़ के उतरने के मौसम में, जब पानी में डूबी चीजें धीरे-धीरे उतरा जाएँगी...और संयोग ऐसा कि दो महीने बाद ही उसे फिर आना पड़ा रेता में।

इकतालीस

गंडक का वही धूसर विस्तार ! बीच में धारा, जैसे किसी लड़के ने भूरे कागज पर नीली लकीर गोंज दी हो। दो महीने पहले जब यहाँ आना पड़ा था तब संदर्भ दूसरे थे, आज संदर्भ दूसरे हैं। तब नदी के क्षेत्र के सर्वे का मसला था, आज किसी डाकू की माँद पर हमले का मसला है। तब नदी फूल रही थी, उस पार मझरिया, बेंचूपुर, नन्दपुर जैसे गाँव उसके पेट में समाते जा रहे थे, आज कम-से-कम इस पार के किनारों पर नदी के पीछे हटने से अवसादी मिट्टी का पंक झलकने लगा है।

पंक में वह क्या है ? लाठी...? शायद किसी चरवाहे का खिलवाड़ हो। कौतुकवश उखाड़ लिया। अरे यह तो बल्लम है। जेवलिन थ्रो। अगर यहाँ से इस बल्लम को फेंका जाए तो उस पार पहुँचेगा ? नहीं, नहीं, उस पार तो वे बच्चे, बूढे और औरतें बैठी होंगी मझरिया की ! अपने लुटे संसार को देखती हुई !

'साहब !' एक सिपाही की टेर, 'साहब याद कर रहे हैं। भोजन रेडी है।' ध्यान टूट गया। वह बल्लम लिये-दिए लौट पड़ा। फिर खयाल आया, हाथ में बल्लम है। क्यों निकाला था इसे ? सहसा याद नहीं आया कुछ। उसे यों ही फेंककर चल पड़ा वह !

कल रात ही सिंहजी ने किसी डेन की बात की थी। बहुत दिनों से कोई एनकाउंटर नहीं हुआ था, परेमा, परशुराम, काली जैसा कोई मिला गया तो पौ बारह। नदी का बहाव भी अब अपेक्षाकृत धीमा है और लांच बोट है—अर-र-र लांच बोट को ही तो देखने आया था और देखने लगा क्या !

खाना-वाना खाते-पीते, तैयार होते-हवाते घंटे-भर लग गया। सिंह अभी बेल्ट कस ही रहे थे कि थानेदार यादव ने आकर सैल्यूट किया। उसके चेहरे पर परेशानी के भाव देखकर सिंह खुद आगे बढ़ आए। दोनों में धीमे स्वर में गोपनीय-सी बातें हुईं। सिंह मुड़े तो वही परेशानी अब उनके चेहरे पर झलक रही थी।

'क्या बात है ?'

'कुछ नहीं वो जरा... ।' दलदल में धँसे जा रहे थे शब्द, 'आप जरा तैयारी देख लीजिए, मैं अभी आया। साला; यात्रा के समय में ही होना था इसे भी।'

संभव है, किसी मंत्री का कोई मैसेज आया हो, यह भी संभव है कि किसी डाकू या मुखबिर से कोई विचलित कर देनेवाली सूचना आई हो या कोई घरेलू या पारिवारिक अप्रिय संवाद। कुमार उनके लौटने तक गोते ही लगाता रहा मगर सिंह आए तो प्रायः सामान्य थे।

'सब रखवा लिया आपने ?'

'वो तो जवानों ने ही रख लिया था।'

'हैंड ग्रेनेड्स ?'

'वो भी।'

'आइए अब 'जय बजरंगबली' कहकर प्रस्थान करते हैं।'

तट पर काफी भीड़ थी। भीड़ को चीरते हुए वे लांच तक आए।

भीड़ में उत्तेजना के स्वर थे, परस्पर विरोधी पक्ष। जैसे कोई बलवा या खून-खराबा होते-होते रुक गया था।

लंच के प्रस्थान करने पर सिंह ने कहा, 'यह नदी भी कम फसाद नहीं पैदा करती है। इन दिनों नदी के पेट से जो जमीन निकलती है, उस पर कब्जा करने का विवाद ही सरदर्द हो जाता है। लोग कब्जा जताने के लिए बल्लम गाड़ देते हैं। ऐसे ही एक दबंग हैं भूपति सिंह, उन्होंने बल्लम गाड़ रखा था जिसे दूसरे पक्ष ने उखाड़ दिया और फौजदारी होते-होते बची।'

सन्न रह गया कुमार ! उसकी एक नासमझ हरकत कितनी खतरनाक सिद्ध हुई।

'क्या वह जमीन भूपति सिंह की है ?' थोड़ी देर बाद उसने पूछा।

'नहीं, वह जमीन तो नदी से इस बार निकली !'

'जाहिर है, किसी और की जमीन गई होगी, वे ही दूसरे पक्ष हैं ?'

'हाँ मगर उनकी जमीन तो गई उस किनारे पर, गंग शिकस्त में, जो जमीन निकली, वो इस किनारे पर गंग बाराह में।'

'गंग शिकस्त यानी कटाव, गंग बाराह यानी जमाव ?'

'हाँ।'

'तब तो दावा गंग शिकस्तवालों का ही पुख्ता होता है, फिर भूपति सिंह ने बल्लम क्यों गाड़ा...?'

'यह रेता कल्चर है, आप नहीं समझेंगे।'

'और अगर किसी ने निकाल लिया तो...?'

'वही, जो आज यहाँ हो रहा है, यानी कि यह जमीन मेरी है, किसी माई के लाल में हिम्मत हो तो उखाड़कर देखे ?'

सिंह के स्वर में अजीब शेखी भरा अपरोक्ष समर्थन था भूपति सिंह के प्रति। मन में तो आया कह दे कि वह बल्लम मझरियावालों ने नहीं, उसने उखाड़कर फेंका था, कर लो जो करना है, लेकिन जमींदारों की ताकत वह देख चुका था, जब्त कर गया।

'तो आपने उसे कैसे सलटाया ?'

'उनका बल्लम फिर से जहाँ-का-तहाँ गड़वा दिया और क्या करता ?'

कुमार चुप हो गया। सिंह ने अपना सर्वे का नक्शा फैला लिया, लांच अब दूसरे किनारे के करीब आ रहा था। सामने मझरिया का गाँव प्रायः आधा से ज्यादा नदी में समा चुका था। कुमार की कचोट फिर उभरी, मझरियावालों को डिप्राइव न करते तो बेहतर था, कोड ऑफ कंडक्ट के भी यह खिलाफ है। देख रहे हैं उनकी हालत !

'हुँह कोड ऑफ कंडक्ट !' झुँझला पड़े थे सिंह, 'हम डी.आई.जी. के कोड ऑफ कंडक्ट को ही सहलाते रहें या डाकू-नियंत्रण करें...। कौन मुख्य है, कौन गौण ? मझरियावालों से मुझे क्या मिलेगा ? भेड़-बकरी से ही खेती होने लगती, तो लोग बैल क्यों पोसते ?'

कुमार को लगा, क्या पांडेय, क्या जायसवाल और क्या सिंह सभी वही हैं। अब एक तो सिंह, दूसरे दबंग, ये भूपति सिंह का पक्ष क्यों नहीं लेंगे ?

पुलिसवाले भी तो उसी समाज से आते हैं, जहाँ से डाकू आते हैं। सिर्फ वर्दी और

शिक्षा का फर्क ही तो है। शिक्षा इन्हें अपनी हर गलत हरकत को जस्टीफाई करने के काम में आती है।

आगे उत्तर-पश्चिम दिशा में नदी का कटाव एक खाड़ी की तरह फैला हुआ था। लांच बोट उस खाल में घुसी मगर आगे बँसवारियों और पेड़ों की डालियाँ नदी में डूबी पड़ी थीं राह रोककर। लांच किनारे लाकर उतर पड़े सिंह, हथियारबंद जवानों की नाव का अभी अता-पता न था। सो मन मसोसकर लौट आए।

सिंह की इस झखमारी से ऊबते हुए कुमार ने कहा, 'मुझे अगर मालूम होता कि मैं 'आपरेशन ब्लैक पाइथॉन' के बगहा जोन के डी-वाई.एस.पी. मि. सिंह से नहीं बल्कि छायावादी कवि प्रसादजी से मिलने जा रहा हूँ, तो मैं फुरसत से आता...

'ले चल मुझे भुलावा देकर मेरे नाविक धीरे-धीरे...।'

मि. सिंह हँस पड़े।

'आपने किसी 'डेन' की बात कही थी ?'

'नाव को आ जाने दीजिए, वहीं चलते हैं।'

'किसकी डेन है ?'

'जंगली सूअर भी हो सकता है, बाघ भी, भैंसा भी, मगर है कोई जानवर ही। कुछ इन्फॉरमेशंस मिलते रहे हैं, जैसे रातोरात कोई गर्भवती औरत पार कराई गई।'

'गर्भवती पर कुछ ज्यादा ही जोर दे रहे हैं।'

'दरअसल गर्भवती के गर्भ में बच्चा छोड़कर कुछ भी हो सकता है। गाँजा, अफीम, हेरोइन, सोना...।'

नाव पास आ गई थी। लांच फिर चल पड़ा। वे एक उभरे भीट से गुजर रहे थे जो फूले कास के चलते अजीब रहस्यमय लग रहा था।

'यहाँ...?'

'नहीं आगे। वो घाट देख रहे हैं न ? वहीं।'

एक बड़े नाव पर स्त्री-पुरुष, बैल, बकरी चढ़ रहे थे। नरैना मल्लाह के ससुर दछीधन ने हाथ उठाकर सलाम किया। कगार पर खाट पर बैठा घटवार उठकर हड़बड़ाकर खड़ा हो गया। ऊपर झूलती करिखाई लालटेन उसके सिर से जा टकराई। मगर वे रुके नहीं। जवान भी नाव की जाँच कर उनके पीछे आ लगे थे।

'इस लालटेन का शीशा बता रहा है कि यह रात-भर जलती रही है।' कुमार ने कहा।

'आपका अनुमान सही है।'

'नाव में गठरियों, थैलों, पगड़ियों की जाँच कर ली।' सिंह ने पूछा।

'जी सर।'

'गर्भवती औरतों की ?'

'बैठला पे पता नहीं चलता कि के...।'

'खड़ी कराकर जाँच करो।'

औरतें भरभराकर खड़ी हो गईं। सिंह ने एक-एक औरत को घूरा। हठात् पलटकर एक की साड़ी खींच ली। पेट पर बँधा गट्ठर नीचे आ गिरा। औरत अपनी नग्नता को भूल

गिड़गिड़ा उठी, 'हमरा के छोड़ देई हजूर।'

'गट्ठर खोलते ही पैकेटों में चरस और गाँजा के साथ सोने के चौकोर टुकड़ों की चमक !'

'इसे एरेस्ट कर लो।' सिंह की नजर दधीछन को ढूँढ़ने लगी, 'वो कहाँ गया ?'

'दिशा फराकत को गया होगा।'

जवानों ने भागते हुए दधीछन को जा दबोचा, 'हजूर हम कुछ नहीं जानते।'

दोनों को घटवार के पास बैठाकर पहरे पर दो सिपाही रखकर वे आगे बढ़े।

'अगर इसने हमारे आने की खबर दे दी होगी, तब तो जाना बेकार है।'

'फिर भी जब आ गए हैं तो...'

इस घटनाक्रम से बेखबर, काली अपने मंदिर के खंडहर में सुबह की वर्जिश पूरी कर कास के फूलों की शुभ्र सुषमा को निहार रहा था। राशि-राशि फूल ! राशि-राशि शुभ्रता ! इस श्वेत की अपनी ही गरिमा है, अपना ही आभिजात्य ! कास के इस श्वेत वन में वह किसी विरही की तरह भटक रहा है। कोई अजानी-सी प्रिया लुकती-छुपती आँख-मिचौली खेल रही है। यह सफेद लहर है या उसका कोरा आँचल ! यह सुतली की फली बज रही है या उसकी झांझर का झंकार !

सुतली के खेत से झुके-झुके दबे पाँव कुमार कास के फूलों तक आया फिर काली के रूबरू खड़ा हो गया रिवाल्वर तानकर।

काली के हाथ अपनी कमर में बँधे चाइनीज पिस्टल की ओर बढ़े।

'ना ना काली। हैंड्स अप, हाथ ऊपर !'

काली ने हाथ ऊपर कर लिये।

'तुम्हें कितने संदेशे भिजवाए, तुम्हारी खोज में गोड़ैतों की पूजा तक गया, मगर तुम क्यों सुनने लगे ! अब बड़े डाकू हो गए हो जो ! पचास हजार के इनामी डाकू !'

काली दोनों हाथ ऊपर कर अवाक् खड़ा है; बोलता नहीं कुछ।

'मैं तुमसे फिर कह रहा हूँ कि अपने आपको सरेंडर कर दो। इसी में तुम्हारी भलाई है।'

मिस्टर सिंह अपनी पिस्टल ताने दौड़ते हुए आए, 'माय गॉड ! डू यू नो दिस फेलो !'

'ही इज काली !'

'ऐं !' उनका मुँह खुला रह गया।

'आपके जवान...?' कुमार ने पूछा।

'घेर चुके हैं इस जगह को।'

'तो काली, मेरी बात पर खुद अमल करोगे या...?'

काली ने कनखियों से स्थिति ताड़ ली।

चंद खाकी धब्बों से खुद को घिरा पाया।

पल बीत रहे थे या युग !

'काली सरदार !'

'आपने बहुत कहा, अब मेरी भी सुन लीजिए, कुमार साहब, मैं आपसे विनती करता

हूँ, आप बिना बात बढ़ाए चुपचाप चले जाइए यहाँ से।'

'तुम पूरी तरह घिर चुके हो काली।'

'और आप...? आप और आपके जवान भी घिर चुके हैं हमारी बिल्टी (डाकुओं के सदस्य दल) से। ध्यान से देखिए तो पता चलेगा, आपके जवानों की घेराबंदी के बाहर एक और घेरा पड़ चुका है, हमारे साथियों का...।'

'माय गॉड !' सिंह ने देखा पुलिस के जवानों को घेरकर दूर-दूर खड़े हैं बंदूकधारी लोग !

हँस पड़ता है काली, 'चीजें इतनी आसान नहीं हैं कुमार साहब !...दरअसल हम दोनों ही एक-दूजे से घिरे हुए हैं।'

बयालीस

रेता प्रकरण से पूरी तरह उलझ गया था कुमार। सोच के एक सिरे पर डी-वाई.एस.पी. सिंह थे तो दूसरे पर काली। ढकुल की तरह सोच का पाटा कभी एक ओर उठता है, कभी दूसरी ओर। संतुलन के लिए उसे मुरली पांड़े जैसी किस शख्सियत की तलब हो रही थी। अनजाने ही उसकी जीप कम्युनिस्ट पार्टी के दफ्तर के सामने जा रुकी। जल्द ही वे बातचीत के अपने असली मकसद पर आ गए।

'क्या पूछते हैं कुमार साहब, बेतिया के बारे में...?' कम्युनिस्ट पार्टी के पुराने कार्यकर्ता बैठाजी बताते-बताते दूर रेलवे स्टेशन की ओर देखने लगे, जहाँ काफी देर से कोई ट्रेन रुकी पड़ी थी।

'यहाँ एक मजाक चलता है कि आई.ए.एस. में वही उत्तीर्ण हो सकता है, जो इस प्रश्न का उत्तर दे दे।'

'कौन-सा प्रश्न ?' कुमार ने पूछा।

'वह कौन-सा विधायक है, जो विधानसभा में एक बार भी नहीं बोला ?'

'जाहिर है, इस क्षेत्र का विधायक।'

'जी !' बैठाजी हँस पड़े, फिर धीरे-धीरे संजीदा हुए, 'पहले माटी का हाल, बेतिया की माटी ऐसी कि खोवा। यह खोवा सूख गया है अब। अब देखिए कि बूढ़ी गंडक मुख्य नदी है, बीच से बहनेवाली। उत्तर में नौ किलोमीटर पहाड़, दक्षिण में आठ किलोमीटर। दोन हो गई पहाड़ों के बीच की उपजाऊ भूमि—दोनिया या द्रोण शब्द से बना है दोन। उत्तरदोन की माटी बांगर—पीली, कड़ी। पानी मिल जाए तो मक्खन !'

'ये खोवा और वो मक्खन।' कुमार हँस पड़ा।

'अभी रुकिए, दक्षिण में भाठ माटी—बालूशाही।'

'माटी की महिमा पर हमारे रामनगर पर ही एक कविता है—

रामनगर की धनहर खेती,
एक-एक खेत रहू की पेटी।
चार महीना लोग कमाला,
आठ महीना बैठ के खाला।

यहाँ के गन्ने के खेत देश-भर में सन्नाम हैं। दूसरी जगहों की गुड़ की भेली लाल होती है लेकिन हमारे जोगिया की भेली उजली—चीनी-ही-चीनी।'

बैठाजी पूरी फसल परिक्रमा ही करने लगे थे, सो कुमार ने उन्हें टोका, 'यह जो रेता है, वह क्या है ?'

'रेता माने रेत, माने बालू ! रेत माने रेतकर, जबह कर छोड़ी गई धरती ! छाड़न ! पच्चीस किलोमीटर तक कई-कई धाराएँ हैं गंडक की। कहाँ निकल रही हैं, कहाँ समा रही हैं, यह अलग ही भूल-भुलैया है।'

'वो तो हमने देखा। वैसे, सरकार भराव के दिनों में टैक्स भी नहीं लेती, यह एक अच्छी बात है।'

'मजबूरी का नाम महात्मा गांधी ! टैक्स अदा कर पाने की हालत में कोई हो, तब तो सरकार वसूले !' अब बैठाजी के हँसने की बारी थी।

'वैसे बैठाजी...' कुमार कुछ बोलने ही वाला था कि बगल में बैठे एक पैंतीस साल के नेतानुमा आदमी ने हस्तेक्षप किया, 'हम बताएँ सर...ई जो, रेता देख रहे हैं न इसका फैलाव गोविंदपर अराराज से लेकर बाल्मीकिपुर तक है। नरकट, खर, कास, सरपत और बेंत यहाँ की खास बनस्पति हैं।'

कुमार को उस आदमी की बात सूत्रविहीन लगी, जैसे महज ज्ञान प्रदर्शन के लिए बोल रहा हो, 'आप कहना क्या चाहते हैं ?'

'यही कि इस पार से लेकर उस पार बलुआहा, ठकराहा, और आगे यू.पी. के तमकुही, कुशी नगर, पंडरौना तक चले जाइए, अंदर-ही-अंदर अंतःसलिला बहती है, हरा-भरा तृण प्रदेश।'

कुमार फिर भी संगति न बैठा पाया, तनिक खीझते हुए उसने पूछा, 'आपका परिचय ?'

'जी मुझे जगत नारायण उर्फ जगदंबा, कहते हैं।'

'ओ...! तो' 'दूध का दूध और पानी का पानी' के एडीटर साहब यहाँ क्या कर रहे हैं ?'

'सर, आप मुझे जानते हैं ?'

'हाँ तो बैठाजी ?' कुमार जगदंबा को मुँह नहीं लगाना चाहता था।

'जगदंबाजी अपने अखबार के लिए मुझसे अक्तूबर क्रांति पर एक लेख लिखवाने के लिए आए थे, खैर क्रांति बाद में, पहले क्राइम !' बैठाजी थोड़ी देर तक सोचते रहे फिर बोले, 'भूगोल के लिहाज से क्राइम का ग्राफ कुछ इस तरह बनता है कि नारायणी नदी के कटाव से विपन्न प्रकृति उन्हें लूटती थी, और लुटे लोग बाद में दूसरों को लूटने लगे। यह प्रवृत्ति दक्षिण में ज्यादा है, उत्तर में कम, माने जैसे-जैसे नारायणी के उत्तर चलते जाइए,

यह डाकू प्रवृत्ति कम होती जाएगी। एक और बात, वह है इस अंचल का सीमाना। उत्तर में नेपाल, पश्चिम में यू.पी., बीच में पहाड़-जंगल और रेता के बीच की छिटकी आबादी और मीलों फैले गन्ने के खेत। और दूसरे किसी क्षेत्र में हो, न हो, क्राइम के मामले में नेपाल और भारत में पक्की मैत्री है—बेरोक-टोक आवाजाही, परस्पर सहयोग से काम, चाहे स्मगलिंग हो, औरतों की जिस्मफरोशी हो या अपहरण। यहाँ के महाराज हरेंद्रकिशोर सिंह एक तरह से नेपाली मूल के ही थे, कवि गोपाल सिंह नेपाली भी। डकैतों या अपराधियों का एक पाँव नेपाल में तो एक भारत में, एक हाथ बिहार में तो एक यू.पी. में। अपराध करके भाग जाने या महीनों छुपे रहने की ऐसी सुविधा और कहाँ है ?'

'अब जरा क्राइम मूड के बारे में बताइए।'

'क्राइम मूड...?' बैठाजी इस शब्द पर तनिक चौंके, फिर मूंड़ी हिलाते हुए प्रशंसात्मक भाव से बोले, 'सही शब्द है। नोट कीजिए जगदंबाजी, देखिए कि एक पुलिस अफसर किस तरह चीजों को पकड़ता है और एक पत्रकार नहीं पकड़ पाता।'

बैठाजी ने आँखें बंद कर लीं जैसे गहरी डुबकी लगा रहे हों, 'मूड से पहले जरा मोड़—पहले यह जान लीजिए साहब, कि यहाँ का मूल निवासी कौन है।'

'कौन ?'

'कोई सॉलिड (ठोस) दावा नहीं ठोंक सकता।'

'थारू ?'

'कहने को तो ज्यादातर लोग आपको यही कहते हुए मिलेंगे कि ये राजस्थानी राजपूतों की रानियों के साथ तीन सौ वर्ष पहले भागकर आए उनके नौकर थे। मुगलों से राजपूतों के युद्ध के समय आए थे। रानियों को ले जाने राजा या सरदार न आ सके तो उन्हीं नौकरों से रानियों के संबंध बन गए। सो रानियाँ हुईं बड़ जात, पति छोटी जात।'

'इतिहास तो यही कहता है बैठाजी।' जगदंबा ने कहा।

'यह तो दूध का दूध और पानी का पानी नहीं हुआ। इतिहास के दूध में पानी आप जैसे ही लोग मिलाते रहे हैं।'

'हमने भी यही सुना है।' कुमार ने कहा तो जगदंबा के चेहरे पर रौनक आ गई।

'देखिए साहब, थारुओं को यह बात याद नहीं है, मगर यहाँ के कुछ भोगी और कुछ फंडामेंटलिस्ट लोग उन्हें याद दिलाते रहते हैं। इस मिथ को भी ऐसे ही लोग प्रचारित करते हैं, कि मजबूरी में चाहो, जो कर लो, जाति नहीं जाएगी। इस वूमैन डॉमिनेटेड सोसायटी को ये मैन डॉमिनेटेड सोसायटी छेड़ती रहती है कि ऐसे क्यों हो, मेरी तरह क्यों नहीं बन जाते ! दूसरी सुविधा ये कि इस तरह वे उन्हें छाँटकर रानियों को अपने गिरोह के दावे के घेरे में ले आते हैं। यानी रानियाँ, यानी औरतें इनकी, ये नर थारू तो नौकर हैं !'

'इंटरेस्टिंग !'

'राजपूतों, ब्राह्मणों से लेकर मुगलों तक का एक ही किस्सा है कि कनीजें तो कहीं से आ सकती हैं, मगर शाहजादे हमेशा शाही खानदान से ही आएँगे।' कुमार की दिलचस्पी जगी। ऐसा विश्लेषण तो अब तक किसी ने नहीं किया। मुरली पांड़े ने भी नहीं। जन आंदोलनों और प्रगतिशील चेतना से युक्त यह आदमी चल-फिर भले न सकता हो, इसके

विचार डायनामिक (गतिशील) हैं।

'फिर ये थारू हुए कौन ?'

'मिरगाटाँड़ से पूरब-पश्चिम थरूहट है, एक भी पक्की सड़क नहीं है वहाँ। अब ये थारू कौन हैं ठीक-ठीक तो कोई नृतत्वशास्त्री और इतिहासविद् ही बता सकता है, मगर मुझे लगता है, थारू का संबध थार से है या हिमालय से। पर्यावरण के बिगड़ने से थार का रेगिस्तान फैलता गया होगा, इनके कबीले उजड़ते गए होंगे। मगर इनकी गढ़न और कद-काठी देखकर लगता है, ये हिमालय की तलहटी के ही बाशिंदे हैं। अब आप देखिए कि गढ़वाल से लेकर असम के खासी, जयंतिया तक इसी तरह की नस्ल का फैलाव है। मूवमेंट सिर्फ जीव-जंतुओं का ही नहीं होता, सरफेस भी मूव करते हैं सर, समुद्र की धाराओं की तरह जातीय और सांस्कृतिक प्रवाह भी मूव करता रहता है।'

कुमार को बैठा की विद्वता पर हैरानी हुई। जिस मिट्टी में मुरली पांड़े और बैठाजी जैसे लोग हैं, वहीं यह नरक क्यों फैल रहा है ?

बैठा बता रहे थे, 'थारुओं के गुरु ओझा गुरो होते हैं। इनके अलग देवता और मंदिर हैं--रहसो गुरो और सोमेश्वर। उपजातियाँ भी अलग, मर्चवार, रौतार, गौरिहार दीक्षित वगैरह। तो साहब ये प्रवासी अगर हैं भी तो सभी प्रवासियों से पहले के।'

'और धाँगड़ ?'

'ये छोटानागपुर के मुंडा जाति से आते हैं। गिरोह से छिटक गए या अंग्रेजों ने इन्हें जंगल साफ करने के लिए यहाँ लाकर बसाया था।'

'बाकी लोग ?'

'बाकी सभी गोपालगंज, सीवान, छपरा, मुजफ्फरपुर, गोरखपुर, देवरिया आदि से। कोई सन् 1857 के कुछ पहले आए, कोई कुछ बाद में। सीमांत क्षेत्र होने के नाते अपराधियों, बागियों और मुसीबतजदा लोगों का पनाहगाह रहा यह इलाका।'

बेतिया महाराज ने भी तो यहाँ काफी कुछ किया है।' कुमार ने कुरेदा। बैठाजी मौन रहे तो बात लपक ली जगदंबा ने, 'राजमहल, रानीमहल और भी बीसियों, वो काली बाग मंदिर, दसमुखी देवी का पोखर ! बेतिया का ध्रुपद घराना बहुत प्रसिद्ध है। बाँस की इतनी सुंदर कशीदाकारी आपको और कहीं नहीं मिलेगी।'

'ये सब तो आम जनता की चीजें हैं। महाराज तो सामंत थे--सिर से पाँव तक ! खा-खाकर मोटा-मोटा कर भोग-भोग के मरे। मरने से दो दिन पहले उन्होंने कमसिन जानकी कुँअर से विवाह किया था। मरे हुए जमाना बीत गया मगर दावेदारी के झगड़े आज तक चल रहे हैं। खुद जानकी कुँअर की क्या-क्या फजीहत नहीं हुई कलकत्ते से इलाहाबाद तक। कोर्ट ने रिसीवर बैठा रखा है। अब देखिए कि गोपाल सिंह नेपाली पर बेतिया अपनी पीठ ठोंकता है और उनके वंशवाले रिक्शा चलाकर पेट पाल रहे हैं इसी बेतिया शहर में। बेतिया महाराज मरते हैं 1897 में और गांधीजी आते हैं 1917 में--बीस साल बाद। उन्होंने नील की खेती के खिलाफ आंदोलन चलाया था, यहाँ की नई पीढ़ी ने नील का पौधा देखा तक नहीं है। गांधी भी तो...'

'हम लोग रेता के क्राइम मूड की बात कर रहे थे।'

'हाँ माफ कीजिए, थोड़ा विषयांतर हो गया, दरअसल मैं बताना चाहता था कि एक अजीब किस्म के सामंती मोह में बच्चे से बूढ़े, स्त्री से पुरुष और अमीर से गरीब यहाँ सीझते रहते हैं। फलाने महाराज महान हैं, अलाने बाबू साहब के रौब का क्या कहना...फलनवा मर गया, मगर अपनी औरत की ड्योढ़ी पर नहिंये गया। इन गुंडों और लुटेरों के प्रति यहाँ आतंक ही होता तो एक बात होती, दिक्कत है, श्रद्धा भी है। यह संस्कार आम जनता से लेकर हाकिमों, मंत्रियों तक में घर कर गया है। फिर इनके अपने इक्वेशंस भी होते हैं।'

'आप जनरलाइज कर रहे हैं।'

'मैं कर रहा हूँ...?' बैठाजी का मुँह आश्चर्य से खुल गया, 'एक बहुत बड़े क्रिमिनल वामदेव को आम लोग आतंक धुली श्रद्धा के साथ याद करते हैं। आपके एस.पी. भी अंत तक वामदेव को 'मालिक-मालिक' ही कहते रहे। क्या कमजोरी थी ?'

'कौन...?'

'अरे यही श्रीवास्तव साहब, जिनका अभी दो महीने पहले गिरीडीह तबादला हुआ !'

'तो क्या सवर्ण मानसिकता...?'

'क्यों सवर्ण ही क्यों...? वो डी.एम. साहब यादवजी...? उन्होंने अपनी जाति के डकैतों को फिरौती नहीं सिखाई ?'

बैठा के साम्यवाद का पाटा छोटा-बड़ा कोई अवरोध नहीं मानता, सबको पस्ट करता, सम करता चलता है ?

'उपाय ?'

'उपाय ! आपके इस मिनी चंबल के एक अफसर कवि हैं।'

'जायसवाल ?'

'मैं नाम नहीं लूँगा। अब जानिए कि मैक्सी चंबल के भी एक अफसर कवि हैं। उनका नाम भी नहीं लूँगा। तो चंबल के उस कवि ने मिनी चंबल के इस कवि को जो उपाय सुझाए, उपाय तो वही हैं।'

'पहेलियाँ बुझा रहे हैं ?'

'जी न ! आम खाइए आम, पेड़ों को गिनकर क्या होगा ? वहाँ इटावा, भिंड, मुरैना, शिवपुरी में क्या था, डाकू माने शान, यानी हीरो। डाकू गरीबपरवर हैं, उन पर माँ भवानी की छत्रच्छाया है, कोई उन्हें छू नहीं सकता। क्या ट्रेजेडी है सोचिए, जो खलनायक है, वह नायक बनकर पूजा जा रहा है। यही था क्राइम मूड, आत्मघाती सामंती सोच ! जब तक वहाँ आपके 'मालिक', 'मालिक' कहकर गिड़गिड़ानेवाले एस.पी. की तरह जंग खाई मानसिकता के पुलिस अधिकारी चंबल में थे, चलता रहा। फिर आए ये युवा अधिकारी, नई सोच के। उन्होंने सबसे पहले इस मिथक को ध्वस्त किया। सड़कें बिछीं, बीहड़ दुर्गम नहीं रह गया, डाकुओं का गरीबनवाज होना एक छद्म है, उन्होंने छद्म को बेनकाब कर दिखाया। डाकू लोग अजेय नहीं हैं, उन्हें मारकर दिखाया। उनकी शान को धूल चटा दिया। इस तरह टूटा 'हीरो' का मिथक ! राजनेता, सामाजिक कार्यकर्ता सभी सकिय हुए थे।'

कुमार ने मन-ही-मन महसूसा कि बैठाजी उत्साह में बहुत सारे छिद्रों को अनदेखा कर रहे हैं।

'चंबल आपने देखा है ?'

'जी न !'

'तो एक बार देख तो आइए, कुछ भरम टूट जाएँ शायद ! अब तो कोई खतरा भी नहीं रहा।'

बैठाजी को बुरा लगा।

कुमार ने पूछा, 'क्राइम मूड के बारे में और कुछ ?'

बैठाजी चुप रहे तो बात को फिर लपक लिया जगदंबा ने, 'सर बेतिया के बारे में दो मिथ आम हैं, एक है गज-ग्राह की लड़ाई। गज पानी पीने आया नारायणी में कि ग्राह ने पकड़ लिया। गज-ग्राह की यह लड़ाई बाल्मीकिपुर से शुरू होकर सोनपुर तक चलती रही। तब तो गज की पुकार पर भगवान खुद दौड़े चले आए थे, अब कोई भगवान नहीं आता।'

'सारे भगवान ग्राह बन गए हैं।' बैठाजी की जीभ में खुजली हुई।

'दूसरा मिथ रत्नाकर डाकू का है।' जगदंबा ने कहा, 'वह लोगों का सर्वस्व छीनकर उन्हें मार डालता था। एक बार स्वयं नारद भी पकड़े गए। उन्होंने चतुराई से उसके मन में यह दुविधा पैदा कर दी कि वह किसके लिए करता है यह पाप, कि क्या जिनके लिए यह पाप करता है, परिवार के वे सदस्य उसके पाप के भी भागीदार होंगे। तब से वह 'मरा-मरा' से 'राम-राम' करने लगा और वाल्मीकि हो गया—रामायण रचनेवाला।'

अगले दिन वे सुबह दस बजे तक साठी पहुँच गए।

बैठाजी बताते चल रहे थे, कुमार उस बीते अतीत को वर्तमान के पीछे से झाँकने की कोशिश कर रहा था।

तीन से चार सौ एकड़ खेत के मालिक राजगढ़ियाजी। लाल झंडावालों ने आज से पंद्रह वर्षों पहले उस जमीन के मालिकाने पर सवाल उठाया। प्रदर्शन, जुलूस और संघर्ष। आंदोलन बढ़ता गया। राजगढ़िया ने कुछ गुंडे पाले। ये गुंडे और कहीं के नहीं, रेता अंचल के थे। गुंडों की मदद से अंततः वामपंथी आंदोलन को उन्होंने ध्वस्त तो कर दिया मगर अब इन गुंडों का क्या करते ? गुंडे साँड़ों की तरह मुक्त थे, फिर उन्होंने स्वतंत्र अपहरण शुरू किया। बाद में इन्हें संरक्षण मिलने लगा पटना, दिल्ली से।'

'मगर ये राजगढ़िया पनपे कैसे ?'

'पहले लोटा लेकर ही आए थे। जमींदारों को 'मालिक-मालिक' कहकर मक्खन लगाया, और गरीबों को सूद पर कर्ज देने के क्रम में उनकी जमीन हथियाते गए।'

'प्रशासन देखता रहा ?'

'डी.एम. और एस.पी. के लिए स्पेशल फार्म थे उनके पास—तीन-तीन, चार-चार एकड़ के, जिसका धान या दूसरा अन्न पैदा कर बाइज्जत पहुँचा दिया करते।'

'हूँ...!'

कुमार एक आश्चर्य लोक से दूसरे आश्चर्य लोक में उतरता जा रहा था। जीप डगमगाती चली जा रही थी। दुर्गम। दुःसाध्य रास्ता।

आश्चर्य ! जहाँ इस्टेट खुला, वह भौंचक रह गया, 'यह तो मारवेलस है।'

अकूत संपत्ति। मालिक लोग यहाँ नहीं रहते ! रिमोट कंट्रोल से काम करते हैं। यहाँ

फिल्म स्टार्स और मंत्री तक आते रहते हैं। कहते हैं तीन सौ तो ट्रैक्टर हैं अंडरग्राउंड में। बकुलहट के एक मठ में तेरह सौ एकड़ जमीन है, एक शाहजी हैं, फर्जी नामों से एक को-ऑपरेटिव फार्मिंग चलाते हैं। मुझे ठीक-ठीक नहीं मालूम, मगर कहते हैं कई हजार एकड़ जमीन हैं। पूरे जिले में कुल पचास हजार एकड़ खेतिहर जमीन हैं। जहाँ सिर्फ एक प्रतिशत लोगों के हाथ में 90 प्रतिशत जमीन हो, जहाँ साधारण लोगों के पास सिर्फ 5 प्रतिशत जमीन हो, बाकी पर बड़े लोगों का कब्जा, वहाँ क्या हो सकता है ?'

'तो आप सब हैं किस मर्ज की दवा ?'

'टाँगें तो तुड़वा ही लीं हमने, जमीनें छीनकर कुछ परिवार भी बसाए, मगर 500 से ज्यादा नहीं है उनकी संख्या। दरअसल मूवमेंट का टेम्पो बनाए रखना हमेशा संभव नहीं रह पाता। क्राइम मूड की तरह रिवोल्ट का भी मूड होता है। कुछ हम चूके, कुछ जन सहयोग का अभाव...और...! यह तो कहिए यहाँ की जमीन उर्वर है, थोड़ी बहुत पैदावार हो ही जाती है, वरना जाने क्या होता ! ये देखिए, ये....ये कल्ले ज्वार और मकई के हैं—कितने मोटे हैं ! जैसे यह पैदावार, वैसे ही ये जंगल। यह सौ-सवा सौ किलोमीटर लंबा जंगल। इतना कटने, लुटने के बावजूद फिर से उग जाता है।—ये पाम, ये जामुन, कठजामुन, खैर, गूलर, करम, भिलोर सखुआ, सागवान, सिंहोर और रोइत्त के पेड़ ?'

'मगर बेतिया तो बेंत के लिए प्रसिद्ध है न ?'

'वहाँ भी गिद्धों की नजर लग गई है। सरकारी रेट है इकतालीस रु. प्रति क्विंटल और अठारह से बीस रु. प्रति क्विंटल पर बेचने को मजबूर है गरीब मजूर ! बेंत को छोड़िए, गन्ने को ही लीजिए न ! अकेले बगहा से पैंतीस लाख क्विंटल गन्ना आता है। चीनी मिल के मालिक लूटकर लाल हो गए, मगर किसान...? केन से सुगरकेन तक एक ही कहानी !'

तैंतालीस

बेतिया के गोपाल सिंह 'नेपाली' चौक पर प्रतिमा के बगल में खड़ा एक तीस-बत्तीस साल का युवक अखबार बेच रहा था। यह व्यक्ति कोई और नहीं, अखबार का प्रकाशक, संपादक, विशेष संवाददाता, पटना, दिल्ली, लंदन, न्यूयार्क का ब्यूरो चीफ सूचना-अनुसंधान शाखा, 'सोंधी गंध', 'पुरवा', 'पछुआ' का स्तंभकार वगैरा-वगैरा सब कुछ था।

मास्टर साहब ने एक प्रति ली। एक रुपए का मूल्य उसने गुरु दक्षिणा की एवज में माफ किया।

मास्टर साहब एक खस्ते फुटपाथी स्टाल 'राजधानी' के बाँस की बेंच पर बैठकर अखबार पढ़ने लगे।

ऊपर ही मोटे ब्लॉक में नाम : दूध का दूध, पानी का पानी।

नीचे छोटे अक्षरों में परिचय : 'एकमात्र निर्भीक, निष्पक्ष राष्ट्रीय दैनिक।' पांडेजी ने

परिचय के एक-एक शब्द को चुभलाया और हँस पड़े, आगे पढ़ा, 'हमारी सूचना-अनुसंधान शाखा द्वारा : विश्वस्त सूत्रों से ज्ञात हुआ है कि चुनाव की अधिसूचना चुनाव कमीशन द्वारा अभी जारी की जानी शेष है, फिर भी सूँघनेवालों ने सूँघ लिया है कि चुनाव 7 से 15 अप्रैल के बीच ही होने जा रहा है। यह भी पता चला है कि कुछ पारटियों के पुराने कुकुरमुत्तों के साथ-साथ कुछ नए-नए कुकुरमुत्ते भी उग रहे हैं। सभी राजनीतिक दल स्कूल मास्टरों, छात्रों, जाति के नेताओं, गुंडों, अफसरों और डकैतों को पटाने में लग गए हैं। नए-नए प्रलोभन दिए जा रहे हैं। शराब की भट्ठियाँ खुल गई हैं। हथियारों का जंग छुड़ाया जा रहा है। स्प्रिंग ठीक किया जा रहा है। लाठियों में तेल पिलाया जा रहा है। डकैतों और अफसरों पर विशेष ध्यान देने के नाते उनके बड़े पैमाने पर पाला बदल की संभावनाएँ व्यक्त की जा रही हैं।'

बीच में बॉक्स में नई और पुरानी पक्षधरता की एक सूची दी हुई थी। उसके नीचे क्षमा याचना 'छापे की भूल के चलते डकैतों और अधिकारियों की सूची एक साथ हो गई है। इस भूल का हमें खेद है, कृपया सुधारकर पढ़ें।' फिर यह भी, 'ताजा से ताजा पाला बदल की सूचना सिर्फ और सिर्फ 'दूध का दूध, पानी का पानी' में ही प्रकाशित होती है। जानकारी के लिए नियमित पढ़ें।'

बॉक्स के अंदर क्या है ? जिज्ञासा जगी।

परेमा	—	पी.पी. (पब्लिक पार्टी) से कांग्रेस
पुत्तन यादव	—	कांग्रेस से पी.पी.
परशुराम यादव	—	कांग्रेस से पी.पी.
छोटन मल्लाह	—	कांग्रेस से स.फ.
काली	—	जाएँ तो जाएँ कहाँ ?
अश्विनी कुमार शर्मा	—	त्रिशंकु
जिलाधीश	—	भारतीय पार्टी
एस.पी.	—	भारतीय पार्टी

सूची खासी लंबी है। आगे 'मन न रँगाए, रँगाए जोगी कपड़ा' के शीर्षक से परशुराम के नाम पर एक लेख है—'परम क्रोधी परशुराम के मिथ के साकार कल्पांतर दस्यु सरदार परशुराम का किस्सा रेता से शुरू होकर चंद्रदीप सिंह की और मुंत्री दुबेजी की लठैती से होता हुए सैकड़ों लूट, हत्या, बलात्कार और अपहरण के बाद मदनपुर माई के थान के चर्चित लखराँव तक जाता है। उन्हीं के एक शागिर्द बंसी का नाम सिकरहवा के 'शोले' प्रकरण से जोड़ा जाता है जिसमें सारी नैतिकता और मानवीय मूल्य जलकर राख हो गए। इधर कुछ दिन से परशुराम समांतर सरकार चला रहे हैं। उनका यह कदम मुख्य धारा में लौटने के निमित्त बहुत प्रायोजित ढंग से उठाया गया है। अब वे चुनाव जीतकर सरकार चलाएँगे। संसदीय हिंसा हिंसा न भवति ! इसके लिए वे मंत्री दुबेजी का जर्जर पल्ला झाड़कर जाति-बिरादरी का दरवाजा टटोल रहे हैं। उन्हें अपने अतीत पर जरा भी मलाल नहीं, कारण लखराँव और तांत्रिक शुद्धियों ने उनके सारे पाप धो डाले हैं। पंडितों ने सार्टिफिकेट न दिया है।'

मुरली पांड़े ने एक पल रुककर कुछ सोचा फिर पन्ना पलटकर आगे बढ़ गए। एक बॉक्स में अपहरण की तिथिवार सूची दी गई थी : विधिमंत्री की बेटी, नक्सलाइटों, इंका से लेकर उग्रपंथियों से लेकर देश-विदेश में अपहरण की घटनाओं की सूचना। अंत में टिप्पणी थी–'अपहरण के लिए सिर्फ बेतिया को क्यों कोसा जा रहा है ? पूरी दुनिया में अपनी बात मनवाने का यह विश्वव्यापी तरीका है। भूमंडलीकरण के दावेदारों को तो खुश होना चाहिए कि और किसी का हो, न हो अपराध का भूमंडलीकरण हो गया।'

मुरली पांड़े हँस पड़े। आगे जाति विषयक आँकड़े थे, साथ ही काली पर एक टिप्पणी : 'थारुओं, धाँगड़ों, मल्लाहों, नोनियाओं के वोट प्राप्त करने के लिए सभी दल उसे पटाने को चारा डाल रहे हैं। परशुराम के आश्वासन कि वह नोनिया जाति का वोट दिला देगा पर कोई यकीन नहीं कर रहा है, कारण दस्यु रामजतन नोनिया के मारे जाने पर उसके दल के बाकी सदस्य काली के पास गए, न कि परशुराम के पास। काली के दल का फेंकन दुसाध जब उससे सहायता माँगने गया था तो उसे साफतौर पर मना कर दिया था कि वह चमारों, दुसाधों, नोनियाओं, कुम्हारों, लोहारों को सहायता नहीं देता, उलटे उसने उस ब्राह्मण की सहायता की थी जो उसके दुर्भाग्य का कारण बना था।'

बीच में संपादकीय, फिर कुछ स्थानीय कवियों की कविताएँ, बीड़ी, खैनी, सैलूनवाले और ज्योतिषी के विज्ञापन, सिनेमा की खबरें...आखिर में 'गोनू झा' के नीचे एक और बॉक्स।

'पुराने प्रतिष्ठित नेता लल्लन बाबू ने घोषणा की है कि जब तक मकरंदापुर बस्ती के उजाड़े गए गरीब बाशिंदों को वापस बुलाकर ससम्मान उन्हें फिर से बसा नहीं दिया जाता, वे इस क्षेत्र की जनता से वोट-बहिष्कार की अपील करते हैं। ध्यातव्य है कि दस्यु उन्मूलन की कार्रवाई के तहत मकरंदावालों को जब से उजाड़ दिया गया है, लल्लन बाबू ही उनकी जमीन के संरक्षक बनाए गए है। दुर्दांत दस्यु परशुराम से भी उनके मधुर संबंध हैं। वोट बहिष्कार की हकीकत क्या है–यह तो वोट ही बताएगा।'

जाहिर था, अखबार को हाथोहाथ बिकना था। बिका भी।

किसी ने कहा, 'जगदंबा ने चढ़ा रखी है।'

किसी ने कहा, 'वैसे भी बेतिया में भंग घास की तरह छाई हुई है। बिना बूटी चढ़ाए तीसरी आँख भला कैसे खुल सकती है।'

मास्टर साहब 'राजधानी' के बॉक्स के पटरे से काँखते हुए उठे और प्रतिमा तक आए, 'क्या बात है, मरने का इरादा है क्या ?'

जगदंबा ने वहीदा रहमान की अदा में अर्ज किया,

'आज फिर जीने की तमन्ना है,
आज फिर मरने की इरादा है।'

'गुरुजी आशीर्वाद दीजिए, एक नया नारा देनेवाले हैं–'जब तक अपराध उन्मूलन नहीं, चुनाव नहीं।'

मास्टर साहब ने उसके झुके सिर पर हलकी-सी चपत लगाई और बस स्टैंड की ओर मुड़ गए।

उधर जगदंबा उर्फ 'दूध का दूध, पानी का पानी' के प्रकाशक, संपादक, विशेष संवाददाता, पटना, दिल्ली, लंदन, न्यूयार्क के ब्यूरो चीफ, सूचना-अनुसंधान शाखा, 'सोंधी गंध, 'पुरवा', 'पछुवा' वगैरा-वगैरा ने साइकिल उठाई और घर की राह ली ताकि बाकी प्रतियाँ भी बेच सके।

वहाँ उन्हें यह देखकर धक्का लगा कि उनकी दूध दूहनेवाली पत्नी ने उनके नक्सल मित्र झाजी को खदेड़ दिया है, और दूध के साथ-साथ 'दूध का दूध, पानी का पानी' की शेष प्रतियों को भी आँच पर बैठा दिया है।

सात दिन बाद परशुराम गिरोह का बंशी उसे पकड़ ले गया। परशुराम ने खुद आगे बढ़कर उसका स्वागत किया। पहला अभिनंदन-संबोधन था 'हरामी का पिल्ला !' इसके साथ ही एक झन्नाटेदार झापड़ !

'का नाम बा अखबार के—'दूध का दूध, पानी का पानी,' परशुराम ने सिर हिलाते हुए कहा, 'एकर जथा जोग सत्कार कर-आ भाइ लोग।'

अभी वह कुछ बोलता कि गर्म दूध के शरीर पर पड़ते ही देह तिलमिला उठी। खौलते दूध की धार। जिंदा भूनी जा रही मछली-सा तड़प उठा जगदंबा, फिर तड़प और कराह शिथिल पड़ती गई। वह दम तोड़ चुका था। परशुराम ने उसे घृणा से देखा, 'अइसन लाग-अता, जे फँफूदी पड़ गइल सार के।'

यह खबर सात दिन बाद पटना के अखबारों से होते हुए जब तक पुलिस विभाग के टेबुल पर टपकती, काफी देर हो चुकी थी।

इन खबरों से पूरी तरह बेखबर मुरली पांड़े उन दिनों अपने 'ग्राम सुरक्षा दल' से बेतरह निराश चल रहे थे। मोहना और गोनहाँ में तो सुरक्षा दल के सदस्यों ने डाके डाले थे और अपहरण करा देने की धमकी देकर पैसे वसूले थे। गोनहाँ में तो बलात्कार के प्रयास भी किए गए थे। वे इन सूचनाओं से इतने विचलित थे कि उन्हें अभी कुछ सूझ ही नहीं रहा था। इस विषय पर विचार करने के लिए उन्होंने राम उजागिर और कुमार साहब को याद किया था अपने बैठके में। उधर राम उजागिर की अपनी ही समस्या थी। इस बार वे चुनाव में खड़े होने की सोच रहे थे और इसके लिए उनका हिसाब बिलकुल ही दुरुस्त था। अचानक एक खबर आई कि परशुराम भी वहीं से खड़ा हो रहा है और उनका चुनावी गणित एकबारगी गड़बड़ा गया। मगर इन दोनों मित्रों की मूल समस्याएँ धरी-की-धरी रह गईं जब कुमार ने बैठक में आते ही जगदंबा हत्याकांड की सूचना दी।

उसकी गोरी पेशानी पर पछतावा बिछल रहा था, 'सिकरहवा की तरह ही इस दुर्घटना में भी गवाहों के अभाव में हम सीधे-सीधे कुछ न कर पाए। परशुराम को धर्म ने शुद्ध कर दिया, उसके 'जनता दरबार' ने जनता का रक्षक बना दिया, हम तो लोगों से कटते जा रहे हैं, वह जुड़ता जा रहा है और यह सबसे खतरनाक बात है।' वह अपनी रौ में बोलता जा रहा था, 'मैं इस विषय पर जितना ही सोचता हूँ, कसमसाकर रहा जाता हूँ, ऐसा भी खयाल आता है कि कहीं हम समस्या को गलत सिरे से तो नहीं पकड़ने जा रहे ? मैं एक बार उससे मिलना चाहता हूँ।' मुरली पांड़े जैसे खुद में खो गए थे, 'मैं परशुराम के बारे में नहीं, सिर्फ जगदंबा के बारे में सोच रहा हूँ। उस दिन भी देखा, मगर उस जगदंबा और इस

जगदंबा, उस अखबार और इस अखबार में पाताल और आकाश का अंतर था। वही जगदंबा जब तक पीत पत्रकारिता करता रहा, बोतल और दूसरी सुविधाओं पर बिकता रहा, दारू सप्लाई करता रहा, डकैतों का साथ देता रहा, तब तक सुरक्षित और शानदार जिंदगी जीता रहा, लेकिन जैसे ही उसने सही पत्रकारिता या सच की डगर पकड़ी न अफसरों को सुहाया, न जमींदारों को, न डाकुओं को। सिकरहवा की तरह ही इस बर्बर हत्या को भी सब सोख गए, खबर देनेवाला कोई खबर तक न बन सका।'

वैसे भारी माहौल में किसी किस्म की दूसरी बातचीत संभव न थी। बैठक में कुछ और लोग भी आ गए। कुमार और राम उजागिर ने बिदा ली।

अपनी जीप पर सवार होने से पूर्व कुमार ने राम उजागिर से कहा, 'हमें आपकी मदद चाहिए थी राम उजागिरजी।

राम उजागिर सहसा समझ न पाए कि भला वे क्या मदद कर सकते हैं उनकी।

'डाकू से मिलना है।'

'डाकू !' सोच में पड़ गए थे राम उजागिर, 'हुजूर, सियार और कुकुर में कौन दोस्ती ?'

उदास हँसी हँस पड़ा था कुमार, 'इसमें कौन कुकुर हैं और कौन सियार ?'

'अब उस राज को राज ही रहने दीजिए सर, यह बताइए कि वह डाकू है कौन।'

'परशुरम यादव ! आप उसे तनिक समझाइए कि वह समर्पण कर दे। मैं वायदा करता हूँ कि उसके साथ पूरी सहानुभूति बरती जाएगी। मैं जरा दूसरे तरीके से सोचने लगा हूँ।'

'यह तो साँप की बिल में हाथ डालकर मणि निकाल लेने जैसा ही जोखिम का काम है साहब।'

'इसीलिए तो आपको चुना है मैंने, आप इलाके के नेता भी हैं और अपनी एक सामाजिक-राजनीतिक हैसियत भी रखते हैं। डरिए नहीं, हमारी फोर्स आपके प्रोटेक्शन के लिए छाते की तरह तनी रहेगी आप पर ! देखिए, आप मुरली पांड़े जैसी जाँबाज शख्सियत के दोस्त हैं।' कुमार ने उसकी कमजोर नस को पकड़ लिया था।

'बस साहब जाईं, हमार जान रहे चाहे जाए, हम जायब।' राम उजागिर ने कहा।

चवालीस

खैर के पेड़ के पास की गुमटी पर जीप से उतर गए राम उजागिर, फिर सोच में पड़ गए, कहीं यहाँ आकर कोई भूल तो नहीं करने जा रहे हैं वे। उदयपुर के इस जंगल में जहाँ परशुराम के इशारे के बिना एक पत्ता भी नहीं खड़कता, उनके जैसे आदमी, जो किसी स्तर पर परशुराम के प्रतिद्वंद्वी भी हैं, का इस तरह आना सीधे-सीधे खुद को यमराज के दरबार में पेश करने जैसा ही है। रच्छा करना हनुमान स्वामी ! मन-ही-मन सुमिरन करते हुए उन्होंने जंगल पर नजर फेरी। दक्षिण की ओर से जाने पर सरैया मन को डोंगी से पार करना

होता। अगल-बगल जामुन के पेड़ों की धूसर उजास में धुला नीम अँधेरा, जुगनुओं की जगर-मगर करती कौंध और कीड़ों के शोर के बीच डोंगी से उस पार जाना, गोलियों से बाद में, पहले झाड़ियों से देह नुचवाना, भागने का कोई दाँव नहीं। इसलिए तो उन्होंने यह सड़कवाली राह चुनी, ताकि कुछ हो—हवा जाने पर खबर तो मिल जाए उनके आदमियों को।

गुमटी पर बैठे चाय-पान के आदमी के चेहरे पर मूर्खता के भाव थे। पूछने पर उसने उँगली से एक रास्ते की ओर इशारा-भर कर दिया, कुछ बोला नहीं। मगर राम उजागिर की अनुभवी नजरें जानती थीं कि उन पर नजर रखी जा रही है। अपने हथियारबंद साथियों को आपातकालीन जरूरी हिदायतें देकर उनमें से मात्र चार को साथ लेकर इष्टदेव का सुमिरन करते हुए उस पगडंडी पर आगे बढ़ गए राम उजागिर जो उन्हें जंगल के अंदर किसी पक्के मकान तक ले जाती।

दस मिनट तक चलने पर उन्हें वह पक्का मकान मिल गया—मलिकाइन (मालकिन) का घर, हुँह छिनार रखैल मलिकाइन बनी बैठी है। होगी क्यों नहीं, पूरा इलाका इसकी मिल्कियत जो है !

लुंगीधारी दो आदमी कमीज पर बुलेट की पेटी की माला डाले हाथ में दो थ्री नाट थ्री बंदूकें लेकर पहरा दे रहे थे।

'के ?'

'भाई !'

'नाम बताव-अ।'

'बबूरबना के राम उजागिर।'

'केकरा से मिलना है ?'

'मलिकार से। जाके बोल दो।'

अंदर से कोई सलोना मुखड़ा हुलका, फिर जनाना आवाज आई, 'एक जना जा के पता करि आव-अ सरकार से। कै जना है ?'

'चार।'

'बन्नूको भी है ?'

'देखात तो नइखे।'

'चेक कर के भेजिह-अ।'

चुपचाप खड़े हैं, हुक्म के इंतजार में। जंगल में एकदम सन्नाटा है, परिंदे भी मानो चहकने के लिए परशुराम के हुक्म का इंतजार कर रहे हों।

'चलिए।' उस आदमी ने लौटकर बताया।

औरत ने फिर हुलककर देखा, 'ठीक से चेक कर लो।'

उजागिर और उनके साथी हथियार पहले ही जीप में छुपाकर आए थे। तलाशी लेने के बाद उस आदमी ने कहा, 'चलिए।'

जंगल में तनिक भटककर वे एक खुली जगह पर पहुँचते हैं। सामने एक बड़ा-सा हरे रंग का प्लास्टिक बिछा है। उस पर दस-पंद्रह आदमी बैठे हैं। अलग-अलग गुटों में, बीच

में है परशुराम—वही सुंदर सुघड़ लंबी गोरी काया, चेहरे पर हलकी काली दाढ़ी, आँखें तनिक सिकुड़ी और बहकी-बहकी-सी। पीछे दस-एक बंदूकधारी और कुछ पेड़ों पर भी बंदूक साधे बैठे हुए। सभी के कपड़े पुलिसिया, मानो वह किसी डाकू के पास नहीं, खुले थाने में आया हो।

एक दूरी पर खड़े कर दिए गए हैं वे सब।

परशुराम अभी किसी को अपने हाथ झटकते हुए समझा रहा है, 'पुलिस, कोट-कचहरी से ई न फरियाएगा।'

'इसीलिए तो मलिकार के दरबार में आए हैं।' वह आदमी विनयपूर्वक बोलता है।

'तो ठीक है, हमरा फैसला ई है कि इसका खेत छोड़ दो तुम।'

'लेकिन सरकार...?'

'सरकार की माँ की चूत। हम कह दिया न। ई कहाँ का नियाव (न्याय) है कि तुम मालपुआ चाभो और जेकर जमीन है, ऊ भूखले मरे ?'

तो ये सारे लोग अपनी-अपनी समस्याएँ और आपसी विवाद लेकर आए हैं परशुराम के दरबार में। इनमें कइयों को पहचानाता है वह। मुरली पांड़े के भी आदमी हैं य़हाँ और वे कॉलेजिए लड़के भी जो उनके पास नौकरी के लिए आए थें, उनसे निराश होकर उन्होंने यहाँ बंदूकें थाम ली हैं।

'और सुनो मियाँ,' परशुराम दूसरे आदमी को बता रहा था, 'एस.डी.ओ. और थानेदार हुज्जत करें तो बोल देना कि हम बोले हैं।'

'जो हुकुम मालिक।'

तो यहीं से अपनी समानांतर सरकार चला रहा है परशुराम ! वैसे सरकार तो पहले भी चलाता था, मगर इस बीच उग्रता में कुछ कमी आई है।

देख-सुनकर विश्वास नहीं होता कि इसी के दल ने अभी कुछ दिनों पहले जगदंबा की हत्या कराई थी। कितना कूटनीतिज्ञ हो चला है परशुराम ! और लोग हैं कि जानते हुए भी यहीं चले आ रहे हैं। यह कौन-सी विवशता है ? शायद सरकारी हाकिमों से लोगों का विश्वास उठ गया है और यहाँ फौरी निदान हैं।

दूर से ही हाथ ऊपर जोड़कर जुहार करते हैं राम उजागिर। परशुराम ललककर उठता है, बाँहें फैलाए और अँकवार में भर लेता है राम उजागिर को, 'नेताजी परनाम।'

बातें भोजपुरी में ही होती हैं, 'आओ बैठो।' इसरार करता है परशुराम।

'नहीं। अपने आदमियों से कहो कि हम अकेले में बात करना चाहते हैं।'

परशुराम बिना किसी दुविधा के, हाथ के इसारे से अंगरक्षकों को परे कर देता है। वे बालि, सुग्रीव की तरह एक पेड़ के नीचे आकर खड़े हो जाते हैं। एक आदमी बयाम लेकर आता है, जिसमें खोवा के पेड़े हैं, दूसरा आदमी एक तश्तरी में भुनी हुई मछलियाँ रख जाता है।

'हियाँ का मछरी बहुत स्वादिष्ट होता है।'

'हम त न खा सकेंगे, पेट में दरद है।'

'सारा दरद अभी दूर हो जाएगा। ई पानी जो है न सरैया मन का, पेट के खातिर राम

बान है। बड़का-बड़का अफसर ले जाता है कनस्टर भर-भर के। एक गिलास पी लो, पत्थर भी हजम।'

राम उजागिर पेड़ा खाकर पानी पीकर डकार लेते हैं।

'हम तो आपसे मिलने का बात ही सोच रहे थे कि भगवान ने आपको खुद ही हमारा पास भेज दिया।'

'कहवा दिए होते, हाजिर हो जाता।...खैर अब बताओ किसलिए ?'

'देखो नेताजी, हमरा ई कहना है कि हम बैकवर्ड, तू बैकवर्ड। बैकवर्ड बैकवर्ड का साथ नहीं देगा तो के देगा ?'

चौकन्ने हो गए राम उजागिर, 'माने ?'

'माने को-ओपरेटिव का इलेक्शन में तुम मुरली पांड़े की मदद मत करो, फारवर्ड हैं। हमरा कंडीडेट बैकवर्ड है, उसको जिताओ।'

'ई कैसे होगा परशुराम भइया ? जब हम पे चारों ओर से वार हो रहा था तो ईहे मुरली पांड़े हमरी मदद के लिए अकेले ठाढ़ हुए थे...फिर उनको जबान भी दे चुके हैं।'

परशुराम ने दूर पेड़ों की ओर कुछ देर तक निरर्थक भाव से घूरा फिर कहा, 'खैर छोड़ो, मुरली पांड़े हमरे भी गुरु, हमरा बेटा का भी। तनिक ऐंठ के चलते हैं, बुढ़ा गए, मगर दुनियादारी नहीं आई। बंसियावाले मामले में ही देख लो, सिकरहवा के तिल का ताड़ बना दिया। अब बंसिया से गलती होइए गया था, उसको दस जूता मारते, लेकिन सो नहीं, बवेला मचा दिए, का उखाड़ लिये—ऐं। खैर हम परेस नही करेंगे।'

चाय एक दूरी पर रख गया था आदमी। एक गिलास उजागिर को दूसरा खुद लेते हुए कहा परशुराम ने, 'ई इलेक्शन में तो हमरी मदद करोगे न ?'

मरे राम उजागिर। दोनों का वोट बैंक एक ही हैं, पिछड़ी जातियों के...।

'ऐ परशुराम भइया, तुम जंगल के शेर हो। अंदर की राजनीति करते हो, वही करो न। बाहर हमें छोड़ दो।'

'कौनो दुविधा बा ?'

'नाहीं।'

'अरे हम सब बूझते हैं नेताजी, तुम लोगन का मन में ई बात जम गई है कि 'पी.पी.' अहीर लोगन की पारटी हैं। एही से कोई बैकवर्ड भाई छिटक के हियाँ जा रहा है, कोई हुआँ। हम वचन दे तानी, तनी एक बेर हमरा के जीते द-अ, कौनो बैकवर्ड के अनियाव भइल तो बोलिह-अ।'

'ऊ तो हम जानते हैं कि हमरा परशुराम भइया मरद का बच्चा हैं।'

'जब ई जानते हो तो कुरमी लोगन का पार्टी में काहे घुसुरने जा रहे हो ? हम बनसप्ती देवी का किरिया खाकर कहते हैं कि हियाँ के सत्तर परसेंट बैकवर्ड हैं, ऊ एक हो जाएँ तो लल्लन बाबू, शर्मा, वर्मा,. सिंह, दूबे के जमानत जब्त हो जाए।' परशुराम ने तनिक रुककर अपने आवेग को संयमित किया, 'और सुनो, अगला इलेक्शन में तुमको खड़ा होना है, जितवाने का जिम्मा हमरा।'

'ऊ तो हमरा विश्वास बा, बाकी एक बात हमरा नइखे समझ में आवत, तू तो मंत्री

जी और दूसर-दूसर के जितावल रहल-अ, ई खुद खुड़ा होखे के विचार कइसे आइल दिमाग में।'

हँसता है परशुराम, 'ई दाढ़ी अउर बार देख-अ ताड़-अ ? जिनगी-भर दूसरे के जितवाते-जितवाते पकने लगा। जब हमरे ताकत पर ई लोग पटना-दिल्ली में राज करेंगे तो भइया हमरा नंबर कब आएगा ? और जो कहें कि तुम डाकू हो तो हम पूछते हैं तुम का हो ?'

'हमहूँ डाकू, तोहूँ डाकू, कौना बात का हल्ला बा,
तोहरा खातिर गेट खुलल बा, हमरे खतिर ताला बा ?'

उजागिर के यह कहते ही हँस पड़ा परशुराम।

'अउर कौनो सेवा—? काहे खातिर ई जंगल में कष्ट करके अइल-अ, बतइबो न कइल-अ।' राम उजागिर ने खुद को एक बार फिर से तोला, क्या जिन बातों को कहने के लिए वे आए हैं, उनका अब भी कोई अर्थ रहा जाता है, फिर भी कहना तो पड़ेगा ही, हाकिम का हुक्म है और उन्हें एलेक्शन में खड़ा भी होना है, पता नहीं, कहीं दाँव साध बैठें, सो हिचकिचाते हुए बोले, 'कुमार साहब का एक संदेशा था।'

'का।'

'कि तुम समर्पण कर दो तो वे तुम्हारे प्रति जितनी संभव हो रियायत करेंगे।'

'समर्पण की माँ का चूत। कौन चीज का समर्पण, हम पर कौन केस है जी ?'

सिटपिटा गए राम उजागिर, शायद बात को वे ठीक से रख नहीं पाए।

'भैया।' जगदंबा की बाबत पूछने का मन हुआ, मगर जब्त कर गए।

'बोलो।'

'अतना सुन्नर देह धजा ! और ई उमर ! ई बिकट जंगल तहरा अइसन सवांग खातिर नाह-अ परशुराम भैया। जंगल में मारल-मारल फिर रहे हो, चाहे राज ही क्यों नहीं हो। जब तुम्हारे ऊपर कोई केस नहीं है तो बाहर काहे नहीं आ जाते जंगल से ?'

जवाब में सिर्फ हँसता है परशुराम।

इतना बेवकूफ नहीं है वह, उजागिर के हर पैंतरे को वह सूँघ रहा है कि परशुराम समर्पण करके जेल काटते-काटते सड़ जाए और यह इस क्षेत्र में निष्कंटक राज करे। दूसरी ओर यह ललकार की शह भी दे रहा है कि अगर कोई केस न हो तो जंगल के बाहर आ जाए। बाहर आ जाए यानी पुलिस की गोलियों से छलनी हो जाए। उजागिर के दोनों ही हाथ में लड्डू।

परशुराम की चुप्पी पर पूछना पड़ता है उजागिर को, 'तब भइया ?'

'तब का, जौन तोहरा के बोले, इलेक्शन में मदद करे के, ओकरा पे कायम रह-अ।'

'वो तो कायम हईं, कुमार साहब के का बोलेंगे ?'

'कुमार को बोल देना कि हम और कुमार दोनों में से एक ही जिंदा बचेगा बेतिया की धरती पर, हमरा से ढेर फुटानी ना करे के—हाँ।'

'कौनो बीच के रास्ता नहीं बचा है ?'

'जदी (यदि) हम उसको नहीं मारते हैं, तो ऊ हमको मार डालेगा।'

'ना-ना परशुराम भइया, अतना अनियाव नहीं है।'

'आनियाव...?' परशुराम ने घूरकर देखा राम उजागिर की आँखों में तो सहम गए, 'ई जंगल में नियाव है...? प्रकिरती (प्रकृति) में नियाव कहाँ बा ? कोई बरगद अपना नीचे कोई पौधा को पनपने देता है ? बाघ काहे नहीं छोड़ देता हरिना को ? सात समुंदर पार से अमेरिका सार को कवन चीज का कमी है कि दादागिरी करता रहता है ? का कसूर था ई देश का कि अतना दिन गुलाम रहल ?'

राम उजागिर से कुछ कहते नहीं बन रहा था।

परशुराम ने कलाई में बँधी घड़ी देखी फिर कहा, 'अब तू जा। जाते-जाते सुनि जा...अदमी के अभी तू चिन्हले नइख-अ नेताजी। पानी में गिरा बिच्छू हैं अदमी। दया करके उठा लो तो उसी गदोरी (हथेली) पे डंक मारेगा। बूझे कि नहीं ? जब तक हीन हैं, असमर्थ हैं, विनयी बने हैं, जरा-सा खा-पी के टाइट हुआ कि फिर देखो। अगर काम लेवे के बा तो उसको हमेशा कमजोर बनाकर रखो और खुद को मगजूत (मजबूत)।'

सन्न रह गए थे राम उजागिर।

पैंतालीस

मरीधार के सामने खड़े हैं सुन्नर पांड़े। कुछ-एक पशुओं के लंबे-लंबे मुँहवाली खोपड़ियाँ और ठटरियों के अवशेष। चमारों ने मरे जानवरों को उठाना बंद कर दिया है। कौमीन (अंत्यज) तो अपने मरे जानवर यहाँ खुद ही फेंक आते हैं मगर ब्राह्मण कैसे उठाएँ ? लाचारी में वहीं जमीन में गाड़ने लगे हैं। हाँ, मरणासन्न मवेशियों के मरने के लिए रात के अँधेरे में मरीधार में हाँक आते हैं। मरना हो तो वहीं मरें, उन्हें दोख-पाप का भागी क्यों बनाएँ ? मृत भोजियों के अलावा यहाँ जो कुछ भी है, वह या तो मर चुका है या मरने वाला है। फिर क्या कर रहे हैं सुन्नर पांड़े इस मरीधार में ?

सुन्नर पांड़े की लाली (गाय) भी, जिसे कर्ज की एवज में जगधारी पांड़े हाँक ले गए थे, कल से मरीधार में हाँक दी गई है। यह खबर सुनते ही सुन्नर पांड़े भागे-भागे आए हैं। दिख तो नहीं रही कहीं, टोह लेने के लिए वे जोर से पुकारते हैं, 'लाली-ई-ई-ई।'

लाली ने, जो एक झाड़ की बगल में बैठी होने के कारण दिख नहीं रही थी, बैठे-बैठे ही कान खड़े कर लिये हैं। 'लाली-ई-ई-ई ?' दूसरी टेर पर अपना मुँह घुमाया है उसने। वक्त के पिछले पड़ावों से कोई जानी-पहचानी अत्यंत प्रिय पुकार आई है, जीवन की वीरान घाटियों की परतों में सुगबुगाहट जाग रही है। हूँऽऽऽ। जवाब में लाली हुड़कती है ?

'हमार लाली। हमार बहिनी,' इस हुड़क पर अंदर तक भींग गए हैं पांड़े। अभी जिंदा है--इस बात का अहसास होते ही दौड़ पड़े हैं। लाली ने भी अपनी रही-सही शक्ति बटोरकर उठना चाहा है, मगर नहीं...गिर पड़ी है लड़खड़ाकर।

'हम आ गइलीं बहिन, आ गइलीं।' पुचकारते हुए हिम्मत दिलाते हैं सुन्नर पांड़े, 'तुम्हें मरने नहीं देंगे। घर चलोगी तुम, दवा-दारू कराएँगे, फिर पहले की तरह ठीक हो जाओगी तुम।' कभी टाँगे सहला रहे हैं, कभी उठाकर खड़ी करना चाहते हैं मगर बेकार। असहाय भाई की तरह बैठ गए हैं लाली के सामने। लाली की आँखों से आँसू बह रहे हैं। पांड़े की आँखों से आँसू बह रहे हैं। तीन लोक, चौदह भुवन, कहाँ मिलता है अमरित ? मिलता भी हो तो वे ला सकेंगे क्या ?

अमृत न सही, पानी तो है ही गड़ही में। दौड़कर गमछा भिंगो लाते हैं और लाली के मुँह में निचोड़ रहे हैं। पानी मुँह में नहीं आ रहा, नीचे गिर रहा है। लाली ने परान छोड़ दिए हैं।

खुनाई आँखों से देख रहे हैं सुन्नर पांड़े मरीधार को। गीध झपटते हुए पास आ रहे हैं। सुन्नर पांड़े ने खदेड़ लिया है गीधों को...।

'तू बाभन नहीं कसाई है, कसाई जगधरिया।'

जगधारन पांड़े के बैठके में प्रेत की मानिंद प्रकट हुए सुन्नर पांड़े। बैठके में गाँव के कुछ और लोग बैठे हुए थे, सबको सुनाकर फरियाद-सा करने लगे, 'तूने मेरा खेत कब्जिया लिया, हम कुछ नहीं बोले, गाय-गोरू कब्जिया लिया, हम कुछ नहीं बोले। मेहरारू खटिया पकड़ चुकी है और हम दाने-दाने के भिखारी हो गए, हम तब भी कुछ नहीं बोले। लेकिन आज बोल रहा हूँ, इसलिए कि जिस लाली को तुम जिंदा हाँककर ले गए थे हमारे खूँटे से, आज तुमने मरीधार में हाँक दिया। मर गई वो। तुझ पर 'गऊ हतिया' लगे हैं रे जगधरिया।'

'वो तो तुमरे भूँकने से नहीं लगने वाली।' जगधारी ने कहा।

खिसियाहट में कुछ सूझा नहीं कि क्या कहें, बोले, 'हम तुमरे नाम पर मरकर 'बरम्ह' हो जाएँगे रे 'बरम्ह' !'

'तब देर काहे की ? बोलो तुमको भी हाँक आएँ मरीधार में ?'

भिलभिलाहट तैर गई बैठके में।

मरण ! मरण और मरण ! और कितनी बार मरोगे सुन्नर पांड़े ?

कई दिनों के बाद एक रात यह प्रेत जंगल में काली सरदार के सामने खड़ा था।

'सलाम काली सरदार।'

'प्रणाम पांड़ेजी महाराज। क्या बात है, आप और यहाँ...?'

पांड़े कुछ बोलते नहीं।

'फेंकन ने आपके बारे में सब कुछ बता दिया, अब आप बताइए, हमसे क्या चाहते हैं आप ?'

'हमको भी अपने दल में ले लो सरदार।' कहते हुए भल्ल-से रो पड़े सुन्नर पांड़े।

थोड़ी देर तक सोचता रह गया काली। दल के सदस्य कभी उसका मुँह देख रहे थे, कभी पांड़े का।

'क्यों आना चाहते हैं—लूट, किडपैनिंग, बलात्कार, हत्या...?'

'पहले जगधारी पांड़े को शिक्षा देंगे, फिर समाज के कमीनों को, फिर जो कहोगे...?'

काली सधे कदमों से उन तक चलकर आया, 'इसके लिए आपको परशुराम के पास जाना चाहिए था।'

'हमको और कहीं नहीं जाना काली भइया...शरन में आया हूँ, तुम जो कहोगे, वही करूँगा, लेकिन तुमने बाँह नहीं पकड़ी तो बूड़-धँसके मर जाएँगे।' कहते-कहते वे घस्स से बैठ गए।

'हूँऽऽऽ,' काली ने लंबी हुँकारी भरी और पांड़े को बाँह पकड़कर खड़ा किया।

'जाइए पांड़ेजी, घर जाइए। ये रहे कुछ पैसे,' उसने जेब से कुछ नोट निकालकर उन्हें थमाया, 'गृहस्थी चलाइए, पड़ाइन की दवा-दारू कराइए। हमारी आपकी दुश्मनी जिस चीज के चलते थी, जब उसी को आप धो-पोंछ आए हैं तो अब आप हमारे भाई हैं। डाकू बनने का खयाल छोड़ दीजिए। अच्छे आदमी बनिये, सिर्फ अच्छे आदमी।'

अगले दिन पांड़ेपुर की भरी सभा में बंदूक दागकर ऐलान किया फेंकन ने, 'कान खोलकर सुनिए, आज से सुन्नर पांड़े हमरे बड़े भाई और पड़ाइन हमारी भौजाई। ई तब भी बेदाग थीं, आज भी हैं, जो कोई आज की घरी से इनकी कोई चीज हड़पना चाहेगा, इन्हें किसी भी तरह से सताएगा, बोली बोलेगा, चाहे कनफुसुकिया टुँहकेगा, उसकी खैर नहीं। जगधारी समेत जिसने भी इनका जो चीज लिया है, वापस कर देगा। खेत पर आज से ही कब्जा ! इसके साथ ही काली सरदार का फरमान है कि जो कोई भी किसी की आबरू की ओर आँख उठाकर देखेगा, उसका आँख निकाल लिया जाएगा।'

काली खुद गया था पांड़ेपुर। सहमा-सहमा पूरा गाँव इकट्ठा हुआ था जगधारी पांड़े के बैठके में—बभनटोली भी, दुसाध टोली भी। सबसे आखिर में आई थीं सुन्नर पांड़े की पत्नी। हलका घूँघट, लेकिन सिर ऊँचा और कदमों की लय सामान्य ! 'भौजी !' उसने आगे बढ़कर उनके पाँव छुए और खड़ा हो गया। उसके साथ-साथ सारा गाँव उठकर खड़ा हो गया था।

'बहुत हतक सहलू ए भौजी, हमरा से कौनो भूल भइल होखे तो माफी...!' काली ने कहा।

जवाब में 'भौजी' रोए जा रही थीं निःशब्द।

काली ने फेंकन की ओर देखा, फेंकन ने काली की ओर। आँखों ने आँखों का मर्म तौला और सजल हो आईं।

'अगर उस दिन उसकी बात मानकर फेंकन ने पड़ाइन की इज्जत लूट ही ली होती तो आज उन्हें क्या लौटाता वह ?'

लेकिन भौजी...?

कौन समझ पाता उनके कलेजे की कसक को, 'तुमने तो लौटा दिए लेकिन मैं...मैं तो वह भी नहीं कर सकती !'

काली ने हाथ जोड़कर गाँव-भर को प्रणाम किया तो चरित्तर पांड़े ने लपककर उन हाथों को थाम लिया।

ऐसा स्नेह, ऐसा दुलार तो उसे आज तक नसीब न हुआ था। यह सब कितना अच्छा था जैसे अनगिन काली रातों की लंबी सुरंग के बाद बाहर उजास का पहला अहसास !

यह खबर कुमार के पास आई तो वह दंग रह गया। समाज में एक और आदमी डाकू होते-होते रह गया। अगर हो गया होता तो...? तो क्या सुन्नर पांड़े के रूप में एक और 'काला पहाड़' का जन्म नहीं हो गया होता ? यही तो वह चाहता था कि नए अपराधी पैदा ही न हों और पुराने समर्पण कर दें। वेलडन काली ! वेलडन ! काली तो लगता है, समर्पण की ओर बढ़ने लगा है, मगर परशुराम...? राम उजागिर आ जाएँ तो पता चले। आज वह फिर नियतिवादियों की तरह सोच रहा था, 'लाख सिर पटको, हर चीज अपने ही वक्त पर होती है।'

दरवाजा बे-आवाज खुला। सिपाही ने आकर सूचित किया, 'सर, मंतरीजी दुबे महाराज मिलना चाहते हैं।'

'दुबेजी...?' कुमार चौंक गया, 'कहाँ हैं ?'

'बाहर।'

कुमार स्वयं उठकर दरवाजे पर आता है। चरण-स्पर्श करते ही बाँहों में ले लेते हैं।

'आपने कष्ट किया ? मुझे बुला लेते।'

'बुलाया था भाई लेकिन...।'

'आइए सर।' फिर उसने सिपाही से कहा, 'किसी को भी अंदर आने मत देना ?'

'कहिए, मेरे योग्य कोई सेवा...?' अंदर आकर पहला सवाल किया कुमार ने।

मंत्रीजी ने कोई जवाब न दिया। शायद जो कहने आए थे, उसे तरतीब दे रहे थे।

'बहुत थके-थके लग रहे हैं ?' कुमार ने पूछा।

'मुजफ्फरपुर, मोतिहारी में बीस जगह चुनाव सभा था। फिर, का नाम का, बगहा में, बेतिया में, हियाँ भैंसालोटन, लोरिया, रामनगर, चनपटिया अभी बाकी है।'

'तूफानी दौरा...?'

'हाँ। सुनो...।' दुबेजी ने बंद कमरे में भी फुसफुसाकर कहा कि कहीं कोई सुन न ले, 'फाइल राष्ट्रपतिजी के पास पहुँच गया है। सबका रिकोमेंडेशन है।'

'जी कृपा है।'

'अगर हम पॉवर में रहे...?' मंत्रीजी संदर्भ-सूत्र जोड़ने में आखिरकार सफल हो ही गए थे, 'अगर हम पॉवर में रहे तो काम हुआ ही समझो...। लेकिन...' फिर वे आत्मीयतावश ठेठ भोजपुरी पर उतर आए, 'देख-अ बाचा, अब सवाल ई बा जे ई ससुर पी.पी. न कहीं आ जाए—सबरण, तौना में ब्राह्मण के कभी भला न कर सकेला नीच जातवाला।'

कुमार क्या बोले, कुछ तय नहीं कर पाया।

'त-अ कहना यही है कि सबरण होवे के नाते तोहरो कुछ करतब बनेला...? ई जेतना बैकवर्ड, शेडूल कास्ट, और ट्राइब देख ताड़-अ, सबके भोट पी.पी. में गिरी। तोहार डियूटी ह-अ कि एकर अइसन दवाई खोज-अ कि गिरे तो हमरा में, ना तो मत गिरे।'

'हमरा का करे के परी ?' कुमार ने पूछा।

'यही न बता रहे हैं।' वे तनिक ऊँचे होकर फिर धीमे पड़ गए थे, 'ई परशुराम, इस बार, छटक रहा है।'

'और परेमा ?'

'ऊ ठीक बा। चुनाव तक परेमवा के ढील मिले के चाहीं।'

'लेकिन...।'

'लेकिन-वेकिन कुछ ना। मूदहुँ आँख कतहुँ कछु नाहीं।'

उनकी आँख मटक रही थी।

'ठीक है देखेंगे।'

'देखेंगे ना, हमरा के वचन द-अ ?'

'और कोई सेवा ?' वह अब उकता रहा था।

'हाँ, अब सुनो असली काम। ई काली सरदार कौन है ?'

'डाकू।'

'एकरा गिरोह में धाँगड़, नोनिया, दुसाध भी बाड़न ?'

'हाँ। मगर काली एक नंबर का सवर्ण-हेटर है।'

'मगर वो कुमार को हेट नहीं करता...ऊऽऽऽ हीं हीं हीं।'

मंत्रीजी जोरों से हिनहिना उठे, तोहरा 'मगर' में हमहूँ 'मगर' जोड़ सकीला...?'

कुमार पसोपेश में पड़ गया।

'अब ई तोहार काम ह-अ बाचा कि थारू, धाँगड़, नोनिया, दुसाध, मल्लाह के भोट हमरा पारटी के पेटी में पड़े। पइसा-कौड़ी और फोर्स खातिर फिकिर मत करिह-अ।'

प्रकारांतर से सभी बात पीपुल्स पार्टी, पी.पी. के प्रदेश अध्यक्ष ने कही, 'कुमार साहेब ? ई समझ लो कि मनिस्टरी ई बार हमरा बन रहा है।'

'मुबारक हो ?'

'सिर्फ सूखे मुबारक से हमरा काम नहीं चलेगा ?' अध्यक्ष ने उसको तंज से सेंका, 'हम दोगला नहीं हैं, आज आप हमरा मदद करते हैं, तो कल सूद-मूल सहित लौटा देंगे।' वे तनिक रुके, आँखों में आँखें डालकर ढिठाई से बोले, 'हमको मालूम है कि आप ब्राह्मण हैं, और दूबेजी के आदमी हैं।'

'जी ऐसा तो कुछ...?'

'है, तभी न कह रहे हैं। बाकी एक ठो बात बता दें कि दुबेजी काम नहीं आवेंगे, मनिस्टरी ई बेर हमरा बन रहा है। अरे हमरो पाटी में अपर कास्टवाला सब हैं, पूछ लीजिए कइसा टरीट करते हैं।'

'जी मेरे हाथ में तो...?'

'आपके हाथ में क्या है, क्या नहीं है, हम सब जानते हैं, हमको आपका बिरादरी का ब्राह्मण भोट, काली सरदार की बिरादरी का थारू भोट, धाँगड़, नोनिया, मल्लाह, दुसाध का—सबका भोट चाहिए और परशुराम को अभी आप कुछ मत कीजिए, हम कान पकड़ के न उठाए, थूककर न चटवाए, एलेक्शन के बाद आपके सामने तो हमको दोगला कहिएगा। और एक बात, परेमवा भेंटा जाए तो शूट कर दीजिएगा, बाकी हम सलट लेंगे ?'

दरवाजा पाँचवीं बार खुला। इस बार आनेवालों में थे मुरली पांड़े, राम उजागिर और वर्माजी।

'आइए, आइए महानुभावगण। कहिए, किसे मार दें, किसे छोड़ दें, किस जाति का कितना वोट चाहिए ?' कुमार ने स्वागत किया।

'क्या बात है, आज मिजाज कुछ...?' पांड़ेजी ने पूछा।

'मिजाज का मत पूछिए, कुछ दिन और रह गया तो मेरे अंदर कुछ रह नहीं पाएगा।'

'डाकू के सिवाय ?'

'हाँ, डाकू के सिवाय।'

'सवाल पॉवर का है कुमार साहब। पहले गिना जाता था कि अमुक जाति में कितने मंत्री, कितने सांसद-विधायक, कितने अफसर हैं, अब उसके साथ यह भी गिना जाने लगा है कि उस जाति में कितने सेठ, कितने गुंडे, कितने डाकू हैं।'

'अरे हाँ,' कुमार को याद आया, 'राम उजागिरजी।'

'जी सर।'

'यह तो बतलाइए 'राम-परशुराम' का मिलन कैसा रहा।'

राम उजागिर कुछ बोलें, इसके पूर्व वर्माजी ने कहा, 'काली की खबर कुछ सुनी आपने ?'

'हाँ सुनी। मास्टर साहब का चेला था न !'

'यही तो असल ट्रेजेडी है, कुमार साहब, जो काम पुलिस और प्रशासन को करना चाहिए, उसे डाकू और दादा लोग कर रहे हैं। पब्लिक भी अब थाने या कचहरी नहीं जाती, इन्हीं के पास जाती है। काली ने जो किया, उसका एक पहलू यह भी है। परशुराम के यहाँ भी मैं यही देखकर आ रहा हूँ।' और राम उजागिर ने परशुराम का सारा वृत्तांत कह सुनाया।

कुमार का रहा-सहा मूड भी उखड़ गया।

कई दिनों के तनाव को ढील देने के लिए रात उसने रम पैग बनाया और उसे लेकर आ बैठा। दो पैग लेते ही परशुराम का भूत अंदर से कूदकर बाहर आ गया, जैसे वहीं कहीं दुबका पड़ा था।

'तो परशुराम चुनाव लड़ रहा है ?' कुमार के कंप्यूटर का स्विच ऑन हो गया मानो...?'

दसियों खून, पच्चीसियों अपहरण और सैकड़ों बलात्कारों का आसामी डाकू परशुराम ?

नहीं। परशुराम 'जी' यादव चुनाव लड़ रहे हैं।

क्यों न लड़े ?

उसी के बूथ कैप्चर के बल पर ही तो जीतते आए थे दुबेजी ?

क्या कहा, वह दागी है ?

अगर वह दागी है तो उसके दम पर जीतनेवाले दुबेजी और उसके विरुद्ध खड़े हुए लल्लन बाबू क्या हैं ?

जब तक कोर्ट द्वारा सजा नहीं हो जाती, वह अपराधी करार नहीं दिया जा सकता। सुरक्षा की तरह मुँह बाए कानून की काँख से, संविधान की आँख से हनुमानजी की तरह निकल आया है परशुराम ! समाज, देश और धर्म के आचार्य उस पर पुष्प-वृष्टि करते हुए

उसकी जीत की मंगल कामना कर रहे हैं। कुमार जैसे अदने पुलिस अधिकारी की समर्पण की अपील पर वह पेशाब करता है। वह मंत्री का आदमी है। सत्ता पुरुष है और सत्ता पुरुष कभी दंडित नहीं होते यहाँ।

वह यज्ञ उसका पहला आधार था। धर्म के धोबीखाने में धुलकर उसके खून, अपहरण, बलात्कार और दूसरे अत्याचारों के पाप धुल गए हैं।

परशुराम ने पूरे चंपारन को डाकू मुक्त कर देने का बीड़ा उठाया है। जो काम इतनी समर्थ सरकार, इतने बड़े-बड़े समाज के पहरुए न कर सके, वह काम एक डाकू कर दिखाएगा !

ऑफिसों ने जिन्हें टरकाया, थानों ने जिन्हें दुरदुराया, कचहरियों से जिन्हें न्याय नहीं मिला, ऐसे हर दीन-दुःखी जरूरतमंद के लिए परशुराम का दरवाजा खुला हुआ है।

चुनाव का लाख-लाख शुक्र कि परशुराम के दर्शन हुए !

झक सफेद खद्दर का लंबा कुरता, खद्दर की धोती, कंधे पर खादी का किनारीदार धुला अँगोछा, पाँवों में बाटा का हाफ शू--किसी खानदानी रईस-सा दुलकते हुए चलता है परशुराम--पीछे-पीछे भेड़ की तरह कुछ लोग ! हुँह, क्या बाना है ?

अफसरों को देखते ही दायाँ हाथ उठाकर सलाम उछालता है, 'तनी देखते रहिएगा साहेब, कोई गोलमाल न हो ?'

मरीधार हो गया है समाज और लोकतंत्र। कुछ एक मुरली पांड़े, कुछ एक पद्म नारायण सिंह और हाँ, कुछ एक काली भी...क्या कर लेंगे ? काली का खयाल आते ही सोच को एक दूसरी दिशा मिल गई। कहाँ होगा ? क्या कर रहा होगा काली इस वक्त ?

कुमार को क्या मालूम कि काली किस मरीधार से जूझ रहा है।

'कुछ सोचे काली भइया ?' नरैना उठकर बैठ गया था।

'किस चीज के बारे में ?' काली ने लेटे-लेटे ही पूछा।

काली के ठंडे रवैए पर कुंठित हो गया नरैना। दल के अंदर जिस बात को लेकर इतनी उत्तेजना है, काली उसे बार-बार महटियाए जा रहा है। नहीं। आज तो फैसला करवाकर ही वह मानेगा। मन की ठेस दबाकर एक चतुर राजनीतिज्ञ की तरह उसने बहुत ही विनीत स्वर में अर्ज किया, 'वही एलेक्शनवा के बारे में मंतरीजी के परस्ताव पर।'

काली ने कोई जवाब न दिया। उसकी ओर पीठ किए लेटा रहा पहले की तरह।

'सो गए भैया ?'

'ना। चाहते क्या हैं मंत्रीजी ?'

'अपनी पारटी के लिए मदद।'

'कैसी मदद--बूथ कैप्चर ?'

'नहीं...माने थोड़ा-बहुत तो ऊ भी है लेकिन असली मदद है जात का भोट।'

'तुम्हारे कोई बूधनसिंह निषाद भी तो सपोर्ट कर रहे हैं उनका ?'

'मारोसि मोहिं कुठाँव !' तिलमिला गया नरैना।

'तो...?' काली ने दोबारा पूछा।

'जो आप कहिए।'

'हम...?' हमरी जात थारू राणा, तुमरी मल्लाह, फेंकन की दुसाध, गगन की नोनिया, पुरुषोत्तम की धाँगड़...।'

'माने अपनी-अपनी जात का भोट दिलाने का जिम्मा ?'

काली चुप हो गया।

'बोलोगे नहीं ?'

'क्या बोलें ? आसाम में एक जगह है जोटिंगा। वहाँ आग जलाते ही पंछी-परेवा आ-आकर कूदने लगते हैं आग में। अब खानेवाले पहले से तैयार। उन्हें शिकार भी नहीं करना पड़ता, सिर्फ आग जलानी पड़ती है। यह चुनाव भी ऐसी ही आग है, जिसमें सभी...।'

'जिसको तुम आग समझ रहे हो, ऊ सच पूछो तो हम सबके लिए पानी है।'

'कैसा पानी ?'

'एलेक्शन तक पकड़े नहीं जाएँगे—गौरमिंट का औडर है।'

'और उसके बाद ?'

'उसके बाद समरपन, सजा माफी। फी-आदमी डेढ़-एकड़ खेत, हल-बैल, बीज, खाद, घर बनाने के लिए चार-चार कट्ठा अलग से। बैंक का लोन।'

काली चुप है। यानी तीर निशाने पे लगा है। गिरोह के सदस्य पास सरक आते हैं।

'देखो काली भइया,' धाँगड़ ने कहा, 'वैसे भी फिरौती एक जोखिम का काम है। डाकू का जिनगी में का लिखा है, मारना या मर जाना। फिर एक महीना हो गया, एक गो चिरई तक भेंटाया हो तो बोलना...?'

'भेंटाया तो है।' काली अब चित हो गया।

'कौन ?'

'लल्लन बाबू !'

'लल्लन बाबू ? अरे बाप ! तुम्हार दिमाग तो ठीक है न ?'

'पाँच लाख के आसामी हैं।' हाँ कर दो तो दो लाख एडवांस !

'और देगा कौन ?'

'चनरदीप बाबू ?'

'भाँग खाए हो ?'

'नहीं होश में हूँ। पकड़ना भी कोई जोखिम का काम नहीं है ? जिस दिन इलेक्शन का परचा भरने जाएँगे, उस दिन।'

'पागल मत बनो काली भइया। हियाँ रधिया दोन में एक ठो अजगर था। एक ठो बानर बैठा था, बस पूँछ को लेवे किया हबक। बनरवा चिचियाया, फेन और बानर जुट गए। मार पंजा, मार पंजा...सब मिलके अजगर राम का कर डाले काम तमाम।' नरैना ने यह कहकर एक सयाने आदमी की तरह काली को देखा।

'एक घटना और सुन लो तब,' काली ने कहा, 'यू.पी. के कारबेट पार्क में एक अजगर एक समूचे बाघ को लील गया।'

'तो तुम ललन बाबू का अपहरण करोगे ?'

'मैं तो धाँगड़ की बात का जवाब दे रहा था।'

'सच बात बोलें ?'

'बोलो।'

'हम सब थक गए हैं काली भइया। जंगल-पहाड़, नदी-नार भटकते-भटकते, जानवर की जिनगी जीते-जीते एकदम से थक गए हैं।'

'हम, माने...?'

'हम सब।' इस सामूहिक आवाज पर चौंककर करवट ली काली ने और लाइटर जला दिया। दल के सभी सदस्यों के चेहरे गोबर के छोत-से पिलपिले नजर आ रहे थे।

'हमीं नहीं काली भइया, परेमा भी थक गया है, शर्माजी को बिना फिरौती के छोड़ दिया उसने। परशुराम भी थक गया है। पुत्तन पहले ही थक गया था। नोनिया थक गया था तभी मारा जा सका। जितना सब जंगल पारटी का सरकार चलता था, सब किसी-न-किसी पारटी से जुड़ गया। हमें भी सोचना चाहिए मंत्रीजी के परस्ताव पर।'

'जो थक गए हैं, लौट जाएँ, बल्कि कहूँ कि लौट जाने का इससे सुंदर मौका फिर हाथ नहीं लगेगा।'

इतनी आसानी से इतनी बड़ी बात कह सकता है काली, यह वे कल्पना भी नहीं कर सकते थे।

'और तुम...?' धाँगड़ ने पूछा।

'जिस एलेक्शन में ललन बाबू भूमिहारों का वोट बटोरते चल रहे हों, मंत्रीजी और कुमार साहब बाभनों का, परशुराम और नेताजी अहीरों का, राम उजागिरजी पिछड़ों का उस एलेक्शन में भला मैं...नहीं।...तुम लोग लौट जाओ, तुम्हारे माँ-बाप, भाई-भतीजे बाल-बच्चे, घर-दुआर है...मगर मेरा...? मैं कहाँ लौटूँगा ? किसके पास ? किसके लिए ?'

दूसरे दिन किरण डूबने के पहले उस जंगल में एक अजीब समर्पण की घटना घट रही थी।

'उठो नारायण।' काली ने नरैना को आदर और स्नेह से पुकारा, 'तुम्हें याद है, एक दिन हाथ पकड़कर तुम्हीं मुझे इस जंगल में ले आए थे। अब लौट रहे हो, सो भूल-चूक छिमा।'

नरैना ने बड़ी मुश्किल से खुद को जब्त किया। दोनों हाथों से बंदूक उठाकर एक पाँव पर टेक देकर झुककर उसने काली के कदमों के सामने बंदूक रख दी और हाथ बाँधकर परे खड़ा हो गया, फिर पुरुषोत्तम और बाकी लोगों ने यही क्रिया दुहराई।

'जुहार।' नरैना ने भींगे गले से कहा।

'जुहार ! मगर ऐसे नहीं। जाने के पहले अपनी-अपनी बंदूकें लेते जाओ और अपने हिस्से के गहने-पैसे भी।' एक-एक से गले मिलकर पीठ थपथपाकर काली ने विदा किया। अब वह जंगल में अकेला खड़ा था।

तभी फेंकन और जगन के कदम शिथिल पड़े, वे पलटकर दौड़कर गले लग गए काली के, 'हमको अपने से अलग मत करो सरदार। हम तुम्हें छोड़कर नहीं जा सकते।'

जिस गिरोह को सरकार न तोड़ सकी, सवर्ण न तोड़ सके, डाकू न तोड़ सके, वह दल टूट गया ! न कोई आँधी आई, न कोई भूकंप, फिर भी दल टूट गया—पुलिस की लिस्ट में सबसे खतरनाक माना जानेवाला काली का दल। बच गया था सिर्फ तना काली और दो शाखें—फेंकन और जगन !

छियालीस

'पुरुआ तो बहले, पछवे रे ननदी,
अरे गोरी गोइठिया न सुनुगे आग...?

गाँव की औरतें जिस खोरि (नहरनुमा रास्ता) से गीत गाती हुई छिछली नदी के उस पार मेले में जाया करती थीं, आज उसी खोरि से गीत गाते हुए वोट देने जा रही हैं—हे ननदी, पुरवैया और पछुआ दोनों हवाएँ बह रही हैं, लेकिन गोइँठी (ऊपल) की आग निगोड़ी नहीं सुलगी तो नहीं ही सुलगी।

घूँघट को हाथ से जरा ऊँचा उठाकर दूर से ही देखती हैं, घाट की सीढ़ियों पर ढेरों पेड़, छोटे, बड़े मंदिर, मकान और उनके बीच खड़ी लल्लन बाबू की हवेली उनकी आगवानी को खड़ी है।

लजर (नजर) लागी राजा तोरे बँगले पर...,

हारे-गाढ़े, बखत-जरूरत पर यही हवेली तो काम आती है।

सिर्फ यही...?

नहीं। एक नई उठती हवेली का दरवाजा भी हारे-गाढ़े बखत-जरूरत के लिए खुल गया है। दो मुँहें साँप की तरह इस लंबी खोरि का एक मुँह लल्लन बाबू की हवेली की ओर खुलता है, तो दूसरी ओर परशुराम के भाई पुत्तन के 'सेवा भवन' की ओर...? जिधर इच्छा हो चले जाओ ? दोनों ओर मुँह खुला है।

यह कुमार का क्षेत्र नहीं है ? मगर पूरे क्षेत्र के ऑपरेशन इंचार्ज बनने और अभी पेट्रोलिंग का प्रभार ग्रहण करते ही इन राहों पर भी दौड़ रही है उसकी जीप ! बूथ-बूथ को देखते, हर संवेदनशील, हर संदिग्ध बिंदु को टटोलते वह आ पहुँचा है इस खोरि में...?

खोरि का प्रायः बीचोबीच। पोखर का किनारा। आम के पौधे को जकड़कर पीपल और पाकड़ के दो पेड़ साँपों की तरह अपने छितनार फन को फुलाए एक-दूसरे पर फुफकारते-से दिख रहे हैं। उसी के नीचे एक छोर पर परशुराम का खेमा है, दूसरे छोर पर लल्लन बाबू का, बीच में शिवगुलाम बैठाजी का। तीनों के बीच पर्याप्त दूरियाँ हैं। उनके सामने एक मंदिर और उससे सटा एक जूनियर स्कूल है। यहाँ वोट पड़ रहे हैं।

जाजम बिछाए हर खेमे में कुछ लोग परचियाँ काट रहे हैं। पिलपिलाती भीड़ में खाकी वर्दी होमगार्ड्स के जवान डंडा लेकर और पुलिस के जवान बंदूकें लेकर खड़े हैं।

पुलिस की दूसरी जीप आकर रुकती है। इंस्पेक्टर राम उतरकर सैल्यूट देते हैं।

'और कैसा चल रहा है उस तरफ ?'

'ठीक है सर ?'

वह कुमार के साथ-साथ चलने लगता है। बूथ का इंतजाम देखने के बाद लंबी कतारों पर नजर आती है।

कुर्ते, कमीज, फतुहे, घुँघट, बुर्के, चाइनीज सिल्क, जार्जेट, सूती, चमकीले, भड़कीले, फीके, बेरंग...। चारों ओर नजर जाती है, शांत पोखर, शांत पेड़ों, सहमी झाड़ियों के पार किलबिलाती भीड़ ? पुआल के ढेर में नाहक कोंच-कोंचकर लौट आते हैं सिपाही, झाड़ियों को गझौंटों में झाँक आते हैं, अगवाड़े-पिछवाड़े, अगल-बगल हर तरफ परख रहे हैं, कहीं कोई हथियार न छुपाया गया हो।

कुछ डोलियाँ आ रही हैं।

राम चौकन्ना हो उठता है, 'कौन है ?'

'सर, बूढ़े-बूढ़ियाँ और अपंग लोग हैं।'

'ठीक है उन्हें उतारिए ?'

डोलियों से सचमुच बूढ़े और अपंग उतारे जाते हैं।

'देख लीजिए सर, एलेक्शन कमीशन का निर्देश सबको मालूम है सर !'

राम चुप हो जाता है।

'डोलियों के अंदर भी चेक कर लीजिए।' कुमार धीरे से कहता है।

'जी सर...।'

धूप चिलचिला रही है। कोई घोड़े पर आ रहा है। रेतावाले बैठाजी लगते हैं।

'ए भाई, गदहा पारटी का इमदी (आदमी) अब घोरा पे बइठने लगा—एकरे कहते हैं घोर कलियुग ?' कोई बोली बोलता है।

'आदमी पे तो न न बैठे हैं बाबू साहेब ?' एक तल्ख जवाब घोड़े की पीठ से उछलता है।

कुमार वापस मुड़ता है, 'ओके राम, आप यहाँ देखिए, हम आगे बढ़ते हैं ?'

'ओके सर ?'

आगे कुछ ही दूरी पर बिल्ली की तरह रास्ता काट जाता है परशुराम। दायाँ हाथ झटककर सलाम करते हुए व्यस्त भाव से बोल उठता है, 'तनी होनिया (उस तरफ) भी देख लीजिएगा साहेब।' उसका इशारा लल्लन बाबू की हवेली की ओर है। 'लल्लन बाबू, बनुकिहा जवान जोगाड़ किए हैं। उनको बोल दीजिए, बाद में फरिया लेंगे, बहुत टैम मिलेगा। अभी अपना, हमरा और आपका जान काहे को साँसत में डाल रहे हैं ?'

एक सड़ाँध-सी घुल गई फिजा में।

कल को, खुदा न खास्ता, यह चुनाव जीत जाता है तो...?

तब तो इसी की जान-माल की रक्षा के लिए इसके जर-खरीद गुलाम की तरह चलना

पड़ेगा उसे...!

वही मौत होगी, तेरी कुमार ! यह जो अभी सफेद खादी में जुगुप्सित चेहरा लिये खड़ा है...न आदमी, न जानवर, यही तुम्हें मारेगा, न अस्त्र से, न शस्त्र से, न घर के अंदर, न घर के बाहर, न दिन होगा, न रात ! प्रदोषकाल की वह बेला आ पहुँची है।

उसका मन विरक्त हो गया।

बूथों के गिर्द भीड़ थी। इतने सारे लोग कहाँ से आ रहे हैं, कहाँ जा रहे हैं ? इतनी सारी गहमागहमी किसलिए ? मेले में भटके मुसाफिर-सा वह यूँ ही भटकता रहा...सुबह से शाम !

सैंतालीस

चुनाव अपने ढंग से संपन्न हो गया। कुछ मामूली वारदातों और तीस मतदान केंद्रों पर दोबारा वोट पड़ने की सूचना पटना और दिल्ली दूरदर्शन ने सचित्र प्रसारित कर दिए। तीसरे दिन ही पटना लौट आया था कुमार।

बाबूजी बाजार से सौदा-सुलुफ करके लौटे थे, पाँव छुए तो देखते ही रहे गए। माँ के भी। अब उठा नहीं जाता उनसे। बच्चे बड़े हो गए थे। पत्नी पर प्रौढ़ता और मोटापे की हलकी-हलकी परतें छाने लगी थीं।

समय अपनी गति से चलते-चलते दूर निकलता जा रहा है। वह घड़ी की सुइयों और कैलेंडर की तारीखों को रोक नहीं सकता। उसके आ जाने से घर की गाढ़ी उदासी तनिक फीकी-भर हुई है, गई नहीं है।

खाने की टेबुल पर बाबूजी ने खखारकर कहा, 'इधर पोस्टिंग नहीं हो सकती क्या ?' इस एक छोटे से वाक्य के पीछे संशय के कितने-कितने संदर्भ हैं !

'हो तो सकती है, बस जरा...।' वाक्य पूरा नहीं कर पाता वह।

'तुम इतनी मोटी क्यों होती जा रही हो ?' अकेले में एक अटपटा सवाल कर डालता है पत्नी से ? पत्नी अनुतप्त भाव से देखने लगती है उसे, 'मेरा मतलब है 'योगा-वोगा' का कोई क्लब क्यों नहीं ज्वाइन कर लेती ?'

'घर की 'योगा' से जिस दिन फुरसत मिलेगी, वो भी कर लेंगे।' घर के छोटे-मोटे कामों से लेकर बच्चों के होमवर्क और माँ एवं बाबूजी के साथ औपचारिक बातचीत से लेकर पत्नी से संवादों तक सारा कुछ खानापूर्ति-सा लगता है, मानो सब पर ग्रहण की छाया है। बच्चों के 'पजल' और 'आई क्यू' टेस्ट के दिमागी खेल ओर कैरम के मनोरंजन से लेकर मित्रों, रिश्तेदारों, पास-पड़ोस की हलचलों के बीच वह खुद को भरसक प्रसन्न बनाए रखता है,

मगर सब कुछ नाटकीय लगता है।

रात, पत्नी का मलाल पूरी तरह धो डालना चाहता है वह। गुनगुने पानी से नहाने के बाद तरोताजा हो, सुआपंखी साड़ी पहनकर आई वह, यह कुमार का पसंदीदा रंग था। उसने भर नजर देखा।

'यहाँ आओ।'

पत्नी चुपचाप चली आई।

'लेट जाओ।'

'पत्नी अभी खड़ी है।'

'लेट जाओ न ?'

'कोई खास आयोजन है ?'

'हाँ। आज, मैं जो-जो कहूँगा, आप वह-वह करेंगी।'

'लो, लेट गई।'

'आँख खोले रखना।'

'आँख बंद कहाँ है ?'

कुमार ने ठेठ देहाती औरतों की तरह तर्जनी को काजल में डुबाया और आँखों में लगाने लगा, 'हिलना मत।'

'आँखें बंद कर खोलो।'

'लो बंद किया, और खोल दिया।'

अब उसने आई-ब्रो पेंसिल से भौंहें और आँखों के कोर बनाए। फिर उसने फेशियल पाउडर से कपोल, गालों और गले को पोता—गालों पर गुलाबी पफ और आँख की बरौनियों के नीचे सुरमई। होंठों पर हलका गुलाबी लिपस्टिक लगाने के बाद बोला, 'केश सँवारना मुझे ठीक से नहीं आता, बेहतर हो आईने के सामने खड़ी होकर खुद ही ठीक कर लो। 'ये बेले के गजरे गूँथ लेना।'

आईने के सामने केश सँवारते हुए पत्नी हँस पड़ी, 'पहले कहते, मैं ब्यूटी पार्लर हो आती !'

वह वी.सी.आर. पर कोई ब्लू फिल्म का कैसेट लगा रहा था। आईने में उसकी हरकतें देखती है पत्नी। कैसेट ऑन कर चला आ रहा है वह।

'जूड़े में लगा लूँ या लटों में ?'

'किसे ?'

'आपके इस बेले के गजरे को ?'

'सब मैं ही बताऊँ ?' अचानक चेहरा बदलने लगता है, 'सुनो।'

वह उसे ऊपर से नीचे, नीचे से ऊपर निहार रहा है।

'यह साड़ी नहीं, वो पीलीवाली...यह ब्लाउज नहीं वो काला वाला...यह बिंदी नहीं, वो...मयूरी हरे पंखवाली !'

पत्नी उसकी इच्छा के अनुरूप फिर से सजकर जा लेटती है सेज पर।

'तुम कितनी अच्छी हो ! कितनी सुंदर !' वह उसकी बाँहों पर हाथ रखता है। वह

प्रतिकार नहीं करती। धीरे-धीरे उसके हाथ आगे बढ़ते हैं, 'तुम्हें देखकर कोई अपने वश में कैसे रह सकता है ?' वह उसकी नर्म जाँघों और गोलाइयों को दुलारता है। वह आँख मूँद लेती है। हाथ ब्लाउज की ओर बढ़ते हैं। बटन खुलते हैं एक-एक कर। वह आँखें खोल लेती है, जैसे आँख भी कोई बटन हो।

'तुम चीखी, चिल्लाई नहीं ?' वह उसे जकड़ता जा रहा है। अब उसके होंठ उसके होंठों से आ लगे हैं। वह मुर्दे-सी निर्विकार है।

'जग रही थी ?'

'हाँ।'

'और उस दिन...?'

'किस दिन...?' विस्फारित नजरों से घूर रही है पत्नी। एक शॉक-सा लगता है और शीर्षासन करती हुई मलारी प्रकरण की वह पूरी दुनिया झन्नाती, चक्कर काटती हुई उलटकर सीधी हो जाती है। यह क्या...? पत्नी तो सुबक रही है।

'क्या हुआ ?' शक की सेंध से सिर निकालता है सवाल।

'डर लगता है।'

'काहे का डर...? किससे...?'

'तुमसे।'

'मुझसे ?' वह तनिक अप्रस्तुत-सा होता है, 'मुझसे क्यों डर ?'

'मालूम नहीं।'

'अजीब बात है।' वह उसे सीने से लगाए तरह-तरह से तसल्लियाँ दिए जा रहा है, मगर उसका रोना थमता नहीं।'

'एस.पी. श्रीवास्तवजी का क्या हुआ मालूम ?'

'विनोदजी का ?'

'हाँ। बैंक के डकैतों ने उन्हें गोलियों से छलनी कर दिया।'

'वह तो गिरिडीह में थे ?'

'वहीं।'

'कब ?'

'कल ?'

'ओह ? वह सिर पकड़कर बैठ गया। बहादुर, निडर जवान, हर तरह से योग्य आई.पी.एस. अधिकारी ? याद आई उनकी कही गई बात, 'डाकुओं के सफाए के लिए दो दिलेर अफसर ही काफी हैं—एक तुम, एक मैं—बस दो ही।' तो श्रीवास्तव मारे गए ? बेतिया के डकैतों की गोलियों से नहीं, बेतिया के बाहर के डकैतों से...?

'अब सोचते ही रहोगे, रात बीत रही है ?'

कुमार ने पूछा, 'तुमने पहले नहीं बताया ?'

'मौका ही नहीं मिला। कहते हैं, अकेले चल पड़े थे खबर पाकर। रिवाल्वर भी उन्होंने एक इंस्पेक्टर से ली थी। वे दो थे, वे कई...?'

'भाभीजी को फोन किया था राँची ?'

'नहीं, वे वहाँ होंगी तब न ?'

वह फटी-फटी आँखों से पाउडर लाली से पुती नंगी पत्नी को देख रहा था। अजीब डरावनी लग रही थी, मानो 'दूध का दूध, पानी का पानी' के संपादक की दूध से सनी लाश हो।

ब्लू फिल्म अभी भी चल रही थी, मगर उसे कोई देख नहीं रहा था।

अड़तालीस

सुबह-सुबह मयंक को लेकर गांधी मैदान का चक्कर। शिशिर से धुली-धुली ढेर सारी अजानी खुशबुओं से अभिसिक्त बसंत की टटकी सुबह !

मैदान में कुछ लोग दौड़ रहे हैं, कुछ वर्जिश कर रहे हैं, कुछ क्रिकेट खेल रहे हैं। उसे खुद इनमें से एक होना चाहिए था, मगर नहीं, एक अनाम-सी जड़ता उसे घेरे हुए हैं। बीच के चंद्राकार राजमार्ग पर सर्र-सर्र भागे जा रहे हैं यान-वाहन—महेंद्रू, पटना सिटी, बाढ़...कहाँ से आते हैं इत्ते सारे लोग ? कहाँ को जाते हैं इतने-इतने लोग ? क्यों मचा रहता है रेला दिन-रात...? अपना ही शहर कभी-कभी किस कदर अजनबी लगने लगता है। वह क्यों निकला था इधर...? हाँ, एस.पी. श्रीवास्तव की हत्या से दुखी मन के गम को दोस्तों से शेयर करने। मगर उसका कोई मित्र है भी यहाँ...?

पुलिस लाइंस की ओर मुड़ते ही मयंक के पाँव ठिठक जाते हैं, बगल में बेंत के साज-ओ-सामान की फुटपाथी दुकान शो-हाउस की तरह खुल पड़ी है। एक लड़का दफ्ती पर एक प्रचार-विज्ञापन टाँग रहा है—

'कहाँ के बेंत, कहाँ की कुरसी ?
बेतिया के बेंत, पटना की कुरसी।'

बेंत की कुरसी पर अखबार है, अखबार में खबरें और खबरों में...?

नजर पिघल रही है, दम सधा हुआ है। अचानक बॉक्स पर नजर जम जाती है—'पश्चिमी चंपारन में फिर से अपहरण और हत्याएँ ?'...जैसे बेतिया के शांत जंगल में कोई बंदर एक डाल से दूसरी डाल पर कूदा हो और शांत जंगल पक्षियों के शोर से भर गया हो।

जिज्ञासावश वह आगे पढ़ता है—

'चुनाव तक शांत रहने के बाद पश्चिमी चंपारन में दो हत्याओं और तीन अपहरण के साथ हिंसा और आपराधिकी का पुराना दौर फिर लौट आया है। लोरिया में एक बरात की बस को रोककर डकैतों ने पूरी बस लूट ली और दो महिलाओं को अपने साथ ले गए। इस अपहरण और लूट में किस दल का हाथ है--यह अभी पता नहीं चल पाया है। विश्वस्त सूत्रों से ज्ञात हुआ है कि पूर्व दस्युराज परशुराम और कांग्रेसी नेता लल्लन बाबू में चुनाव

के तीन दिन बाद पिछली रात फिर टकराहट हो गई। ऐसा समझा जाता है कि मतगणना के प्रारंभिक दौर में परशुराम अपने मुख्य प्रतिद्वंद्वी लल्लन बाबू से 7000 मतों से पिछड़ने की खबर से बौखला गया और उसने तोड़-फोड़ आरंभ कर दी।

मतों की गणना अभी पूरी होनी बाकी है। सिवाए चंद बड़े अधिकारियों के क्षेत्र के कई पुलिस अधिकारी चुनाव के बाद छुट्टी मनाने गए हुए हैं। अपराधियों के हौसले बुलंद हैं और लोगों की सुरक्षा राम भरोसे।'

एक पल को खड़ा-खड़ा उत्तर की ओर घूरता है कुमार, दिमाग में शून्य भरता जा रहा है। वह यहाँ क्या करने आया था ? जब कुछ भी समझ में नहीं आता तो वापस मुड़ जाता है घर की ओर ?

मयंक को एक नया पजूल (पहेली) मिल गया है, उसी में मगन है, 'ऐ मम्मी, बूझो तो कहाँ के बेंत, कहाँ की कुरसी...?'

मम्मी को पहेली बूझने की फुरसत कहाँ ?

'सरेंडर ?'

'सरेंडर बाबा सरेंडर ! मुझे दिक न करो, जाकर होमवर्क करो ?'

'हम बताएँ...? बेंत बेतिया के लेकिन उनकी कुरसी पर कौन बैठता है—पटनावाले ! बेतिया , बेंत, पटना की कुरसी !'

-बेटे के संवाद में बिना कोई हस्तक्षेप किए कुमार अपना सूटकेश ठीक करने लगता है।

'क्या बात है ?' जाते-जाते ठिठककर खड़ी हो जाती है पत्नी।

पूजाघर से पलटकर देखती हैं माँ। बाबूजी का अखबार नीचे खिसक आया है।

'मुझे आज ही वापस जाना होगा,' धीरे से कहता है कुमार।

'आज ही...'

'अभी ?'

'क्या बात है ?' पत्नी का प्रश्न हवा में झूलता रह जाता है ?

जिला एवं सत्र न्यायाधीश मिस्टर सिन्हा ने अपने बँगले पर कुमार को बाँहों में भरकर ऐसी गर्मजोशी से स्वागत किया कि वह हैरान रह गया, 'वेलकम मिस्टर कुमार, द लीजेंडरी हीरो ऑफ ऑपरेशन ब्लैक पाइथॉन !'

जल्द ही औपचारिकता से बात अनौपचारिक मुद्दों पर आ गई, 'कहिए, कैसे तकलीफ की ?'

'सर, मैंने आपसे परशुराम और कुछ दूसरे नोटोरियस क्रिमिनल्स के मामलों में उनकी प्रॉपर्टी अटैच करने का अनुरोध किया था। उसी सिलसिले में आपको कष्ट देने आया हूँ।'

'क्या मैं इसे ब्यूरोक्रेसी का जूडीसियरी में अनुचित और अनावश्यक हस्तक्षेप मानूँ ?' सिन्हा पूरी तरह सँभल चुके थे, कुमार को एक अबोध बच्चे की तरह बहलाते हुए 'ही-ही'

कर हँस पड़े ? फिर बोले, 'प्रॉपर्टी कब अटैच की जाती है ?'

'जब बेल (जमानत) की अर्जी नामंजूर हो जाए और अभियुक्त फरार हो।'

'ठीक है। मगर यहाँ न तो उनकी कोई जमानत की अर्जी नामंजूर हुई है न ही अभियुक्त फरार हैं।

'वही तो हमारी रिक्वेस्ट है सर कि उनकी जमानत की अर्जी को रिजेक्ट कर दिया जाए, ताकि ऐसे टेरर्स को उनकी माँदों से खदेड़ बाहर किया जा सके।'

सिन्हा तनिक सोच में पड़ गए, 'इसमें तो बेल ग्रांट की जा चुकी।'

'पुराने बीसियों केसेज हैं सर, हम पुराने किसी केस के संदर्भ में यह कार्रवाई कर सकते हैं ?'

'आप स्पेसिफिक केसेज बताएँ, हम देखेंगे कि क्या किया जा सकता है।'

'सर 'देखेंगे' तो बड़ा लंबा खींचने जैसा है, जबकि मामले की सीरियसनेस यह है कि इमीडिएट स्टेप्स उठाए जाएँ।'

'माफ करें मिस्टर कुमार।' सिन्हा की सारी कोमलता सूख चुकी थी, 'क्या यह बेहतर नहीं होगा कि आप अपना काम करें और हमें अपना काम करने दें ? आपको पता होगा ही, इधर इलेक्शन की छुट्टियाँ रहीं और तमाम दूसरी भी।' कुमार अभी भी हार मानने को तैयार न था, 'सर विथ ड्यू रेस्पेक्ट, ऐसे ही एक केस में 'ऑर्डरशीट' की कॉपी मैं साथ ले आया हूँ।' कुमार ने निर्णय की प्रति उन्हें थमाई, 23.11.81 का माननीय जज का निर्णय 797/81 का जिसमें उन्होंने ऐसे ही केस में 'बेल' को रिजेक्ट किया था।

सिन्हा ने बेमन से कोर्ट की ऑर्डरशीट को उठाया तो कुमार ने कहा, 'इसमें माननीय न्यायाधीश ने बेल पेटीशन को अस्वीकार करने के पक्ष में जो तर्क दिए हैं, वे आज भी हू-ब-हू लागू होते हैं। ये नामजद अपराधी किसानों, ठेकेदारों, व्यवसायियों चीनी मिल के मालिकों से रंगदारी टैक्स वसूलते थे, न देने पर आतंक करवाते—लूट, डकैती, बलात्कार और हत्या तक। ग्रामीणों में आतंक फैलाने के लिए ये गन्ने के खेतों में छुपे पड़े थे, गाँववालों ने प्रतिरोध किया। डकैतों ने छल का सहारा लिया। प्रतिरोध का नेतृत्व करनेवाले हरिनारायण पर डकैतों ने दो सप्ताह बाद गोलियाँ चलाईं, जो अस्पताल में ले जाया गया। थाने में रिपोर्ट करने पर डकैत गाँववालों को तरह-तरह से टॉरचर भी करते थे। फिर भी हरिनारायण ने रिपोर्ट की। जज साहब ने स्पष्ट रूप से बताया है कि किस तरह से अपराधी समानांतर सरकार चला रहे हैं। जज साहब ने यह भी बताया है कि पुलिस बल अपर्याप्त तो है ही, डी-मॉरलाइज्ड भी है। पहली बार उसी जज ने इस इलाके को 'मिनी चंबल' की संज्ञा दी जो आज भी चल रही है। उन्होंने उस पर्टीक्युलर घटना के अलावा भी समानांतर सरकारें चलानेवाले जिन डकैतों के नाम गिनाए हैं, उनके भाई-भतीजे अभी भी समानांतर सरकारें चला रहे हैं, मेरे पास बीसियों प्रमाण हैं, सर।'

'आप कहना क्या चाहते हैं ?' जज सिन्हा ने क्षुब्ध स्वर में बीच में ही बात काट ली।

'वही जो माननीय न्यायाधीश पद्म नारायण सिंह ने उस समय अनुतप्त होकर कहा था, 'आय एम मेकिंग दीज ऑबजर्वेशंस बीइंग गोडेड बाइ द सेंस ऑफ ड्यूटी व्हिच आय थिंक, आय सुड हेव, इन मी इन दिस रिगॉर्ड ऐज द डिस्ट्रिक्ट ऐंड सेशंस जज ऑफ दिस

अनफॉरचुनेट डिस्ट्रिकप्ट ऐंड आय रिफ्यूज टू सिट लाइक ए स्टैच्यू।'

'मैं यह सब देख चुका हूँ।' एक ही वाक्य में सारा कुछ सोख गए सिन्हा।

'मैं आपसे काफी उम्मीदें लेकर आया था सर !'

'देखिए मिस्टर कुमार,' सिन्हा उठ खड़े हुए, 'सन् '81 के इतने कड़े नोट पर भी इतने सालों में जो नहीं हो पाया, वह आप मुझसे एक दिन में करा लेना चाहते हैं ?'

'मैं तो सिर्फ बेल पेटीशन, अगर हों तो, उन्हें रद्द करके अपराधियों की प्रॉपर्टी...?'

'वेल, हमसे जो कुछ बन पड़ेगा, हम उठा नहीं रखेंगे, क्या यह उचित नहीं होगा कि इस चर्चा को यहीं स्थगित कर हम कुछ और बातें करें।'

खिन्न मन से लौट रहा था कुमार। बेतिया शहर में भांग के पौधे लहरा रहे थे हर तरफ...इतने पौधे ! क्या दूब नहीं उगती यहाँ ?

नहीं, '81 में तो उगती थी।

इस जंगल से निकलने का रास्ता क्या है ?

जनतंत्र में 'जन' बड़ा है या 'तंत्र' ?

वह एक-एक पायदान नीचे उतर रहा था—जमीन पर ! खुरदरी जमीन पर आते ही उसने तय कर लिया था—'वह जनता के प्रति जवाबदेह है, इस सड़े तंत्र के प्रति नहीं।'

'आय रेफ्यूज टू सिट लाइक ए स्टैच्यू !'

उनचास

छितौनी के बन रहे पुल के पास से जीप रेता में उतरी। बालू का अनंत विस्तार। मानो किसी मरुभूमि में फँस गया हो वह। उसकी नजर रेत के उस पार कुछ ढूँढ़ रही थी। जीप के चक्के बालू में फँस-फँस जा रहे थे। वह बार-बार खीझ रहा था सरकार की काहिली पर। धनहा और ठकराहा—ये दोनों ब्लॉक रेता के उस पार पड़ते हैं। चुनाव क्षेत्र एक। पर अजीब बात है, इसके ऑफिस यू.पी. में पड़ते हैं।

आगे एक सिपाही दौड़ा आ रहा था जीप की ओर, 'जल्दी कीजिए सर, अभी बराज से पानी खोला है। घाट तक लबालब पानी है, जीप पार हो जाएगा। मल्लाह को तैयार रहने के लिए कह के आ रहे हैं... इधर से ई चौर पकड़ लीजिए सर...नहीं धँसेगा, हम कहते हैं।'

सिपाही अनुभवी था। वे घाट तक आ गए। नाव पर झटपट पाटा रखकर जीप को चढ़ाया गया। पानी घाट तक छलक रहा था, कहीं बह गई नाव तो...नहीं, मल्लाह इसका अभ्यस्त निकला। नाव तनिक कर्व लेकर पश्चिमी किनारे के घाट पर जा लगी। जीप आसानी से उतर गई। वहाँ से काफी मशक्कत के बाद पडरौना, पडरौना से तमकुही,

कुशीनगर...सब छान मारा, कहाँ छुप गया परशुराम ? क्या आसमान खा गया, धरती निगल गई ?

कुमार की डाँट पर मुखबिर कसमें खाने लगा, 'अल्लाह कसम, आया इधर-ई है सर !' उसके चेहरे की रंगत बदली, 'अगर वह लौट गया हो तो...? जल्दी कीजिए सर, अल्लाह ताला ने चाहा तो अभी नदी पार नहीं कर सका होगा।'

जीप जितनी तेज चल सकती थी, चली। धूसर अपराह्न में रेता के फैलाव में दूर-दूर मवेशी और आदमी धब्बे की तरह हिल रहे हैं। मरीचिका...। सिर्फ मरीचिका ! हाय...। गलत चँवर पकड़ी गई, बैक करो, बैक। उस पार उतर चलना ही बुद्धिमानी होगी।

मल्लाह उन्हें देखते ही खड़े हो गए, 'साहब, पानी तो नीचे चला गया।'

'तो...?' हताशा उसे मूर्ख बना रही थी।

'तब नाव ठो तो नीचे रह गया नू, जीपवा कइसे पार होगा ?'

'कोई उपाय करो।'

'कौन उपाय करें ? हुजूर के पास वैरलेसवा है न, फोन कर दें, बराज को, फेन पानी खोल दें।' मल्लाह बेचारा क्या समझ सकता था कि वायरलेस से यह खबर बैरेज को नहीं दी जा सकती। वह लाचारी में, नीचे खलियाई नदी को देख रहा था।

इस बीच उत्तरी क्षितिज गर्दीला होता जा रहा था। मल्लाह ने अपनी लुंगी से सिर पर पगड़ी बाँधते हुए मुँह को अच्छी तरह ढंक लिया।

'बुरे फँसे, आँधी आ रही है।'

'अच्छा यह बताओ कि परशुराम ने नदी पार की इस बीच ?' मल्लाह ने इनकार में सिर हिलाया।

पीछे मुड़कर देखा। सारे चेहरों पर मल्लाह की तरह पगड़ी की नकाब चढ़ी हुई थी। क्या यह महज आँधी से बचने के लिए है ? परशुराम की शख्सियत तो लंबी-चौड़ी है...और न इनमें ऐसे नकाबपोश कम हैं।

'चेक करो सबको !'

एक-एक का नकाब खोला जाता है। कुछ खुद ही खोल देते हैं। अभी चेकिंग पूरी हुई भी न थी कि आँधी आ गई। लोग भागकर जहाँ-तहाँ छुपने लगे।

'कोई भागेगा नहीं।'

मगर भागना रुका नहीं। कुमार ने एक हवाई फायरिंग की, फिर खस-खस की आवाज। कोई उत्तर की ओर भागा। धूल भरी रेत के बगूले में जो भी दिख रहा था, सब ढँक गया। अब सिर्फ चेहरे पर छरर-छरर बजती रेत है। आँखों में रेत भरी है, फिर भी पुलिस बल दौड़ रहा है। जीप के चक्के फँस रहे हैं फिर भी जीप घिसट रही है। और लो, चक्के चँवर में जा धँसे।

'इंस्पेक्टर राम !' कुमार ने पुकारा। जवाब में सन्न में एक गोली उसके सिर को छूकर निकल गई। तुरत आड़ ले ली उसने जीप की और उस दिशा में हवाई फायर करने लगा। मगर कहाँ, किधर...कुछ सूझ नहीं रहा उसे। उसके जवान कहाँ हैं, नदी किधर है, घाट किधर हैं, परशुराम और उसका गैंग किधर है—उसे कुछ पता नहीं।

'माई रे...!' अपने दल और मवेशियों से बिछड़े किसी चरवाह बालक की कातर टेर।

'माई रे...! ऐ...माई...!!'

रेत भरी दुखती आँखों से उसने रुककर अपने चारों ओर देखा, उसे लगा, वह रेत के समुद्र में डूबा हुआ आदमी है, अकेला है वह। वजूद का एहसास भर है, बाकी कहीं कुछ है तो सिर्फ गर्द...गर्द...और गर्द। एक अजीब-सा खालीपन उसकी आत्मा में बैठता गया।

'माई रे...!' यह करुण टेर बाहर की नहीं, अंदर उसकी आत्मा की टेर है—अपने स्वजनों, समाज, देश, परिवेश से बिछड़े एक बच्चे की कातर टेर...जिसके जवाब में अगर कुछ है तो छरर-छरर रेत और सन्न-सन्न छूटती गोलियाँ !

पचास

कहाँ-कहाँ नहीं ढूँढ़ता फिरा जोगी अपनी बेटी को ! दिन बीते, महीने बीते, बीत गया पूरा साल...! न बेटी मिली, न लाखू सिंह। शायद बंबई चला गया लेकर। अब जोगी का सारा योग गड़बड़ाने लगा था। वह फिर से अपनी पुरानी दुनिया में लौट जाना चाहता था। और नहीं तो मुखबिरी करके ही दू-चार पैसा कमा लेगा, लेकिन अगर वहीं गुलबिया भेंटा गई और कलपती मिली तो लाखू सिंह को पेट में छूरा भोंक देगा। फिर चाहे जेल हो या फाँसी। हाँ, नहीं तो...! मन-ही-मन कितनी बार लाखू सिंह को छूरा भोंककर उन्हें तड़पता, गिड़गिड़ाता देखकर अपने प्रतिशोध को तृप्त करता रहा है वह।

इसी सिलसिले में वह पुत्तन के ढाबे में आया था कि परशुराम का कोई सुराग हासिल कर लेगा। मिल भी गया—सरैया मन। अब रात वहीं काटकर उसे सुबह चल देना था। मगर सुबह-सुबह ही कुमार के आदेश पर सिपाहियों ने ढाबे तोड़ना शुरू कर दिया। कच्ची नींद में जोगी को पहले तो लगा कि 'भुईडोल' आया है, फिर जिधर फाँका मिला, गोह की तरह बिलबिलाता हुआ उधर ही भाग खड़ा हुआ और पकड़ लिया गया। शोर सुनकर कुमार ने देखा कि एक मरियल-से आदमी को गले में अँगोछा लपेटकर हाँक के ला रहे हैं कुछ लोग।

'कौन ?'

'सर डाकू है, भाग रहा था।'

'हुजूर हमरा नाम रामदास है, डाकू नही हैं। शरीफ आदमी हैं।' जोगी को तत्काल जान बचाने के लिए एक झूठ की बिल ढूँढ़नी पड़ी।

'तब तुम भाग क्यों रहे थे ?'

'हमरा भाई भुला गया है, खोजने आया था। रात हो गया तो हिंयई सो गए।'

'झूठ बोलता है सर।'' भीड़ में से किसी ने कहा।

कुमार के पास इस मुद्दे पर सोचने का समय नहीं था—'उठा लो।'

दूसरे दिन हाजत का टटरा चर्र-से खुला। अंदर जमीन पर लेटे जोगी ने आँखें खोलकर

दार्शनिक भाव से निहारा फिर बदन खींचकर उठ बैठा।

'बाहर निकल, साहब कुछ पूछेंगे।'

जोगी ने इत्मीनान से गमछा झाड़ा, कंधे पर रखा और निकल आया जैसे किसी रिश्तेदार के घर आया हो।

कुमार ने दखा, मरियल-सा आदमी, 40 वर्ष की उम्र, मैले चेहरे पर झनकारती दीनता। चेहरे-मोहरे से भी क्रिमिनल नहीं लगता था, मगर रिपोर्ट के अनुसार हथियार बेचता है।

'तुम्हारे पास कितनी बंदूकें हैं ?'

'बन्नूक ? ना हुजूर !'

'सीधे-सीधे बताओगे या...'–कुमार ने बेंत की साँटी उठा ली।

'रामजी की किरिया, एक हू ना हुजूर !'

कुमार की साँटी हवा में लहराई। जोगी के हाथ फैल गए।

'सट्ट !' सधा हुआ प्रहार। जोगी की पूरी देह काँप उठी। हाथ झनकाए फिर दूसरी हथेली वार झेलने को फैल गई।

'सट्ट !' फिर वही खिंची थरथराहट और थरथराहट का थिरते चला जाना।

'सट्ट ! सट्ट ! सट्ट ! सट्ट !' आखिर आँखें बरस ही पड़ीं।

'आहि-ए दादा। मत मारीं हुजूर।'

'फिर बताओ !'

'नेपाल के शिवपुर में है हुजूर शिब्बन के पास।'

'ठीक कहते हो ?'

'राम किरिया !'

जोगी को लादकर जीप भैंसालोटन की ओर भागने लगी। गंडक का पुल पारकर नेपाल में दाखिल होने पर जोगी रास्ता बताने लगा।

करीब घंटे-भर लग गया शिवपुर पहुँचने में। एक खस्ताहाल मकान के सामने जोगी ने जीप रोकने के लिए कहा, फिर द्वार पर जाकर पुकारा–'शिब्बन ! ए शिब्बन !!'

जोगी की नस्ल का एक दुबला-पतला आदमी पुलिस को देखकर खाट से उतरकर हड़बड़ाकर खड़ा हो गया।

'बनुकिया दे-द-अ...!'

उस आदमी ने जोगी का हाथ झटकते हुए झिड़की दी–'बन्नूक ? हमरा पास ? तुमरा दिमाग तो नहीं खराब हो गया है ?'

'तुम्हारा नाम क्या है ?' कुमार ने पूछा।

'शिब्बन हुजूर।' कुमार ने नोट किया।

'बंदूक कहाँ है ?'

'ई झूठ बोलता है हुजूर, हमरा पास कोई बन्नूक नहीं है।' कुमार के इशारे पर प्रेम प्रकाश और हेड कांस्टेबल यादव घुस गए घर में। अक्सा-बक्सा, कोना-अँतरा सब छान मारा गया मगर बंदूक न मिली।

'दोनों को ले चलो थाने।'

थाने में दोनों की अलग-अलग पिटाई होने लगी। जल्द ही टूट गया शिब्बन।

'का ए जोगी, काहे को हलाल करा रहा है ?'

'जोगी ?' चौंक पड़ा कुमार, यह नाम तो कुछ जाना-पहचाना लग रहा है।

'लेकिन इसने तो अपना नाम रामदास बताया था।'

'नहीं हुज़ूर, ई जोगी है, ऊ भी असली नाम नहीं है, बाकी एही नाम से जाना जाता है।' शिब्बन ने कहा फिर उसने सामने लुढ़के पड़े जोगी को ललकारा—'का रे...? हम गलत कह तानी ?'

अब वह सिसक रहा था—'हुजूर सिरिफ दू बेर ठहराया था इसको।' फिर जोगी की ओर मुखातिब हुआ—'का रे जोगिया, एक-दू बेर खियउले रहलीं तोरा के, उहे पाप हो गइल ?'

जोगी उर्फ रामदास ने दार्शनिक की तरह सिर पटककर हैरानी प्रकट की फिर गाल पर हथेली रखकर लगा ताकने शिब्बन को—'हम एतना मार खइलीं, एतना कि अँगुरी फाटि गइल लेकिन नाम ना बतवुलीं, आ तू...? अतने पिटाई में बक देहले ?'

दोनों दो घायल मुर्गों की तरह दूर-दूर गिरे पड़े थे और वहीं से अपने-अपने गिले-शिकवे का इजहार कर रहे थे।

'क्या है शिब्बन का असली नाम ?'

'अब जाए देईं सरकार। डरपोक आदमी का संग-साथ का करना ?' जोगी के स्वर के बड़प्पन के ठसके पर कुमार को हँसी आ गई।

'अरे कह दो न कि हमरा नाम शिब्बन नहीं शिव बरन है, बाकी हमहू तोहार पोल-पट्टी खोल देइब कि तू का करत रहले।'

'का करत रहल ?'

'हुजूर पहिले छेंड़ी-भेंड़ी, गाइ-बैल और भैंस चोराकर बेचता था, पनहा लेता था, फिर जनाना चोराने-बेचने लगा। जतना कोड़ेदार (औरतों की खरीद-फरोख्त के दलाल) हैं, किसी से भी पूछ लीजिए।'

'तुमने इसका संग क्यों छोड़ा ?'

'ई न बताएँगे, बेइज्जती का बात है।'

कुमार की साँटी जैसे ही उठी, वह हाथ जोड़कर गिड़गिड़ा उठा—'बताते हैं हुजूर, बताते हैं। बड़ा शरम की बात है, का कहें !' कहते-कहते जोरों की हिचकी ले-लेकर वह रोने लगा—'ई हमरा को कहीं का नहीं छोड़ा। हमरा मेहरारू का इज्जत लिया।' शिवबरन तनिक रुका। उसने वहीं बैठे-बैठे अपनी नाक छिनकी फिर गमछे से मुँह पोंछा—'हम कोई कमजोर मरद नहीं हैं साहब। ऊ पर भी गम खा गए। चलो यारी-दोस्ती में होता है। बाकी हुजूर, ई उसको बेच भी दिया।'

'क्या यह सच है जोगी ?'

'हमरा बात पे विश्वास-ए न कीजिएगा साहब तो यही सच है।' जोगी ने निर्विकार भाव से कहा।

कुमार को यकायक इतना गुस्सा आया कि अंधाधुंध पीटने लगा जोगी को।

'बता, बंदूक कहाँ छिपाया है ?'

'बन्नूक ?' जैसे बेखुदी में झरा हो यह शब्द और जोगी लुढ़क पड़ा।

जंगल का वह उजाड़ थाना। रात का तीसरा पहर। सिवाय कुछ जंगली पशुओं की अस्फुट आहटों के सारी आवाजें प्रायः सो गई हैं, ऐसी वीरानी रात में भला कौन जागता है—रोगी, चाहे भोगी, चाहे जोगी ! और जो तीनों हो, वह...?'

अर्द्धचेतन अवस्था में मनोलोक के किन्हीं अनजान बीहड़ों में भटक रहा है जोगी, 'एक गो माल नेपाल से उठाना है, एक गो मालदह से। तनी महँगा पड़ेगा। सुनीला कि उड़ीसा का कालाहांडी जिला में पच्चीस-पचास के भी माल भेंटा जाता है, लेकिन जल्दी बिकता नहीं। और इहाँ खरीदार चाहे टेंट में पाँच-ए सौ होखे, बाकी उनकरा चाहीं मधुबाला, हेमामालिन। फिर एक खांची हाड़-ए ले के का होगा, चुटकी भर मांस तो चाहीं न !'

'एक गो चमइन के बभनी बनाए के बा, आ एक गो बभनी के चमइन !'

'काहे हो जोगीजी ?' सिसकारती आवाज में पूछती हैं सोखाइन।

'बभनी के अइसन अकाल परि गइल ?'

'गोर चाम के डिमांड बा। केहू पतियइबे न करेला कि चमइनो गोर हो सकेलिन अउर बभनियो करिया...।'

नींद में खलल से कांस्टेबल भौंक उठता है, 'चुप ना रहबे ? मारब दू लात कि अभुअइले भुला जाई।'

दूसरे इंटेरोगेशन तक जोगी कुछ ढीला पड़ गया था, हालाँकि मार सहने की उसकी क्षमता अद्भुत ढंग से बरकरार थी।

'तुमने पहले गाय-गोरू चुराकर बेचा था ?' कुमार ने पूछा।

'हाँ हजूर !'

'फिर औरत क्यों बेचने लगे ?'

'वोइसा जोगाड़े बैठ गया। फेन गाय-भैंस आदमी में नहीं छिप पाता, अदमी में अदमी छिप जाता है।'

'जब ऐसी बात थी तो छोड़ा क्यों ?'

'ऊ अइसा हुआ न हजूर, कई बेर फँसते-फँसते बचे।'

'कैसे ?'

'ऊ बोला, हम जइबे न करेंगे। हमको अपना ही पास रख लो, माने परक जाता था। फिर हम कै ठो को रखते, धंधा कैसे चलता, कहाँ पहुँचाते शिब्बन के पास, मकरंदा, भगेलूपुर, गोरखपुर ?'

'उनके बच्चे-वच्चे ?'

'एकाध को ठाँठ (बाँझ) समझ के बेचा, बाद में पता चला कि पेट में बच्चा है। माल वापस। मार भी खाया।'

'फिर क्या किए ?'

'बच्चा खलास करवा के बेचे।'

'तुमने कई औरतों की इज्जत भी लूटी ?'

'इज्जत..हाँ।'

'कौन-सा आनंद मिलता था ?'

'वो ही आनंद है दू मिनट का !' वह पागलों जैसा बहक रहा था।

'तुम्हें कभी दुःख नहीं हुआ इस बात का ?'

'अब दुःख तो...।' वह बुदबुदाकर रह गया।

'औरतें विरोध नहीं करती थीं ?'

'जे जैसन, ते तैसन। थोड़ा-थोड़ा हाथ-पाँव तो...!'

'तुमने काली की पत्नी का क्या किया ?'

'काली...?'

'क्यों याद नहीं आ रहा है, उठाएँ साँटी ?'

'ऊ हुजूर, हम उसके गाँव से ले आए उसका ससुराल, बिसराम के घर। हुआँ ताला बंद, फिर ले गए मकरंदा, उसका बहन मलारी के घर, वहाँ पुलुस। काली सरदार भी अपना पुराना ठिकाना पे नहीं मिला। जीव का जंजाल हो गया। सोचा बेच ही दें, जौने खरचा-खोराकी भेंटा जाए।'

'और काली माँगता तो...?'

'तब...दोसर जनाना ले आ के दे देते।'

'यह सारा गोरखधंधा तुम अकेले कर लेते थे ?'

'न हुजूर, संत बकस सिंह थे, शिब्बन था, थापा था, मनकरन था...सोखाइन थी। ऊ सब का संग-साथ धीरे-धीरे छूट गया।'

'तब हथियार बेचने लगे ?'

'हाँ, जब देखा कि इसमें परोफिट कम और झंझट जियादा है। अब छेंड़ी-भेंड़ी, गाय-भैंस का भूसा-चारा लगता था, जनाना का भी। भगवानजी मुँह न दिए हैं इन लोगों को। आवाज कर दें, तो एक आफत। फेन सबसे मुख्य चीज हो गया हथियार, सबको चाहिए। जनाना का का है, हथियार हो तो एक क्या सौ गो हाँक लाओ।'

'तुमने किस-किसको हथियार दिए ?'

'ऊ तो परसुराम-ए भैया जानते हैं, वही हिसाब रखते थे।'

'जनरल पब्लिक को ?'

'कै गो सेठ को दिए थे।'

'नाम बताओ...!'

'लछमन राजगढ़िया का तो नाम था।'

'और...?'

'याद करके बता देंगे हुजूर।'

'तुम हथियार कहाँ से लाते थे, कहाँ रखते थे और किन-किन लोगों को तुमने दिए ?'

'अब...!' जोगी के शब्द बुदबुदाकर होंठों में रह गए।

कुमार के गुस्से का पारा चढ़ने लगा। आशय समझकर इंस्पेक्टर राम ने उसके सिर के बाल पकड़कर ऐंठ दिए, चेहरा भयानक रूप से विकृत हो गया। फिर चूतड़ पर एक

लात। मुँह के बल भहरा पड़ा जोगी।

कोई हरकत नहीं। लगा, मर गया, मगर नहीं, धीरे-धीरे-पंजों के बल बंदर की तरह फिर उठा और कातर स्वर में कहने लगा—'अब ओकर कौनो हिसाब बा हुजूर ? नेपाल से लाते थे, मलीटरीवाले से लाते थे, समसे देश में तो करखाना खुलल बा। हमार औकात का बा ? बड़का-बड़का बाड़न एकरा में। रुपैया देई हजूर, राउर घरवे में बना देई कारीगर।' इसके आगे नहीं बोल सका जोगी। आवाज रुँध गई थी।

रात सोचता रहा कुमार—'हथियार माने आतंक, हथियार माने सुरक्षा। सारी बंदिशें, सिर्फ चंद अमनपसंद, कानून और नैतिकता के पाबंद निरीह लोगों के लिए ही क्यों ? जब सरकार इनकी रक्षा नहीं कर सकती तो हथियारों को डी-लाइसेंस क्यों नहीं कर देती ?'

सुबह उठते ही उसने कल के सारे प्रकरण के बारे में सोचा तो दुःस्वप्न जैसा लगा। पी.टी. और आसन से निवृत्त होने के साथ ही एक नए कोण से सोचने लगा था वह, अगर हथियार मिल जाएँ तो एक बड़ी उपलब्धि होगी।

थाने में आते ही उसने जोगी को पेश करने का हुक्म दिया। एक सिपाही उसकी कमर का रस्सा पकड़े निबटान से लिवा आ रहा था।

'जोगी !'

जोगी ने कान खड़े कर लिये।

'अगर तुम कोई हथियार दे दो तो हम तुम्हें छोड़ देंगे, तुम्हारी बेटी का भी पता लगाने में कोई कोर-कसर नहीं छोड़ी जाएगी।'

'चलीं सरकार गोरखपुर, अभिये दे देते हैं। परसपटी का जो सड़क जाता है, मगहर का ओरी...ओही में कलिका गहराज के पिछवाड़े, जोखन मल्लाह के घर, ओकरे भुँसवल में...।'

वह जल्द-से-जल्द गोरखपुर पहुँच जाना चाहता था, छितौनी पर पुल न बने होने का पहली बार अफ़सोस हुआ, तमकुही पहुँचकर उसने जोगी को एक मिठाई की दुकान पर बैठा दिया। बलि के बकरे-सा पूड़ी-जलेबी ठूँसता रहा जोगी। कितना दयनीय, कितना भदेस लग रहा था जोगी ! यू.पी. पुलिस की जीप आ गई तो वे आगे बढ़े।

पहले परसपटी, परसपटी से मगहर, कलिका पंडित का मकान भी मिल गया और उसके पिछवाड़े जोखन का घर भी।

पुलिस को देखकर खाँची से भूसा रख रहीं औरतों ने घूँघट काढ़ लिया और परे हट गईं। पुलिस कच्चे घर में फैल गई। धान के कोठले उलटे गए, गेहूँ के बोरे उलटे गए, भूसा छितरा दिया गया। कोठे तक पर टॉर्च से देख लिया गया। बंदूक कहीं न मिली।

'कहाँ है ?' कुमार खिसिया उठा।

'हेहिजे (यहीं) रखले रहलीं'—फिर वह एक प्रौढ़ औरत से बोला—'ए कलवतिया के माई, बन्नूकिया का भइल ?'

'कइसन बन्नूक...?' उस औरत की त्यौरियाँ चढ़ गईं, 'साहेब, इ झूठ बोलता है।'

'लेकिन यहाँ आया तो था कभी ?'

'साल-भर हो गया।'

'ना दू साल !'–एक दूसरी औरत ने संशोधन किया।

'यहाँ क्या करने आता था ?'

'जोगी था, अइसहीं रात-बिरात टिक जात था, हम का जाने कि हमको फँसाने पुलुस ले के चला आएगा ?'

जोगी अभी भी जमीन और छप्पर में ऊपर-नीचे कुछ ढूँढ़ रहा था। कुमार का गुस्सा भड़क उठा। उसने झुके हुए जोगी पर फुटबॉल के किक-सा प्रहार किया। वह दूर भूसे पर जा भहराया।

काफी रात गए रानीमहल लौटा तो मन खीझ से भरा हुआ था। मगर अभी खीझ की इंतहा कहाँ ? वायरलेस एटेंडेंट ने बताया, सर, एस.पी. साहब का मैसेज आया था। कल सुबह नौ बजे तक आपको बगहा पहुँचना है। सी.एम. आ रहे हैं।'

इक्यावन

मुख्यमंत्री आए हैं–बेतिया नहीं, बाल्मीकिपुर नहीं, बगहा। धूल का बवंडर उड़ाता हुआ उनका हैलीकॉप्टर अभी-अभी उतरा है। पेड़ों के पत्तों, फूलों और स्वागत में खड़ी भीड़ या तमाशबीनों के कपड़ों, चेहरों पर गर्द की परत थिरा रही है।

धवल शुभ्र खद्दर में शुभ्र बालों और चर्बियाए फूले चेहरे में कितने भव्य लग रहे हैं मुख्यमंत्री। नाश्ता नहीं, चाय नहीं, माला नहीं, मानपत्र भी नहीं, जाने क्यों एकदम से खिटिखटाए हुए हैं मुख्यमंत्री। भीड़ में जगह बनाते उन्हें मंच तक लिवा जा रहे हैं सुरक्षा गार्ड के कमांडो।

'बेतिया के भाई लोग, माई लोग !' मुख्यमंत्री अपनी सदाबहार भदेस शैली में जनता के करीब होने का भ्रम पैदा करते हुए बोल रहे हैं, 'हमको पटना में मालूम हुआ कि डाकू उन्मूलन का काम में पब्लिक प्रोपर्टी को तोड़ा जा रहा है, जनता को बेवजह परेशान किया जा रहा है ? हम डाकू मारने को बोले थे, शांतीप्रिय नागरिक का मकान-दुकान ढाहने को नहीं। जो कुछ हुआ, उस पर हमरा दिल में चोट लगा, हम एही से माफी माँगने पटना से उड़कर आए। हियाँ का ऑपरेशन इनचारज कौन है ?' उन्होंने बगल में खड़े सांसद से पूछा।

'जी मैं हूँ।' कुमार ने सांसद के कहने पर आगे बढ़कर सैल्यूट किया ?

ऊपर से नीचे ताकते हैं कुमार को मुख्यमंत्री, आँखें लाल हो रही हैं, 'एक ठो खाकी वर्दी का मिल गया, आपका दिमागे चढ़ गया...ऐं। अरे आप का चीज हैं, जनता के सेवक-ए न ? आपको को चीज का पावर मिला हुआ है–जनता जनारदन का रच्छा करने का कि उसको बर्बाद करने का। ई जो करोड़ों का पब्लिक प्रोपर्टी नष्ट हुआ, उसको कौन भरेगा–आप कि हम ? तनख्वाह से भी तो पूरा नहीं पड़ेगा कि काट लें...? किसका परमीशन से किए ई सब ?'

कुमार पर बुरादे झरने लगे। यह मुख्यमंत्री है ? यही बात तो वह उससे अकेले में बुलाकर भी कह सकता था, लेकिन सबके सामने...और वह भी इस टोन में !

लोग खी-खी-खी कर रहे हैं। कल तक इनमें से कुछ लोग उसे शाबाशियाँ देने आए थे, वे भी...।

'एकदम से इसी दम से ई स्टेप वापस ? चलिए माफी माँगिए।'

वह सिर झुकाए खड़ा है, कुछ समझ में नहीं आता कि क्या करे।

'हटाइए, हटाइए इनको हमरा आँख का सामने से ?'

मुख्यमंत्री के झिड़कने पर सुरक्षा गार्ड उसे बाहर ले गए।

अब यह तय है कि उसे सस्पेंड कर दिया जाएगा, फिर मुकदमा चलेगा उसी घाघ सिन्हा की कोर्ट में। अभियुक्त और वादी के स्थान बदले हुए होंगे। बीच में जज की खाल ओढ़े बैठा होगा सिन्हा, पूछेगा, 'कहो कैसी रही ?'

जीप स्टार्ट हो रही थी कि एक दरोगा ने आकर उससे कहा, 'सर, आपको सी.एम. साहब ने गेस्ट हाउस में बुलाया है।'

वह हिचकिचाया, 'अब भी कुछ बाकी रह गया है क्या ?'

जाए कि न जाए ? जब जाना तय है तो क्यों न यह आखिरी खेल देखकर ही जाए ?

आश्चर्य सी.एम. की जगह वहाँ तांत्रिक व्योम बिहारी बैठे मिले, रेशम के गेरुआ चोंगे और रुद्राक्ष में उसका रूप निखर आया है।

'आइए, आइए कुमार साहब, आप तो समझ रहे होंगे, गया, सब-कुछ गया। मगर हम हैं न आपके लिए, जाने कैसे देंगे ?' यह उसने बैठे-बैठे ही कहा, इस उम्मीद पर कि कुमार भहरा पड़ेगा उसके कदमों पर, त्राहिमाम् ! मगर कुमार के हाथ जुड़कर रह गए।

'आप ?'

'हाँ मैं, मैं न होता तो अब तक आपका पत्ता साफ ही था ?' तांत्रिक हँस रहा था, नहीं, तंत्र हँस रहा था।

'सी.एम. कहाँ हैं ?'

'बाथरूम में।...वो देखिए, आ ही गए ?'

वही फूले गालों, उजले बालोंवाला स्थूल चेहरा, 'बैठिए ?'

'जी ठीक है।'

'खैर, खड़े-खड़े दू ठो बात सुन लीजिए ? हमने जब आपसे जनता से माफी माँगने को कहा, तो आपने माँगा क्यों नहीं ?'

'जी मैं अपराधियों से माफी नहीं माँगता।'

'क्या...? जिसको जनता जनार्दन ने एम.एल.ए., एम.पी. बनाकर विधानसभा और संसद में भेजा, ऊ अपराधी है और आप साहु ?'

'वह तो जाति के बल पर सांप्रदायिकता या किसी सेंसीटिव सेंटीमेंट पर और सबसे बढ़कर गुंडई, भय या लोभ देकर कोई भी जीत सकता है।'

'कोई भी...? आप तनी जीत के दिखा न दीजिए ? हुँह, जनता मुरुख है और आप—ए होशियार ?'

'कुमार ?' तांत्रिक ने इस बार टोका।

'समझाइए, समझाइए अपने चेले को, आपके कहने से छोड़ रहे थे और...?'

'सर, ई खुद थोड़े न बोल रहा है, इससे बोलवाया जा रहा है। जंगल-जंगल भटकता है, एक से बढ़कर एक दुष्टात्मा घेरे रहती है। हमने पहले इसको जी भरकर बकरने दिया, अब इस पर अनुष्ठान करेंगे तो देखिएगा, इससे बड़ा बफादार आपको ढूँढ़े नहीं मिलेगा।'

'ऐसा ?' फूले गालों पर नरमी आ गई।

'आपको अभी भी विश्वास नहीं आया साहब। तनी सोचिए आपके शत्रुओं ने आपको उखाड़ फेंकने की कम कोशिश की, पहली बार संकट आया तो हमने अपने अनुष्ठान से उस संकट को श्रीलंका की ओर ठेल दिया और प्रेमदास की सरकार गिर गई, आ गई रणतुंगे, दुसरका बेर संकट आया तो उस संकट को नेपाल भेज दिया, वहाँ की सरकार भहरा गई—कमनिस्ट शासन आ गया, तिसरका बेर के संकट को बांगलादेश उड़ाया और चौथी बार के संकट को बंगलादेश में—खालिदन जिया को हटवा के शेख हसीना को बैठवाया और पाकिस्तान में बेनजीर को हटवा के नवाज शरीफ को ? जब बड़के-बड़के का सिहांसन धराशायी करवा दिया तो अपने चेले पर जंगल की दुष्टात्मा को भगाना तो हमरे बाएँ हाथ का खेल है ?'

आते समय तांत्रिक ने उसे एक काले सूते में बँधी जड़ी दी। कुछ भी करने के पहले इसको माथे से छुआ लेना और हमारा स्मरण कर लेना, तनी गते-से पाँच मिनट बैठ जाना, जब तक जी शांत हो जाएगा, फिर तुम्हें खुद ही वह शक्ति उचित काम की ओर प्रेरित करेगी, अनुचित का निषेध करेगी। पांड़े को मेडल हमी दिलाए और अब तुम्हारा नंबर है। डी.आई.जी. साहब से मिलते जाना।

'कहाँ चलें सर ?' ड्राइवर ने पूछा।

'ऊऽऽऽ !' उसे कहाँ जाना है, सहसा कुछ याद नहीं आया। एक अनाम-सी थकान का बुरादा झरता रहा मन और आत्मा पर और उसकी पलकें मुँदती चली गईं।

करीब घंटे बाद जीप के हिचकोले से उसकी आँख खुली तो वह यकायक समझ न पाया कि वह कहाँ है। धीरे-धीरे दिमाग स्थिर हुआ तो उसने पूछा, 'कहाँ चल रहे हो ?'

'रानीमहल न सर ?'

'हूऽऽऽ ?'

सड़क के बगल नहर थी, नहर पर शीशम और यूक्लिप्टस के लंबे-लंबे पेड़। सामने से एक खोरि निकल रही थी दाहिनी ओर ?

'क्या नौतनवाँ पार हो गया ?'

'जी यही तो है ?'

'यानी मुरली पांड़े का घर, खोरि में जीप और मारुती ? क्या बात है ? इन पर तो पीपुल्स पार्टी के झंडे हैं। तो क्या परशुराम मास्टर साहब के यहाँ आया है ? जीप को जरा आगे छुपाने लायक जगह पर रोक लो।'

'जी ?' ड्राइवर ने आगे एक दलान में पेड़ों के झुरमुट में जीप रोक ली।

'तुम लोग मेरे बिना ऑर्डर के फायर न करना।' उसने जवानों से कहा और पिछवाड़े से मुरली पांड़े के घर की ओर बढ़ चला। घर के ऐन बगल में बोए जाने के लिए साबुत छोड़ दिए गए कुछ गन्ने थे। यहाँ से छुपकर नजर रखी जा सकती है, वह चोरों की तरह उसमें जाकर खड़ा हो गया।

मास्टर साहब के द्वार पर काफी भीड़ थी। परशुराम, मास्टर साहब और दूसरे लोग। लगता है मुख्यमंत्री के पटना लौट जाने के बाद परशुराम सीधे यहीं आया था दल-बल के साथ।

'मास्टर साहेब ?' परशुराम कह रहा था, 'आपने हमसे जिनगी-भर अदावत किया, मगर आपका आसिरवाद से हम तरक्की करते गए ? आज एमेले भी हो गए, कल को मनिस्टर भी हो जाएँगे। आपने भी गिराम सुरच्छा दल तोड़कर अपना हार मान लिया।'

मुरली पांड़े हँस पड़े, 'और कुछ ?'

'हमरा मिठाइया काहे ला लौटवा दिए ?'

'बस ? अब जबाब दें ?'

'अब जवाब तो, जे हे, से खुद ए बनके, परशुराम भैया भड़े हैं।' भीड़ में से किसी ने कहा।

'मैं फिर से साफ कर देना चाहता हूँ', मुरली पांड़े ने कहा, 'इस धरती पुत्र परशुराम को कब हमने नहीं चाहा कि वो जीए, जागे, अपनी संपूर्णता में खिले, लेकिन जो परशुराम तुम बन डालेते रहे, यह तो उस परशुराम का अपमान है। इससे विरोध हमारा रहा है, रहेगा; चाहे मेरी हैसियत उसके सामने जितनी भी कम हो। रही बात ग्राम सुरक्षा दल के तोड़ने की तो वह इसलिए कि वे रास्ते से भटक रहे थे। कई तो रात में गाँव की पहरेदारी के बहाने डकैती ही करने लगे थे। इन्हें भंग कर वहाँ ग्रामोत्थान दल गठित कर रहे हैं।'

'ओ ऽ ऽ ऽ ?' हँस पड़ा परशुराम, 'ई और भी, का तो, हाँ गिराम पतन दल हो गया तो ?'

'तो उसे भी भंग कर कुछ और करेंगे।'

'और वो कुछ और भी महापतन दल हो गिया तो ?'

'तो कोई और... ? इस पूरे क्षेत्र में इजी मनी, इजी सेक्स, इजी सक्सेस यानी पैसा, औरत और सफलता को आसानी से हासिल कर लेने की हवा के विरुद्ध मैं लोगों को मरते दम तक खड़ा करने की कोशिश करता रहूँगा।'

'मास्टर साहब, आपको पता होगा, पिछले कई महीनों से मैं अपने बूते कराइम कंटरोल कर रहा हूँ, जिनको आपका कोरट ने नियाव नहीं दिया, जिनका जमीन और परापरटी जबरों ने दखलिया लिया, सब हमरा पास आते रहे। माने समझ रहे हैं, हमरा पे विश्वास था, कोरट पे नहीं, थाने पे नहीं ?'

'अच्छी बात है ?'

'आप गुनी हैं, बिद्दमान हैं, इसी से आप हमपे वार करते रहे, हम बचाते रहे।'

'हमारी-तुम्हारी आपसी दुश्मनी थी क्या ?'

'सुनिए ?' परशुराम ने जोर से डाँटकर उन्हें चुप करा दिया, 'आपको खत्म करना मेरे बाएँ हाथ का खेल था, लेकिन हम नहीं किए, एक तो बराहमन, दूसरे मास्टर।'

'मुझे बराहमन और मास्टर की गोली से मत दागो ?'

'सुनिए अभी ?' परशुराम डाँटते हुए उत्तेजना में उठकर खड़ा हो गया, 'आप ही लिख-लिखकर, परचार कर-कर हमको बदनाम करते रहे, परशुराम बलात्कारी है, खूनी है, डाकू है, कहा कि नहीं कहा ?'

'गलत कहा ?'

'तो ऊही मुहवा से एक बार ई भी कहे देते कि परशुराम गरीबों का मदद करता है, जिसको इंसाफ नहीं मिलता, उसको इंसाफ देता है, नियाव करता है, कराइम कंटरोल करता है।'

मुरली पांड़े को सूझ न पड़ा कि वे क्या जबाब दें।

'बाकि देखो मास्टर साहेब, हमरा दिल में आपका लिए कोई मैल नहीं, आप तो आप, आपका चेला कुमार साहब जैसा रंगबाज पुलिस अफीसर के लिए भी नहीं। दू-चार ठो छान-छप्पर तुड़वा दिया तो समझता है परशुराम को खतम कर दिए। गोजर का हजार टाँग, एक-आध टूटने से गोजर का का उखाड़ लीजिएगा। हमसे अदावत का फल पा नू गिया, मुख्ख मंतरी ऐसा धँसोरे, ऐसा कि माफी माँगते नहीं बन रहा है ?'

'माफी ?'

'हाँ, विश्वास न हो तो स्वामीजी से जाके पूछ लीजिए। ऊ तो नौकरी बच गया—यही बहुत है, लेकिन...' उसने 'लेकिन' का उच्चारण फिर जोरों से किया, 'हम आज से सबको माफ किया, सबको, त-अ हम का कह रहे थे ?'

'किसी से बैर नहीं ?' किसी ने पुराया।

'हाँ, आप गिराम सुरच्छा दल बनाइए कि परिच्छा दल, कह ई रहे हैं कि आपसे अकेले नहीं सपरेगा (संभव होगा), आप हमरा गुरू, हमरा लड़का का गुरू—सिरिफ हुकुम कीजिए बैठे-बैठे—हम करके दिखाएँगे हम ? अ बड़का युधिष्ठिर बने फिरते हैं तो आधा सच, आधा झूठ मत बोलिए कि अश्वथामा मारा गया—हाथी कि अदमी, रामजाने, बोलिये जो हाथी मारा गया, अदमी जिंदा है।'

उसके दलवालों ने ताली बजाई जैसे वह कोई मीटिंग हो ? मुरली पांड़े मूरत की तरह खड़े थे, नजर कहीं भटकी-भटकी-सी।

'परशुराम।'

'बोलिए।'

'पहाड़ को तुम अपनी ओर से खोदो, हम अपनी ओर से, अगर हमारा लक्ष्य एक है तो कहीं-न-कहीं दोनों सुरंगें मिलकर एक हो जाएँगी और पहाड़ के बीच से रास्ता निकल जाएगा।'

'ठीक है।' परशुराम ने जैसे सलटाते हुए कहा। उसके उठते ही उसका दल-बल उठ पड़ा, फिर वह मास्टर साहब को ईख की ओर ले आया। कुमार का दिल धड़क उठा, मगर वे कहीं रुक गए।

'हऊ कुमरवा को तनी समझाइए न, हमरा पास ऊ एक बेर राम उजागिर को भेजा रहा, समरपन का न्योता देके, बहुत पोलीटिस खेलता है। उधर बातचीत और इधर रेता में हमको मारने गया था। कहिए कि ऊ सब फरेब छोड़ दें, अब उसका लाख न चाहने पर भी हम जीत गए और हमरा पारटी का सरकार बन गिया। ऊ अपना नौकरी बचाए। उसको कोई नहीं बचाएगा, बचाएगा तो सिरिफ एक आदमी—हम परशुराम। ऊ हमको समरपन करवाने को कह रहा था, हम आज कर रहे हैं, ऊ आके समरपन करे, डी.आई.जी. साहब से भेंट करें।'

डी.आई.जी. साहब ! कुमार ने सुना और उसका अब तक का सारा दिशाभ्रम मिट गया। अरे उसे तो डी.आई.जी. से भेंट करनी थी। वह गन्ने से चोरों की तरह निकल आया और जीप में जा बैठा, बदले हुए राजनीतिक माहौल में जहाँ चारों तरफ हार-ही-हार थी, उसका मन बंदी-सा कसमसाता रहा।

और डी.आई.जी... !

'हेयर इज ए मास्टर प्लान फॉर यू।' वे कुमार को देखते ही चहक उठे। ड्रायर खोलकर उन्होंने हाथ से खींचा हुआ एक नक्शा निकाला, 'ये है भिखना ठोरी। यहाँ गिट्टियों के क्रशर्स हैं। इन्हीं क्रशर्स में से एक शर्मा क्रशर्स में एक मजदूरन है—सुइया। एक बच्चा भी है उसे।'

'मगर यह सब आप मुझे क्यों सुना रहे हैं सर ?'

'इसलिए की परेमा आजकल इसी औरत के गिर्द मँडराता है।'

'ओ ऽ ऽ ऽ !'

'मगर सुइया रहती है भँवरी गाँव में--एक जनाना मेठ सुग्गी के साथ। ये देखो, ये है ठोरी, ये है भँवरी गाँव। बाकी तुम समझदार हो।'

'जी, मगर प्लान... ?'

'मेरे पास सिर्फ रॉ प्लान है, दो दल होंगे, दोनों तरफ से घेरना है, हम कोई लूपहोल (छिद्र) नहीं छोड़ना चाहते।'

'मगर सर, परेमा के सफाए से क्या यह मतलब नहीं निकाला जाएगा कि चुनाव में मुख्यमंत्री का साथ न देने के लिए उसे मार दिया गया। आखिर परशुराम के प्रति तो नरमी... ?'

'नो नो ?' डी.आई.जी. तनिक ठमके, फिर बोले, 'किसने कहा सफाया ? तुम लोग उसे जिंदा पकड़ोगे—अंडरस्टैंड। और उसे समर्पण करने को प्ररित करोगे। तुम घेरोगे भँवरी की ओर से, जायसवाल नेपाल की ओर से—दोनों दलों को मिलना है ठोरी में आके।'

'जी।' कुमार का विचलित होता मन तनिक स्थिर हुआ, 'ओ.के. सर ! मैं कल बताऊँगा।' कहकर उठ पड़ा वह, सैल्यूट किए और वापस जीप पर जा बैठा। कहने को तो कह दिया उसने मगर अब अंदर से कोई उत्साह नहीं रह गया था ऐसे अभियानों के लिए। एकबारगी खाली हो गया है मन। उसने नक्शे को फैलाकर यूँ ही देखना शुरू किया था। अचानक भँवरी और सुइया पर आकर अटक गई नजर ? कहीं यह सुइया मलारी तो नहीं ?

बावन

नदी को दसियों कर पार कर आगे बढ़ा था कुमार। मगर वही नदी फिर सामने थी। नदी किसी अल्हड़ किशोरी की तरह बार-बार उसकी राह रोककर खड़ी हो जाती थी, हर बार नए बाँकपन से। लोगों ने गलत नाम नहीं रखा था—'भँवरी' ! कहते हैं भँवर सीधे पाताल में खींच लेती है। तो क्या वह भी मृत्यु की गहराइयों में समाने जा रहा है, जैसे असम के जोटिंगा गाँव में रात को मशाल जलाते ही परिंदे आ-आकर टूट पड़ते हैं—शलम हो जाने के लिए ? एक परिंदा परेमा है, एक वह—एक डाकू, एक पुलिस।

'नहीं-नहीं, मैं नहीं !' वह खुद से कतरा रहा है।

धुँध में डूबे पहाड़ तिलस्मी हँसी हँसते हैं, 'फिर इतने चक्कर क्यों ?' क्या यह सच नहीं कि तुम्हारे खील-खील बिखरते जा रहे केंद्रापसारी बल को किसी केंद्र की तलाश है और उस केंद्र का नाम मलारी है, जो सुइया के नाम से यहाँ रह रही थी, जिसे सूँघते-सूँघते पहले परेमा आया, फिर परेमा के बहाने तुम ?'

भँवरी के ऊपर आते ही गाँव आ गया है। सुदर्शन सिंह पूरे गाँव का सर्च कर स्त्री-पुरुष, बच्चों-बूढ़ों को हाँके लिये आ रहे हैं, 'सर, समसे गाँव इहे है।'

वह एक-एक चेहरे को गौर से देखता है, नहीं, 'सुइया कहाँ है ?' सभी चुप हैं।

'मैं पूछता हूँ, सुइया कहाँ है।'

इस बार दो-एक हकलाहटें उभरती हैं, 'नहीं मालूम हाकिम ?'

'क्या वह यहाँ रहती नहीं थी ?'

'रहता था हाकिम, लेकिन एक हफ्ता से आया नहीं।'

'किसके घर में रहती थी ?'

भीड़ से एक तीस-बत्तीस साल की गोल-मटोल औरत बाहर आती है, 'हमरा साथ हजूर।'

'तुम्हारी क्या लगती थी ?'

'हमरा कोई नहीं।' करेशर पर काम माँगने आया था, साथ में एक बच्चा भी था। हम 'हुआँ' जनाना मेठ हैं। हमरा हाथ जोड़ने लगा—'हमरा कोई नहीं, अपना संग रख लो। हमको दया आया, रख लिये।'

'उसका असली नाम सुइया ही था कि और कुछ ?'

'का मालूम हजूर !'

'कहाँ की थी ?'

'ई भी नहीं मालूम !'

'हुलिया ?'

'गोर-गार, चिक्कन-चाकन, चौबीस-पच्चीस उमर रहा होगा। एक ठो चार-पाँच साल का बेटा भी था साथ में।'

'परेमा सरदार को जानती हो ?'

परेमा के नाम पर चेहरे सहम गए।

'बोलो, तुम्हें कोई डर नहीं है, कब आया उसके पास ?'

'हजूर ऊ बड़का सरदार, हमरा का औकात कि रोक सकें उसको ? हुआँ पहिले-पहिले सुइया करेशर पे काम करता और पिलाट फारम पर सो जाता। मालिक से लेकर मुंशी, बस का डरेबर और और लोग सभै का नजर उस पर। ओही टैम पे एक दिन परेमा सरदार आया था। फिर ऊ हमरा से बोला, हम रख लिये तो हियाँ भी दू बेर आया। लेकिन एक हफ्ता से कुछ अता-पता नहीं है। बेमार था, दमा-खाँसी बुखार !'

तसल्ली के लिए कुमार स्वयं ही एक बार सर्च कर लेना जरूरी समझता है। उसके जवान करधनी की तरह बंदूक ताने घेरा डाले खड़े हैं गाँव के चारों ओर। झाड़ियों, झुरमुटों, गड़हों के तिलिस्म, सरपतों के हरे फव्वारे साँस रोके पड़े थे। खपड़ैलों, झोंपड़ों का सूनापन भाँय-भाँय कर रहा था। गाय-बैल, भैंसा-भैंसे, भेंड़-बकरियाँ, अचकचाई आँखों से उसे देख-देखकर हड़क रहे थे। कुत्ते जोर-जोर से भौंक रहे थे—भौं ! भौं ! जैसे एक मलारी सैकड़ों शक्लों में उसे टोक रही हो—'यहाँ क्यों ? क्यों ? क्यों ?'

अब वह पुलिस बल के साथ लौट रहा है—एक-एक कर 'भँवरी' के बँध को खोलते हुए। दूर से ही भिखना ठोरी के क्रशर्स के धूल के गुबार उड़ रहे हैं। धीरे-धीरे उनकी किरकिराहटें भी सुनाई देने लगी हैं। पास आने पर मेले जैसा दृश्य है। पच्चीसों मजूर-मजूरनें सिर पर झूड़े में पत्थर उठाए, पटरों से ऊपर आते हैं और हॉपरों में उलीच कर दूसरी ओर से लौट जाते हैं। धूल से बचने के लिए कइयों ने चेहरे पर अँगोछों को कसकर लपेट रखा है, धूल चेहरों से लेकर आसपास के पेड़-पौधों पर फफूँदी-सी जमी पड़ी है।

आम के पेड़ों में जगह-जगह पड़ी गिट्टियों में, मालवाही डब्बों में, पंडुई के विस्तार में कहाँ छुपी है सुइया और सुइया के बीच कहाँ छुपी पड़ी है मलारी...?

पंडुई के इस पार भारत है, उस पार नेपाल। उसके ठहरने का इंतजाम स्टेशन के डाक बँगलों में है। किसी अंग्रेज अफसर का ऐशगाह ही बाद में भारतीय अफसरों, राजनयिकों के ऐशगाह में तब्दील हो गया। काठ की सीढ़ियाँ चढ़कर वह बालकॉनी में आ गया। सामने पांडुवर्णी पंडुई का धूसर विस्तार है। नदी में गर्म हवाओं के छोटे-छोटे बवंडर उठते हैं और फव्वारों की शक्ल में नाचते हुए पहाड़ों से टकराकर विसर्जित हो जाते हैं। मई के अपराह्न में सारा प्रांतर उजड़े दयार-सा लगता है—उस पार नेपाल के फौजी कैंप, रेंगती हुई बस, इक्के-दुक्के आदमी और धसक रहे बड़े-बड़े पहाड़ हैं।

12 से 15 वर्ग किलोमीटर में पत्थरों की क्वैरीज (खुली खदानें) !

'सर, रजिस्टरों में तो सुइया का नाम काटा हुआ है। उधर पंडुई जहाँ से निकली है, उस तरफ शायद कोई क्वैरी हो। जाकर देख आएँ सर ?' चतुर्वेदी ने पूछा है।

'चलो, चलते हैं।'

वह नीचे उतरता है। कगारों से नीचे उतरते ही पंडुई की रेत में आ पहुचँते हैं वे। पत्थरों और रेत पर पुलिस बूटों की खसखसी आवाजें। बीच में नाममात्र की धारा। अगल-बगल बालू और बालू। यही रुक्ष पंडुई सोमेश्वर की पर्वत शृंखला के सहारे आगे

चलकर सिकरहना में मिलती है और बूढ़ी गंडक बनकर उत्तरी बिहार के एक बड़े भू-भाग को सींचती है। ये हरे-भरे वन वहीं खड़े रह जाते हैं, इन्हें सींचती हुई नदी आगे चली जाती है—

'सैलानी नदियों के संग-संग
हार गए वन चलते-चलते !'

पंडुई का वीरान उद्गम। वहाँ कोई नहीं है सिवाय धसकते पहाड़ों के...

'ठोकर न लगाना हम खुद हैं
गिरती हुई दीवारों की तरह !'

कहाँ चली गई सुइया ? क्या आकाश निगल गया ? क्या धरती निगल गई ? सहसा ज्वालामुखी की तरह फव्वारों की शक्ल में कुछ पत्थर और गिट्टियाँ उछलती हैं और वे सहमकर पीछे हट जाते हैं।

यह कैसी प्रेतलीला है ?

छात्र युवा संघर्ष वाहिनी के झाजी बताते हैं, 'सर यहाँ अकसर ऐसे विस्फोट होते रहते हैं।'

'मगर क्यों ?'

'भूगर्भवेत्ता बताते हैं सर, कि हिमालय की तराई से लेकर प्रायः समूचे उत्तरी बिहार की धरती अभी पूरी तरह थिरा नहीं पाई है। पर्यावरण का भी मसला है, पारागमन संधि को अपने प्रधानमंत्री ने जब सन् '84 में तोड़ा तो निरुपाय गरीब नेपाली जंगलों को काटने लगे, फिर लोभ-लाभ के चक्कर में क्वैरीज खोदी गईं। पानी को रोक रखने की क्षमता ही नहीं रह गई, सो एक तरफ बाढ़ से विनाश, दूसरी तरफ सूखे से। दूसरा खिसकाव गोंडवाना लैंड के ऊपर की ओर के सरफेस मूवमेंट के चलते है।'

सुनते-गुनते, लौटते-पहुँचते शाम हो गई। मेले से लौटते लोगों को ठोरी में ही एहतियात के लिए रोक दिया गया था। बच्चों के 'कें-में' से अजीब-सी कचपचाहट मची है। जगह-जगह कुप्पियाँ जल गई हैं, कुछ एक जगहों पर चूल्हे। एक-एक चेहरे पर टॉर्च जलती है, एक-एक की तलाशी ली जा रही है। चिन्न-चिन्न उड़ी जा रही है रात। अँधेरे में सफेद बगुलों की तरह उड़ रही हैं आवाजें। वह एक-एक आवाज का पीछा करते हुए चेक पोस्ट पर आता है। वहाँ झाजी ने अलग ही इतिहास खोल रखा है, 'अमोलवा में गाँधीजी ने देखा कि औरतों के पास दूसरा कपड़ा तक नहीं है कि नहाएँ, सिर में जटा हो गई थी। तब से उनको घृणा हो गई अपने कपड़ों से। लँगोटी धारण कर लिये बाकी जिंदगी के लिए। उसी का प्रभाव था कि कस्तूरबाजी ने भितिहरवा में आश्रम खोला ताकि औरतें स्वास्थ्य के प्रति सचेत हो सकें।'

'तबे न ऊ महतमा कहाए ! अब कोई त्याग करता है ?'

'तेयाग...? अरे दान दिहल चीज को भी हड़प रहे हैं लोग। भूदान में बिनोवा भावे को जो जमीन दान दिए थे, समसे जमीन फेन कब्जिया लिये लोग। कम खून-खराबा मचा है इसके कारण !'

कुमार पर नजर जाते ही लोग हड़बड़ाकर खड़े हो गए। 'बैठा जाए सर।'

'क्यों जायसवाल साहब की कोई सूचना है ?'

'ऊ तो नेपाल गए हैं न सर !'

'सर, ऊ जनाना ठो, का तो नाम है...'

'सुइया।'

'हाँ सुइया नहीं मिला न ?'

'नहीं।'

'ऊ अगर नेपाल भागी होगी तो परेमा भी नेपाल में होगा।'

'थारू थी न ?' कोई पूछता है।

'हाँ।' थारुओं पर चर्चा खुली तो खुलती ही चली गई, एक से बढ़कर एक विशेषज्ञ निकल आए।

'सर यहाँ का जलवायु ही ऐसा है जो मर्द को कम मर्द और औरत को ज्यादा औरत बनाता है। इतना सुंदर जनाना आपको और कहीं नहीं मिलेगा, न इतना औरताना मर्द ?'

'इसी जलवायु में तो आप भी हैं पाँच साल से ?' झा कुढ़ रहे थे, 'आपने ऐसा कभी फील किया क्या ?'

'आप मजाक समझ रहे हैं ?' बी.डी.ओ. चिढ़ गया, 'पटना और मधुबनी छोड़कर कुछ दिन यहाँ रहकर देख लीजिए, बहुत धीरे-धीरे आपकी मर्दानगी, आपका तेज खत्म होता है कि नहीं।...बताइए तो यहाँ दारू क्यों इतना पीते हैं लोग ?'

'मर्दानगी जगाने के लिए !'

'इक्जैक्टली।' एक ही जलवायु मर्दों को नामर्द और औरतों को ज्यादा कामुक बनाती है। इसलिए ये औरतें पूरा मर्द खोजती हैं, पूरा ! अब चूँकि इनके मर्द वैसे नहीं होते, सो तगड़े मर्दों द्वारा यूज की जाती हैं।' बी.डी.ओ. ने निष्कर्ष निकालकर कुमार की हथेली पर रख दिया। उठ पड़ा वह। आज का सारा दिन व्यर्थ हो गया।

झन-झन करती मायावी परिवेश की मायाविनी रात। गेस्ट हाउस की तनहाई। सहोदरा मेला, मकरंदापुर, रानीमहल, भँवरी से लेकर ठोरी तक और परशुराम, परेमा से काली तक फैली हुई थी मलारी—व्यष्टि से समिष्ट तक विस्तार लेती हुई।

सहसा उसके दिमाग में पिछली बातचीत कनखजूरे-सी रेंगने लगी, 'ये औरतें पूरा मर्द खोजती हैं, अब चूँकि इनके मर्द वैसे नहीं होते, सो तगड़े मर्दों द्वारा यूज की जाती हैं। तगड़ा मर्द यानी परशुराम, परेमा...' क्यों सिर्फ परशुराम और परेमा ही, तुम क्यों नहीं ? वह फिर बिदकने लगा था खुद से। आखिर इनके मर्द क्यों सहते रहते हैं अपनी औरतों का यह यौन शोषण ? और ये औरतें... ? क्या बी.डी.ओ. वाला निष्कर्ष ही सच है ?

आज की थारू कन्याएँ सदा साफ भड़कीले कपड़ों में सेक्स को उत्तेजित करती चलती हैं, चाहे उन कपड़ों की कीमत उन्हें नंगी होकर ही क्यों न चुकानी पड़े। कहाँ भितहरवा की वह औरत, कहाँ ये औरतें !

पुंसत्व क्रूर और आक्रामक बनाता है और इसका अभाव स्त्रैणता भरता है। स्त्रैणता देवत्व के करीब लाती है और पुंसत्व दानवत्व के करीब ! थारुओं को ज्यादा क्रोधित होते हुए किसी ने नहीं देखा। शारीरिक रूप से भी लंबे-तगड़े नहीं होते। क्षमा, दया, मृदुभाषी,

निर्मल चित्त के सहज-सरल, आक्रोशविहीन लोग—उनकी प्रकृति को गुण कहा जाए या अवगुण ? आखिर इन थारुओं में अपने इस शोषण के विरुद्ध कोई आक्रोश क्यों नहीं उपजता ? अपना कोई नायक क्यों नहीं खड़ा कर पाई यह जाति ? रहसू भगत...? नहीं। उनकी बैसाखी शौर्य नहीं, देवत्व के चमत्कार हैं ? अगर नारियाँ ही पुरुषों से जीवंत हैं तो नायिका ही खड़ी होती कोई ? एक काली ही अपवाद है।

कहीं वह पारपंरिक पुरुषवादी दृष्टिकोण से तो नहीं सोचने लगा है ? तो क्या यौन शुचिता सामंती मिजाज की ग्रंथि है ? थारुजों के जीवन मूल्य हमसे अलग हैं—कुछ उदार से ? मगर नस्ली संरचना के लिहाज से भी ये जिन मंगोलों के करीब पड़ते हैं, आक्रोश तो उनमें भी होता है। तो क्या थारु मंगोलों से भी भिन्न कोई अलग इनसानी प्रजाति है, जिसे पूरी तरह से समझ पाने का अभी कोई दावा नहीं कर सकता ?

सुबह शोर सुनकर जगा था वह। कैसा शोर है ? अरे बाप ये तो नौ बज रहे हैं। वह हड़बड़ाकर जैसे-तैसे ड्रेस-अप होकर नीचे उतरा। सारा कस्बा उमड़ा पड़ा था। सबकी निगाहें नीचे पंडुई नदी की ओर थीं। ऐसा क्या था पंडुई में ? दूर कोई चिता-सी जल रही थी और कुछ लोग पंडुई पार कर इधर ही आ रहे थे। करीब आते ही उसने देखा, डी.एस.पी. जायसवाल थे, उनके पीछे पटरे पर किसी की कफन ढकी लाश।

सुदर्शन सिंह ने आकर सैल्यूट किया तो उसने पूछा, 'किसकी है ?'

'परेमा सरदार की सर। रात-ए में एनकौंटर हुआ।'

'परेमा ! दुर्दांत दस्यु जंगल सरकार परेमा ! परेमा का सिर मृत हिरन की गर्दन की तरह धीरे-धीरे झूल रहा था। तो आखिर उसकी आशंका सच थी। परेमा के लिए समर्पण नहीं, सफाया ही तय था, चाहे उसे वह जीवित पकड़कर लाता तब भी उसे मरना ही था ? उसे इस बात का मलाल नहीं कि परेमा मारा गया, वह एक खतरनाक अपराधी था, मरना तो उसे था ही, मलाल इस बात पर था कि यह सरकार जब चाहती, तभी ऐसा कर सकती थी। मगर उसने उसे तब मारा जब चुनाव में उसने इनके प्रतिद्वंद्वी का साथ दिया। आज अगर दूसरी पारटी जीती होती तो परशुराम मारा जाता और परेमा पुरस्कृत होता।

मगर उसकी खुद की भूमिका क्या रही इस अभियान में ? कहने को वह इस अभियान के तहत आया था, मगर अंदर से अंत तक एक विरही प्रेमी के भँवर से ही नहीं उबर पाया। एक तरफ नौकरी की गुलामी, दूसरी तरफ अपराधबोध से ग्रस्त नपुंसक प्रेमी। छी कुमार ! छी !

वह बेचैन तड़प लिये भिखना ढोरी के प्लेटफार्म पर खड़ा था। उसकी निगाह जायसवाल से हटकर उस जलती चिता, पर थी जहाँ कोई नहीं था। वह निरर्थक उसे देखे जा रहा था, जैसे वह कोई महत्त्वपूर्ण चीज हो। प्लेटफार्म पर वह ऐसे खड़ा था, मानो एक तटस्थ मुसाफिर हो, जिसे आगे जाना हो। मगर यह तो सीमांत का आखिरी स्टेशन है। इसके आगे तो कोई ट्रेन नहीं जाती !

तिरेपन

बुखार में तपता रहा बदन। देह और आत्मा की सारी थकान गर्द की तरह जमती रही दुःस्वप्नों का कुहासा लपेटे। रानीमहल में जायसवाल का पत्र आया था–राष्ट्रपति ने पांडेयजी को पुलिस सेवा का पदक प्रदान करने की घोषणा की है।

कैंप के दरोगा सुदर्शन सिंह, हेड कांस्टेबुल प्रेम प्रकाश, वायरलेस ऑपरेटर्स और दूसरे लोग खड़े हैं। पारबती कहता है, 'लेकिन हुजूर, वो मेडलवा लेने जाएँगे कैसे ?'

कुमार घूरता है पारबती को। जवाब प्रेम प्रकाश देता है, 'कौन तो एक ठो बेमारी हुआ है...वही सर, जो हिरन का मांस ज्यादा खा लेने से होता है।'

ऑपरेशन के नाम पर हिरण का शिकार करने आए पांडेय, फर्जी एनकाउंटरों में पचासों हत्याएँ करनेवाले पांडेय सिर्फ एक को छोड़कर, जिसमें वे पहाड़ से भहरा गए थे, किसी भी ऑपरेशन में भाग न लेनेवाले पांडेय, तांत्रिक व्योम बिहारी के चेले पांडेय, वही पांडेय, जिसे मुख्यमंत्री महज इसलिए गालियों से नवाजते फिरते थे कि वह ब्राह्मण होने के अहंकार में उनके पाँव नहीं छूता, अब तांत्रिक की कृपा से चरण-छू होते ही उनका खासमखास आदमी बन गया। ये पुरस्कार, ये पांडेय, ये एम.एल.ए., ये परशुराम, इन्हें सम्मानित करनेवाले प्रेसीडेंट, पी.एम., सी.एम. के तंत्र–महान हो तुम सब !

इस भँवर से निकलने के लिए उसने सोच को एक झटका दिया, 'और काम-धाम सब ठीक तो चल रहा है न ?'

'जी। जे है से ठीक-ए चल रहा है।' सुदर्शन सिंह ने कहा। फिर उसे लगा, यह कैसा फालतू सवाल पूछने लग गया वह–'अच्छा जोगी कहाँ है ?'

'थाने में है सर।'

'और कुछ बताया उसने ?'

'जी न।'

पराजय की वह पुरानी चोट फिर से टीस उठी। कल को अगर वह कार्यमुक्त हो जाए तो यह जोगी घूस-पाती दे-दिलाकर छूट जाएगा। काली की पत्नी समेत सैकड़ों औरतों को खरीदने-बेचनेवाला, कोई भी कुकर्म न छोड़नेवाला और अपने ही बनाए नरक कुंड में बिलबिलाता जोगी। यह सोचते हुए वह उठ खड़ा हुआ, 'चलो काली, जाने से पहले तुम्हारा भी थोड़ा कर्ज उतारते चलें।'

दूसरे दिन उसके थाने में पहुँचने के पहले ही सब-इंस्पेक्टर शर्मा पूछताछ शुरू कर चुके थे। उसने रुककर सुना, 'तो तुमको कहा जाए तो तुम शिब्बन को मार दोगे ?'

सब-इंस्पेक्टर पूछ रहे थे।

'आप कहें तो मार देंगे।'

'लेकिन शिब्बन तो तुम्हारा दोस्त है ?'

'जी।'

'उसकी औरत के साथ भी तुम सोए थे ?'

'हाँ-आँ !' वह जैसे बेखुदी में बोलता है।

'और उसे बेचा भी ?'

'जी।'

कुमार अब खुद को रोक न सका। उसने साँटी उठाई और लगा पीटने जोगी को। जैसे अरहर के झाड़ू से अरहर की फलियाँ झाड़ते हों। थोड़ी देर तक ऐंठकर, लोट-पोटकर मार खाता रहा जोगी, फिर उसके चेहरे पर ऐंठन उभरी, 'सरकार झाड़ा आ गइल !'

सिपाही उसे हाँककर पायखाना कराने ले गए। तब तक कुमार अपनी दुखती कनपटी को दबाए एकहत्थी कुरसी पर बैठा रहा। जोगी के पायखाने से लौटकर रईसों की तरह कुल्ली करने के अंदाज पर फिर भड़क उठा, लगा साँटी से वहीं पीटने उसे। लोट-पोट गया कीचड़ में जोगी। दो-तीन मिनट ही बीते थे कि, 'फिर आ गइल।'

सिपाही सामने ही बैठा देता है। वह मुँह फेर लेता है।

जब यह क्रिया तीसरी बार दुहराई गई तो कुमार को संदेह हुआ, 'पायखाना करता भी है ?'

'हाँ सर।' सिपाही ने कहा।

'ठीक है, सामने पैखाने पर बैठाओ, वहीं इंटेरोगेट करेंगे।'

एक हाथ से धोती समेटे, दूसरे हाथ को साँटी का वार झेलने के लिए फैलाए पायखाने के निमित्त नंगे बैठा है जोगी, 'सट्ट।'

पूरी देह को चीरकर निकलती है तरंग—'आहि ए माई-ई-ई !'

फिर सब कुछ शांत। अचानक, 'रहे देई, उतरि गइल' कहते हुए उसने हथेली पर साँटी रोकने के बजाय नीचे अपने पाखाने को ही रोक लिया, 'न मानेंगे ? खा लेई सरकार।'

'छी !'

'आपन बेटी तक के बेचले बानी हजूर, ओकरा से बड़ पाप अब का होई।'

जोगी का चेहरा श्मशान बन गया था। उसमें कितना आत्म-धिक्कार था, कितनी धमकी और कितना आत्म-निवेदन....? सन्न रह गया कुमार। वह तो अपने पाखाने को अपने मुँह तक ला चुका था। मल पर मँडराती मक्खियाँ उड़कर मुँह पर बैठने लगी हैं। कुमार को जोरों से उबकाई आई और दूसरी ओर दौड़कर 'ओ-ओ' करके उल्टी करने लगा।

'पानी लाओ। हवा।' हवलदार चिल्लाया।

'हटो-हटो, भीड़ मत करो।' दारोगा लोगों को डाँटने लगे।

ये आवाजें किसी और ही दुनिया से आती हुई लगती हैं। क्या इसी आदमी का जन्म पाने के लिए देवता भी तरसते हैं ? क्या यही सृष्टि का परम संवेदनशील जीव विकास का अन्यतम प्रतिमान है ? क्या मजबूरी थी इसकी, दिन-ब-दिन स्खलित ही होता चला गया। क्या राज्य की कल्याणकारी अवधारणा और वचनबद्धता के बाहर पड़ते हैं जोगी जैसे लोग ?

न ! बेतिया के हर रत्नाकर का प्रत्यावर्तन वाल्मीकि में नहीं होता। वह अभी भी अपनी मनहूस टाँगें फैलाए जमीन पर बैठा अपने दर्द की जगहों को छू-परख रहा है, मानो अंगारों को छू रहा हो।

यह निरीह-सा दिखनेवाला जोगी असाधारण क्रिमिनल है। दुनिया में कौन-सा ऐसा अपराध है, जो इसने नहीं किया—झूठ, दगा, फरेब, पशु से लेकर औरतों तक की चोरी और

बलात्कार, बेटीबेचवा, गाँजा-भाँग से लेकर हथियारों तक की स्मगलिंग, भ्रूण से लेकर शिशु और नर हत्या तक।

कहीं अँतड़ी तो नहीं फट गई इसकी ? अगर उसके पास बंदूक नहीं है तो बार-बार किस बंदूक को खोजकर देने की बात करता है यह ? क्यों करता है ? कहीं महज इसलिए तो नहीं कि उतनी देर तक पिटाई से बचा रह पाए ? रॉड गरम कर दागा गया, नाखून तक उखाड़ लिये गए, छाती पर बूटों से हुमच डाला सिपाहियों ने, सौंटी से छलनी हो गई चमड़ी, जब-जब उसने सोना चाहा, या बेहोश हुआ, ठोकर मारकर जगा दिया गया, मगर सच्चाई नहीं उगलवाई जा सकी जोगी से।

फिर यह जो बोलता है, वह क्या है ? सच और झूठ दोनों के गुरुत्वाकर्षण के बीच भारहीनता में झूलता सच का भ्रम ?

पायखाने को हाथ पर रोककर खाने के निमित्त मुँह तक ले जाना यह उसका कारुणिकता का चरम निवेदन है या मेरे संस्कारों पर मारात्मक प्रहार ? मैं उसे पीट रहा हूँ या वह मुझे पीट रहा है ? मेरे औजार और मेरे वार—दोनों ही स्थूल हैं, मगर उसके अमूर्त—सारे मानवीय संस्कारों की धज्जियाँ उड़ाते, सारी मानवीय गरिमा के रेशे-रेशे उधेड़ते-धुनते, धुआँ-धुआँ करते !

वह बार-बार मुझे उकसा रहा है कि या तो उसे छोड़ दूँ या जान से मार दूँ—यानी मुक्ति, किसी भी तरह की मुक्ति !

'तो क्या मार ही दूँ ?'

'न, मुझे यह अधिकार किसने दिया ?'

जीवों के विकास-क्रम में कितने-कितने अवरोधों को पार करता, कितनी-कितनी शक्तियों द्वारा, लाखों-लाख वर्षों में इस शीर्ष पर जो जीव पहुँचा है, वह क्या यही जोगी है ?

इस जोगी को बनाया किसने ? सत्ता, व्यवस्था, संस्कृति और विकास के हड़बोंग की नाजायज संतान है यह जोगी। और वे सत्ता के शिखरों पर बैठे सफेदपोश—उन्हें यह गम नहीं कि इनके हरम के इन हरामजादों की क्या अधोगति हो रही है ! क्या हक है उन्हें संस्कृति पर लैक्चर पोंकने का ?

अगर जोगी, मलारी और काली और श्यामदेव अपराधी हैं तो परशुराम, लल्लन, चंद्रदीप और मुख्यमंत्री और वो तांत्रिक क्या हैं ? फिर एक के लिए सजा, दूसरे के लिए सम्मान—ऐसा क्यों ?

जोगी को तो तुम शूट कर सकते हो—मगर परशुराम को नहीं। उलटे उससे तुम्हें माफी माँगनी पड़ेगी, उस शातिर अपराधी से माफी, जो है तो एक और जोगी ही, मगर चुनाव जीतकर सारे कलंकों से मुक्त हरामजादे का दामाद बन गया है।

जिस शाम परशुराम की चुनावी जीत के जश्न से सड़कों पर दीवाली मनाई जा रही थी, उसी शाम एक जीप शाम के झुटपुटे में निकल रही थी—'तुमने मुझे मुअत्तल नहीं किया,

सारे अधिकार भी अभी मुझे बख्श रखे हैं, आभारी हूँ, मगर तुम मुक्त न भी करो, मैं तो मुक्त हो ही सकता हूँ।'

मुख्य उत्सव 'सेवा-सदन' पर ही था। कुमार ने जब उसे डिमालिश किया था, महज खपड़ैल था। अब पक्का और भव्य, मानो चुनौती बनकर खड़ी हो आपराधिकी की अट्टालिका। इतनी गाड़ियाँ, इतने लोग, इतना हो-हल्ला ! आमंत्रण तो उसे भी है, अगर किसी ने पहचान लिया तो...?

दूसरी सड़क और गली से वह उसे बाइपास कर आगे निकल जाता है।

जीप चली जा रही है और मन में हाहाकार मचा है। विदा परशुराम !

जनतंत्र के नाम पर पैसे और जाति और कमीनगी के प्रपंचतंत्र विदा ! विदा बेतिया के घने जंगलो, मीलों फैले केन और सुगरकेन के लिए विख्यात सीमांत की उर्वरा धरती ! विदा ध्रुव, भर्तृहरि, गोरखनाथ और चंद्रगुप्त की धरती विदा ! सोमेश्वर की शृंखलाएँ, विदा भिखना ठोरी, दोन के क्षेत्र, रेता की रेतीली भूल-भुलैया ! विदा मदनपुर माई का थान, रासोगुरु !

विदा गंडकी, मसान, सिकरहना और पंडुई और भँवरी नदियाँ।

विदा जंगल के बाघों, अरना भैसों, भालुओं, हिरन, सांभर, बंदरों विदा !

विदा बेतिया के धरती पुत्रों, दुःख, यातना और प्रतिपल असुरक्षा के बीच सहम-सहमकर जीनेवाले थारू और गैर-थारू विदा ! विदा ! गांधीजी की भितहरवा और अमोलवा, विद्याधर शुक्लजी और जज पद्मनारायण सिंह की आत्माएँ विदा ! विदा मुरली पांड़े, बैठाजी, आग के बीच चमकते बचे-खुचे शोलो विदा !

विदा जगत नारायण, श्यामदेव यादव, नोनिया और काली, विदा ! रानीमहल, विदा बाल्मीकिपुर, विदा स्खलन के साक्षी मकरंदा. !

उसका एक पाँव जमीन पर था, दूसरा जीप के पायदान पर। इसी मुद्रा में इस धरती पर पाँव रखे थे कभी। इसी मुद्रा में इस धरती को प्रणाम कर विदा ले रहा है वह।

चौवन

इस घनघोर जंगल में सड़क के बीचोबीच रास्ता रोककर कौन खड़ा है ? कोई अफसर ? एस.पी. श्रीवास्तव की आत्मा ? न, एस.पी. के भेष में काली सरदार ! रिवाल्वर पर उसकी पकड़ मजबूत हो जाती है। अरे उसके साथ यह बच्चा कौन है, जिसका सिर घुटा हुआ है ?

'का साहब, वापस जा रहे हैं ?' काली ने धीरे से पूछा है।

जवाब नहीं देता है कुमार। वह सिर्फ सुन रहा है—कही-अनकही वार्ता को...

'का साहब, करि अइलीं डकैतन का सफाया ?' (भिलभिलाहट के साथ) अरे आप सभे

तो कठपुतरी हईं, कठपुतरी, जेतना ढील छोड़ल जाइ, ओतने दूर तक नाचब, ओतने करवट होखम, ओतने आँख मटकायब।'

गाँव उजार देहलीं। सर्च के नाम पे गाँव-गाँव औरतन के मजा लुटलीं, जंगल में मंगल कइलीं। अऊर चाहीं का ? एनकाउंटर के नाम पे मरडर कइलीं, आइल रहलीं फिरौती खत्म करे, खुद-ए-वसूले लगलीं फिरौती ! अऊर चाहीं का ? ठीक-ह-अ ! जा तानी त-अ जाई। अब दोसर जन्म ले के आयब।'

'और तुम...?'

'हम...? हम तो डाकू हँई—मुहर लागल बा हमरा पे, लौटि जायम...बाकी फिरौती चाहीं साहब फिरौती। दे सकब ? हमरा भाई, भौजाई, भतीजी, मेहरारू, बहिन, गाइ, भैंस, खेत-खेतार, घर, उमिर (उम्र) चरित्तर (चरित्र), समउ (समय)—दे देई साहब, लौट जायम !!

मगर नहीं, काली ने तो एक शब्द भी नहीं कहा, वह तो चुप है, बिलकुल चुप। वह उसे पकड़कर झकझोरता क्यों नहीं ?

इंजन बंद कर जीप से उतर आता है कुमार।

'कुमार साहब।' बोलता है काली, 'यह आपकी अमानत रह गई थी हमारे पास—ये विवेकानंद आश्रम की 'दिमाग को कैसे नियंत्रित करें' और राहुल सांकृत्यायन की 'भागो नहीं, दुनिया को बदलो'। मेरे काम तो न आ सकीं, सो लौटा रहा हूँ, शायद आपके किसी काम आ सकें।' हाथ में किताबें, गोद में बच्चा लिये खड़ा है काली सरदार—इस मिनी चंबल का सबसे जटिल सरदर्द, एक लाख का इनामी डाकू काली सरदार—न कोई आक्षेप, न कोई आरोप। उसकी रुक्ष आँखों में आँसू झिलमिला रहे हैं, जैसे जंगल के बीच पसीजता सोता।

किताबें वापस लेते हुए वह आँख नहीं मिला पा रहा है उससे।

'एक अमानत और।' काली ने धीरे से कहा है और बच्चे का मुँह रोशनी के सामने कर दिया है।

'कौन है यह ?'

'मकरंदापुरवाली की आखिरी निशानी।'

'तो क्या इसकी माँ...?' आशंका झन्न-सी बजती है।

'हाँ !'

'उफ, कब की बात है ?' कलेजा जैसे उछलकर मुँह को आ गया।

'आप जब पंद्रह दिन पहले भिखनाठोरी में थे तभी...।'

'तो क्या पंडुई में जो लाश जल रही थी, वह...?'

'हाँ ! मकरंदापुर से उजड़ने के बाद मलारी गोरखपुर, पडरौना, गोपालगंज, बेतिया—कहाँ-कहाँ नहीं भटकी, लेकिन कहीं भी चैन से न रह सकी। आखिर में भिखनाठोरी के वर्मा क्रशर पर मजूरी करने लगी, जहाँ उसकी पुरानीवाली जिंदगी फिर से घेरने लगी परेमा के रूप में। आप जिस सुइया की तलाश में भँवरी और ठोरी गए थे, वह मलारी ही थी—मेरी फुफेरी बहन !'

'ओह !' कराह उठता है कुमार।

उसने उसे पत्थर के रूप में देखा था, पत्थर से गिट्टी बनी, गिट्टी से रेत, टुकड़ा-टुकड़ा

टूटकर फिर पंडुई के जरिए मिल गई रेत में।

एकटक देखता रह जाता है कुमार, उस मुंडित शिशु को जो किसी नन्हे बौद्ध भिक्षु-सा पड़ा है काली की गोद में। पीछे उनकी छाया दूर तक फैली हुई है मलारी की छाया जैसी, सारा दाय-दायित्व समेटकर जो जीवन के पार से हँस रही है आज, इस मुहूर्त में, 'ले जाइए न हाकिम ! रुक काहे गए ? अरे हमरा पास रहता तो चोर-डाकू ही तो बनता, नहीं तो किसी जमींदार का हरवाह, चरवाह, बनिहार। ओकरा से तो यही नीमन है कि आप ही ले जाएँ, कम-से-कम कायदे का आदमी तो बन जाएगा।'

बहुत मयाविनी है वह हँसी। बच्चे को गोद में लेकर अंक से चिपका लेता है वह। गोरा, सुंदर, गदबदा, अबोध, अनाथ शिशु !' माँ के अभाव में किस दुनिया में पलेगा यह शिशु ?

'नहीं काली !' कुमार बच्चे की निर्दोष आँखों में झाँक रहा है।

'तो क्या मेरे पास...?' खुद में ही उलझ रहा है काली।

इनकार में सिर हिल रहा है कुमार का, 'हम सभी अपने-अपने स्तर पर इस जंगल से लड़ने चलते हैं और एक दिन पाते हैं कि जंगल खुद हमारे अंदर उगा आ रहा है।' अनुताप में बहुत धीरे से चकराते हुए गिर रहे हैं शब्द।

जगह-जगह ज्वालामुखी की आग के फव्वारे और विस्फोटों से धसकती धरती के बीच वह नन्हा बौद्ध भिक्षु जैसे कह रहा हो, अतीत तो गया, वर्तमान जा रहा है, बचा सको तो भविष्य को ही बचा लो—मैं तुम्हारा भविष्य हूँ।

'इसे इस जंगल में गुम नहीं होने देंगे अपनी तरह, काली !'

'उधर देखो।' कुमार ने दूर सेवासदन की ओर इशारा किया।

क्षितिज रह-रहकर रौशन हो रहा था और विस्फोटों की फीकी आवाजें आ रही थीं।

कैसी रोशनी है, कैसे धमाके ? किसकी जीत का जश्न ? विचित्र समय है यह—प्रतिपल गहराता प्रदोषकाल ! न रात है, न दिन, न जमीन है, न आसमान, न अंदर है, न बाहर, न अस्त्र है, न शस्त्र, न आदमी, न जानवर—विचित्र समय है। रेता की आँधी है और कोई भटकी हुई आर्त्त टेर है—माई रे-ए-ए-ए ! समर्थन में बस वह हलकी-सी टेर जो तब सुनाई पड़ी थी जब वह सेवासदन को ध्वस्त कर रहा था—गर्द और गुबार में ओझल !

'विचित्र समय है। न हम लड़ सकते हैं, न भाग सकते हैं, क्योंकि भागने का मतलब है, इन टेरों को उन जंगली कुत्तों के हवाले कर देना जो उसे घेरकर जीभें लपलपा रहे हैं। हम भाग नहीं सकते, हम सभी एक-दूजे से घिरे हुए हैं। तुम्हीं सही थे कि जब ऐसे भी मौत है, वैसे भी...तो मौत के आगे समर्पण करने के बजाय क्यों न दो-दो हाथ कर लें। शायद जी जाएँ। वही हमारा प्रायश्चित्त होगा और वही हमारा पुनर्जन्म !' जब वह बोल रहा था, उसकी आँखें छल-छल कर रही थीं—आग भी, पानी भी।

काली का मन विगलित हो आया, 'सब कुछ तो कह दिया आपने, मेरे लिए तो कुछ छोड़ा ही नहीं !' फिर वह तनिक अटकते हुए पूछता है, 'मगर इसे सौंपेंगे किसे ?'

'उस नूह को,' कुमार ने सिर उठाया, 'जो इस मायावी महाप्रलय में भी जो कुछ श्रेष्ठ है, सुंदर है, उसे बचा लेने की जिद ठाने बैठा है—मुरली पांड़े !' रुक-रुककर शब्द रख रहा

था कुमार जैसे पुष्प और अक्षत रख रहा हो श्रद्धा भाव से।

काली के चेहरे की सारी मनहूसियत धुलने लगी है। दो जोड़ी डबडबाई आँखों में कुछ चिलक रहा है—कोई जाना-पहचाना, अत्यंत आत्मीय रूप, स्पर्श, गंध और ध्वनियों का क्षितिज, जो जंगल में ओझल हो गया था। अभी इनके आकार धुँध से बाहर निकल रहे हैं, धीरे-धीरे वे धुँध से बाहर आएँगे।

●●●